出土文獻譯注研析叢刊

《上海博物館藏戰國楚竹書（九）》讀本

季旭昇　高佑仁　主編

高佑仁　王瑜楨
賴怡璇　龐壯城　合撰
駱珍伊

本書承科技部專題研究計畫補助

《上博九》楚國史料文獻研究

102-2410-H-006-122–

上博九〈舉治王天下〉研究

104-2410-H-006-117-

特此致謝

季序

　　《上海博物館藏戰國楚竹書》自 2001 年出版至今，已經出版了九冊，每一冊都引起學界高度的重視。我從 2003 年開始編製讀本，已經出版了四冊，也都能獲得學界的肯定。但是從第四冊之後，因為個人工作調動，以及部分研究者的配合困難，因此第五冊的編製進度受到嚴重影響，遲遲未能完成，頗感遺憾。

　　兩年前佑仁告訴我他有意接手讀本的工作，我深感欣慰。其後佑仁召集研究生，分配工作，積極撰寫，迄今終於全部完成。由於是佑仁第一次接手，所以我仍然參與了部分工作，幫忙校訂了高佑仁〈成王為城濮之行〉、王瑜楨〈舉治王天下〉、賴怡璇〈史蒥問於夫子〉三篇，並且負責摹字。其餘部分都是佑仁一手完成的。

　　佑仁是非常優秀的戰國文字研究青年學者，古文字研讀的基礎紮實，對古文字字形的辨析能力極強，對古籍的掌握也很到位。目前在成功大學任教，研究環境、條件都非常優渥。相信未來能夠有更多優秀的研究成果發表，希望同時也能揮其餘瀋，把《上博》六、七、八的讀本接著完成，以嘉惠學界。

丁亥孟春季旭昇序於臺北

高序

我對《上博九》有一種特殊的情感。2011 年 11 月，取得博士學位後，我和所有新科博士一樣，面對求職有著無比沉重的壓力。入伍期間雖已遞出過幾次履歷，可惜都鎩羽而歸。退伍前夕，我甚至厚著臉皮，主動寫信給幾間私立專科的人事主任，請求兼課機會，然皆石沉大海，渺無音訊。

就在徹底絕望之際，《上博九》出版。由於無事可做，無課可備，因此集中火力閱讀，並勤於武漢大學簡帛網的論壇上發帖。一面「插旗」，也一面改寫為期刊論文發表，成為求職的重要助力。古人謂「文窮而後工」，誠哉斯言。其後，第一篇登於《漢學研究》的論文、第一場求職的演講、第一件科技部計畫的題目，均由其中選題，《上博九》可說惠我良多。

本書的出版，首先要感謝季旭昇老師的指導與協助，以及撰稿人賴怡璇博士（中興大學）、王瑜楨博士生（臺灣師大）、龐壯城博士生（成功大學）的積極配合，三人皆系出名門，學術根底深厚，是古文字學界指日可待的新秀。沈寶春老師在成大古文字讀書會中，提出許多重要意見，邱郁茹女士與趙月淇碩士生（成功大學）負責本書的排版與校正的工作，在此一併鳴謝。同時也感謝科技部提供經費，讓我在學術研究時無後顧之憂。最後，對一路提攜與愛護我的師長、前輩，表達由衷的感謝。

高佑仁謹誌於成大中文系

目次

凡例

一、本書以《上海博物館藏戰國楚竹書（九）》為釋讀範圍，內容包括
〈成王為城濮之行〉、〈靈王遂申〉、〈陳公治兵〉、〈舉治王天下〉、〈邦
人不稱〉、〈史蒥問於夫子〉、〈卜書〉七篇。

二、撰寫方式包括題解、釋文、語譯、注釋四部分。題解簡要敘述本篇內
容及學術價值等相關事項。隸定、編連、分段為本書作者斟酌考訂的
結果，與《上海博物館藏戰國楚竹書（九）》原考釋不盡相同。釋文
採窄式隸定，難字後括號注明今字、通假字等，不能隸定者則直接用
原簡圖形植入。語譯力求明白通暢，如有殘缺太甚、或語義不明、無
法語譯的，則逕用原文，不勉強語譯。注釋力求簡明扼要，凡是括號
中已注出今字、通假字的，詞義淺白易解的，儘量不注。

三、簡與簡的排列，依文義為主。文義相連的，簡簡相連，視需要分段。
文義不能相連的，則另段書寫。

四、有關竹簡出土、形制、編連、字數等外圍說明，除有更正者外，一律
依照《上博九》原書，不另加注。其餘參考各家之說，則必注明出
處。多次引用之篇目以簡稱表示，全稱請參閱書末所附參考書目。

五、若□中有字，則表示是根據其它條件補的。……表示本簡前後文義未
完若□中有字，則表示是根據其它條件補的。……表示本簡前後文義
未完，應該還有字。（　）標示今字、通假字，（？）表示括號前一字的
隸定有疑問，依文義可以補的字加外框表示。

六、簡號以【　】注明，標示在每簡的最末。

七、為方便讀者閱讀，本書最後附《上博九》摹字，由季旭昇摹寫原形，
旁注隸定，以利讀者對照觀覽。字形不清楚的，由摹者根據相關條件

摹出，不能肯定的則加注「？」號。圖版及摹字係直行書寫，故依傳統方式左行，自全書最後往回編排，圖版頁次由右向左依次用「頁一、頁二、頁三」排列；同時也依全書體例由左向右用「1、2、3」編總頁碼，二式並行，以利讀者，兼顧傳統。

八、上古音用括號（ ）表明，括號中二字，前者代表聲紐，後者代表韻部。聲韻歸類主要用陳新雄師《古音學發微》之說。

九、本書由多人合著，各篇文責由撰寫人自負。

〈成王為城濮之行〉譯釋

高佑仁　撰寫

季旭昇　校改

【題解】

〈成王為城濮之行〉一文，收錄於《上海博物館藏戰國楚竹書（九）》第一篇，由陳佩芬考釋。據該書〈說明〉，本篇現存九簡，原考釋分為甲、乙兩篇。全篇兩道編聯，先寫後編，滿簡書寫，完簡的長度為 33.1 至 33.3 公分，寬 0.6 公分。本篇原無篇題，材料正式公布以前，李零稱為〈子玉治兵〉（《簡帛古書與學術源流》頁 274），經原考釋整理之後，拈篇首數字定名為〈成王為城濮之行〉。

本篇內容記載楚成王前往城濮，並令子文教導子玉操練軍隊之法，軍演過後，成王於子文家作客，國人皆慶賀子文善於用兵，唯獨年幼的伯嬴置之不理，子文主動前去攀談，並責怪伯嬴應多設想老人的用心。伯嬴告訴子文，子玉必將大敗，之後，子文雖會因為尊崇的地位而不被責備，但子玉是子文薦舉的，子文難辭其咎，故無可慶賀。簡文利用伯嬴與子文的對話，凸顯子玉的難負大任以及伯嬴的先見之明，並預見楚國日後將遭遇重大挫敗。

旭昇案：本篇記載楚成王前往城濮，楚王令子文教子玉用兵，子文的操演非常成功，子玉的操演學習也還不錯。所以舉邦賀子文，楚王也來做賓客。獨獨年幼的伯嬴（蒍賈）不賀子文，並且預言子玉必敗，無喜可賀。

由於本篇的「战敗師已」，原考釋及絕大部分學者都讀為「既敗師已」，是敘述已然發生的事情的口吻，因此全篇的結尾變得很不好解釋。現在我們把這一句隸定為「战（究）敗師已」，承接上文讀為「子玉之師究敗。師已……」，變成推測的句式，全篇的結尾就比較好理解了。通過這樣的釋讀，《左傳》中應該是記同一事件的敘述也完全可以理解了。《左傳・僖公廿七年》：

楚子將圍宋，使子文治兵於睽，終朝而畢，不戮一人。子玉復治兵於蔿，終日而畢，鞭七人，貫三人耳。國老皆賀子文，子文飲之酒。蔿賈尚幼，後至，不賀。子文問之，對曰：「不知所賀？子之傳政於子玉，曰以靖國也。靖諸內而敗諸外，所獲幾何？子玉之敗，子之舉也，舉以敗國，將何賀焉？子玉剛而無禮，不可以治民。過三百乘，其不能以入矣。茍入而賀，何後之有。」

已往讀《左傳》，我們不易明瞭：在國家將有重大戰事發生，子文與子玉分頭治兵，子玉治兵績效較差，國老何以不責子玉，而只顧著賀子文。再者，大戰連影子都還沒有，蔿賈就說「子玉之敗」，好像在敘述一件已經發生過的事，頗為難以理解。現在上博九〈成王為城濮之行〉問世，我們才知道，國老賀子文，是因為子文教子玉治兵相當成功。但是子文不抶一人，而子玉斬三人，顯然子玉是屬於剛猛嚴厲型的。伯嬴判斷子玉出戰必然失敗，因此不肯賀子文。

【簡序】

先將各家的排序方式羅列如下：

出處	排序
汗天山〈城濮札記〉14樓、不求甚解〈城濮札記〉21樓王寧〈校讀〉	甲1＋甲2＋甲3＋乙1＋乙2＋甲4＋甲5＋乙3上＋乙4
jdskxb〈城濮札記〉25樓	甲1＋甲2＋甲3＋乙1＋乙2＋甲4
魚游春水〈城濮札記〉30樓、曹方向〈通釋〉	甲1＋甲2＋甲3＋乙1＋乙2＋甲4＋乙3上＋乙4＋甲5
季師旭昇〈古文字讀書會〉	段落一：甲1＋甲2＋甲3 段落二：乙1＋乙2 段落三：甲4＋甲5＋乙3 段落四：乙4

　　原考釋誤分為甲、乙兩篇，陳偉〈初讀〉指出當為一篇，海天遊蹤〈城濮札記〉0樓指出乙簡3綴合有誤，該簡下半不屬本篇，可信。本文後半殘缺，文未完具，就現有的簡文來看，「甲1＋甲2＋甲3＋乙1＋乙2＋甲4」連讀是學者們的共識，有爭議者在於甲4後面的乙3上、乙4、甲5三簡孰先孰後，以及三簡之中是否存在殘缺的簡文。此三簡的排序有兩種說法：

1. 甲5＋乙3上＋乙4
2. 乙3上＋乙4＋甲5

　　這三簡的內容以伯嬴對子文的談話為主體，若選擇第一種方案，則伯嬴的談話為「君王謂子玉未患（慣）師，既（當隸「戠」讀「究」）敗師已」，這個排序有兩個疑問：一是依據乙簡1文例作「以子玉之未患（慣）」，這樣的排序將在「患」字下增衍一「師」字；二是如此一來簡文的「戠（究）敗師已」一語變得十分唐突。魚游春水〈城濮札記〉30樓

認為「戠敗師」不論是伯嬴預測之說，還是城濮戰後之事，其下不應再有「命君教之」。因此，第一方案是不理想的。

筆者贊同第二方案，即乙3上＋乙4＋甲5，這樣的排序甲簡4末的句讀為「君王胃（謂）子玉未患（慣），命君薈（教）之。」於「患」字下點斷，用法與乙簡1文例相同。這個排序文義比較順暢。不過，就縮小圖版來看，乙3上與乙4中間還有一段缺簡，如果它們是同一簡之殘，則中間至少還可以補十餘字內容，若二者是前後簡之關係，那中間的殘文則難以估量。依現有資料，我們無法推斷當屬哪一種情況，但可以確定的是，就現存簡文來看，乙4應接於乙3上之後。

【釋文】

城（成）王為成（城）僕（濮）之行[01]，王囟（使）子夐（文）[02]薈（教）[03]子玉。子夐（文）逯（閱）[04]帀（師）於敫（敬？）[05]，一日而蠿（畢）[06]，不敚（抶）[07]一人。子【甲一】玉受帀（師）出之［殷／蒍］[08]，三日而蠿（畢），漸（斬）三人[09]，壐（舉）邦加（賀）子虜（文）[10]，呂（以）亓（其）善行帀（師）[11]。王逞（歸），客於子＝夐＝（子文，子文）[12]甚悆（喜）[13]【甲二】，酓（合）邦呂（以）酓＝（飲酒）[14]。遠（蒍）白（伯）珵（嬴）猶約（幼）[15]，夃（寡／顧）寺（持）俌（舟？）酓＝（飲酒）[16]。子＝夐（文）[17]壐（舉）肰（脀）［貽］（貽）白（伯）珵（嬴）曰[18]：「殼（穀）虖（芜）余為【甲三】楚邦老，君王孚（免）余皋（罪）[19]，呂（以）子玉之未患（慣）[20]，君王命余逯（閱）帀（師）於敫（敬？），一日而蠿（畢），【乙一】不敚（抶）一人。子玉出之［虍／蒍］，三日而蠿（畢），漸（斬）三人。王為余［？］（？）[21]，壐（舉）邦加（賀）余。女（汝）【乙二】蜀（獨）不余見，飤（食）是肰（脀）而棄不思老人之心[22]。」白（伯）珵（嬴）[23]曰：「君王胃（謂）子玉未患（慣）【甲四】，命君薈

（教）之。君一日而臂（畢），不敚（抶）□人[24]□□□□□□□□□□□□□□□□□□□□□□□□□□【乙三上】□□□□□□□□□□□□□□□□□□□□□□□□子玉之【乙四】帀（師）戜（究）敗。帀（師）巳（已）[25]，君為楚邦老[26]，憙（喜）君之善而不敓（誅）子玉之帀（師）之【甲五】敗[27]……【缺簡】

言乎君子才（哉）？顲（聞）虘[28]【乙三下】〔非本篇内容〕

【語譯】

楚成王（將要）發動城濮之戰，楚王命子文教導子玉作戰之法。子文於敽（般？）訓練部隊，演練一日即完畢，未處罰任何人。子玉帶領部隊出發至蒍地進行演練，三日才結束，並且斬殺三人。大家都讚許子文善於治理部隊。成王歸返後在子文家作客，子文非常高興，聚合國人一同飲酒。蒍伯贏當時年紀尚小，獨自拿著酒杯喝酒。子文拿起脀肉給蒍伯贏說：「穀菟我是楚國老臣，承蒙君王的赦免而能活到今天。因為子玉尚未熟習治兵之法，因此楚王命令我在敽（般？）練兵，一天結束，未鞭笞任何人。子玉出發至蒍地練兵，三天才結束，斬殺三人，楚王為我□（高興？），全國都讚許我，只有你不來拜謁我。吃了這塊脀肉，然後丟掉你那『不肯顧念我這個老人』的心吧！」伯贏說：「國君因為子玉未熟習治兵之法而命你教導他，你演訓一日就完畢，不斬殺一人，（子玉練兵三天結束，斬殺三人，子玉剛而無禮），……子玉之師終究會遭受挫敗。戰爭結束後，你貴為楚國老臣，國君會因寵愛你而不忍責備子玉戰役的失敗……」

【注釋】

01. 城王為城濮之行

原考釋指出「城王」即「成王」、「楚成王」，詳細介紹了楚成王的生

平事跡："「成王」，即「楚成王」，春秋時楚國國君，羋姓，名惲，《春秋》作「頵」，《公羊》、《穀梁》作「髡」，公元前六七一至六二六在位。據《史記‧楚世家》:「莊敖五年，欲殺其弟熊惲，惲奔隨，與隨襲弒莊敖代立，是為成王。成王惲元年，初即位，布德施惠，結舊好於諸侯，使人獻天子，天子賜胙，曰:『鎮爾南方夷越之亂，無侵中國。』於是楚地千里。十六年，齊桓公以兵侵楚，至陘山。楚成王使將軍屈完以兵禦之，與桓公盟。桓公數以周之賦不入王室，楚許之，乃去。十八年，成王以兵北伐許，許君肉袒謝，乃釋之。二十二年，伐黃。二十六年，滅英。三十三年，宋襄公欲為盟會，召楚。楚王怒曰:「召我，我將好往襲辱之。」遂行，至盂，遂執辱宋公，已而歸之。三十四年，鄭文公南朝楚。楚成王北伐宋，敗之泓，射傷宋襄公，襄公遂病創死。三十五年，晉公子重耳過楚，成王以諸侯客禮饗，而厚送之於秦。三十九年，魯僖公來請兵以伐齊，楚使申侯將兵伐齊，取穀，置齊桓公子雍焉。齊桓公七子皆奔楚，楚盡以為上大夫。滅夔，夔不祀祝融、鬻熊故也。夏，伐宋，宋告急於晉，晉救宋，成王罷歸。將軍子玉請戰，成王曰:『重耳亡居外久，卒得反國，天之所開，不可當。』子玉固請，乃與之少師而去。晉果敗子玉於城濮。成王怒，誅子玉。四十六年，初，成王將以商臣為太子，語令尹子上。子上曰:『君之齒未也，而又多內寵，絀乃亂也。楚國之舉常在少者。且商臣蜂目而豺聲，忍人也，不可立也。』王不聽，立之。後又欲立子職而絀太子商臣。商臣聞而未審也，告其傅潘崇曰:『何以得其實？』崇曰:『饗王之寵姬江羋而勿敬也。』商臣從之。江羋怒曰:『宜乎王之欲殺若而立職也。』商臣告潘崇曰:『信矣。』崇曰:『能事之乎？』曰:『不能。』『能亡去乎？』曰:『不能。』『能行大事乎？』曰:『能。』冬十月，商臣以宮衛兵圍成王。成王請食熊蹯而死，不聽。丁未，成王自絞殺。商臣代立，是為穆王。」」

　　「「成僕」即「成濮」，地名，春秋衛地，在今河南陳留縣。一說在

山東濮陽南，今有臨濮古城，即古城濮地。《左傳・僖公二十八年》：「夏，四月己巳，晉侯、齊師、宋師、秦師及楚人戰于城濮，楚師敗績，此大戰也。」周襄王十九年（前六三三年），楚成王率鄭、陳、蔡、許諸國之軍圍宋，宋求救于晉。晉大夫先軫認為這是晉「取威定霸的時機」。晉文公於是在被廬建立三軍。次年，晉進攻楚的盟國曹、衛，拘執曹君送到宋國。四月，晉、楚兩軍在城濮對陣，晉下軍之佐胥臣首先進攻，擊潰由陳、蔡軍隊組成的楚右師。旋由下軍之將欒枝偽裝潰逃，引誘楚軍追趕，然後用中軍與上軍夾攻，擊潰楚左師。楚令尹子玉見大勢已去，收餘部而退。戰後，子玉自殺。晉文公於是作「踐土之盟」，建成霸業。”

原考釋釋「行」為「巡視」：“「行」，《釋名・釋姿容》：「兩腳進曰行。」《爾雅・釋宮》：「堂上謂之行，堂下謂之步。」《周禮・地官・州長》：「師田行役之事」，賈公彥疏：「行，為巡狩。」《禮記・樂記》「使之行商容而復其位」，鄭玄注：「猶視也。」孫希旦《集解》：「謂行視也。」此句意為楚成王巡視城濮之地。”

陳偉〈初讀〉：“整理者讀「成僕」為「城濮」，認為即見於《左傳》僖公二十八年的「成濮」。甚是。本篇即圍繞成濮之役而展開，相關記載見於僖公二十七、二十八年《左傳》。……整理者以為是楚成王巡視成濮之地後發生的事情，因而未能利用解讀本篇的關鍵文獻。”季師旭昇〈古文字讀書會〉則認為簡文所記當是在城濮之役前之事。

佑仁案：在《上博九》出版以前，李零在《簡帛古書與學術源流》一書中已指出此篇乃「記晉、楚城濮之戰（前633年）前楚臣成得臣（字子玉）治兵事」（《簡帛古書與學術源流》頁274），將簡文的敘述時間定在城濮之戰前。

學者已經指出〈成王為城濮之行〉可對應《左傳・僖公二十七年》的記載。欲考察本篇的敘述時間，須先釐清開頭「成王為城濮之行」的具體意涵，「行」字，原考釋訓為「行視」的說法恐有疑問，因為

當時「城濮」屬於衛地，《左傳•僖公二十七年》云：「晉侯、宋公、齊國歸父、崔夭、秦小子憖次于城濮。」楊伯峻云：「城濮，衛地。」非由楚國所統轄，成王如何能（或為何要）至城濮巡視？

本篇開頭「為城濮之行」之「為」，其讀音究竟是「ㄨㄟˊ/wéi」還是「ㄨㄟˋ/wèi」？是個非常重要的問題。筆者認為「成王為城濮之行」的「為」當讀成「ㄨㄟˊ」，指「做」、「發動」之義，也就是楚王進行「城濮之行」。

「為」若讀「ㄨㄟˊ」指現在進行的動作，若讀「ㄨㄟˋ」則是表示目的，義同於「為了」，這兩個讀法，意義有很大不同，但很可惜本句話在《左傳•僖公二十七年》中缺乏對應的文例，因此單從字面上看，無法做出判斷。所幸，《清華貳•繫年》曾兩次記載楚靈王曾「為南懷之行」，其文例和本篇皆為「為……之行」，且「之行」二字前皆為地名，這是非常重要的線索，先將二處文例羅列如下：

1. 〈繫年〉簡 80：以至靈王，靈王伐吳，爲南懷之行，執吳王子蹶由，吳人焉或（又）服於楚。
2. 〈繫年〉簡 98-99：靈王先起兵，會諸侯于申，執徐公，遂以伐徐，克賴、朱邡，伐吳，爲南懷之行，縣陳、蔡，殺蔡靈侯。

楚靈王伐吳，楚軍進軍至南懷，虜吳王之子「蹶由」以歸，使吳國再度臣服楚國。這一段史事可參考《左傳•昭公五年》的記載：「楚子以馹至於羅汭。吳子使其弟蹶由犒師，楚人執之，將以釁鼓。……楚師濟於羅汭，沈尹赤會楚子，次於萊山，薳射帥繁揚之師先入南懷，楚師從之，及汝清。吳不可入。楚子遂觀兵於坻箕之山。是行也，吳早設備，楚無功而還，以蹶由歸。楚子懼吳，使沈尹射待命于巢，薳啟彊待命于雩婁，禮也。」可見〈繫年〉的「為」當讀「ㄨㄟˊ」表示楚王率領軍隊至南懷，

最後攜<u>蹶由</u>而歸，是現在進行的動作。

《上博》簡中君王執行「某某之行」的用法，又見於〈平王與王子木〉簡 2-3：「先君莊王蹠<u>河雍之行</u>」，陳偉指出「河雍之行，就是《春秋左傳》宣公十二年所記的邲之役。」（陳偉：〈讀《上博六》條記〉）甚是。另外金文中也有相關的證據，〈史牆盤〉記載昭王「唯寏南行」，《左傳・僖公四年》云：「昭王南征而不復」，銘文「南行」正是史傳所載昭王「南征」之事。由前述諸「行」字的文例來看，「行」與征伐之事有密切之關係。

若〈平王與王子木〉的「河雍之行」即「邲之役」，〈繫年〉的「南懷之行」即伐吳之戰，則本篇的「城濮之行」當然就是指「城濮之戰」。依據《左傳》的記載，成王為了對圍宋（西元前 633 年冬天）預作準備，因此先令子文、子玉練兵（西元前 633 年秋天），而圍宋後隔年四月立即爆發城濮之戰（西元前 632 年四月），所以圍宋根本就是城濮之役的開端，而練兵的子玉更是城濮之戰中楚國聯軍的主將。這三件大事前後發生的時間相隔不到一年，作者將子文教子玉練兵視為城濮之戰，有可能是作者主觀認定當二人練兵之時，已為城濮之戰揭開序幕，但也可能是本篇著重記載伯嬴對城濮兵敗的先見之明，因此對相關史事的先後關係並沒有深入的細察，使得簡文與傳抄史籍的說法有所出入。《上博》簡中史事的記載與古籍產生矛盾的情況在《上博七・鄭子家喪》中也曾出現。

筆者認為簡文「成王為城濮之行，王使子文教子玉」的「為」當讀「ㄨㄟˊ/wéi」，指楚王進行「城濮之行」。「行」字應與軍事行動有關，「城濮之行」應該就是「城濮之戰」。若將「為」讀成去聲，解釋成「為了」，並將「行」理解為行程，則「為城濮之行」可解釋成為城濮之戰預作準備。這個說法字面上也說得通，只是前述楚簡中幾處「為某某之行」的「為」皆讀「ㄨㄟˊ/wéi」，是以筆者仍傾向將它讀成陽平，而非去聲。

總的來說，「成王為城濮之行」指的應該是成王發動城濮之戰，而後

文的論述主要就是《左傳·僖公二十七年》成王令子文教子玉治兵之事（西元前 633 年秋天）。此外，本篇現存的最後一簡是甲簡 5，但文意未完，後半肯定還有殘缺的簡文，而甲簡 5 云：「戠（既）敗币（師）已，君為楚邦老，憙（喜）之善而不尣（誅），子玉之币（師）之。」這裡的「敗師」的「敗」當對應《左傳·僖公二十七年》「子玉之敗」的「敗」，即是伯嬴對城濮慘敗的預言。（季師旭昇云：既，當隸「戠」讀「究」。詳後。）

02. 王囟（使）子矍（文）

原考釋謂「囟」讀為「思」，或讀為「使」："「囟」讀為「思」。《說文·心部》「思，睿也。」段玉裁注：「凡深通皆曰睿，謂之睿者，以其能深通也。」《說文通訓定聲》：「思者心神通於囟，故从囟。」《上海博物館藏楚竹書（二）·容成氏》第四十四簡「受（紂）……於是唬（乎）作為九城云（上博九讀本引者按：當作「之」）臺，視（實）盂炭其下，加圜木於其上，思民道（蹈）之。」《荀子·子議兵》（上博九讀本引者按：當作《荀子·議兵》）楊倞注引《列女傳》：「炮烙，為膏銅柱，加之炭上，令有罪者行焉，輒墮火中，紂與妲己大笑。」文中之「令」與簡文「思」相當。又同篇第二十簡「禹然後始為之唬（號）旗，以辨其左右，思民毋惑」，馬王堆帛書《老子》甲本「思有宵有朝，有晝有夕」，「思」或讀為「使」。"認為「子矍」即「子戲」，讀為「子蘧」，即「蘧伯玉」："「子矍」即「子戲」，讀為「子蘧」。「蘧」，《通志·氏族略·平聲》：「蘧氏，衛大夫蘧瑗字伯玉。」「子戲」為「蘧伯玉」，春秋時衛國人，衛靈公時大夫，此人外寬而內直，直己而不直人。相傳年五十而知四十九年之非，勤於改過。吳季札過衛，贊許為君子，孔子稱其行，至衛，寄居於其家。"

海天遊蹤〈城濮札記〉0 樓與陳偉〈初讀〉則指出「虞」應隸定作

「䝿」，即子文。

旭昇案：子文，即鬥穀於菟，芈姓，鬥氏，名穀於菟，字子文，春秋時代楚國令尹，對楚國有很大的貢獻。子文是楚國君王若敖的孫子。若敖生鬥伯比，鬥伯比和表妹郧子之女偷情，生下了小孩被丟在雲夢大澤，結果有隻老虎餵他吃奶。郧子外出打獵見到了，覺得很驚奇，於是帶回去養。楚國把老虎叫「於菟」，把餵奶叫「穀」，於是這個小孩就叫鬥穀於菟，並且把女兒嫁給鬥伯比（見《左傳・宣公四年》）魯莊公三十年（楚成王 8 年；西元前 664 年），子文為令尹（楚國最高執政長官），毀家紓難，對楚國的強大和霸業有很大的貢獻。（見《左傳・莊公三十年》）他三次被任命為令尹，無喜色；三次被免去令尹之職，無慍色，孔子贊美他「忠」（見《論語・公冶長篇》）。不當令尹時，家中連一日之糧的儲蓄都沒有，楚王於每次上朝都要準備一束乾肉，一筐乾糧，送給子文（見《國語・楚語》）。魯僖公二十三年（楚成王 35 年；西元前 637 年），子玉帥師伐陳有功，子文把令尹之職讓給子玉。（見《左傳・僖公二十三年》）。子文自初為令尹，至此共二十八年。子文治兵事，見《左傳》魯僖公二十七年（楚成王 39 年；西元前 633 年）。《左傳》魯宣公四年（楚莊王 9 年；西元前 605 年）記子文卒事。

03. 䎽（教）

原考釋謂「䎽」用作「教」：〝「䎽」，簡文用作「教」。《廣韻》：「教，訓也。」《戰國策・秦策一》「兵法之教」，高誘注：「教，習也。」《周禮・地官・師氏》「掌國中失之事以教國子弟」，鄭玄注：「教之者，使識舊事也。」主要是授其知識。《呂氏春秋・貴公》「願仲父之教寡人也」，高誘注：「教，猶告也。」〞

陳偉〈初讀〉：〝教，疑當讀為「效」，訓為「致」、「授」。〞張新俊〈札記二則〉讀作「校」：〝「校」有比、量、考校一類的意思。〞

佑仁案：筆者贊同原考釋之說，讀「教」，子文為楚邦老，以此輩分教導子玉，合情合理。

04.遀（閱）

遀，原考釋隸為「遀」，讀為「受」：「「遀」讀為「受」，接受、承受之意。《上海博物館藏戰國楚竹書（六）·用曰》第五簡「遀物于天」，讀為「受物于天」。」後來在〈說上博竹書〈成王爲城濮之行〉的「搜師」〉中它們都釋爲「搜師」，並於「蒐」聯繫起來考察。（《簡帛》第 9 輯）

陳偉〈初讀〉：「曳，亦作「遀」，疑並讀爲「蒐」，檢閱，閱兵。」蘇建洲〈上九箚一〉：「簡 1 釋為「遀」、簡 2 釋為「曳」，讀為受，沒有必要，本是「受」字。」汗天山〈城濮札記〉12 樓：「也許可以讀爲「蒐」？《爾雅·釋詁》蒐，聚也。意同治兵。」張新俊〈札記二則〉認為字與「曳」字有關，讀為「閱」，「閱」即檢閱軍隊。不求甚解〈城濮札記〉38 樓：「「戰鬭不可不習，故於蒐狩以閑之也」，尤其跟簡文文義相關。由此也可見有學者將簡文的「曳」讀為「蒐」的讀法是正確的。」張崇禮〈城濮札記〉43 樓：「這個字的演變序列還是比較清楚的，可以上溯到金文的「逆遺」。「逆遺」又作「逆侃」，侃應讀為衍或延，義為延請。簡文中此字也應讀為衍或延，訓為布、陳。」孫合肥〈札記〉認為「▩」與楚簡「遺」字形同，簡文中義爲「置」，簡文「遺師」，即「置師」。賴怡璇在〈「受」字補說〉與〈三則〉中認為此三形仍為「受」，其中「▩」、「▩」釋「受」沒有問題，至於「▩」，應只是「臼」形筆畫相連，而下方的又形寫成直筆，「受」或可讀為「治」，「受」為端紐幽部，「治」為定紐之部，二字可通，「治師」即為《左傳》中的「治兵」，「兵」與「師」皆指軍旅，指整飭軍隊，當然也可以考慮釋為「受」讀為「蒐」，意思也是相近的。易泉〈城濮札記〉51 樓：「可視為「建」字省

（或變）體。「建師」，與諸文中所提及的「治師」、「置師」意義相近。《成王為城濮之行》涉及到了子文、子玉在軍隊軍力建設能力方面的一場大比武。"鵾鳩〈城濮札記〉59 樓："《成王為城濮之行》所謂「遻」孫合肥先生改釋「遺」，極可能是正確的，但讀法還可商議，疑讀為「選」。" "「遺（選）師」就是使軍隊整齊，也就是整飭軍隊，與《陳公治兵》中的「斯（選）軍」是一回事。"趙平安釋為「畀」，以為「畀」可以讀為「辨」。甲骨文ㄨ是畀的簡式寫法，「下ㄨ」讀為「下辨」……知簡文「辨師」和《左傳》「治兵」相對，「辨師」就是「習兵」、「治兵」。（〈釋上博簡《成王為城濮之行》中的「畀」字〉，《簡帛》第 9 輯）。宋華強認為甲 2 為「受」字，甲 1 和乙 1 為「遥」，讀為「討」。（〈《上博九〈成王爲城濮之行〉考釋（九則）〉，《簡帛》第 9 輯）

陳劍〈「受」字和「穀菟余」〉透過文例比勘，認為「〔圖〕」是「受」，而「〔圖〕」、「〔圖〕」則與「受」字毫無關係。

佑仁案：本篇出現三例與△有關的字，構形分別作（後文以△代表疑難字）：

編號	1	2	3
字形	〔圖〕	〔圖〕	〔圖〕
出處	甲 1	甲 2	乙 1

先論字形，△字的分析方式有釋作從「叟」、「受」、「曳」、「婁」、「侃」、「遺」、「建」等多種說法，眾說紛紜，莫衷一是。「受」字楚簡作「〔圖〕」（《包山》2.6）、「〔圖〕」（《上博一‧孔子詩論》簡 2）、「〔圖〕」（《上博二‧子羔》簡 7）、「〔圖〕」（《郭店‧語叢三》簡 5），筆者贊同第 2、3 兩形釋讀作「受」的說法。△字之所以造成諸多紛爭，其癥結點在於第 1 形與第 2、

3 兩形，就文字構形的演變理論來看，實在不像是同一字或是一字之簡省訛變。

前述有學者認為第 1 形與第 2、3 形的差異只是在「（第 1 形）是『臼』形筆畫相連，而下方的『又』形寫成直筆」，「」字筆者摹作「」，筆者認為：

1. 將「」（受）寫成「」，這已經超越我們對於古文字構形學的理解，而且現有古文字中的「臼」旁也未見相同的演變例證。
2. 有學者認為「下方的『又』形寫成直筆」，但這種形態的「又」實在很少見，且楚系文字中的「又」從未出現過在手肘位置上添加飾筆的情況。

上述兩個構形已屬未見，還要將上下兩個偏旁的豎筆連貫起來，這似乎是難上加難的推論。筆者認為雖然它們的文例相近，但文字構形差異甚大，第 1 形與 2、3 形恐怕不是一字。

就通假而言，有學者主張「受」（端紐、幽部）、「治」（定紐、之部），可作為通假的證據。聲紐屬舌頭音，韻部為之幽旁轉，確實有通假的可能，但《左傳》原文的「治兵於瞵」，〈成王為城濮之行〉作「師於敫（敂？）」，只有「於」字相合，其餘三處用字皆不同，所以筆者比較傾向「受」讀如字即可，無須改讀。至於甲 1 疑難字的隸定與讀法，都還有待日後的研究。

「」字，張新俊釋為「遚」，陳劍、張舒（二人意見參張舒碩士論文《《上海博物館藏戰國楚竹書（九）》集釋及相關問題研究》，2015 年 6 月，復旦出土文獻與古文字研究中心碩士，陳劍指導）、馮勝君（〈上博九〈成王爲城濮之行〉補釋〉）同意此說。「遚師」即「閱師」，但字形應如何說解，還有待進一步研究。旭昇案：本篇書手寫字不是很嚴謹，常有一些比較特殊的寫法。此字釋為

「遻」，應該是合理的。「曳」字甲骨文作「⿰⿱⿱」（商.乙 6370）、西周晚期師㝨鐘作「⿰」，本从二手拽一人。楚簡目前似未見「曳／臾」字，但《睡虎地秦簡・日甲》135「臾」字作「⿱」（見張守中《睡虎地秦簡文字編》頁 222）、西漢《馬王堆・老子乙前》160 上「臾」字作「⿱」、《老子乙前》242 上「曳」字作「⿱」，其實都與「遻」字右上所从相當接近。此字釋為从辵从曳，應該是可以的。「曳」與「閱」上古音都屬於喻四月部，可以通假。閱師，即檢閱、校閱軍隊，以為大戰之準備。

05. 敫（敟？）

原考釋隸為「汥」：「「汥」，《說文・水部》：「水都也。从水，支聲。」段玉裁注：「水都者，水所聚也。」」學者提出的說法眾多，莫衷一是，可分為以下幾種意見：

一、釋作从「兆」从「殳」：筆者〈城濮札記〉1 樓、蘇建洲〈城濮札記〉2 樓皆釋「䧢」。王寧〈校讀〉以為此字即為「⿰」，《左傳》作「睽」，當是「眺」字之形訛。天涯倦客〈城濮札記〉53 樓認為甲 1 簡中的第 20 個字就是楚簡中的「⿰」字，即《左傳》中的「睽」，「睽」當是「眺」字之形訛。季師旭昇〈古文字讀書會〉認為此字應隸定為「䧢」。

二、釋作从「申」从「殳」（或攴）：易泉〈城濮札記〉15 樓認為疑可分析从申从殳，讀作「陳」，該地可能在陳國境內。曹方向〈通釋〉認為釋「尋」不可從，「尋」字本義是用手丈量，兩手都指向左邊，楚簡「尋」字多見，但此處並不是這樣寫的，並主張可能是從「申」聲，屬真部字，「睽」字屬舌根音脂部，兩字韻部對轉，可能存在通假關係。檻外人〈城濮札記〉49 樓認為字从申从攴，可逕讀作「申」，「申誡」、「告誡」之意。如《尚書・多士》：「今予惟不爾殺，予惟時命有申。」

三、釋作從「尋」從「殳」：陳偉〈初讀〉隸作「敆」。家興〈城濮札記〉
　　28 樓認為實為「尋」字，疑即新蔡簡中的「尋」地。

四、疑為「卜」之訛，讀為「睽」：天涯倦客〈城濮札記〉58 樓認為如果
　　《左傳》「睽」字不誤的話，那麼就有可能是抄手本來是想寫成
　　「卜」的（「卜」、「睽」古音同），而誤寫成了「朴」。

五、張崇禮〈城濮札記〉50、56 樓認為是「癸」或「陳」字。

　　佑仁案：「敆」字原篆作：

字形		
出處	甲 1	乙 1

原考釋隸為「汱」。「支」字晚出，與原篆差異太大，可以排除。第四說主
張字為「卜」之訛，但除非有堅實證據，否則「卜」要訛成△，機率甚
微。又，第一種說法中，「天涯倦客」主張《左傳》的「睽」為「殺」之
訛，此說顯然有誤，因為《清華壹·楚居》簡 9、10 記載成王事蹟時，曾
提及「睽」地，如下：

　　　　至成王自䲷郢徙襲湫郢，湫郢徙□□□□居睽郢。至穆王自睽郢徙
　　　　襲爲郢。

「睽」字原篆作「」（簡 10），原考釋者認為此即《左傳·僖公二十
七年》：「楚子將圍宋，使子文治兵於睽」之「睽」，有《清華壹》的
「睽」字當證據，《左傳》的「睽」自然不會是誤字。現在的問題是如何
聯繫〈楚居〉「睽」字與本處疑難字。

　　關於△字如何理解，目前有「兆」、「申」、「尋」三說。釋「申」之說
可以排除，楚簡「申」字如下：

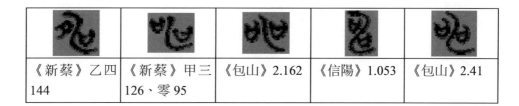				
《新蔡》乙四144	《新蔡》甲三126、零95	《包山》2.162	《信陽》1.053	《包山》2.41

「申」一般都在「S」形中各添一「口」形，我們尚未看到「口」形訛作「＝」者，釋「申」之說，應可排除。釋「兆」亦有疑義，「兆」字作：

《包山》2.87／逃	《包山》2.165／逃	《包山》2.166／郱	《包山》2.95／銚	《包山》2.10／桃

「兆」字從「S」形，上、下從「止」，但就現有的材料來看，「止」形未見省成「＝」者，因此釋「兆」也有疑問。楚簡「尋」字作：

《包山》2.157／鄩	《包山》2.169／鄩	《郭店・成之聞之》簡34／簌	《包山》2.120／蕁	《上博一・孔子詩論》簡16／融

其「尋」旁外框的寫法不從「S」形，而是類似「3」形，曹方向認為釋「尋」不可從，殆即此理。但筆者認為釋「尋」的看法有個證據值得重視：

△1	△2
包157	包157反

《包山》此二字形的文例為：

1. 《包山》2.157：邞（鄏）宮夫=（大夫）命少割（宰）尹△1訧（詶）。

2. 《包山》2.157 反：邞（鄏）少宰尹△2訧（詶）吕（以）此𦥑（等）至命。

「少割（宰）尹△」在簡 157 之正反面都出現，正面作「𢎨」，簡背則作「𢎨」，這是「尋」字作「S」形的有力證據。另外，《包山》2.12 有「■」（𨛫），亦是从「S」形，學者有釋作「郲」或「鄩」，現在看來以釋「鄩」為佳。

綜上所述，就字形上看，將△釋作「尋」可能性最高，但「敠」（邪紐侵部）、「睽」（溪紐脂部），聲韻畢異，可見古音方面「敠」仍無法與《左傳》所記載的「睽」通假。

許可從筆者之說，並舉出《里耶》第五層簡 7「□布四敠」的「敠」字作「■」，其「尋」旁與本篇此字完全相同，而該層 4-10 簡的文字與秦文字差異較大，與楚文字風格更接近，因此「尋」字可以有此種寫法，但其地理位置與戰國時楚的「鄩郢」關係不大。（許可：《上博九〈成王爲城濮之行〉「尋」字申說》）

旭昇案：△字釋為从「兆」的可能性很低，應予放棄。但从「申」的可能性還是有的，楚文字「口」形簡化為「二」形，如「待」字楚簡作「㗾」，如《上博五・弟子問》簡 14「吾子皆能有㗾（待）乎」，字作「■」，而《清華肆・筮法》簡 7-8「參（三）兇同吉，㝵（待）死」，「待」字作「■」，「口」旁即簡化為「二」形（其例尚多，不煩備舉）。因此△字似可釋為从「申」，隸作「𢾭／敀」，或可從此二形去思考此字與《左傳》對應「睽」的關係。

06. ⿱或⿰或或（畢）

原考釋隸「⿱⿱或或日」讀「聝」：“「⿱⿱或或日」，疑讀為「聝」，本字未見「耳」旁，而纍增二戈和日，是沿用「或」字而另造的繁文。《說文・耳部》：「聝，軍戰斷耳也。《春秋傳》曰『以為俘聝』。從耳，或聲。」《左傳・成公三年》「以為俘聝，執事不以釁鼓」，聝指斷左耳。《左傳・僖公二十二年》「楚子使師縉示之俘馘」，杜預注：「俘，所得囚；馘，所截耳。」孔穎達疏：「俘者生執囚之，馘者殺其人，截取其左耳，欲以計功也。」”無語〈城濮札記〉3 樓：“實際上即古文誖，讀爲「畢」。簡文講子文與子玉治兵對比之事又見於《左傳》僖公二十七年「楚子將圍宋，使子文治兵於睽，終朝而畢，不戮一人。子玉復治兵於蒍，終日而畢，鞭七人，貫三人耳。國老皆賀子文，子文飲之酒。蒍賈尚幼，後至，不賀。子文問之」，正用「畢」字。”

不求甚解〈城濮札記〉21-23 樓認為原字形从二或，即《說文》「⿱⿱或或角（觱）」之聲旁，讀作「畢」，簡文「一日而畢」即「一天就完成了訓練軍隊之事」的意義。陳偉〈初讀〉：“⿱或或，《說文》：「籀文誖，從二或。」音近讀爲「畢」。”王寧〈校讀〉：“此即「⿱或或」字，《康熙字典・酉集上・角部》：「觱，《說文》本作『⿱⿱或或角』。《六書正譌》：『吹皆角音，故从角。⿱或或，古誖字，諧聲。然今時惟知觱矣。』」《考證》：「《詩・豳風》『一之日觱發』，《說文》作『畢發』。」是此字與「畢」通用。”

海天遊蹤〈城濮札記〉56 樓：“「一日而誖（畢）」最直接的通讀例證應該就是《清華一・祭公》簡 6「克夾卲（紹）成（成）康，甬（用）⿰爿⿱或或（畢）【6】成大商。」”季師旭昇〈古文字讀書會〉認為此字為三個「或」所組成，可隸定為「⿱或⿰或或」，讀為「畢」。

佑仁案：〈成王為城濮之行〉通篇有五個讀作「畢」的字，其文例為：

A：一日而畢，不敢一人。【甲1】

B：三日而畢，斬三人。【甲2】

C：君王命余受師於敔（？），一日而畢，不敢一人。【乙1-2】

D：子玉出之■（？），三日而畢，斬三人。【乙2】

E：君一日而畢，不敢【乙3上】

編號	A	B	C	D	E
字形					
出處	甲1	甲2	乙1-2	乙2	乙3上
原考釋隸定	嚞	嚞	嚞	職	無隸定
本文改隸	或或或	或戈或	或或或	䏿	胾

楚成王命子文與子玉練兵，子文「一日而畢」，子玉則「三日而畢」，讀「畢」幾乎是學界共識。學者們已經指出，此字實即《說文》之「嚞」字，但是在嚴式隸定部分仍有不少問題。原考釋已指出該字在簡文中「甚繁複」，但學者們解釋字形結構時，往往只標舉出其中一字為字頭，然而從字表中可清楚看出，五個疑難字構形的寫法完全不同，隸定自當有別，彼此差異，應加以區別。

先談編號 A，季師旭昇〈古文字讀書會〉認為此字當是從三「或」讀作「畢」，可信。本篇書手的某些字跡較為草率，看得出來甲 1 左下「或」旁的「戈」，其實已訛成「弋」。

編號 E 字形雖殘泐，但仍可見乃從「肉」從「或」，相同的寫法見「䏿」（《郭店・性自命出》簡 31）、「胾」（《郭店・性自命出》簡 44），當隸定作「胾」。編號 D，原考釋釋作從「耳」，其實它與編號 E 都應從「肉」，故編號 D 當隸定作「䏿」。至於編號 C，字形從「皕」，「白」當

是由「或」旁的「○」進一步聲化而成。「𦣻」為即《說文》「𦣻」字，「𦣻」（幫紐質部）、「畢」（幫紐質部），音韻皆同，「𦣻」當為後加的聲符（此點蒙張宇衛博士提示）。

最後，編號 B 字形比較棘手，右下的「戈」中間有「○」形，應隸作「戓」，「○」形筆畫較淺，有可能是「白」或「肉」形。

07. 敇（抶）

「敇」字共三見，原考釋隸定作「敇」，讀為「逸」：「「敇」，簡文讀為「逸」，《上海博物館藏戰國楚竹書（五）・三德》第四簡「毋言牆焉救利」，同篇第十一簡「毋牆其身」之「牆」同。《說文・辵部》：「逸，失也。从辵、兔，兔謾訑善逃也。」「不逸」是指奔跑得不快的士兵。」

汗天山〈城濮札記〉13 樓：「據乙本簡 2 字形，不～的～似當從「極」聲，讀為「殛」，殺死之義，與斬三人對應」不求甚解〈城濮札記〉21-23 樓認為字從「逸」聲讀「抶」。陳偉〈初讀〉：「敇（從肉），《左傳》作「戮」」。海天遊蹤〈城濮札記〉44 樓：「甲 01、乙 02 釋為「逸」的寫法與《集成》4311 師獸簋的「敇」讀為「肆」的字形相近，從整體結構來看，似難有他想。乙 2 的「兔」看起來類似楷書的句，二者自然無關。西周金文有種「兔」的寫法作從「ㄟ／口」形，如大盂鼎的𨖷的「兔」旁。乙 2 的所謂「句」形似可以考慮由此訛變而來（比如偏旁移動）。後世傳鈔或根據這種字形誤以為從「句」而讀為「戮」也不能排除。」程燕〈上九札記〉：「從乙本的字形不難看出，此字應隸作「敇」，疑讀「拘」。」張崇禮〈城濮札記〉50 樓認為字從「逸」從「殳」，讀「肆」，訓「殺」。金宇祥〈札記四則〉釋作「敇」並引《上博四・柬大王泊旱》簡 14「句」字作「」為例，讀作「戮」。王保成〈獻疑三則〉認為可分析為從月、亟聲，「肉」與「歹」可視為同義偏旁，故此字可能是「殛」的異體字，「殛」，有誅殺和懲罰之義。

　　佑仁案：此字在本篇中共三見，只有乙 2 的「」寫法完整，其餘二例作「」（甲 1）、「」（乙 3），殘缺太甚，乙 2 字下半从「肉」，右半从「攴」，二偏旁都很清楚，而左上的部件學者的說法有兩種：1、从「兔」2、从「句」。有學者以〈柬大王泊旱〉寫法為據，主張字當从「句」，其實〈柬大王泊旱〉的字形本身也是疑難字，原整理者濮茅左釋作「句」讀「後」，文例作「王卬而△而泣」，但季師旭昇已經指出該字「不得釋『句』」，因為它雖與楷書「句」構形偶合，但是古文字的「句」實从「丩」。（季師旭昇：〈《上博四・柬大王泊旱》三題〉）該字陳劍解成「𡆥」之省，讀作「呼」，（陳劍：〈上博竹書《昭王與龔之脽》和《柬大王泊旱》讀後記〉）是比較適切的看法，它與本篇的乙 2 是否能等同起來，仍待日後研究。而甲 1、乙 3 兩例殘簡，看起來並非从「句」形，可見三形仍有未可解之處。唯一能確定的結論是，《左傳》對應的文例作「戮」。

　　旭昇案：此字从兔从攴，原考釋隸「敠」讀「逸」，基本方向是不錯的。汗天山、不求甚解以為當讀「抶」（義為鞭笞），海天游蹤指出此字與《集成》4311 師虎簋的敠讀為「肆」的字形相近，隸定當作「敠」，讀為「抶」，義為鞭笞。《左傳》對應之字作「戮」，「戮」亦鞭笞之義，非殺戮。案：以上諸說可從，此字應隸「敠」，讀為「抶」，義為鞭笞。

08. （殼／蔿）

　　原考隸作「殼」，認為據本篇乙本，此為「夫」字。易泉〈城濮札記〉15 樓釋作「吳」的變體，讀作「虞」。溜達溜達〈城濮札記〉16 樓：“此二字絕非从吳或「吳」字，即楚簡常見的「大」字，可參董珊先生〈楚簡中從「大」聲之字的讀法〉。”苦行僧〈城濮札記〉18 樓疑為「刪」字。陳偉〈初讀〉：“此字在「甲本」中有一些附加部分，而「乙本」只作「太」。《左傳》作「蔿」。”魏慈德〈上博故事簡試探〉主張从「虤」聲，讀為「蔿」。

佑仁案：本篇共見兩次，分別為「■」（甲 2）、「■」（乙 2），後者省略「殳」，《左傳》作「蒍」。此字如何與「蒍」聯繫是個難題，就字形面上看應是：甲 2 以乙 2 為聲符，並再衍增一斜筆。但目前為止沒有能通盤詮解二字的說法。乙 2 寫法完全符合董珊所釋的「大」字，但聲韻方面與「蒍」不好溝通。釋成從「虍」聲音韻可通，但乙 2 寫法與「虍」相隔較遠。可參董珊：〈楚簡中從「大」聲之字的讀法（一）〉。

旭昇案：本篇書手寫字較為任意，甲 2 應分析為從虍從殳，虍亦聲，隸定作「嘅」，乙 2 字形訛省作「虐」。「虍」上古音屬曉母魚部，「為」屬為母歌部，二字聲同屬喉音，韻為歌魚旁轉（參《古音學發微》頁 1047），因此可以與《左傳》的「蒍」對應。

09. 三日而鬟（畢），漸（斬）三人

原考釋原隸為「嘅（夫）三日而鬟（畢），漸（斬）三人」，以為「夫」指「兵士」，「漸」讀為「斬」："《說文・車部》：「斬，截也。从車，从斤。斬，法車裂也。」《釋名・釋喪制》：「斫頭曰斬，斬腰曰腰斬。」《正字通》：「斬，斷首也。」《爾雅・釋詁》：「斬，殺也。」"

10. 毉（舉）邦加（賀）子虞（文）

原考釋讀「毉」為「舉」，讀「加」為「賀」："「毉」，簡文用作「舉」。「舉邦」即「舉國」，如《漢書・宣帝紀》「舉國同心」，《文選・李陵答蘇武書》「舉國興師」。「加」，讀為「賀」。《說文通訓定聲》：「賀，叚借為加。」《儀禮・士喪禮》「賀之結于後」，鄭玄注：「賀，加也。」《說文・貝部》：「賀，以禮物相奉慶也。」"

11. 善行帀（師）

原考釋引《禮記・曲禮上》：「脩身踐言謂之善行。」認為「善行」指

對軍旅有善好的行為。佑仁案：「行」明顯當與下文之「師」連讀，「善行師」即善於率領軍隊。

12. 王遳（歸），客於子＝夒＝（子文，子文）

原考釋讀「遳」為「歸」"「遳」，即「歸」字。《正字通》：「遳，同歸」《包山楚簡》、《郭店楚簡・六德》、《銀雀山漢墓竹簡・孫臏兵法》「歸」字均作「遳」。《穀梁傳・僖公二十八年》：「歸者，歸其所也。」即返也，歸原處。「客」，《說文・宀部》「寄也」，謂賓客，外來之人。簡文指王在子蓮家作客。"

原考釋認為「子」字有重文符，但「夒」字下似脫漏重文符，「子夒」兩字分置上下句。曹方向〈通釋〉認為此處可能脫重文。季師旭昇〈古文字讀書會〉認為不一定有脫漏重文符，因為當時人知道如何訓讀，所以重文符的位置未必嚴格規定，楚簡中也有未打重文符，卻要重複之例。

佑仁案：原考釋與曹方向都認為「夒」下脫重文符，其實此處並無缺少重文符，筆者將相關字形羅列，如下：

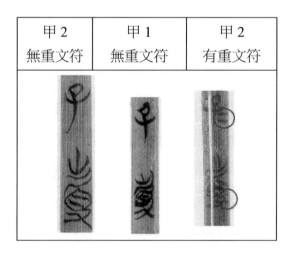

甲 2 無重文符	甲 1 無重文符	甲 2 有重文符

「夒」字的重文符位於「目」、「又」之右側（圓圈處），重文符非常清晰。此處釋文當作「子＝夒＝（子文，子文）」。

13. 憙（喜）

　　原考釋隸定作「憙」讀「喜」：" 「憙」，《說文・心部》：「說也。从心、喜，喜亦聲。」段玉裁注：「說者，今之悅字。」徐鍇曰：「喜在心，喜見為此事，是悅為此事也。會意。」指王在子蓬家作客一事，子蓬是心所希望的，因而喜見為此事。"

　　佑仁案：本篇簡文有兩個讀作「喜」的字，字形分別作：

字形		
出處	甲簡 2	甲簡 5

　　這裡有兩個問題值得討論：首先是隸定問題，甲簡 2 的寫法又見於「」（《上博六・天子建州》甲簡 6）、「」（《上博六・天子建州》乙簡 5）、「」（《包山》2.211），〈天子建州〉原考釋者曹錦炎隸作「憙」，認為是「喜」的異構字。〈天子建州〉甲、乙本之文例皆為「一△一怒」，可見讀「喜」是正確的，可是其嚴式隸定卻未必適當。對照楚簡「彭」字作「」（《上博三・彭祖》簡 1）、「」（《上博三・彭祖》簡 2）、「」（《上博三・彭祖》簡 3）、「」（《新蔡》甲一 25），右側有「彡」形，可見本處甲簡 2 的嚴式隸定不應作「憙」或「意」，而當是作「憨」。

　　再來是「憨（喜）」的構形問題。古文字中很多偏旁从「壴」的字，常在下半添「口」形而作「喜」，例如將「鼓」字寫成「」（〈沇兒鎛〉，《集成》203）、「」（〈徐王子旃鐘〉，《集成》182）、「」（曾侯乙編鐘），「壴」旁下增「口」，遂與「喜」無別。又如「觺」（《信陽》2.3）亦可寫成「觺」（《包山》2.145）等。

　　面對這些現象，過去很多學者都認為「壴」所添的「口」是飾符，雖然字面上是「喜」，但它們與「喜樂」之「喜」毫無關係（參裘錫圭、李

家浩、劉洪濤之說）。李守奎不贊成此說，他認為從古文字構形演變來看，「壴」常可替換作「喜」。因為楚文字中，無論單字的「壴」或偏旁從「壴」之字，都有很多將「壴」替換作「喜」的例證，楚文字中「彭」也有從「喜」的寫法，他進一步區分「彭」與「喜」的不同，在於右側是否有「彡」，並依據此項原則，將楚簡的「彭」與「喜」清楚區分：

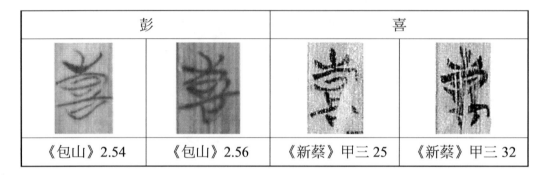

彭		喜	
《包山》2.54	《包山》2.56	《新蔡》甲三 25	《新蔡》甲三 32

包山簡的「彭」字雖已將「彡」省略成一撇，但仍然是「彭」，至於「喜」則無「彡」旁。依據李守奎的說法，古文字中表義偏旁的「壴」，常可替換作「喜」，那麼將「彭」字所從的「壴」改作「喜」也是合情合理之事。李守奎的觀點很有建設性，只是近年出土許多楚文字材料，部分看法可能需要略作修正。先看下面這兩個字：

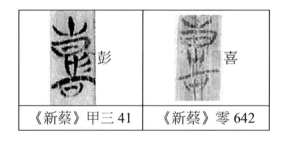

彭	喜
《新蔡》甲三 41	《新蔡》零 642

李守奎認為有「彡」者為「彭」，無「彡」者為「喜」，以上述二字來看，是完全符合這項規律的，但下面新出的兩個字就未必然了：

喜	喜
〈成王為城濮之行〉甲簡 2	〈成王為城濮之行〉甲簡 5

右邊是楚簡習見的「喜」，而左邊則是從「彭」寫法的構形，無論是否有「彡」其實都還是「喜」字，像甲簡 2 這樣的「喜」字還見於「　」（《上博六・天子建州》甲簡 6）、「　」（《上博六・天子建州》乙簡 5）、「　」（《包山》2.211）。換言之，以「彡」之有無作為區分「喜」、「彭」之判準，仍有部分的侷限性。

就實際的出土文獻觀察，「彭」與「喜」有很密切的關係，具體的現象是：「喜」字的「壴」常類化作「彭」，而「彭」字的「壴」也常類化作「喜」：

1. 「喜」字從「彭」：如前述〈成王為城濮之行〉、〈天子建州〉等「喜」字為例。
2. 「彭」字從「喜」：《新蔡》簡中人名「彭定」之「彭」，大抵都作「彭」（零 270、甲三 204＋零 199、甲一 25），但簡甲三 41、甲三 133 則「壴」則類化作「喜」。

二字之所以產生這樣的偏旁替換的現象，與它們的意義脫離不了關係。「喜」字本形從「壴」（「鼓」之初文）從「口」，古人認為「鼓」是令人感到喜樂之事，因此「喜」字是由「壴」字下添「口」旁分化符號孳乳而出，何琳儀認為「壴」屬見紐，「喜」屬曉紐，二者可以通轉，因此「喜」所從「壴」是聲符。（《戰國古文字典》頁 3）然而鼓之所用，重在其聲，「彭」字本義即「鼓」所發之聲，《說文》云：「彭，鼓聲也」，董作賓認為所從之「彡」，殆為擬鼓之聲。（董作賓：《董作賓先生全集・乙編》頁 100）

李守奎也認為鼓側三撇表示擊鼓之聲嗙嗙然，為鼓聲之標誌（李守奎：〈郭店楚簡「壴」字蠡測〉），學者們的說法很有道理。古文字的「壴」、「彭」、「喜」三字本來就是一組意義關係密切的字，字形上偏旁替換一點都不令人感到意外。

值得注意的是，楚簡「喜」字大抵有兩種寫法，一是作「喜」，二是作「憙」，就目前的證據來看，只有下半從「心」的「憙」字會將「壴」替換作「彭」旁，但尚未見「喜」的「壴」旁替換成「彭」。原因也很簡單，因為若將「喜」的「壴」替換成「彭」，則與「彭」（《新蔡》甲三 41）的寫法完全一樣，屆時「彭」、「喜」二字就真的無法從字形上予以區分了，戰國文字雖然異體眾多，但亂中仍有其序，此亦為一證。不過，這是就現有材料分析所得出的結論，從「口」的「喜」是否也有將「壴」替換作「彭」旁的用法，也值得日後持續關注。

14. 合（合）邦𢼸（以）酓＝（飲酒）

原考釋：〝「合」，簡文「合」字。《廣雅・釋詁四》：「合，同也。」和合也。《荀子・非十二子》「合羣者也」，楊倞注：「合，謂和合。羣，眾也。」「邦」，《說文・邑部》：「邦，國也。从邑，丰聲。」《周禮・天官・大宰》「以佐王治邦國」，鄭玄注：「大曰邦，小曰國。」「酓＝」，「飲酒」二字合文。《周禮・天官・酒人》「共賓客之禮酒、飲酒而奉之」，鄭玄注：「酒正使之也。禮酒，饗燕之酒。飲酒，食之酒。」〞

15. 遠（蘧）白（伯）珵（瑲）猶約（幼）

原考釋隸作「遠白珵猶約」，讀為「蘧伯玉猶約。」認為〝「蘧伯玉」即蘧瑗、子蘧。〞〝「猶約」，可以謀約。《古書虛字集釋》卷一：「猶，應也。」《說文通訓定聲》：「猶，叚借為宜。」《詩經・魏風・陟岵》「猶來無止」，毛亨傳：「猶，可也。」「約」，《戰國策・齊策三》「今

君約天下之兵以攻齊」，高誘注：「約，結。」《正字通》：「古約與要通。」"

海天遊蹤〈城濮札記〉0 樓："「遠白珵」整理者也說是「蘧伯玉」，不可信。「遠白珵」，就是「蒍伯嬴」，也就是「蒍賈」。"不求甚解〈城濮札記〉21-23 樓："「蒍」原作「遠」。古書「蘧」、「蒍」常通用，參看《古字通假會典》第 167-168 頁。其名「伯嬴」的「嬴」原從玉、呈聲。"二家說可從。

無語〈城濮札記〉3 樓："簡文「約」由「尚幼」來看看。當讀爲「弱」。"海天遊蹤〈城濮札記〉31 樓："遠（蒍）白（伯）嬴猶約（弱），約讀為弱，可證《繫年》20 章（上博九讀本引者按：當作 21 章）簡 114「告以宋司城坡之約公室」，約，整理者如字讀。應從劉雲先生讀為弱。"陳偉〈初讀〉："約，有少、弱義，與「幼」義近。"王寧〈校讀〉："《左傳》作「蒍賈尚幼」，「約」、「幼」亦音相近。"

佑仁案：「猶約」，《左傳》對應的文字是「尚幼」，可見原考釋者的說法不可信。「約」陳偉讀如字，然「約」雖可指數量的少、不多等義，例如《孫子‧虛實》：「能以眾擊寡者，則吾之所與戰者約矣。」杜牧注：「約，猶少也。」《漢書‧朱博傳》：「古者民樸事約。」顏師古注：「約，少也。」但在目前所見與「約」有關的古訓中，尚未見可指年紀之小。

「約」（影紐宵部）讀「弱」（日紐藥部），音韻可通，而「約」與「幼」（影紐幽部），聲紐相同，韻部屬宵幽旁轉，通假應能成立，但讀「幼」則可與《左傳》原文聯繫。

遠白珵，即蒍伯嬴、蒍賈，羋姓，蒍氏，名賈，字嬴，是孫叔敖的父親。蒍賈輔佐楚成王、楚穆王、楚莊王三代，西元前 611 年，他領兵平定庸國；西元前 608 年，蒍賈受命救援鄭國，於北林之戰大破晉、陳、宋合軍，擒獲晉大夫解揚。鬭穀於菟（子文）去世後，子文之子鬭般（子揚）為令尹，子越為司馬，蒍賈為工正。後來蒍賈誣陷子揚，子揚被殺。子越

為令尹，蒍賈任司馬。《左傳》文公十六年（楚莊王三年，西元前 611 年），楚國發生災荒，庸人率羣蠻、麇人百濮反楚，有人主張遷都到阪高，他力主出兵鎮壓，平息了騷亂。西元前 605 年，蒍賈被子越殺死。．

16. 募（寡／顧）寺（持）俷（舟？）酓＝（飲酒）

　　募，原考釋隸為「寡」，以為「諸侯自稱曰寡人」，在此指楚王："「𡩡」即「寡」。《禮記·曲禮下》：「（諸侯）自稱曰寡人。」《孟子·梁惠王上》「寡人之於國也」，趙岐注：「王侯自稱孤寡。」寡是王侯自稱謙辭，意為寡德也。"「寺」與「持」通："《說文·手部》：「持，握也。從手，寺聲。」《釋名·釋姿容》：「持，跱也，跱之於手中也。」"「俷」讀為「舟」："舟是古代飲酒器，器形似小船，為橢圓形平底器，兩側設小耳，亦稱為耳桮。"

　　不求甚解〈城濮札記〉21-23 樓以為"「寡（顧）寺（持）肉（？）飲酒」可能是反過頭拿著肉喝酒的意思，表示蒍賈只吃喝而不賀子文。"苦行僧〈城濮札記〉32 樓認為"「顧寺於飲酒」可斷讀為「倨，志於飲酒」。"無語〈城濮札記〉46 樓認為"「約（弱）」後「寡」字，聯繫《左傳》「後至」之語以及「寡」（《楚系簡帛文字編》增訂本 691 頁）、「須」（《楚系簡帛文字編》增訂本 803 頁）有的寫法相近來看，簡文的所謂「寡」有可能是「須」字或其誤字。"youren（高佑仁）〈城濮札記〉47 樓"初讀時我也覺得所謂的「寡」字，其右半應該就是跪跽的「卩」旁，左半為髭鬚，這麼一來即是「須」而不是寡。須，遲緩。《荀子·禮論》：「故天子七月，諸侯五月，大夫三月，皆使其須足以容事，事足以容成，成足以容文，文足以容備，曲容備物之謂道矣。」王念孫《讀書雜志·〈荀子〉補遺》引之曰：「須者，遲也。《論語》『樊須，字遲』。謂遲其期，使足以容事也。楊云『須，待也，謂所待之期也』，則失之迂矣。」"

旭昇案：原考釋釋為「寡」，應該是對的。高佑仁後來也改隸為「寡」。楚簡的「寡」和「須」字形如下：

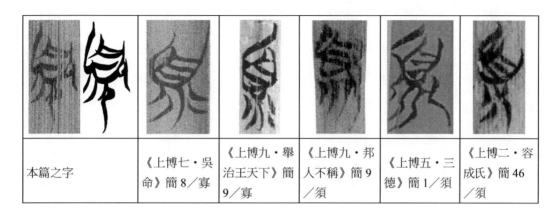

本篇之字	《上博七・吳命》簡8／寡	《上博九・舉治王天下》簡9／寡	《上博九・邦人不稱》簡9／須	《上博五・三德》簡1／須	《上博二・容成氏》簡46／須

本篇書手的書寫不是很嚴謹，「寡」與「須」的「首」形之下應該是「卩」，但是本簡此字寫成「人」形，與「寡」與「須」的標準寫法都不同。「須」字在「頁」形左下有象鬚形的三斜筆或兩斜筆，右下則沒有任何筆畫。而本篇此字中央「頁」形的右方有筆畫，雖然字形稍殘，與標準「寡」字右下的兩捺筆不完全相同，但整體說來，此字比較接近「寡」。其義則張崇禮〈城濮札記〉50 樓釋為「顧」、「乃」，可從。即白話文的「但是」、「卻」。

「𦚤」，原考釋讀為「舟」，苦行僧〈城濮札記〉32 樓以為："簡3中所謂的「𦚤」，也有可能是「於」字。"曹方向〈通釋〉以為："整理者將「𦚤」讀為「舟」，說「舟」是耳杯，亦不確。和容器有關的「舟」，乃是承盤，並不用來飲酒。此字若分析為左邊從人、右邊從「肉」，破讀為「肉」是沒有問題的，「持肉飲酒」從文意上看也沒有什麼障礙。並且，此字可能和下文的「脀」字詞義相關。見後文註。所以本文暫時採納此說。"張崇禮〈城濮札記〉50 樓："𦚤，从肉人聲，當釋湆，羹，肉汁。飲，原有重文號，疑衍。蔦伯珵猶弱，不飲酒。"王寧〈校讀〉："「𦚤」當是「侑」之或體，本義是勸酒，這裡是敬酒之意；甲3簡與本

簡「歠」字下均有合文符號，表示乃「飲酉」之意，「酉」即「酒」之初文；「子」當即子文。「須時侑飲酒子」意思是伯珵很晚才向子文敬酒。"沈寶春師認為「俼」讀「舟」，義為酒器托盤，此處是指伯嬴一手持托盤，另一手持酒器以飲酒。

　　駱珍伊指出《宣和博古圖》卷八〈彝舟總說〉：「《周官》載六彝之說，則雞彝、鳥彝、斝彝、黃彝與夫虎蜼之屬也，釋者謂或以盛明水、或以盛鬱鬯，其盛明水則雞彝、斝彝、虎彝是也。其盛鬱鬯則鳥彝、黃彝、蜼彝是也。彝皆有舟焉，設而陳之，用為禮神之器。……因暇日悉討論其義，多得於款識銘文之間，於是彝舟亦較然詳辨，而悟先儒之失也。彼殊不知彝之有舟，蓋其類相須之器，猶尊之與壺、瓶之與罍焉。先儒

圖一.漢敦足舟，漢垂花舟

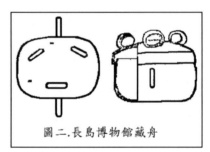

圖二.長島博物館藏舟

則以謂舟者，其形如盤若舟之載，而彝居其上，豈其然歟？今之所存，有如敦足舟、垂花舟，大略與彝僅似，則其為相須之器，斷可見矣。」其器則見卷八葉三八「漢敦足舟」、葉三九「漢垂花舟」（如圖一）。又《考古學報》1993 年第 1 期頁 67-68〈山東長島王溝東周墓群〉報導該墓出土「舟」六件，均與壺、鼎在墓中併排放置。另外，長島縣博物館收一件同為王溝墓地出土之「舟」，器形類似（如上頁圖二）。

　　旭昇案：「募」即「寡」。殷金文父辛卣作「（图）」，从宀从頁，會屋下一人寡居獨處之意。戰國文省宀加飾筆作「（图）」（《上博一・孔子詩論》簡 9），本簡字形略同。於此意為「獨自一個人」。「俼」，原考釋以為係似小船之古代飲酒器，亦稱為耳杯。考先秦兩漢酒器並無自名「俼／舟」者，典籍名「舟」除見《宣和博古圖》外，《西清古鑑》卷十四最末有

「周雷紋舟」二件、「周斜紋舟」一件、「周素舟」二件，器形與《宣和博古圖》「漢垂花舟」類似。但類似這樣的酒器，在《宣和博古圖》卷十六中名為「卮」，容庚《商周彝器通考》上冊，第 454 頁同意此名。1986 年劉翔〈說鉊〉（《江漢考古》1986 年第 2 期）以為此類器具為水器而非酒器，且應名為「鉊」；朱鳳瀚則以為酒器（《古代中國青銅器》頁 124-125 釋「橢圓形杯」、「鉊」）。2003 年李學勤〈釋東周器名卮及有關文字〉（《第四屆國際中國古文字學研討會論文集》、《文物中的古文明》頁 30-334）根據戰國文字，以為舊釋「鉊」，實從金木口，當釋為從金、枳聲，器即「卮」，宋人所釋正確可從。

此類酒器自名者不過四件，其餘未自名者，或各地有其不同名稱（古器物命名問題極複雜，如「爵」即尚未完全解決）。宋人依形所名「舟」之第一種「漢敦足舟」，實當為「簋」。第二種「漢垂花舟」則同於鉊，確為酒杯類器具。宋人名為「舟」，於器形、器用，亦不為無理。王國維《觀堂集林‧卷三‧說觥》云：「宋代古器之學，其說雖疏，其識則不可及也。……然則古禮器之名，雖謂之全定自宋人，無不可也。」古器一物異名者，所在多有，「鉊」一名「舟」，亦不無可能。唐人酒器有名「舠」者，李德裕〈述夢詩四十韻〉：「無聊燃密炬，誰復勸金舠。」自注：「酒器中大者呼為舠。賓僚顧形跡，未曾以此相勸。」「舠」與「舟」音近。宋人酒器中有名「舟」者，蘇軾〈次韻趙景貺督兩歐陽詩破陳酒戒〉：「明當罰二子，已洗兩玉舟。」凡此名稱，可能都前有所承。宋人名此類酒器為「舟」，即有可能是這種典籍未載的流傳。現在《上博九‧成王為城濮之行》明載伯嬴持「俹」飲酒，「俹」一定是一種飲酒器，從這裡推測宋人所稱的酒器「舟」或許是有其傳承的。

以上只是一種推論，畢竟先秦有無「舟」這種酒器，目前還沒有很明確的資料，所以有些學者以為此字右旁從「肉」，也不無可能。本篇書手寫字不夠嚴謹，此字究為從「舟」或從「肉」，尚難論定。以下文子文給

蔿賈脅肉來，此處不應該是持肉，否則已先吃過肉，子文再給他肉，意義不大。

17. 子＝叟（文）

本處簡 3 之「子＝叟（文）」，原考釋認為「虐」字下脫漏重文符。佑仁案：原考釋之說恐非。實為「子」下衍重文符（此說為林清源師於中興大學中文系講授「郭店楚簡研究」時於課堂中指出）。

18. 睪（舉）肬（脅）▨（貽）白（伯）珵（嬴）曰

原考釋隸為「睪（與）為（蔿）賈、白（伯）珵（嬴）曰」，讀為「與蔿賈、伯玉曰」："「為賈」，即「蔿賈」。春秋時楚國期思人，字伯嬴，多智謀。《左傳・文公十六年》「楚人謀徙於阪高，蔿賈曰：『不可，我能往，寇亦能往，不如伐庸。夫麇與百濮，謂我饑，不能師，故伐我也。若我出師，必懼而歸。百濮離居，將各走其邑，誰暇謀人？』乃出師。旬有五日，百濮乃罷。」楚成王三十九年，令尹子玉治兵畢，國老皆賀前任令尹子文舉拔得人。賈時年少，獨以為子玉剛而無禮，統重兵必僨事。次年，子玉果有城濮之敗。楚莊王九年，為鬬椒譖殺令尹鬬般（子文子），鬬椒為令尹，己為司馬。又為鬬椒所惡，被殺。"

海天遊蹤〈城濮札記〉0 樓指出："整理者簡 3 原釋為「蔿賈」的字，字形均不合。所謂「為」這似與俎形近，參見弟子問 10、《望山》2・45「四皇俎」之「俎」。"曹方向〈通釋〉："今按，上一字作▨，左邊從肉，右邊從立。後文相應之字在甲本簡 4，作▨，從肉從立，字跡比較清晰。其詞義可能和伯珵「持肉」的所謂「肉」字以類相從。下一字簡文作▨，學者們所釋都括注問號，大概主要是從語法和文意來判斷。此字中間的一豎筆過細，尚不知是不是文字原有筆劃。作為一個可能，筆者認為此字上部是從「尒」，九店 56 號楚墓所出簡 43 有「尒」字作

「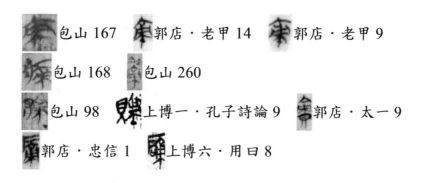」，字形差近。如果這個思路有一定的合理性，此字可能和清華簡中用作「遂」的「𤔲」字有關。那麼，根據陳劍先生的研究，此字在簡文中或可讀爲「說」。當然，這種分析可以說是一連串的猜測，筆者也沒有很大的把握。"檻外人〈城濮札記〉48 樓以為："甲三白上一字與甲四「賓」字形近，當改釋作賓。前文說白（伯）理「寡寺肉飲酒」，寡字作「少」講。正因為白（伯）理「寡寺肉飲酒」，所以子文特意「舉肉賓伯理」，賓，即以客禮待之。"流行〈讀上博楚簡九箚記〉以為："《成王為城濮之行》甲三有「▨」形，整理者誤釋為「賈」，此字當釋為「責」，楚文字中的「朿」和從「朿」之字作下揭之形：

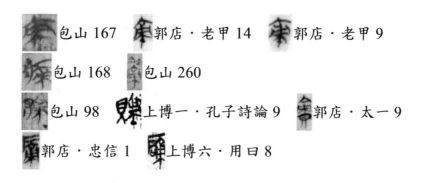 包山 167　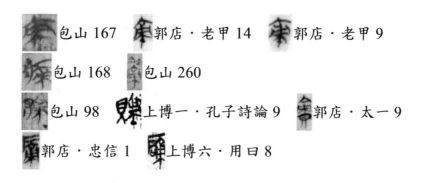郭店・老甲 14　郭店・老甲 9

包山 168　包山 260

包山 98　上博一・孔子詩論 9　郭店・太一 9

郭店・忠信 1　上博六・用曰 8

上博九「責」字此形上面所從的「朿」是草率的寫法。至於上引「朿」形中間的兩橫其實就是從一橫變來的，所以與上博九之字也沒有實質性的差別。

「責」有責備、譴責之義，《管子・大匡》：「文姜通於齊侯，桓公聞，責文姜。」《史記・酷吏列傳》：「天子果以湯懷詐面欺，使使八輩簿責湯。」"

張崇禮〈城濮札記〉50 樓以為："肔，見於《廣雅・釋器》。羹，或以為古汁字。貽，有多種釋法。當釋貽，贈。"天涯倦客〈城濮札記〉54、55 樓以為："乙 1「白」字前那個字當是從隹從貝，乃是「售」字的

或體，讀為「醻」。" "「售（醻）」字前一字是「肔」字，讀為「榼」，《左傳・成公十六年》：「行人執榼承飲，造于子重。」"王寧〈校讀〉以為："肔，當是從月（肉）立聲，讀為「榼」，《說文》：「榼，酒器也。」《左傳・成公十六年》：「行人執榼承飲，造于子重。」售，原字寫法是上隹下貝，即銷售之「售」的本字，此讀為「醻」，答也。伯嬴向子文敬酒，故子文舉榼而答之。"

佑仁案：「貽」此字說法甚多，有釋「賈」、「責」、「貽」、「售」、「賜」諸說，但由字形來看均不合，確切釋法，一時難定，待考。

旭昇案：肔，甲3作▨、甲4作▨，從肉、立聲，曹方向隸作「肔」，可從。張崇禮謂「肔」"見於《廣雅・釋器》。羹，或以為古汁字"，王念孫《廣雅疏證》「膗謂之肔」下云：「膗，經傳皆作羹。《爾雅》：『肉謂之羹。』《太平御覽》引舊注云：『肉有汁曰羹。』《釋名》云：『羹，汪也。汁汪郎也。』肔之言汁也。字亦作渣。《士昏禮》：『大羹渣在爨。』鄭注云：『大羹渣，煮肉汁也。』今文渣作汁。《少儀》云：『凡羞，有渣者不以齊。』」據此，「肔」是有汁的肉羹，則似乎不太合適用「舉」的。

疑「肔」可讀為「脅」。「立」聲（來母緝部）與「劦」聲（曉母葉部）音近可通，如《公羊傳・莊公元年》「搚幹而殺之」，《釋文》「搚」作「拹」，云：「拹，亦作拉。」《史記・齊太公世家》正作「拉」（參張儒、劉毓慶《漢字通用聲素》頁1038）。本文寫楚成王令子文教導子玉操練軍隊之法，軍演過後，成王於子文家作客，合邦以飲酒，是很盛大的宴會。子文拿起「肔」給伯嬴，「肔」字從肉，應屬肉類。周代食禮、祭禮中，「脅」是重要的部位，《儀禮・鄉飲酒禮》「賓俎：脊、脅、肩、肺；主人俎：脊、脅、臂、肺；介俎：脊、脅、胑、胳、肺。」清・凌廷堪《禮經釋例・釋牲上》：「脊骨兩旁之肋，謂之脅，又謂之胠，又謂之幹。脅骨三：中骨謂之正脅，又謂之長脅；前骨謂之代脅；後骨謂之短脅。」《禮記・祭統》：「凡為俎者，以骨為主。骨有貴賤，殷人貴髀，周人貴肩。」鄭

注：「殷人貴髀，為其厚者；周人貴肩，為其顯也。凡前貴於後，謂脊脅臂臑之屬。」依鄭注，周人貴肩，「脊脅臂臑」都是周人所貴。因此子文舉脅給伯贏，是對伯贏很看重的。[1]

█字上部不可識，從上下文義來看，釋為从貝、勺聲的「貽」頗為合理，但字形書寫似有訛省。

18. 糓（穀）緳（菟）余為楚邦老，君王孕（免）余皋（罪）

原考釋："「糓」，《集韻》亦作「穀」。「穀緳余」，即「穀於菟」，亦稱「鬬穀於菟」，即令尹子文，春秋時人，鬬伯比之子，伯比從其母居於鄖國，與鄖君之女私通，生子文，棄於雲夢。《左傳‧宣公四年》：「初，若敖娶於鄖，生鬬伯比。若敖卒，從其母畜於鄖，淫於鄖子之女，生子文焉。鄖夫人使棄諸夢中。虎乳之。鄖子田，見之，懼而歸。夫人以告，遂使收之。楚人為乳穀，謂虎於菟，故命之曰鬬穀於菟。」楚成王八年，申公鬬班殺令尹子元，子文繼承令尹。十七年子文率師滅弦。二十四年楚又滅黃。三十二年，隨以漢東諸侯叛楚，子文又率師伐隨，迫使隨屈服而回。三十四年泓之戰，楚戰勝宋師，使宋襄公圖霸失敗。次年初，成得臣（子玉）伐陳得地，子文以為大有功，因以令尹之位讓成得臣。"

"「孕」，楚簡中多用作「免」。……「孕」亦讀為「免」，意為逃避。"王寧〈校讀〉："「孕」從原整理者讀，當是分娩之「免」的本字，或作「挽」。這是自謙的說法，意思是自己舉薦人很合適，所以君王不怪罪。楊伯峻先生云：「《晉語五》敘趙盾舉薦韓厥，甚稱其職，因使諸大夫賀己，曰：『吾舉韓厥而中（上博九讀本引者按：當從《國語》作「吾舉厥也而中」），吾乃今知免於罪矣。』可見舉拔得人，為之慶賀，古有此禮。」"

---

[1] 旭昇案：我寫完這一條後，看到馮勝君在《上博九〈成王爲城濮之行〉補釋》（《出土文獻與古文字研究（第六輯）》，上海古籍出版社，2015年2月）中也寫了和我幾乎完全相同的意見。馮文已發表，我的意見本該作廢，但拙見在未見馮文時「閉門造車，出而合轍」，也是一種巧合，姑保留，以記錄這一段很有意思的巧合。

　　陳劍以為：“按讀「虡」爲「於」頗怪。「虡」於古文字似係首見，如謂其「从卢余聲」，則與「於」聲母不甚合；如謂其係「从余卢聲」，則既與从「卢」作之字之常例不合，「余」作意符亦罕見。按此字就應讀爲「菟」，即整理者已引以爲說、大家所熟知之令尹子文／鬭穀於菟得名之由、所謂「楚人謂乳穀，謂虎於菟」（《左傳》宣公四年）之「菟」。《詩經·周南·兔罝》篇，聞一多先生以其中「兔」爲「於菟」亦即老虎，說《詩》者多從之。其說謂「蓋於爲發聲之詞，於菟省稱菟，猶於越省稱越也」；《方言》卷八「虎，……江淮南楚之間謂之李耳，或謂之於䖘」郭璞注：「今江南山夷呼虎爲䖘。」亦單稱「虎」爲「䖘」，華學誠先生亦援「於越」與「越」之例爲說，謂「於䖘」乃「䖘」「綴加詞頭『於』成」。可見「穀於菟」簡文僅稱「穀菟」實亦自然。「穀菟余」係「人名＋同位語第一人稱代詞」之格式，與《左傳》僖公九年的「小白余」、攻敔王光劍的「趄余」、紀甫人盨的「紀夫人余」、䣄鐘的「䣄余」等同例。關於以上諸例，李家浩先生論之已詳，是大家所熟悉的。「虡」字从「卢」「余」聲，可視作與「䖘／䖘」係聲符不同之異體，皆即「（楚人）謂虎於菟」之「菟」之專字。如此講，「穀（穀）虡（菟）余」三字皆甚自然直接。”

　　佑仁案：「免余罪」確實可能是自謙之詞，子文謙稱君王免除自己的罪，而令他教子玉治兵之道，這與〈陳公治兵〉簡6＋11記載陳公狂自謙說「君王不知狂之無栽（才），命狂相執事人整師徒」（君王不知道我沒有才能，命我幫助執事整飭師徒），其用法頗為類似。但是依據《論語·公冶長》記載：「令尹子文三仕為令尹，無喜色；三已之，無慍色。」《國語·楚語下》也說：「昔鬭子文三舍令尹，無一日之積。」這裡「三已」或「三舍」的「三」未必是實數，也可能是指「多」，無論如何皆顯示子文從楚成王八年擔任令尹，至成王三十五年讓位予子玉的二十七年間，可能數次被罷免後又被任命。「令尹」是楚國最高的行政首長，之所以被罷

免，自然是舉措有所失當。子文口中所謂的「君王免余罪」可能即與先前被免職之事有關，但具體是犯了什麼「罪」，文獻資料不足徵之。

旭昇案：原考釋讀「穀寮余」為「穀於菟」，除了聲韻通假有問題之外，子文是長輩，面對晚輩伯嬴講話自稱用名——穀於菟，也與先秦禮制不合。陳說釋為「穀菟余」，這些問題就都解決了。

20. 患（慣）

「患」，原考釋謂「憂也」，也可釋為「難」、「禍害」："「患」，《廣韻》：「憂也。」《論語・學而》「不患人之不己知」，何晏注：「患，憂也。」「患」，也可釋為難。《戰國策・秦策四》「而無後患」，高誘注：「患，難也。」《呂氏春秋・慎人》「然後免於凍餒之患」，高誘注：「患，難也。」「患」也可釋為禍害。"无斁〈城濮札記〉35 樓："「患」似乎可以直接讀作「慣」。"jiaguwen1899〈城濮札記〉36 樓："我讀「患」為「貫」，《左傳》襄公 31 年「譬如田獵，射御貫，則能獲禽」，杜注：「貫，習也。」《爾雅・釋詁》亦云「貫，習也」。簡文謂子玉尚不熟習軍事，故命子文教之。"

佑仁案：讀為「貫」，今作「慣」，習慣。通「慣」。《左傳・襄公三十一年》：「譬如田獵，射御貫則能獲禽。」《孟子・滕文公下》：「我不貫與小人乘，請辭。」於本句義為「嫻習」。

21. 𤰔（？）

家興〈城濮札記〉29 以為"疑從「宀」從「我」，讀「義」"、張崇禮〈城濮札記〉60 樓釋作「客」，曹方向〈通釋〉釋「賓」，單育辰〈佔畢十六〉釋作從「宀」從「爰」，讀為「寬」。佑仁案：此字字形不夠完整，難以分析，於文義上看，「賓」、「客」皆通，但就殘跡而論，與諸說所述之構形皆有距離。

22. 飤（食）是脢（脅）而棄不思老人之心

　　原考釋與上句連讀作「蜀（獨）不余見飤（食），是為天弃，不思正人之心」：「「蜀」，《方言》卷十二「一，蜀也。南楚謂之蜀」，郭璞注：「蜀猶獨耳。」《爾雅・釋山》「獨者蜀」，郭璞注：「蜀亦孤獨。」「飤」，《說文・食部》：「飤，糧也。从人、食。」段玉裁注：「按以食食人物，其字本作食，俗作飤，或作飼。」」「「天弃」即「棄天」，是指違天意也。《左傳・哀公七年》：「吳將亡矣，棄天而背本。不與，必棄疾於我。」」

　　不求甚解〈城濮札記〉22 樓讀為「汝獨不余見，食是脢而棄不思正人之心」。旋即於 24 樓自我糾正，改「正人」為「老人」：「糾正文中一個錯誤：「棄不思正人之心」的「正」亦當是「老」字。」王寧〈校讀〉讀為「飤是脢（樍）而弃不思老人之心」，以為伯嬴年齡最小而最遲向子文敬酒，子文認為他不知道尊重長者，很不滿，所以說讓伯嬴喝了這樍酒之後，改正不尊重老人的思想。馮勝君〈上博九〈成王爲城濮之行〉補釋〉讀為「女（汝）蜀（獨）不余見，飤（食）是脢（脅）而棄，不思老人之心！」以為：「思，當訓爲哀憐、顧念。《方言》卷十：「沅、澧之原凡言相哀憐謂之嘖，或謂之無寫，江濱謂之思。」意思是白珵的舉動完全不顧年老人（子文自謂）之心。」

　　旭昇案：棄，拋棄、丟掉。思，馮勝君釋為「顧念」較合適。全句應讀為「食是脅而棄『不思老人之心』」，這是一句祈使句，帶有命令、期勉的味道，意思是：我送你這塊脅肉，你吃了它，然後丟掉你那「不肯顧念我這個老人」的心吧！

　　「老」字又見甲 5（參下表△1、△2），字形與《上博九・舉治王天下》30「正」字相近，但「正」字第二橫筆凹面向下，而△1、2 凹面向上，較接近「老」字的上部。標準寫法的「老」字上部「毛」有二道凹面

向上的橫筆（△5），此字只有一道凹面向上的橫筆，與△3、6 相近。但△3、6 在這兩道凹面向上的橫筆下面還有「人」形，而△1 連這個「人」形都看不到。只有在《包山》2.117 的「壽」字上部看到這種極度簡省的「老」（△7）。根據△7，把△1、2 看成是「老」字，也還可以接受。況且△2 的詞例是「君為楚邦老」，與△3 的詞例「穀菟余楚邦老」一樣，這也支持了把△1、2 釋為「老」是合理的。（△2 右邊有一道黑色的豎筆，那應該是污痕。）

1	2	3	4	5	6	7
本篇甲4（不思△1人之心）	本篇甲5（君為楚邦△2）	本篇甲3-乙1／老（穀於菟為楚邦老）	《上博九・舉治王天下》簡30	《上博四・昭王毀室》簡8／老	《上博二・昔者君老》簡1／老	《包山》2.117／壽

　　子文在甲 3-乙 1 說「穀菟余為楚邦老」，在這兒又說「不思老人之心」。子文生於何年，資料未有明載，無法得知。據《左傳》，魯莊公 30 年（西元前 664）鬭穀於菟為令尹，年齡不應太小，至少應該在 30-40 歲，到魯僖公 27 年（西元前 633）令子文治兵，子文的年紀約為 61-71 歲，自稱為「楚邦老」、「老人」，應該是合理的。

23. 白（伯）珵（嬴）

　　「珵」字原考釋作「聖」。佑仁案：此字即「白（伯）珵（嬴）」之「珵」，只是「玉」旁寫法有所訛變。

24. 不敚（抶）│一人│

無語〈城濮札記〉6、7 樓認為簡末當補「一人」二字，可信。

旭昇案：以乙 1 簡共 26 字、乙 2 簡共 25 字推估，乙 3 上存 11 字補「一人」二字，則此下約缺 12-13 字，今補 13 格。下接簡乙 4，現存 3 字，則估計應缺 22-23 字，今補 23 格。

25. 子玉之帀（師）戕（究）敗。帀（師）巳（已）

原考釋以簡 4、簡 5 連讀，因此與本句讀法不同。戕，原考釋隸為「既」。宋華強〈上博九〈成王爲城濮之行〉考釋（九則）〉云："上博八《成王既邦》4 號「伯夷、叔齊戕而死於䳄瀆」，「戕」字作■，整理者釋爲從「食」、「戈」聲，疑是「餓」字或體。從辭例來看，古書有「餓而死」，如「二子北至於首陽之山，遂餓而死焉」（《莊子·讓王》）、「靈王餓而死乾溪之上」（《韓非子·十過》），可見把「戕」讀爲「餓」是很通順的。作爲義符，「皀」、「食」有時通用，如「叚（簋）」字或作■，「既」字或作■（包山 202 反），故「戕」和「餴」當是一字異體。「戕」既與「餓」通，而「我」聲字常與「宜」通，如《詩·邶風·谷風》「不宜有怒」，阜陽漢簡「宜」作「我」，故疑「戕」當讀爲「宜」，「宜敗師已」是說子玉治兵的失敗是必然的。其上簡文不全，推測是伯嬴批評子玉缺點的話，類似《左傳》蔿賈所說的「子玉剛而無禮。」"

佑仁案：右半從「戈」，原篆字形作「■」（「戈」旁與同簡的「懋」相同），左半從「皀」（即「毀」），與所見「既」字不同形，能否是「既」不無疑問。

敗帀（師）。王寧〈校讀〉："「敗師」就是軍行混亂毀敗的意思。這是說子文先帶兵進行軍事演習，軍紀嚴整，所以無所懲罰；後子玉帶兵進行軍事演習，軍紀不整，所以三天斬三人。二者相比，子玉帶兵是比較失

敗的，其軍隊混亂無序，故曰「敗師」。"佑仁案：解「敗師」為「軍行混亂毀敗」恐有問題，簡文「既敗師矣」的「敗」應對應《左傳》原文「舉以敗國，將何賀焉」的「敗」，當是為日後楚國的城濮之敗預留伏筆，而與治兵混亂無關。

已。佑仁案：「已」，原篆作「 」，原考釋釋「也」，不可信。「也」字楚簡作：

《包山》2.204	《信陽》1.018	《上博一・性情論》簡 17	《郭店・老子甲》簡 4

「也」字上半有缺口，與「已」呈現完整之圈形有所不同。筆者認為當改釋作「已」，古文字中「已」、「巳」乃一字之分化，楚簡「已」習慣以「巳」表示，如《郭店・老子甲》簡 15「天下皆知美之為美也，惡已；皆知善，此其不善已。」文中兩例「已」字作「 」、「 」，例多不盡舉，可見本處當讀「已」，作句末語助詞。傳世典籍「已」作為句末語助詞多見，例如：《尚書・洛誥》：「公定，予往已。」《戰國策・秦策三》：「此亦淖齒、李兌之類已。」《史記・太史公自序》：「皆失其本已。」司馬貞索隱：「已者，語終之辭也。」

汗天山〈城濮札記〉14 樓讀作「矣」，其實清・王引之在《經傳釋詞》中已經指出：「『已』為語終之詞，則與『矣』同義」，固然「已」、「矣」古音甚近，讀「矣」亦可通，但是考慮楚簡△字多讀作「已」，且楚簡也有「矣」字，因此本處仍將此字讀作「已」。

旭昇案：宋華強釋「宜敗師已」的大方向是對的，高佑仁對「戝」字的分析也是有道理的。戰國楚文字確定無疑的「旡」旁有以下二類五種寫法：

A　口形向右

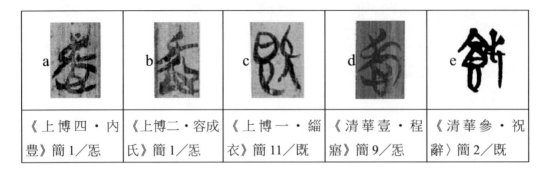

a	b	c	d	e
《上博四・內豐》簡1／旡	《上博二・容成氏》簡1／旡	《上博一・緇衣》簡11／既	《清華壹・程寤》簡9／旡	《清華參・祝辭》簡2／既

B　口形向左

甲、同「欠」，口下作人形或卩形

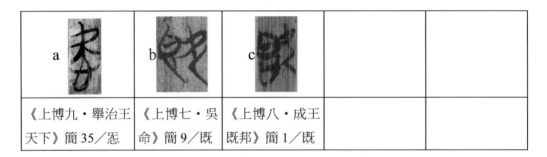

a	b	c		
《上博九・舉治王天下》簡35／旡	《上博七・吳命》簡9／既	《上博八・成王既邦》簡1／既		

乙、「欠」下加二點（e省作一點。f、g「口」形省略）

a	b	c	d	e
《上博九・陳公治兵》簡17／既	《上博八・顏淵問孔子》簡10／既	《清華壹・程寤》簡1／既	《清華壹・保訓》簡6／既	《清華貳・繫年》簡31／旣
f	g			
《郭店・緇衣》簡46／既	《上博九・陳公治兵》簡18／堅			

丙、「欠」下二點往上移（或省一點，或下部再加一點）

a	b	C	d
《上博四・柬大王泊旱》簡 16／欿	《上博六・用曰》簡 10／槳	《清華貳・繫年》簡 32／脊	《清華貳・繫年》簡 32／脊

丁、「欠」下加「止」（b 形看成「欠」旁省「卩」形，或看成「欠」旁下加兩點但「卩」形訛省都有可能）

a	b		
《上博七・凡物流形》簡甲 1／既	《上博二・民之父母〉簡 13／既		

在較早期的甲骨、金文中，「旡」旁的「口」形都是向後的：

1	2	3	4
商・前 7.18.1《甲》	商・戩 12.10《甲》	商・𡠗其卣《金》	周早・作冊大鼎《金》

到了楚文字，「口」形多半向前。但是，無論「口」形向前或向後，書手都會儘量把「口」形背向開口的那一邊用一筆寫得圓圓的，即使用兩筆寫成，也會寫得圓圓的，未見作「＞」或「＜」等尖角形的。因此，把〈成王為城濮之行〉的「　」字隸為右旁從「旡」，當然是不合適的。

至於「戈」形，一般作「　」，但楚文字中有一些寫法較特殊的「戈」旁，如：

a	b	c	d
《上博七・武王踐阼》簡11／武	《上博七・武王踐阼》簡11／武	《上博七・武王踐阼》簡6／戒	《上博八・顏淵問孔子》簡9／戈
e	f	g	
《上博九・成王為城濮之行》甲簡1／戠	《上博九・成王為城濮之行》甲簡5／裝	《上博九・成王為城濮之行》簡甲5／△	

　　這些字，最先應該是由 a 形把「戈」旁橫筆的上部寫成兩點作「ㅗ」，其下的部件或作 a-d 的「ヒ」形、或作 e 的「十」、或作 f-g 的「ㄅ」。f-g 的「ㄅ」和前述「既」字B－乙a 諸字形寫「卩」旁寫法完全相同，因此這一類形的偏旁「旡」與「戈」的區別應該就是在上部的「ㅂ」形與「ㅗ」形的不同。上部作「ㅂ」形者為「旡」、上部作「ㅗ」形者為「戈」。

　　如果以上的分析可信，那麼前引高、宋二氏把「　　」字釋為從「戈」，自然較合理，隸定當作「戠」，字書未見此字。我們以為它就是「殷／毀」字的異體，歷代「殷／毀」的字形如下：

1	2	3	4	5	6
商・甲752《甲》	商・甲1971《甲》	商・寧滬1.231《甲》	周中・頌簋《金》	周晚・函皇父簋《金》	春・秦公簋《金》

　　甲骨文从皀从殳，今學者多隸定為「殷」，以為即《說文》之「𣪘」，又以為與「簋」同字。此字金文多用為「簋」，故學者或以為字从皀从殳，象手持勺於簋中取食之形（《中國字例》第二篇，頁 122-123）。案：「殷」字右旁从「殳」，並不象手持勺形，考古出土簋中似未見附勺（或匕）者，考古及文獻所見勺為挹酒器，與簋無關；匕則為取鼎實與飯食之用，《易・震》：「不喪匕鬯。」注：「匕所以載鼎實。」《儀禮・士昏禮》：「匕俎從設。」鄭注：「匕所以別出牲體也。」安徽壽縣蔡侯墓出土七件升鼎，各附有一銅匕；同墓出土八件鬲，每鬲亦各附一匕；曾侯乙墓出土諸升鼎一小鬲，皆配置銅匕，以上鼎鬲所附匕，為取鼎中牲體之用。《儀禮・少牢饋食禮》：「廩人概甑甗匕與敦于廩爨。」鄭注：「匕所以匕黍稷者也。」寶雞福臨堡春秋中期偏早秦墓 M1 出土甗中置有匕一件，當即用以取甗中所蒸炊之黍稷等飯食。（朱鳳瀚：《古代中國青銅器》，頁 87）據此，「殷」右旁所从當即「殳」，而非「象手持勺（匕）」，《說文》釋「殷」為「揉屈」，當與从「殳」有關，可能是本義，甲骨文用牲法（《小屯南地甲骨》，頁 1037），或即此義之引伸。金文假「殷」為「簋」耳，似不得以為「殷」、「簋」同字。（《說文新證》卷三下「殷」字條，頁 229-230）

　　據字表，「𣪘／殷」或从殳、或从攴；「戗」从戈，與从「殳」義近互換，因此「戗」應該就是「𣪘／殷」字。

　　至於「𣪘／殷」字應如何讀？宋華強引《上博八・成王既邦》簡 4「戗」字，主張此字即「餓」之省體，讀為「宜」。放在本篇全句讀為「子玉之師宜敗[2]」，似乎也頗為合理。不過，我們注意到《上博八・王居》簡 3 有「是言戗聞於衆已」，原考釋讀第三字為「既」，與字形不合。根據上面對「旡／戈」的字形分析，此字也應該是「戗」字，如依宋

2　宋氏原讀為「宜敗師已」，不合語法。「已」字應用在「完成式」，不能用在推測未來之事。但是，如果用宋氏讀為「宜」的意見，改變句讀為「子玉之師宜敗」，如像也很合理。只是我們主張這個字不是「餓」的異體，不能讀為「宜」。

氏之說釋「餓」讀「宜」，則此篇全句為「是言宜聞於眾已」，顯然與「已」字的語法習慣不合（「已」字都用在「完成式」的句末，「宜……」顯然不是個「完成式」。

　　我們主張此處應讀為「究」。《說文》釋「𣪊」為「揉屈也。从殳𠧢。𠧢，古更字。廏字从此」，大徐讀「居又切」；「究」（居又切），𣪊、究二字完全同音，「究」義為「終極、終究」（參《故訓匯纂》頁 1643 第 15 條）。本句「𣪊（究）敗市（師）巳（已）」應依復旦、吉林大學讀書會，在「敗」與「師」中間加個句點，全句讀為「子玉之師究敗」，意為：「子玉的軍隊終究會毀敗」。「師已」，戰事完畢。（參拙作〈釋上博九〈成王為城濮之行〉究敗師已的究字〉，第 28 屆中國文字學會國際學術研討會。）

26. 君為楚邦老

　　老，原考釋釋「正」：“「正」，《呂氏春秋・順民》「湯克夏而正天下」，高誘注：「正，治也。」《呂氏春秋・君守》「可以為天下正」，高誘注：「正，主。」”，鶡鳩〈城濮札記〉19 樓改釋作「老」，可信。說見前。

27. 憙（喜）君之善而不𢜩（誅）子玉之市（師）之 敗

　　原考釋讀作「憙（喜）君之善而不𢜩（恕），子玉之市（師）之」：“「𢜩」，疑同「恕」，從戈與從斤義符同，以斤斷木與以戈斷木亦同，亦與「哲」同，《集韻》：「哲，《說文》『知也』，或从心。」《儀禮經傳通解續》「視之不明，是謂不恕」，楊復注：「君視不明則是不能瞭其事也。」又《漢書・五行志》：「『視之不明，是謂不恕』，恕，知也。《詩》云：『爾德不明，以亡陪亡卿；不明爾德，以亡背亡仄。』言上不明，暗昧蔽惑，則不能知善惡，親近習，長同類，亡功者受賞，有罪者不殺，百官廢亂，失在舒緩，故其咎舒也。」”苦行僧《城濮札記》33 樓據同簡的「既」

字的「旡」字寫法，認為右上從「旡」，左上從「祟」，全字當釋作「憖」，讀為讒。

佑仁案：乙簡四至甲簡五是伯嬴對子文講的一段話，其中「楚邦老」指的就是子文。伯嬴對子文說，國君因為喜歡子文之善而「不△」，△字原篆作「」，此字下半從「心」，右上從「戈」，皆無疑義。有爭議者惟左上偏旁而已，原考釋釋「惢」，但「惢」字與從「折」之字楚簡多見，如下：

《上博五・三德》簡 11	《上博六・競公瘧》簡 7	《上博六・競公瘧》簡 7	《新蔡》甲一 7

從字形上觀察，其寫法與△字左半相差很大，釋「惢」恐有疑義。

苦行僧根據「旣」字的「旡」字寫法，認為右上從「旡」，左上從「祟」，全字當釋作「憖」。所謂的「旣」，原篆作「」，前文已經指出該字右半實從「戈」，這個字能否釋作「旣」還值得考慮。其次，「祟」字楚漢簡亦多見，如下：

《上博六・競公瘧》簡 12	《上博六・競公瘧》簡 9	《包山》2.239	《包山》2.243
《包山》2.245	《孔家坡》簡 351	《孔家坡》簡 352	《孔家坡》簡 350

其偏旁顯然與△不同，釋「憝」亦不可信。筆者過去曾認為此字當釋作「殺」字，也有問題。「殺」字楚簡作：

殺	殺	殺	殺
《包山》2.136	《包山》2.121	《包山》2.137	《包山》2.95
殺	殺	殺	殺
《包山》2.90	《上博五・三德》簡 12	《上博六・天子建州》乙 5	《上博六・天子建州》乙 4

若將「殺」（〈三德〉簡 12）、「殺」（〈天子建州〉乙簡 5）與△相比，可以發現左半偏旁的寫法雖是近似的，但是楚簡「殺」一般都是從「攴」而非從「戈」，雖然古文字「攴」、「戈」混用現象非常普遍，但目前「殺」並沒有從「戈」的例證可茲證明，因此這個釋字也有疑問。

筆者認為此字其實早見於古文字中，〈中山王嚳方壺〉（《集成》9735）有「栽」字，構形作：

栽（〈中山王嚳方壺〉）　（△）

〈中山王嚳方壺〉的「栽」字顯然與△字上半所從的偏旁相同，只有一個環節需要再說明，〈中山王嚳方壺〉與△字所從的兩個「朱」旁，〈中山王嚳方壺〉的寫法是豎筆直貫而下，而△字則是由「＝」處上下斷開。我們知道古文字的「速」字實從「朱」得聲，有時還從二「朱」作「梀」，「朱」是由「束」所分化而出的字（參季師旭昇：〈說朱〉，《甲骨文發現一百周年學術研討會論文集》，頁 141），這種豎筆上下斷開的「朱」字，在「速」字中出現甚多：

《新蔡》甲三 22、59	《新蔡》甲三 22、59	《包山》2.247	《新蔡》甲二 34

除了出土文獻以外，傳抄字書的資料亦值得重視，傳抄字書中的「誅」字收錄以下字形：

（《古文四聲韻》1.24）　　（《汗簡》5.68）　　（《集篆古文韻海》1.9）

　　其中《古文四聲韻》「朱」旁之寫法，豎筆中間斷開，與本簡「愁」字所從的「朱」完全一樣。可見△是一個從「心」、「裁」聲的字，簡文讀作「誅」。此處因簡殘之故，文意未能顯豁，但參照《左傳》的記載，此處應指伯嬴已洞見子玉無法駕馭眾師，因此大敗之後，若要歸屬責任，楚王會因子文的功勳而「不誅」，但雖是「不誅」，戰敗的主因卻實為子文的薦舉，因此舉國皆賀時，伯嬴認為實無可賀。

　　宋華強：《上博九〈成王爲城濮之行〉考釋（九則）》同意此字隸為「誅」，義為「責備」。馮勝君〈上博九〈成王爲城濮之行〉補釋〉釋此字為「慼」，並在「子玉之師之」後補一「敗」字，並與上句連讀為「喜君之善而不慼子玉之師之敗」，意思是：「您高興於您自己的成功，但卻不憂慮子玉之師的失敗」：

> 結合詞義和字形兩方面考慮，我們認爲此字當釋爲「慼／慽」。郭店簡《性自命出》30 號簡**字，从艸从慼（也可分析爲从蔵从心，地名「蔵郢」，包山簡習見，「蔵」字有各種變體），可資對比。《說文》：「慽，憂也。」《左傳》僖公十五年：「晉人慼憂以重我，天地以要我。」「慼」、「憂」同義連用。《左傳》僖公二十四年：「《詩》

曰：『自詒伊慼。』其子臧之謂矣。」杜注：「慼，憂也。」今本
《詩·小雅·小明》作「自詒伊戚」。「戚」與「慼／慽」均有憂愁
意，其動詞用法，如《尚書·金滕》：「周公曰：『未可以戚我先
王。』」清華簡《金滕》篇「戚」作「慼」，「慼」即「慼／慽」之
異體。典籍中或連言，但亦有「喜」、「戚」對局治理，如《史記·
魯周公世家》：「今禍非適嗣，且又居喪意不在戚而有喜色。」《文
選·劉孝標〈辯命論〉》：「生而不喜，死而不慼。」簡文「喜君之
善而不慼子玉之帀（師）之〖敗〗」，是說高興於您自己的成功，
但卻不憂慮子玉之師的失敗。

「子玉之師之」後面的闕文，從文義上看，應該與「善」相對，我
們將其擬補爲「敗」。「善」、「敗」對局或連言，典籍習見。善敗，
即成敗。《左傳》僖公二十年：「量力而動；其過鮮矣。善敗由己，
而由人乎哉？」《韓非子·主道》：「是以明君守始以知萬物之源，
治紀以知善敗之端。

旭昇案：高、宋改釋「誅」，可從。宋釋「誅」爲「責備」，也很合
理。全句則可依馮勝君句讀，讀爲「喜君之善而不誅子玉之師之敗」，
「敗」字依馮勝君補。

28. 言乎君子才（哉）？甶（聞）虔

海天遊蹤〈城濮札記〉0 樓指出乙三不當拼合，乙三下書手應與〈民
之父母〉、〈武王踐阼〉、〈顏淵問於孔子〉同一人，要歸回〈顏淵問於孔
子〉，甚是。

〈靈王遂申〉譯釋

高佑仁　撰寫

【題解】

　　〈靈王遂申〉共計五簡，全文開頭完整，後半殘缺，成公乾父子歸國後的言行，無法確考。竹簡上、下平頭，兩道編聯，簡長 33.3 公分，篇題為原考釋所後加。

　　內容記載靈王掌權之後，申、息兩附庸國不願服從，楚靈王擊敗蔡靈侯之後夾持蔡軍門，並採用恩威並施之計，命令申人家家戶戶都需要前往取蔡器，其目的自是欲使申人明白不服從楚靈王的下場，以收殺雞儆猴之效。成公乾明白此理，因此採取不合作的態度，故意派遣未蓄髮的小兒成公虎前往，成公虎僅取馬策以求能離開被楚人夾持的軍門，並在半路上就將馬策丟棄，以致空手而回。成公乾害怕小兒真的取器而回，故前往京地等待小兒，並詢問小兒空手而歸的原因，小兒告訴其父，他身為楚靈王的臣子，楚王下一步就要覆滅申國，他卻無法阻止，還一心一意只著想從滅蔡一事中得到什麼好處。

　　全文刻意透過執事人對成公虎三出三止的考驗，以及成公乾父子的問答，凸顯小兒虎的年輕早慧，此與上博九〈成王為城濮之行〉裡透過年幼的蒍伯嬴與楚國老子文的對話，凸顯伯嬴的先見之明，頗有異曲同工之妙。簡末「王將墜邦」的「邦」有「申邦」、「楚邦」、「蔡邦」等說，筆者認為說法以「申邦」為上。

【釋文】

霝（靈）王既立[01]，繡（申）[02]賽（息）[03]不愬[04]。王敗郗（蔡）霝（靈）矦（侯）於呂[05]，命繡（申）人室出[06]，取郗（蔡）之器[07]。鸔（執）[08]事人夾郗（蔡）人之[09]軍門，命人毌【一】敢徒出[10]。繡（申）城（成）公澉（乾）[11]其子虎[12]未畜（蓄）頒（髮）[13]，命之逝（逝）[14]。虎晶（三）[15]徒出，鸔（執）事人志﹦（止之）[16]。虎輮（乘）[17]一輋﹦（棧車）[18]馴[19]，告執事人【二】：「尖﹦（小人）嚳（幼）[20]，不能以它器[21]。旻（得）此車，或[22]不能駾（御）之以逬（歸）。[23]」命[24]以其策[25]逬（歸），執事人許之。虎秉[26]策以歸【三】，至嗀（嗀）[27]澈（澨）[28]，或棄其策安（焉）。城（成）公懼其又（有）取安（焉）而逆[29]之京[30]，爲之惹（怒）[31]：「嬰（舉）邦聿（盡）隻（獲），女（汝）獨亡（無）【四】旻（得）！」虎不答。或爲之惹（怒），虎酓（答）曰：「君爲王臣，王牆（將）述（墜）[32]邦弗能圭（止），而或欲旻（得）安（焉）！」城（成）公與虎逬（歸），爲袼（落？）[33]。【五】

【語譯】

楚靈王取得政權後，申息不願臣服。靈王在呂打敗蔡靈侯，命令申人都出來拿取蔡國之器。楚國的軍官夾持蔡人軍隊的大門，命申人不敢空手離開。申成公乾的小兒子虎，當時年幼小尚未蓄髮，成公乾命令他前往拿取蔡器。虎三次徒手走出軍門，三次都被楚國官員制止，最後成公虎乘坐一輛由四匹馬拉乘的棧車，並向官員說：「小子年幼，無法駕車回申國，請求僅拿馬鞭而行。」官員許諾。虎拿著馬鞭而回，到了嗀澈便將馬鞭丟棄。成公乾害怕他真的拿取了蔡器，因而前往京等候小兒虎，並對他發怒說：「全國人都有所收穫，為何就獨獨你沒有？」虎不答，成公乾再一

次責怒他，虎回答說：「你身為楚王的臣子，楚王即將滅申，你卻無法阻止，還想要從中得到些什麼？」成公與虎一同回去，並舉行裕。

【注釋】

01. 靈王既立

原考釋：" 「霝王」，指「楚靈王」" 〈季師讀書會〉認為 " 「既」與「即」不同義，故不能說「既立」即「即位」。靈王十年滅蔡，十年之事解為「即位」不太好。「既立」，是指「靈王即位以後」。看看這裡能否和〈繫年〉「靈王即位」對應，不過即位以後的事，也不一定要講「即位」。"

佑仁案：「即」與「既」從造字之初，就是不同的時間概念。「即位」是指時君掌握政權的那一個時間點，「既立」則是強調掌權「以後」，二者不應混同，所以即便郭店《老子》丙篇中二字都能通假成「次」，但不同讀音的「即」與「既」，仍非嚴格意義上的通假關係。再加上傳世古籍中「既立」一語比比皆是，所以簡文的「既立」不應該依據清華二〈繫年〉簡 98 的「靈王即立」而將本處改讀為「即位」。

「即位」表示初掌權的時間，「既立」則強調掌權以後的所有時間，是個比較寬泛的時間概念，《商書・太甲上》：「太甲既立，不明，伊尹放諸桐。」〈殷本紀〉則作：「帝太甲既立三年，不明，暴虐，不遵湯法」，太甲即位三年之後，仍可用「既立」。據此即可理解何以靈王十年之事而簡文仍可用「既立」之故。

02. 繡（申）

原考釋指出「繡」於楚簡中讀為「紳」或「申」。海天遊蹤〈靈王初讀〉1 樓、〈上九箚一〉認為："簡文的申，是指信陽的申，而非南陽的

申。繫年 18 章 98-99「靈王即位。靈王先起兵，會諸侯于申，執徐公，遂以伐徐，克賴、朱邪，伐吳，【九八】爲南懷之行，縣陳、蔡，殺蔡靈侯。」可與簡文對讀。"

張崇禮〈靈王初讀〉13 樓則從「舉邦盡獲」的「舉邦」來看，認爲申、息和蔡當時都應是楚的附屬國，楚伐蔡，乃是自毀其邦。〈季師讀書會〉則認爲「申」與「呂」若爲同一個地方，那麼「申」爲「南陽之申」較有可能。曹方向〈楚國故事研究〉認爲："簡文之「申」當時可能是個有宗廟社稷的國家。因爲故事的時間當在楚靈王滅蔡之前，如果簡文「申」的確是「國」而不是「縣」，……楚佔領申國故地設縣之後，申人確實有可能作爲楚的附庸國而存在。但這個「申」是不是在信陽，根據簡文很難作出結論。"蘇建洲〈繫年中的「申」〉指出曹方向之說的錯誤，並認爲："「申、息」之「申」在南陽，故「申人」之「申」也該在南陽。"而後於〈靈王遂申釋讀〉指出："〈靈王遂申〉內容還有一項重要信息值得關注。曾有學者認爲蔡靈侯被殺的地點在信陽之申，今由「王敗鄹（蔡）霝（靈）矦（侯）於呂」一句來看，可以證明地點只能是南陽之申。"

佑仁案：從蘇建洲之說，「申」之地望在南陽，已是近年學界之定論。本文的主角成公乾，於《上博六・平王與王子木》中又再次出現，故事是楚平王命其子王子木由南方江陵的紀南城北上，前往楚國北境的城父，路程中王子木行經申地時巧遇成公乾。換言之，「申」肯定就是江陵北上城父時的必經區域。「申」的具體地望即今河南南陽市，該處曾多次發現與申縣有關的墓葬與陪葬品，相關討論可參筆者博士論文《上博楚簡莊、平、靈三王研究》平王與王子木「過申」一條下的考釋（國立成功大學中文系博士論文，2011 年 11 月，頁 531）。〈平王與王子木〉簡 1 的「申」字與本篇寫法如出一轍。

03. 賽（息）

原考釋將「賽」讀「塞」，訓為「不安」。魚游春水〈靈王初讀〉4樓、曹方向〈靈王通釋〉指出：“簡 1「申賽不愁」，「賽」也要按照〈繫年〉那樣讀爲「息」了。”

蘇建洲〈靈王遂申釋讀〉補充說明：“「賽」當讀為「息」，如清華二〈繫年〉第五章簡 23「賽{=}（息）侯亦取妻於陳，是賽=為=（息嬀。息嬀）牸（將）歸于賽（息）」。黃錫全先生曾公布一柄「宔（塞／賽）公屈□戈」，「塞」現在看來當讀為「息」。……總之，簡文「賽」讀為「息」是沒有問題的，古籍常見「申息」並稱，如《左傳》成公六年：「楚公子申、公子成，以申息之師救蔡」、哀公十七年：「彭仲爽，申俘也；文王以為令尹，實縣申、息。」楚靈王時代，申、息二國已是楚國的「縣」，也是附庸國。”

佑仁案：「賽」從曹方向、蘇建洲之說，據清華二〈繫年〉簡 23「賽（息）侯亦取妻於陳，是賽=為=（息嬀。息嬀）牸（將）歸于賽（息）」而將「賽」讀作「息」。

04. 愁

海天遊蹤〈靈王初讀〉1 樓、蘇建洲〈上九箚一〉將此字隸為「愁」。清華大學出土文獻讀書會〈靈王研讀〉指出：“首句「靈王既立，申、賽不愁」，謂王子圍即位後，楚國申、息兩縣民人不服。”〈季師讀書會〉認為不服要有不服之事，此處應是「不歸順」、「心裡不認同」之意，因為靈王即位本就不正。蘇建洲〈靈王遂申釋讀〉將「愁」訓為「悅」，指出此字楚簡常見，認為：“清華二〈繫年〉簡 45「晉文公立七年，秦晉圍奠=（鄭，鄭）降秦不降晉=（晉，晉）人以不愁。」清華三《芮良夫毖》簡 15：「萬民俱愁」。這些「愁」大抵有不願、不悅、不甘

的意思。簡文是說靈王即位，申、息兩附庸國的人民感到不悅，至於不悅的原因於史無徵。"

05. 王敗鄩（蔡）霝（靈）矦（侯）於呂

原考釋："「呂」，地名。亦為古國名。姜姓，傳為四岳之後，在今河南南陽西，春秋初期為楚所滅。"清華大學出土文獻讀書會〈靈王研讀〉指出："《左傳》載靈王十年，楚靈王召蔡靈侯會于申，「三月丙申，楚子伏甲而饗蔡侯於申，醉而執之。夏四月丁巳，殺之。刑其士七十人。」誘殺蔡靈侯般。簡文有兩處值得注意，一是稱「敗蔡靈侯」，下文又云「軍門」，可能如《公羊傳》所載有「兵車之會」、有「乘車之會」，蔡靈侯及其扈從以嘉禮乘車之會往，被靈王誘殺。或疑「敗」為「則」、「賊」之誤。一是稱其地曰「呂」。呂、申皆在南陽，地望相近，據下文「呂」地似即在「申」中。"

蘇建洲〈繫年中的「申」〉認為："「王敗蔡靈侯於呂」的記載不見於傳世文獻，可能是當時的另一種傳說，此句相當於《左傳》「誘蔡靈侯于申，醉而殺之」。既言「呂」，則可為殺蔡靈侯於「申」提供地理位置判別上的依據。前面《史記·齊太公世家》索隱、江永《春秋地理考實》均已提到申、呂位置相近，都位在南陽，可以證實楚靈王會諸侯以及誘殺蔡靈侯的地點「申」就是「南陽之申」。呂，姜姓，周穆王所封。……「呂」應該還是理解為南陽呂縣較好，則「申」就該是南陽之申了。"

佑仁案：簡文「王敗蔡靈侯於呂」，應即《左傳》昭公十一年（楚靈王元年、蔡靈侯十二年）所載「三月丙申，楚子伏甲而饗蔡侯於申，醉而執之。夏，四月丁巳，殺之。刑其士七十人。公子棄疾帥師圍蔡。」然而考察史籍，蔡靈侯、楚靈王二人也曾友善過，例如蔡靈侯五年夏（538B.C.，魯昭公四年），楚靈王會合蔡靈侯、陳哀侯、鄭簡公於申（今河南省南陽市北二十里）。蔡靈侯五年秋七月，楚靈王與蔡靈侯、陳哀侯

等聯合伐吳。蔡靈侯六年冬十月（537B.C.，魯昭公五年），楚靈王與蔡靈侯、陳哀侯、許悼公等伐吳，以報棘、櫟麻之役。可見至少在蔡靈侯五年以前，蔡靈侯與楚靈王的關係堪稱友善，還曾共同會師起兵。

06. 申人室出

原考釋以為此句是「命令申人從居處遠出」，並將「出」訓為「逐」。易泉〈靈王初讀〉9 樓："室，用作動詞，築室。"曹方向〈靈王通釋〉認為："室出，當理解為每家每戶都派一個人到蔡軍中取器物，與下文「舉邦盡獲」呼應。"

蘇建洲〈靈王遂申釋讀〉認為原考釋與曹方向二說大抵可從，但指出："「遠出」之說似不必。簡文謂「王敗蔡靈侯於呂」，可見蔡靈侯人在呂地。而申、呂地理位置相近皆在南陽，《史記・齊太公世家》云：「呂尚先祖，虞夏之際封於呂。」裴駰《集解》引徐廣注云：「呂在南陽宛縣西」。司馬貞《索隱》引《地理志》云：「申在南陽宛縣，申伯國也，呂亦在宛縣之西也。」徐少華先生說：「呂國的地望，一般認為在申國西邊不遠，即古宛城以西三十里的呂城、董呂村一帶。」李學勤先生說：「呂國依文獻記載也在南陽境內。或以為先在上蔡、新蔡兩縣間，後改封南陽，但無論如何，春秋時的呂應在南陽。」簡文是說楚靈王為了討好對他有怨言的申縣之人，遂下令申縣人到呂地取蔡靈侯及侍衛的物品。"

佑仁案：「室出」一詞據筆者所見，古籍中最早的用例應是洪邁《夷堅志・韓氏放鬼》，其云：「江、浙之俗信巫鬼，相傳人死則其魄復還，以其日測之，某日當至，則盡室出避於外，名為避煞。」人死之後若干日，魂魄將歸返生時之宅，故當日請家人外出，此稱為「避煞」。簡文的「室出」也是指家中所有人都出來（拿蔡器），雖然《夷堅志》的成書時代稍晚，但用法相同。曹方向認為是「每家每戶都派一個人」，從字詞來看並沒有刻意強調「一個人」的必要。

07. 取鄈（蔡）之器

蘇建洲〈靈王遂申釋讀〉指出："「取蔡之器」，即所謂「擄器」或「分器」。《史記‧田敬仲完世家》曰：四十年，燕、秦、楚、三晉合謀，各出銳師以伐，敗我濟西。王解而卻。燕將樂毅遂入臨淄，盡取齊之寶藏器。……楚使淖齒將兵救齊，因相齊湣王。淖齒遂殺湣王而與燕共分齊之侵地鹵器。「鹵器」，《正義》曰：「鹵掠齊寶器也。」顯然是將「鹵」讀為「擄」。"文中並指出傳世典籍、金文與楚簡皆可見「分器」，因此李零將本篇簡文稱為〈楚分蔡器〉是很精準的。

佑仁案：楚靈王令申人取「器」，而成公虎取「策」而回，可見此處的「器」應是所有「物品」的泛稱，即靈王於呂地敗蔡軍後之所得。既然是令申人「室出」，則可令人攜歸者自不可能盡是方壺、編鐘、玉器等寶器。

08. 鷙（執）

原考釋疑此字為「執」字之繁構，讀為「執」。「執事人」，是給使令者執行事務之人。程燕〈上九札記〉以為此形體的「執」為楚簡首見。海天遊蹤〈靈王初讀〉16 樓指出此字形至少見於《包山》135，可參蕭毅《楚簡文字研究》235 頁。

蘇建洲〈靈王遂申釋讀〉認為此形的左旁應釋為「虛（甲）」，說明此形常見於金文，如〈伯晨鼎〉、〈庚壺〉等，並指出其音韻關係為："不管「虩」或「虖」，讀為「甲」時，「夲」皆是聲符。……甲、夲二者為疊韻關係，聲紐見、泥亦有相通之例，如「今」是見母，從「今」得聲的「念」是泥母。"並認為此構型是由「虛」與「執」糅合起來的。

09. 之

曹方向〈靈王通釋〉將「之」訓為「的」，認為全句文意為："楚之執事人夾持在蔡人軍門左右，目的是檢查申人進出，看他們是否都拿了蔡人的器物出來。"

10. 徒出

原考釋以為「徒出」即步行而出。曹方向〈靈王通釋〉認為當理解為「空手而出」。清華大學出土文獻讀書會〈靈王研讀〉補充說明全句文意："楚靈王欲取悅申人，命申人每室皆出，取蔡靈侯器。靈王之執事人夾蔡人之軍門，命申人毋敢徒出，徒字不宜訓為徒步，當謂命申人不得空手而出，所以下文成公說「舉邦盡獲」。"蘇建洲〈靈王遂申釋讀〉贊成曹方向之說，補充相同的「徒出」用法可見《睡虎地秦簡・秦律雜抄》簡25至26。

11. 繡（申）城（成）公湁（乾）

湁。原考釋隸為：「㵒」。海天遊蹤〈靈王初讀〉2樓、蘇建洲〈上九箚一〉以為："簡2成公的名字從水從旹，旹在楚簡中常讀為時，則本字可以釋為湁，見於集韻。"家興〈靈王初讀〉12樓疑此字，從水從「臷」省，讀「質」。張崇禮〈靈王初讀〉13樓隸為「湁」，讀為「時」，訓為「趁著」。曹方向〈靈王通釋〉贊成從水從時，疑讀為「待」。高榮鴻〈「湁」字試讀〉隸為「湁」讀為「識」。

清華大學出土文獻讀書會〈靈王研讀〉認為："簡文「湁」當為及物動詞，所以試讀為「飾」，謂成公飾其子如童子未蓄髮，命其出入軍門，以應對靈王每室皆出取器、毋敢不取的命令。或讀「申成公湁」絕句，湁為不及物動詞，「其子虛未蓄髮」一句。"高佑仁於沈師讀書會中提出此字應為「名字」。

蘇建洲〈靈王遂申釋讀〉指出："「繡（申）城（成）公湁（乾）」

此人當即見於《上博六・平王與王子木》、《阜陽漢簡・春秋事語》、《說苑・辨物》的「成公乾」。”其文引用陳劍說法，認為“「繻（申）城（成）公漱（乾）」就是《上博六・平王與王子木》簡 1「景平王命王子木蹠城父，過申，舍食於觛宿，城（成）公執（乾）遇坐（建）於疇中。」的「城（成）公執（乾）」。「繻（申）城（成）公漱（乾）」即「在申地之成公乾」。▨形當分析爲「从水从執省聲」，上部可以比對〈季康子問於孔子〉簡 5「斡」字作▨。整體字形即〈東大王泊旱〉數見之用爲「旱」之「漱」字▨的異體（此形說爲水旱之「旱」的本字或浣洗之「瀚／澣／浣」的本字亦皆無不可）。……根據陳先生的意見，可將〈平王與王子木〉與〈靈王遂申〉的內容緊密聯繫，也就是說靈王時成公乾已在申地，所以平王時的王子建才會在申地遇見他。同時也說明有學者認為成公乾是城父縣的縣公是不可信的，「成公」當為姓氏。”

佑仁案：從陳劍、蘇建洲之說釋作「成公漱」，即《上博六・平王與王子木》簡 1 的「成公執（乾）」。〈平王與王子木〉的「乾」字作「▨」，左下旗桿的桿子部分從聲化成「干」，而本篇的「乾」字將聲符「干」省略，並增義符「水」而作「漱」，這種將聲符省略的情況，在「執」字中並不常見，遂導致釋讀的困難。楚靈王十年（531B.C.）成公乾遭逢靈王滅蔡，九年後，平王六年（523B.C.）他在申縣巧遇平王的太子建。

12. 虎

原考釋隸爲「虘」。汙天山〈靈王初讀〉10 樓：“那個小孩的名字，據前面的寫法當釋「虎」，而據後面的寫法，除了釋爲「鹿」外，若與〈舉治王天下〉簡 3 的「慶」字對比，似乎還可以釋爲「鳸」。”蘇建洲〈上九箚一〉、〈靈王遂申釋讀〉指出：“網友汙天山釋為「虎」正確可從。這種寫法可以比對《新蔡》簡「勴」作▨（甲一 4）▨（甲一

15）⿰（乙一 15）⿰（零 15）。《汗簡》和《古文四聲韻》所錄「虎」字古文作⿰。"清華大學出土文獻讀書會〈靈王研讀〉認為："成公之子，字作⿰、⿰、⿰、⿰、⿰、⿰，或從虎、或從鹿，而下半不從「丘」，不太可能是「虛」字，爲行文方便，姑稱為「虛」。前引《春秋》昭公十二年經文「楚殺其大夫成熊」，公羊經作「成然」，穀梁經作「成虎」，可能即為此字。"

〈季師讀書會〉則認為："⿰字從字形來看，釋為「虛」字還少一橫，故此說可棄；釋為「薦」的可能性低；「虎」字腳作人形，腳形不作此。故從「鹿」比較可能。"

佑仁案：成公乾小兒之名在簡文共六見，這個字帶有訛字的成分，因此字形的結構並不統一，蘇建洲依據古文字「虎」字「虍」旁常寫成鹿頭，「鹿」卻看不到虎頭的例證，用以證明此字就應該是「虎」，這有一定的道理。

13. 未畜頯（髮）

頯（髮）。原考釋隸為「頯」。ee（單育辰）〈上博九識小〉、〈佔畢十六〉改釋為「髮」。汗天山〈靈王初讀〉5 樓認為此句文意為："申成公溥丌（其）子虎未畜（蓄）頯（髮）……【2】＝他兒子還沒長大吧？"汗天山〈靈王初讀〉11 樓指出此字左旁从「犮」。張崇禮〈靈王初讀〉13樓認為"未畜髮，未束髮，垂髫，年幼。"苦行僧〈識小〉1 樓補充《信陽》2.09 中的字形例證。賴怡璇〈邦人不稱通釋〉另引用金文例證作說明，指出李學勤已將「⿰」（〈史牆盤〉，《集成》10175）隸為「媸」，讀為「祓」，訓為「福」。

蘇建洲〈靈王遂申釋讀〉除了補充字形外證外，另指出："「蓄髮」一詞經初步檢索，僅出現在明清的典籍中，現在經由出土文獻的證據，可以將時代提早至戰國。「未蓄髮」當指年紀尚小，是新出現的年齡代

稱……簡文記載成公虎「未蓄髮」自然是指頭髮尚短，未能束髮。……如前所述，成公虎既然不能束髮，年齡當在「成童」、「少僮」以下，即「幼」，這一方面與成公虎稟告楚國執事人云：「小人幼」相合，同時也跟簡文主旨是描寫成公虎的「幼惠」相合。

同時〈靈王遂申〉記載成公虎說：「得此車，又不能馭之以歸」，表示他尚未學馭車之術。……前引《大戴禮記·保傅》：「古者年八歲而出就外舍」、《說文·敘》云：「周禮八歲入小學」，《禮記·內則》記載十歲出就外傅，則稍晚一點。「母教之七歲」自然是說八歲入小學之前由「母」作學齡前的教育，此「母」或以為是《禮記·內則》的「子師」，或以為是父母。經過三年的學書，又三年的學言，再學「射與馭」，年紀也相當於十五歲。再依據《禮記·曲禮上》孔穎達正義指出「幼可特指十歲」，則成公虎年紀的底線在十到十四歲之間。"

佑仁案：蘇建洲依據成公虎未蓄髮、不習駕車等線索，認為他當是十五歲以下的小孩，可信。裘錫圭《文字學概要》指出：「古代奴隸和孩子都不蓄髮所以都稱童，山無草木也稱童」（台灣萬卷樓版，頁274），至「成童」時束髮而為髻，《禮記·內則》：「成童，舞象，學射御。」鄭玄注：「成童，十五以上。」可知十五歲以上可稱為「成童」，且開始學習駕車，從簡文中成公虎「未蓄髮」又不熟習駕車技巧，可見當在十五歲以下年紀。

14. 遦（逝）

原考釋："「遦」，簡文作「遣」……此句意為，王並未對成公父子作出與蔡侯同樣的命令，而讓他們離去。"曹方向〈靈王通釋〉認為讀為「遣」或「逝」。暮四郎〈靈王初讀〉27樓讀為「逝」，訓為「離去」、「離開」。苦行僧〈靈王初讀〉28樓則讀為「隨」。清華大學出土文獻讀書會〈靈王研讀〉讀為「逝」，訓為「往」。〈季師讀書會〉贊成讀為

「逝」，訓為「前往」，有老子的對照。龐壯城（沈師讀書會）指出此字解釋，可以參照謝明文〈固始侯古堆一號墓所出編鎛補釋〉一文。蘇建洲〈靈王遂申釋讀〉引用陳劍、裘錫圭、李家浩等學者說法，為此字構形做說明，另指出：「「音」亦見於河南固始侯古堆出土的鄱子成周編鐘，其銘文末云「百歲外，述（遂）以之█」，金文與本簡「遪」形體相同的寫法見於█（射壺甲蓋子口外壁 B）。楚簡其他「遣」字作█（逪，《語叢四》簡 4）則分析為「畜」省聲。《清華三・說命》上 05「█」，從「畜」從「臼」（當是「齒」字的象形初文，《汗簡》古文「齒」作█）。「遣」在簡文當讀為「逝」，《語叢四》簡 4：「善使其民者，若四時一逪（逝）一來，簡文的用法與此處的「逝」一樣。」

15. 晶（三）

原考釋指出此形為「晶」，楚文字中屢見，皆用作「三」。汗天山〈靈王初讀〉6 樓：釋為「叄（三）」。佑仁案：「三」理解為「多」亦無不可。

16. 志＝（止之）

整理者原考釋：「「志＝」，二字之合文，可讀為「止之」。」

暮四郎〈靈王初讀〉27 樓：「我認為這個合文應當讀為「志之」，這樣顯然更為合適。「志」意為記錄，簡文是說虎的行為違背了楚人「毋敢徒出」的禁令，執事人便記錄下虎的違令行為。由於虎是申成公之子，而且尚年幼，所以執事人只是記錄，而未阻止，也是情理之中之事。」〈季師讀書會〉贊同暮四郎解釋為「記錄」，成公之子被記錄三次，所以乘一輛棧車，配了四匹馬。

佑仁謹案：原篆作「█」，就字論字，確實是「志」。原考釋讀作「止之」，但楚簡「止之」合文有一定寫法，「志」並無作「止之」的旁證。暮四郎釋「志」，然簡文理解成「記錄」，並不適切，若「執事人只是

記錄，而未阻止」，則成公虎出軍門後直奔回國即可，豈有「三徒出」不成，最後還請求「命以其策歸」之理？與其「志之」不如直接制止，「志」當是「岦」（　　包山 232　　包山 232）之誤寫，「　　」（志）、「　　」（岦）二字下半一從「心」一從「止」，確實有很高的訛誤機率。楚簡史料類文獻中，某人離開，被另一人「止之」的文例，非常普遍，例如上博九〈邦人不稱〉簡 8 提到蔡大祝「既言乃魚（御），固祝而止之。」

17. 輮（乘）

原考釋認為「輮」，從車，乘聲，指副車。佑仁案：「輮」當動詞，指乘坐。

18. 輋（棧車）

原考釋讀為「外車」，或指停放於較遠的車。海天遊蹤〈靈王初讀〉2 樓、〈上九箚一〉：「簡 2 外車當從陳偉先生釋為輚車。」張崇禮〈靈王初讀〉13 樓：「棧車，未裝飾之車，駕駉馬，未必不可。」mpsyx〈靈王初讀〉18、20 樓則指出「輋」不當讀為重文，因為這會導致「駉」字孤立，本文「輋駉」當指代四馬所駕之「棧車」（從陳偉先生說），「倰駉」指車，不是指「馬」，另引《岳麓書院藏秦簡（壹）・為吏治官及黔首》簡 46 作為陳偉說法的例證。海天遊蹤〈靈王初讀〉19、21 樓回應 mpsyx 指出〈靈王初讀21 樓〉：「「蓋戰國以前，車馬是相連的。一般地說，沒有無馬的車，也沒有無車的馬。因此，古人所謂御車也就是御馬，所謂乘馬也就是乘車。」最好的例子便是《論語・雍也》：「赤之適齊也，乘肥馬，衣輕裘」，乘肥馬是說乘肥馬駕的車。」

暮四郎〈靈王初讀〉30 樓：「仔細看《上海博物館藏戰國楚竹書（九）》第 32 頁的放大彩圖，我們認為此字下並無重文或合文號；類似重

文或合文號的兩點，其實是簡上粘染上的墨痕。"清華大學出土文獻讀書會〈靈王研讀〉改讀為「軒」。

蘇建洲〈靈王遂申釋讀〉："「外車」在楚簡中亦寫作「佮車」，這種車形相當於文獻那種車，筆者提出一種假設：《周禮・春官・宗伯》：「車僕掌戎路之萃、廣車之萃、闕車之萃、蘋車之萃、輕車之萃。」其中「闕」古音溪紐月部，與「外」聲音相近。鄭玄注云：「闕車，所用補闕之車也。……《春秋》傳曰：『帥斿闕四十乘』。」鄭玄所指是《左傳》宣公十二年：「使潘黨率游闕四十乘，從唐侯以為左拒」，杜預注：「游車，補闕者。」黃鳳春先生指出潘黨所率的「游闕」就是「闕車」，屬攻車之列，為備戰攻車，它是用於補充車陣中因戰時損壞而闕位的車。將《靈王遂申》的「外車"讀為「闕車」也比較符合楚蔡兩國戰爭的背景。當然這個說法也只是一種可能，希望將來有更多資料可以證實或反駁這個意見。"

佑仁謹案：天星觀楚簡多次出現「𦎟」字，陳偉先生釋作「棧」（陳偉：〈車輿名試說（二則）〉，簡帛網，2011 年 4 月 1 日）。學者引《周禮・春官・宗伯》：「服車五乘：孤乘夏篆，卿乘夏縵，大夫乘墨車，士乘棧車，庶人乘役車。」認為「棧車」「棧車」一般來說多指比較簡陋或等級比較低的車，是否配置四馬，不無疑問。筆者認為依據《周禮・春官・宗伯》的說法，「棧車」之下猶有更差一級的「役車」，而《詩・小雅・杕杜》：「檀車幝幝，四牡痯痯。」鄭玄箋：「檀車，役車也。方箱，可載任器，以供役。」若連較「棧車」低一級的「役車」都能配置四馬，則成公虎所乘的「棧車」亦有四馬，應無可疑。

「駟」下無合文符，故無須讀作「四馬」，然「駟」本身就有「四馬」之意，上博九〈邦人不稱〉簡 5 記載葉公子高「乘駟車五乘」，與本篇成公虎「乘一棧車駟」，可知馬車計數單位的「乘」與「駟」相同，只不過前者重在車，後者重在馬，《說文》云：「駟，馬一乘也。」葉公子高至鄂尋覓楚昭王需要多一些人力，故乘五車，成公虎僅一人前去搬蔡器，

故僅乘一車。

19. 駟

原考釋認為指四馬拖曳之車。曹方向〈靈王通釋〉改隸為「駟馬」：“棧車駟馬，文例如典籍所言「安車駟馬」、「高車駟馬」、「大車駟馬」之類。疑「駟」字下合文號已殘泐。棧車本無駟馬相配，但此處不可以常理論。因為成公之子正想表現自己不會駕車，可能是刻意胡亂配置了車馬。車馬都是蔡人軍中之物，此時蔡人已成亡國之奴，故而成公之子進入蔡人軍門，得以隨意配置車馬。”

蘇建洲〈靈王遂申釋讀〉認為「駟」可以直接理解為「四馬」，並舉出土文獻為例，認為：“簡文「𨊧=駟」可以直接讀為「外車四馬」，而不用認為「駟」脫漏合文號。……但是我們也應注意到「四（駟）馬」在文獻中多指顯貴者所乘的駕四匹馬的車，……上引鳳凰山一六八號漢墓竹簡簡2云：「軺車一乘，蓋一，馬二匹，御一人，大奴。」「軺車」是一種輕便小車，可駕馬二匹或三匹，雖同是出行乘車，但等級比不上「安車」。黃鳳春先生指出《包山》2號墓漆奩上所見的《迎賓出行圖》上所繪的車都是「軺車」，或駕二馬，或駕三馬，主要用途是出使他國聘行。”

20. 尖=（小人）孯（幼）

原考釋指出「尖」為「小人」二字合文，「孯」，從子，幽聲，為「幼」字之異文。

21. 不能吕（以）它器

原考釋斷句為「不能以它器得」。汙天山〈靈王初讀〉6樓斷句為「小人幼，不能以它器。得此車」張崇禮〈靈王初讀〉13樓將「以」訓為「拿著」，「帶著」。曹方向〈靈王通釋〉：“以，《說文》：「用也。」不

能以它器，即因年幼而不會使用其它器物，例如干戈弓矢兵器之類。或者，以作介詞，相當於「于」。不能以它器，意思還是不懂得其它器物怎麼使用的意思。所以他駕駛棧車而出，也還是說，自己沒辦法駕回申人所在之處。"

Youren〈靈王初讀〉24 樓："「不能以它器」當讀為「不能以它（施）器」。（「它」讀「施」，參白於藍先生《簡牘帛書通假字字典》，頁128）能，勝任、能做到。《史記・項羽本紀》：「東陽少年殺其令，相聚數千人，欲置長，無適用，乃請陳嬰，嬰謝不能。施，用。《淮南子・原道訓》：「夫道者……施之無窮而無所朝夕。」高誘注：施，用也。用之無窮竭也，無所朝夕盛衰。」器，兵甲。《國語・周語上》：「先王之於民也，懋正其德而厚其性，阜其財求而利其器用。」韋昭注：「器，兵甲也。」虎年幼，無能力施用兵甲之器，得到這輛車，又無能力駕回申國，請求就帶走「策」吧（帶走「策」便不算徒手），執事人允諾。"

平凡的世界〈靈王初讀〉29 樓認為「器」或也可以理解為「祭器」。蘇建洲〈靈王遂申釋讀〉："裘錫圭先生指出甲骨卜辭「以」作 ⟨⟩，象人手提一物，其本義大概是提挈、攜帶這一類的意思，簡文的「以」顯然就是這個用法。張崇禮、陳劍先生解釋為拿走、帶走，正確可從。"

22. 或

原考釋解釋為「疑而未定之辭」。曹方向〈靈王通釋〉、Youren〈靈王初讀〉24 樓皆釋為「或（又）」。蘇建洲〈靈王遂申釋讀〉引用裘錫圭、何琳儀說法，指出："本簡出現四個「或」字皆當直接訓為「又」、「再」，不需通讀為「又」。……西周金文如諫簋「今余唯或嗣命汝」、宰獸簋「今余唯或申就乃命」的「或」均訓為「又」、「再」。而且〈靈王遂申〉簡5「城（成）公懼其又（有）取安（焉）」的「又」讀為「有」，可與「或」訓為「又」做出區隔。當然為避免誤解以及閱讀方便起見，將

「或」讀為「又」也未嘗不可，本文暫採取後者的作法。"

23. 不能馭（御）之吕（以）遄（歸）

原考釋："「馭」或可讀作「許」。本文中執事人前述「此車或不能馭之以歸」，後「命以其策歸，執事人許之」。此二字義同，所從不同，聲又同為午，可通。《詩·大雅·下武》「昭茲來許」，《後漢書·祭祀志》劉注引「許」作「御」。「遄」，《正字通》：「遄，同歸。」歸，還也，返回原處。"

佑仁案：讀「御」，「御之以歸」即成公虎年紀尚小，尚未熟習駕車技巧，無法將棧車開回申地。

24. 命

Youren〈靈王初讀〉24 樓指出："告執事人：「小人學（幼），不能以它器。得此車，或（又）不能馭（御）之以歸。命以其策歸。」執事人許之。這段成公之子告訴執事人的話，句讀應該改成：告執事人：「小人學（幼），不能以它器。得此車，或（又）不能馭（御）之以歸。」命以其策歸，執事人許之。「命以其策歸」的「命」不是命令之「命」，而是請求，成公之子因為年紀小不會駕車，所以請求拿「策」即可，後面才有「執事人許之」云云。「命」字以前是成公之子的話，「命以其策歸，執事人許之。」則是簡文的敘述。「命」訓作「請求」可參〈鄭子家喪〉甲 5「鄭人命以子良為質」。"

蘇建洲〈靈王遂申釋讀〉："「命以其策遄（歸）」的「命」當是「請求」的意思，這種用法楚簡已有出現，如《上博七·君人者何必安哉》簡 1：「命爲君王戔之」，劉信芳先生指出……陳偉先生贊同其說，並認為〈鄭子家喪〉簡 5：「鄭人命以子良爲執」之「命」亦有請求之意……。

本簡「命」的用法與簡 1、2 的三處「命」解為「命令」不同，這是

因為對話的尊卑關係不同所致。值得注意的是，二者的寫法也有所不同，請看：

簡 3 解為「請求」的「命」在字形下部加了一橫，可能有詞意區別的作用，類似「異體分工」的概念。"

佑仁案：先將本處的文例羅列如下：

（成公虎）告執事人：「小人幼，不能以它器。得此車，或不能御之以歸。」命以其策歸，執事人許之。

「命以其策歸」顯然不應是成公虎的話，因為「其」在古漢語中是第三人稱，指「他」或「他的」。此句若是成公虎向執事人說的話，句中怎會出現第三人稱呢？這句話可以翻譯作「請求攜帶他的馬鞭離開」，文中「他的」又是誰呢？筆者認為「命以其策歸，執事人許之」顯然都是文章中第三人稱的敘事觀點，因此才稱「成公虎」為「其」。

上博簡中這種「命以……，……許之。」的句法結構，〈靈王遂申〉並不是第一次出現，上博七〈鄭子家喪〉記載楚莊王包圍鄭國長達三個月，這一段內容是：

「鄭人請其故，王命答之曰：『鄭子家顛覆天下之禮，弗畏鬼神之不祥，戕賊其君。我將必使子家毋以成名立於上，而滅炎（嚴）於下。』鄭人命以子良爲質，命使子家薺木三寸，疏索以紘，毋敢正門而出，掩之城基，王許之。」

鄭人前來詢問圍鄭的理由，莊王告知因鄭子家弒君之故，非得使他身敗名裂不可，文中「鄭人命以子良為執」以下，全為第三人稱的敘事觀點，而

非莊王的話語。請留意文中「命以」的「命」，不能理解為命令，而是「請求」，「命以」的句法內容與本篇的〈靈王不稱〉完全一樣。鄭人請求以子良作為人質，以及鄭子家的簡葬，換得楚國退兵，最後王許之。本篇成公虎多次空手出蔡門而被制止，最後成公虎駕馬車前到軍門，告訴執事人他不善駕馬車。最後「命以其策歸，執事人許之。」（請求能僅僅攜帶他的馬鞭離開，執事人接受），這是簡文的敘述口吻，因此第三人稱的「其」指的當然是「成公虎」。總的來說〈鄭子家喪〉「鄭人命以子良爲質」、〈靈王遂申〉「命以其策歸」開始，都是敘述口吻，不是角色的談話內容。

25. 策

原考釋隸為「箒」。Youren〈靈王初讀〉7 樓、高佑仁〈上九初讀〉改隸為「策」。

26. 秉

原考釋隸為「秉」，訓為「執」。

海天遊蹤〈靈王初讀〉2 樓、蘇建洲〈上九箚一〉指出："此字也見於〈凡物流形〉甲 24「氏（是）古（故）陳為新」的「陳」的偏旁，李守奎先生認為是「蚓」的初文。總之，聲音近「申」，簡文可讀為「振」，古書有「躍馬振策」的說法。"曹方向〈靈王通釋〉以為："從文意上看，「秉」字更好。原簡之字筆劃有些模糊，不能排除左側封口的筆劃是墨蹟污染造成的。或者也可能是形近訛誤的寫法。躍馬振策，與簡文情境恐怕不太協調。"Jdskxb〈靈王初讀〉15 樓認為此字的構形下部或為受「庚」字影響而寫成類似「庚」。

Youren〈靈王初讀〉25 樓認為此種構形的「秉」字，於金文中可見幾乎同形的字，應非訛誤。龐壯城指出曾侯乙墓簡 15「」字，或許可

與簡文此字參照。（沈師讀書會）

　　佑仁案：楚簡「秉」字一般作「」（上博〈緇衣〉簡 05），中間從「又」，左不封口，然本處疑難字中間從「尹」不從「又」，構形十分特別，與西周中期訇鼎吻合，恰好保留著早期的西周金文寫法。

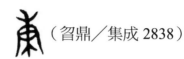

　　本疑難字　　　　　　　　　　（訇鼎／集成 2838）

27. 𣪠（毄）

　　原考釋隸為「敹」。無語〈靈王初讀〉13 樓以為此字乃「擊」字。清華大學出土文獻讀書會〈靈王研讀〉認為："　　可與清華簡〈繫年〉魏武侯「繫（擊）」　　【120】　　【134】字參照，為「擊」本字。此句說虛至一處名「毄」的水邊棄其策。"

　　蘇建洲〈靈王遂申釋讀〉："此字實為「𣪠（毄）」，請比對底下字形：

　　（1）　　（𣪠，〈琴舞〉簡 16）　　（𣪠，〈容成氏〉22）　　（𣪠，《周易》01）

　　　　　　（𣪠，與兵方壺）　　（𣪠，〈弟子問〉01）

　　（2）　　（繫，〈繫年〉120）　　（繫，〈繫年〉134）　　（繫，《周易》40）

　　簡文字形與〈弟子問〉的形體相近。趙平安先生指出這種作上「東」下「土」之形的字，就應該直接釋為「𣪠（毄）」，其說可從。"

28. 澨（澨）

　　清華大學出土文獻讀書會〈靈王研讀〉指出："　　可參照郭店老子甲【22】的　　（逝）字，此處讀為〈禹貢〉「過三澨至于大別」的「澨」，

滋謂水防。此句說虛至一處名「穀」的水邊棄其策。”

　　龐壯城：《尚書・禹貢》「過三滋，至於大別」，孔傳云：「三滋，水名，入漢。」《太平寰宇記・漢水》「源出郢州長壽縣磨石山，東南流，名滋水。至復州景陵縣界，名漢水。」是知漢水與滋水或為同一河流，因區段不同而另有別名。頗疑〈靈王遂申〉之「穀滋」與《包山・文書》之「滋坂」為相同河流；而包山簡提及「南陽里」，雖與〈靈王遂申〉之故事年代有異，但「南陽」為春秋戰國時期之楚國重要地區，其區域不應有過大之變化。今存之以待證。（沈師讀書會）

　　蘇建洲〈靈王遂申釋讀〉：“「滋」，《說文》云：「埤增水邊土。人所止者。」可見「滋」的本義為水邊高臺，可聚集而居，可築堤防水，可作軍事防禦工事等。王克陵、潘晟認為，「滋」是先秦時期指代河曲侵蝕岸的專有名詞。……楚國地名常見「某滋」，……段注「滋」字云：「今南陽淯陽二縣之間淯水之濱，有南滋北滋矣。」以地理位置來看，本簡的「穀滋」可能與南滋聚、北滋聚有關。”

　　佑仁案：地望問題，一時難定，楚地中以「滋」為名者，不一定就與簡文的「穀滋」就有必然關係。唯一可以確定的是「穀滋」是水濱。

29. 逆

　　原考釋隸為「迣」。海天遊蹤〈靈王初讀〉2 樓、蘇建洲〈上九箚一〉指出此字亦見於〈吳命〉簡 4「孤吏（使）一介吏（使），親於桃△勞其大夫，且請亓（其）行。」皆應隸為「逆」，但〈陳公治兵〉簡 13 有「鈍」，讀為「錞」，屯旁寫法與之相近。曹方向〈靈王通釋〉隸為「迣」，疑讀為「諄」。清華大學出土文獻讀書會〈靈王研讀〉認為此字釋為「迖（待）」或「逆」。

　　〈季師讀書會〉認為此字從辵從屰說較合理，逆之，出來到京迎接他兒子。蘇建洲〈靈王遂申釋讀〉指出此字應隸為「逆」字，字形與《上博

七‧吳命》簡4的「逆」作 同形。

30. 京

　　原考釋隸為「亭」。Youren〈靈王初讀〉0 樓、高佑仁〈上九初讀〉改釋為「京」，指出：“字與《上博五‧三德》簡 7、21 以及《清華一》簡 2、4 之「京」字同。”張崇禮〈靈王初讀〉13 樓：“京，也有可能是亳，讀為託，假託、假裝。”曹方向〈靈王通釋〉認為：“有先生指出應釋爲「京」，當是。上博五〈三德〉「皇天弗京」、「上帝弗京」，字形作： ，可參。此疑讀爲「佯」。”沈寶春師訓為「大」。（沈師讀書會）

　　蘇建洲〈靈王遂申釋讀〉贊成高佑仁改隸，應是地名，其前省略了介詞「於」，位置應在「敼滋」附近，具體地點待考，並引陳劍之說，指出本簡文主旨：“申成公父子俱不欲取蔡器；成公派尚未成年之「小虎」去，已可見其消極不合作的態度；但同時，此舉實又有試而觀子、借之教子之意圖；明此方能理解成公全部舉動之邏輯，論者似尚未點明此節，故全篇理解出現問題。此故事之主旨，很大程度上在反映「小虎」之「幼慧」、年紀雖小卻見識甚高亦有機變（全篇的敘事重點並不在成公一面，成公可以說只是起襯托作用）；明不應分蔡器此其一，找到藉口及辦法最終未取而亦未得罪，此其二；成公派出「小虎」後又懼其行動與己之期待相反（「有取」），故迎之（欲早知結果、甚或出問題還可來得及補救——用心良苦而又關心則亂的父親形象真是「躍然簡上」啊）；見「小虎」空手而來，自是鬆一口氣；但並不清楚究係「小虎」明其理未取抑或另有他故（如爭器之人太多未搶到之類），故爲之怒而欲子自言其故，即希望「小虎」能自己將不應取器的理由清楚明白地闡述出來——成公之怒並非真心，但亦不必將「京」讀爲「佯」，蓋敘者但記其事，事理關係已自可見；「小虎」所答完全符合成公之期待，成公自滿意無言，父子俱歸而已。前所謂「幼慧」，類似事如王孫滿觀師、周靈王太子晉服師曠等，每

爲人所稱；再想想楚國同類者之爲賈爲伯嬴幼時責子文事，於上博竹書中亦有之（《成王爲城濮之行》），則扯遠一點就可以想得更有意思了——蓋上博竹書中此類「楚國故事」，已有很多研究者將其與「語」、「事語」、「說」之類相聯繫，並引〈楚語上〉申叔時論太子教育謂「教之《語》，使明其德」云云爲說，則此類作爲當時貴族子弟教育讀本的「楚國故事」竹書中，雜有前代「幼慧」人物故事，可說非常正常。"

31. 為之蒶（怒）

原考釋指出「為之蒶」讀為「為之怒」。Youren〈靈王初讀 26 樓〉："簡 4「怒」下接成公之語，說明此乃「責怒」之「怒」，即譴責之義，怒，譴責。……簡文是說：成公訓斥小兒怎可入蔡營而空手歸，小兒悶不吭聲，成公又罵了一頓，小兒只好提出解釋。"清華大學出土文獻讀書會〈靈王研讀〉："偽怒曰（或「爲」不破讀，讀如本字）。"

佑仁案：陳劍先生指出本篇之主旨是：「見『小虎』空手而來，自是鬆一口氣；但並不清楚究係「小虎」明其理未取抑或另有他故（如爭器之人太多未搶到之類），故爲之怒而欲子自言其故，即希望『小虎』能自己將不應取器的理由清楚明白地闡述出來——成公之怒並非真心，但亦不必將『京』讀爲『佯』，蓋敘者但記其事，事理關係已自可見；『小虎』所答完全符合成公之期待，成公自滿意無言，父子俱歸而已。」可見就依原字讀「為之怒」，「為」不必曲折地讀「偽」。

32. 述（墜）邦

原考釋將「述邦」，讀為「遂邦」，「遂邦」即「亡國」。汗天山〈靈王初讀〉6 樓釋為「述（遂-墜）」。賴怡璇指出《繫年》第十八章已提及楚靈王闕（縣）陳、郜（蔡）之事，整理者在十八章注釋中已指出："《春秋》昭公八年：「冬十月壬午，楚師滅陳。」同年《左傳》：「使穿封戌為

陳公。」杜預《集解》:「滅陳為縣,使為縣公。」《春秋》昭公十一年:「夏四月丁巳,楚子虔誘蔡侯般,殺之于申。楚公子棄疾帥師圍蔡。……冬十有一月丁酉,楚師滅蔡,執蔡世子有以歸,用之。」同年《左傳》:「使棄疾為蔡公。」」(沈師讀書會)知北遊〈靈王簡析〉:"「將墜邦」很可能是指要滅蔡而言。……是楚靈王在殺了蔡靈侯之後,又出兵圍攻蔡國,要滅蔡,故虎說「王將墜邦」。"蘇建洲〈靈王遂申釋讀〉認為《說文》的「遂」並非滅亡的意思,而是逃亡之義,而讀為「墜」,可從,並贊成知北游所指出的「邦」為「蔡邦」。

佑仁案:「王將遂邦」的「邦」,學界有各種說法,莫衷一是。但值得留意的是,本篇的「邦」字共兩見:第一次是成公乾責備其子虎說:「舉邦盡獲,汝獨無得」,第二次是虎向其父說:「王墜邦弗能止」,這兩個「邦」字是出現在父子一問一答的內容裡,無論「邦」是哪一個國家,這兩個「邦」的具體內涵都應該等量齊觀,不應有同一「邦」字,但前後不一、雞同鴨講的情況。明乎此,這個問題實不難釐清。

將「邦」視為「楚邦」之說,恐不可信。從成公乾父子一連串的不合作的行為,可知二人的政治態度是站在楚靈王的對立面,藉此也呼應文章一開頭「靈王既立,申息不憖」的政治氛圍,因此成公乾父子二人實無須關心楚王是否將會墜楚邦。

將「邦」視為「蔡邦」之說,將導致前後兩個「邦」字無法吻合,因為「舉邦盡獲」的「邦」不可能是蔡邦,且簡文一開頭「靈王既立,申息不憖」,可見本文的重心還是申國而非蔡國。成公虎責問其父「王將墜邦弗能止」,從「王敗蔡靈侯」且「夾蔡人軍門」來看,蔡國實質上已經亡國。要申人去阻止楚靈王滅蔡國的行動,恐是陳義過高。

楚靈王威脅利誘申人取蔡器,因此成公乾口中「舉邦盡獲,汝獨無得」的「邦」,只能是「申國」,則「王墜邦弗能止」的「邦」也只能是申,這意味蔡國被滅,下一個就換到申國,兔死狐悲,物傷其類,方為全

文題中之義。成公乾故意試探小兒何以兩手空空而回，其實是作者為藉此烘托小兒的聰明早慧。

有學者以申國早在楚文王時期已被滅，楚靈王時不可能還有申國，作為此「邦」非「申國」證據，其實可以不必。上博簡楚國史料類的文獻，在戰國時期是當時貴族弟子教育讀本所使用，並非嚴格意義中的史書，因此我們在其內容中，常可見史事或敘述時間無法與傳世史籍吻合的情況，甚至是自我矛盾的問題亦比比皆是。例如〈鄭子家喪〉敘述鄭子家死後，楚人圍鄭三月，楚莊王在晉軍渡河救鄭時，迎擊晉軍，大敗晉軍。但事實上，鄭子家死於魯宣公十年（西元前 599 年）冬天，晉、楚兩棠之戰則發生於魯宣公十二年（西元前 597 年），也就是說從鄭子家死至莊王決定圍鄭（西元前 597 年春）並發生兩棠之戰（西元前 597 年夏），時間上間隔一年多之久，鄭子家死於西元前 599 年，那麼莊王在西元前 597 年猶以此作為圍鄭的理由，鄭人還提出薄葬的要求，在時間點上無法銜接是非常明顯的。葛亮認為「由於編寫楚王故事的目的並不是記錄史實，而是重在說教，所以其涉及的時間、人物、事件都可能跟史籍存在較大的出入」（葛亮：〈《上博七・鄭子家喪》補說〉，復旦網，2009 年 1 月 5 日）。關於〈鄭子家喪〉的問題請參筆者《上博楚簡莊、平、靈三王研究》博士論文「簡文敘事在時間上的矛盾」一節。又如〈成王為城濮之行〉開頭：「成王為城濮之行，王使子文教子玉。」講楚成王發動城濮之戰，命令子文教導子玉練兵。但事實上依據史籍，子文教子玉一事發生在城濮之戰以前，可見〈成王為城濮之行〉的敘述時間大有問題。

33. 祮（落？）

原考釋認為「祮」，從示，各聲，辭書未見，「祮」字下有句讀符。易泉〈靈王初讀〉9 樓認為可讀作「落」，落成之祭祀。張崇禮〈靈王初讀〉13 樓：「从示各聲的字應是表示祭祀，但非落成典禮，似乎含有邦

國衰落的意味，應是為蔡或楚祭祀禱告。”曹方向〈靈王通釋〉認為：“「爲袼」可能是成公父子回到本國之後的舉措。其父子二人達成一致，大概是要防備楚人。另外，此字也可能讀爲「格」，訓爲執拘（見《後漢書》注）。意思可能是成公父子打算回國，但被楚人逮捕。”清華大學出土文獻讀書會〈靈王研讀〉：“落祭見《左傳》，如昭公四年「叔孫爲孟鍾，曰：『爾未際，饗大夫以落之』」；昭公七年「楚子成章華之臺，願以諸侯落之。」或疑「袼」讀為「隙」，《國語・周語中》「則可以上下無隙矣」，韋注「瑕釁也」，意爲不滿。簡文此處頗不可解，姑存以俟考。”

〈季師讀書會〉讀為「格」，訓為「警戒」。沈寶春師認為此字從示，應為祭祀之類的意思。（沈師讀書會）蘇建洲〈靈王遂申釋讀〉認為：“不排除簡文有殘闕，或是屬於本篇的內容被歸於它處而尚未公布？待考。”

〈陳公治兵〉譯釋

高佑仁　撰寫

【題解】

〈陳公治兵〉為《上海博物館藏戰國楚竹書（九）》（以下簡稱為《上博九》）的其中一篇，原考釋為陳佩芬，完整簡長 44 公分，三道編聯，天頭地尾留空，現存二十枚（完簡 9、殘簡 11），合計 519 字，尚有殘缺，未見結尾符號。原無篇題，〈陳公治兵〉乃原考釋據文義所擬，發表前李零曾擬題為〈陳公性治兵〉（《簡帛古書與學術源流》，頁 275）。簡文中多次出現「王」字，但無具體指明對象，原考釋主張簡文乃記楚平王初即位之事，然文獻難徵，無法確考。〈陳公治兵〉收錄於《上海博物館藏戰國楚竹書（九）》，與〈曹沫之陣〉同為《上博》簡中的軍事類文獻，其內容早佚，其中所見之人名、戰事名、陣法名多未見於古籍，對軍事、先秦歷史、古文字研究都具有重要意義，價值實難估量。竹簡內容記載楚國動盪不安，經過楚王發動邸之戰後局勢才稍稍平穩，因此楚王於「筴壄之上」舉行大蒐之禮，耀兵振旅，俾使宇內安定，但由於師徒田狩時部隊混亂，因此楚王命令陳公教導軍執事進、止、左、右、起、坐等行軍之法，陳公並以楚國重要戰績為例，申明戰爭時後援兵力源源不絕的重要性，並認為陣勢應隨外在條件而應變。

【簡序】

（一）【簡 1】接【簡 6】。簡 1 後接簡 6，然簡 6 上半殘斷，殘缺甚多，範圍約為上契口至中契口以下三字，若以簡 7 為依據，合計約殘 21

字左右。殘文內容大致是楚王第一次指派任務給陳公狂之後，陳公與楚王的第一次談話，參考簡14楚王第二次指派任務給陳公狂時云：「陳公狂又復於君王」則此處似可補：「陳公狂復於君王：」。

簡1文末只提到師徒殺取雉兔時秩序混亂，未提及楚王命陳公治師云云，而簡6則已論及陳公就教楚王如何部署師徒，二者之間的環節應該還有楚王命令陳公相執事人整飭師徒、陳公復於君王等事，正如前述，簡6上半約殘21字，所以簡1與簡6之間也有可能不是直接連讀，而是尚殘缺一枚以上的竹簡。

（二）【簡9】接【簡14】接【簡10】。簡9下殘，後接簡14，中間殘缺的內容是陳公就執事人談話之前半部分，經過陳公的教導以後，師徒行軍有序，並且完成楚王「入王卒而毋止」的命令，故「君王喜之」，楚王緊接著指派第二個任務——「命陳公狂寺＝（治之）」，陳公接獲命令後再度前去與楚王談話，這是簡文「陳公狂又復於君王」為什麼要拈出一個「又」字的原因（陳公第二次去找君王面談），另外簡9提到「（陳公）既聽命」，「既」是已經、完成，這是陳公第一次接受命令，而後面簡10則云：「陳公復聽命於君王」，其中的「復」字指又、更、再，《論語·述而》：「久矣，吾不復夢見周公。」《韓非子·五蠹》：「釋其耒而守株，冀復得兔；兔不可復得。」「復聽命」表示這是楚王第二次向陳公下命令。陳公收到命令後「陳公狂又復於君王」，再次向楚王復命。這樣文意理解起來，十分順暢，基於上述的理由，【簡14】後面應接【簡10】。簡文著一「又」字，著一「復」字，當是排序的關鍵字，筆者認為〈陳公治兵〉開頭的排序應該是【簡1】＋【簡6、7、8、9】＋【簡14】＋【簡10】

（三）【簡4】接【簡5】接【簡15】。簡5後半應銜接簡15，文義是左右司馬向將軍建言命出師徒，將軍允諾以後，師徒先出，將軍後出，此陣勢名為「弇行」。「進於將軍」一詞，原考釋認為是「左右司馬要在將軍前面」，但這麼一來「將軍乃許諾」將很難理解，所謂的「許諾」是指同

意、應允，如《儀禮・鄉射禮》云：「司正禮辭，許諾，主人再拜，司正答拜。」簡文既有「將軍乃許諾」云云，表示前面左右司馬一定是對將軍有所請求，因此簡文「命出師徒」的「命」不可能是「命令」之義，結合左右司馬之軍階較將軍低，則這裡應是「請求」之義，這種用法楚簡已多見，例如〈鄭子家喪〉甲簡 5 云：「鄭人命以子良為質」。綜上所述，文中由「命出師徒」→「將軍乃許諾」→「師徒乃出」等連貫的語意來看，簡 5 後接簡 15 應無疑義。

【字跡問題】

〈陳公治兵〉的字跡問題較少學者留意，僅松鼠（李松儒網名）在〈字跡情況〉指出「〈陳公治兵〉似與〈鬼神之明〉、〈李頌〉、〈蘭賦〉等篇爲同一抄手。」但依據筆者的考察，〈鬼神之明〉、〈李頌〉、〈蘭賦〉與〈陳公治兵〉的字跡，恐怕不是同一書手。李松儒在其博士論文中已指出〈鬼神之明〉、〈李頌〉、〈蘭賦〉（簡 2「氏故」以上）的字形特徵（為方便說明暫時簡稱這位書手為「A 書手」），例如「心」旁作：

李松儒已指出 A 書手的「『心』部多作『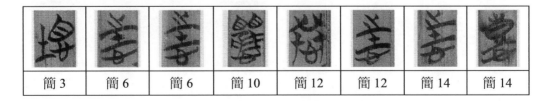』形，其左側筆畫爲豎彎畫，底部筆畫較長且較平直」，但是〈陳公治兵〉的「心」旁則作：

簡 3	簡 6	簡 6	簡 10	簡 12	簡 12	簡 14	簡 14

〈陳公治兵〉書手則作「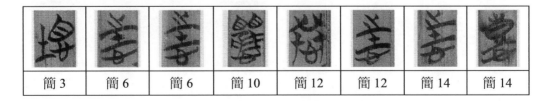」（只有簡 3 寫法上半未接合），本篇從「心」之字甚多，並無與 A 書手的「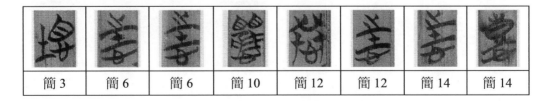」相合者。另外，「而」字也是探討字跡問題時常拿來比對的重點單字，A 書手的「而」字作：

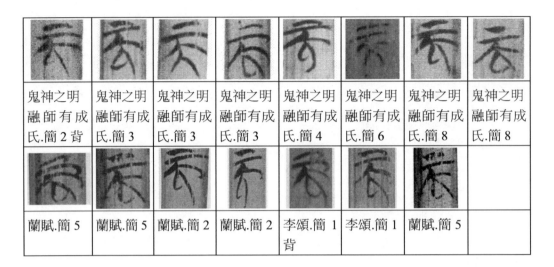

鬼神之明融師有成氏.簡2背	鬼神之明融師有成氏.簡3	鬼神之明融師有成氏.簡3	鬼神之明融師有成氏.簡3	鬼神之明融師有成氏.簡4	鬼神之明融師有成氏.簡6	鬼神之明融師有成氏.簡8	鬼神之明融師有成氏.簡8
蘭賦.簡5	蘭賦.簡5	蘭賦.簡2	蘭賦.簡2	李頌.簡1背	李頌.簡1	蘭賦.簡5	

A 書手的「而」字習慣將左筆往內勾「ℂ」，在這麼多例子中，僅有簡 3 的「天」誤寫成「天」（〈蘭賦〉簡 5）字。但是〈陳公治兵〉書手 的「而」字則作：

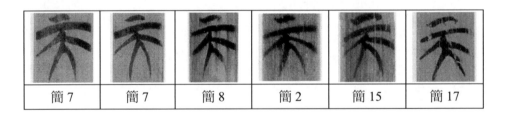

簡 7	簡 7	簡 8	簡 2	簡 15	簡 17

可見〈陳公治兵〉書手「而」字寫法與 A 書手迥然不同。最後再看 「所」字：

A 書手			〈陳公治兵〉書手		
鬼神之明融師有成氏.簡1	鬼神之明融師有成氏.簡1	鬼神之明融師有成氏.簡5	簡 7	簡 12	簡 12

鬼神之明 融師有成 氏 5	李頌 2	李頌 1	簡 12	簡 12	簡 12

比對字形，A 書手「戶」旁的部件作「」，而〈陳公治兵〉書手則作「」，A 書手的「斤」旁作「」，以三筆完成，〈陳公治兵〉書手則作「」，以四筆完成。透過以上三字的考察很能說明兩位書手間的字跡差異。

綜合上述諸字的討論，筆者認為〈陳公治兵〉的書手究竟抄寫了《上博》簡中的哪一篇？目前很難指明，但他與〈鬼神之明〉、〈李頌〉、〈蘭賦〉（簡 2「氏故」以上）的書手應非同一人。

以下先列全篇釋文、語譯，再分別注釋，釋文為嚴式隸定，簡號用「【】」表示，若無法翻譯者，則以通行字的釋文表示。

【總釋文】簡序:1+6+7+8+9+14+10+11+13／12+2+3／4+5+15+16+17／19+18+20

王迣（蹠）邸之行[01]，楚邦少（稍）安。君王安（焉）先居[02]采墨之上[03]，吕（以）雚（觀）帀（師）徒[04]，安（焉）命[05]帀（師）徒鈛（殺）取舍（禽）獸（獸）墨（雉）兔[06]，帀（師）徒乃鬳（亂），不【一】 ……陳公狂復於君王：「……[07]☐此▪。君王不智（知）悝（狂）之無栽（才）▪，命悝（狂）▪槈（相）埶（執）【六】事人敫（整）帀（師）徒，不智（知）進帀（師）徒迣〈逤—極〉[08]於王所，而里（止）帀（師）徒啓（乎）▪？不智（知）亓（其）啓卒（卒）麦（凌）行[09]，述（遂）內（入）王卒（卒），而母（毋）[10]里（止）帀（師）【七】徒啓（乎）▪？」王昌（謂）陳公：「女（如）內（入）王卒（卒）[11]而母

（毋）歨（止）帀（師）徒，母（毋）亦善虖（乎）▪？」陳公答曰……⧄【八】既聖（聽）命，乃誓（誓）[12]敾（整）帀（師）徒。陳公乃遼（就）軍埶（執）事人：「君魯……⧄【九】⧄童（踵）之於遂（後），㠯（以）厚王㝓（卒）[13]▪，三鼓乃行，探（深）內（入）王㝓（卒），不歨（止），述（遂）鼓乃行。」君王憙（喜）之，安（焉）命陳公𢞞（狂）寺=（治之），陳公𢞞（狂）【一四】又復（復）於君王，㠯（以）經（整）[14]帀=徒=（師徒，師徒）膚（皆）懼，乃各旻（得）亓（其）行。陳公復（復）聖（聽）命於君=王=（君王）：「（君王）不智（知）臣之無栽（才）▪，命臣梫（相）埶（執）【一〇】事人敾（整）帀（師）徒▪。埶（執）事人必善命之▪，命梫（相）尃（輔）緩（援）[15]▪，五人於吾（伍）[16]，十人於行=（行。行）戚不成[17]，䡣（卒）衛（率）䡣（卒），敂（令）從灋（法）。𡭔=（小人）牆（將）【一一】車為宔（主），安（焉）或時（持）八鼓五𤔲[18] ▪；鉦（鐲）[19]㠯（以）左，錞（錞）釪（于）㠯（以）右；鐸=（金鐸）㠯（以）侳（坐）[20]，木鐸（鐸）㠯（以）迟（起）；鼓㠯（以）進之，鞞（鼙）[21]㠯（以）歨=（止之）；鋸瀨（瀨）【一三】㠯（以）戕（壯）士，喬山[22]㠯（以）退之。又（有）所胃（謂）䰡（威），又（有）所胃（謂）恭▪，又（有）所胃（謂）裕（裕）[23]▪，又（有）所胃（謂）一▪，又（有）所胃（謂）𣃔（斷）[24]▪。」

陳公𢞞（狂）安（焉）巽（選）楚邦之古【一二】戰（戰）而時=（治之）：先君武王與䢵（鄖）人戰（戰）於莆（蒲）𡨦（騷）[25]，帀（師）不𢇁（絕）▪。先君文王與……。【二】戰於鄴咎[26]，帀（師）不𢇁（絕）▪。酓（熊）䨮（雪）子䒌（麻）[27]與郙（巴）人戰於𩣡州，帀（師）不𢇁（絕）[28]▪，安旻（得）亓（其）䝞（猿）𦐇（旗）[29]。屈𡨷（甹）與郙（巴）命（令）尹戰於𡓀[30]，【三】師不絕。……先君莊王與□□戰於涂、漳之𣶏（滸）[31]，帀（師）不𢇁（絕），或與晉人戰於兩

棠，帀（師）不竆（絕）▪，女（如）既至於戕（仇）人[32]之閖（間）。

牆（將）出帀（師），既斯軍[33]，左右【四】司馬進於牆（將）軍[34]，命出帀（師）徒，牆（將）軍乃許若（諾）。左右司馬☒【五】☐☐☐☐之，帀（師）徒乃出，怀（背）軍而戗（陣），牆（將）軍遶（後）出，安（焉）名【一五】之曰穿（掩）行[35]▪。女（如）閔[36]，女（如）逆閔，女（如）開陕（術），女（如）戊（攻）陕（術），女（如）御（禦）追[37]，必釿（慎）。☒【一六】

檐（擔）徒[38]，州亓（其）徒戣（衛）▪。女（如）既潀[39]城，安（焉）紳（申）兩和而紉之[40]▪，必釿（慎）。☒【一七】

申（陣）於陶（阜）阬（岡）[41]則鳶（鷹）飛；申（陣）於程（涅？）墅（野？）[42]、梁（深）卉（艸）[43]、霜雺（露），車則【一九】徒屖（甲）居遶（後）；申（陣）於鑿（坎）[44]，則徒屖（甲）進退[45]；【一八】侷（麗？）[46]申（陣）遶（後），乃右林左林，申（陣）遶（後）若繩[47]；或侷（麗？）申（陣）前，右林左硘☒【二〇】

【語譯】

楚王發動郖之戰後，楚國的局勢稍稍穩定。楚王於是先駐紮在梁壘之上，用以校閱師徒，楚王命令師徒捕捉禽獸稚兔，但師徒行軍非常混亂，不……，陳公狂面見楚王說：「……此，君王不知道我是個無能的人，命令我幫助執事人整飭師徒，不知道應帶領部隊到達王的行宮，而留下師徒呢？還是命令部隊前進凌壓過王卒的行列，將部隊編置入王卒行伍之中，而不要留下師徒呢？」楚王告訴陳公狂：「不如將師徒納入王卒之中，而不要留下師徒，不是很好嗎？」陳公狂回答說：「……」陳公狂聽取命令後，誓言整飭師徒。陳公狂向軍中的官員說：「國君魯……，讓師徒跟隨在王卒之後，用來厚植王卒的勢力。擊鼓三通之後，部隊開始變化陣形，深入王卒隊伍之中，步伐不要停止，再擊一次鼓後，部隊陣形開始變

化。」楚王對陳公狂的操演非常滿意，於是命令再進一步訓練師徒。陳公狂又前去面見國君，用以整飭部隊，士兵們無不感到害怕，於是堅守各自的勤務。陳公狂再次回復國君的命令說：「國君您不知道臣缺乏才幹，命令我輔佐部隊官員整飭士兵，官員一定會好好地命令部隊，要求士兵們相互支援，五人一伍，十人一行，如果行戚不成，車卒靠著車卒前進，有一定的規範。小人讓戰車保護，手持八鼓五稱，當聽到鉦鐲的聲響時，部隊左轉，當聽到錞于的聲響時，部隊右轉，聽到金鐸的聲響時，部隊以跪姿待命，聽到木鐸的聲響時，部隊全體起立。擊鼓時，部隊前進，擊鼙時，部隊暫停動作。聽到演奏〈鼫瀨〉樂曲時，奮勇前進殺敵，聽到〈喬山〉樂曲時，部隊撤退。帶兵需要有『威嚴』，有『敬肅』，有『寬裕』，有『專心』，有『決斷』。」陳公狂於是選取楚國古代重要戰役為例，向部隊中的官員闡明後援部隊在戰爭中的重要性：先君武王和鄖人的蒲騷之戰，後援部隊源源不絕。先君文王與……鄡咎之戰，後援部隊源源不絕。熊雪子麻與巴的駱州之戰，後援部隊源源不絕，獲勝後得到敵人的猿旗。屈骭與巴令尹戰的壗之戰，後援部隊源源不絕。先君莊王與……在涂、漳的水邊發生戰爭，後援部隊源源不絕，又與晉人發生兩棠之戰，後援部隊源源不絕，部隊士氣慷慨激昂有如來到仇人面前一樣。即將出兵，並已分配好作戰的兵種，左右司馬向將軍進言，請求派出師徒，將軍答應。左右司馬……，師徒於是出兵，背對軍隊而擺出陣勢，最後將軍出兵，這種陣式稱為弅行。如果遭遇閔、逆閔、開術、攻術、禦追等情況時，務必小心謹慎。

挑擔的人，州其徒衛。如果已經既潾城，乃申兩和而紉之，務必謹慎……。

在山崗之上布陣，則採用鴈飛之陣；在低窪平野、草木高長或結霜有露水的地勢上布陣，則徙甲走在戰車之後。在地面凹陷處布陣，則兵車與步兵同進同退。「偈」陣時部隊後方，向左「祙」，向右「祙」，部隊後方

像「龜」的尾巴一樣。「偶」陣時部隊前方，向右「秣」，向左「秣」。

【注釋】

01. 王迕（蹠）邸之行

原考釋將「邸」讀為「固」，《戰國策・秦策一》：「東有肴函之固」，高誘注：「固，牢堅，難攻易守也。」

佑仁案：「邸」原考釋讀為「固」意謂險要之處，恐有問題，「邸」當是地名。「邸」從「邑」、「臣」聲，「臣」字是從「𦥑」（〈季良父簠〉／《集成》4563）、「𦥑」（〈蔡侯簠〉／《集成》4490）演變過來的字，與「固」並非一字，但是楚簡中卻常以「臣」表示「固」，例如《上博六・莊王既成》簡 2「沈尹固辭，王固問之」，兩個「固」字，簡文都作「臣」。「邸」字已見於三晉文字（《璽彙》1812、《璽彙》2960、《璽彙》3048），當人名用。楚簡中有「𨚖」字，字形作「𨚖」（《包山》2.153），為邑名，與本處的地望是否有聯繫，目前難以判斷。

簡文「王蹠邸之行」當是指行至邸地之義，將動詞變成狀語。意指「邸」地動盪，經過楚王至此發動戰役以後，楚國局勢稍微緩和。「之行」一詞往往與戰爭有關，《上博》簡中君王執行「某某之行」的用法，又見於〈平王與王子木〉簡 2-3，其云：「先君莊王蹠河雍之行」，陳偉先生指出「河雍之行，就是《春秋左傳》宣公十二年所記的邲之役。」（陳偉：〈讀《上博六》條記〉）甚是，另外〈繫年〉簡 80 云：「靈王伐吳，為南滾之行，執吳王子蹶由，吳人焉或服于楚」，簡 98-99 又云：「伐吳，為南懷之行，縣陳、蔡，殺蔡靈侯。」《左傳・昭公五年》楚子以諸侯及東夷伐吳，薳射帥繁揚之師先入南懷，終擄蹶由而歸，可見「南懷之行」與伐吳是一件事。另外金文中也有相關的證據，〈史牆盤〉記載昭王「唯奐南行」，《左傳・僖公四年》云：「昭王南征而不復」，銘文「南行」正是史傳

所載昭王「南征」之事，而《上博九・成王為城濮之行》簡 1 開頭中的「城濮之行」就是「城濮之戰」。由前述諸文例來看，「某某之行」實與征伐之事有密切之關係。

如果「河雍之行」即「邲之戰」，「城濮之行」即「城濮之戰」，那簡文的「邸之行」就應該理解成「邸之戰」，簡文談到「邸之行」後「楚邦稍安」，可見「邸之行」不是普通的行程、路程的意涵而已，而具有更實質軍事討伐的意義。

02. 君王安（焉）先居

原考釋指出「先居」即先代，已死謂之先，如先父，先母等祖先，也是亡父之特稱。佑仁案：原考釋的釋文作：「楚邦稍安，君王安，先居灾墨之上，以觀師徒安（焉），命師徒殺取……」，並將「先居」理解為「先代」。文中兩個「安」字，原考釋前字讀如字，後字讀作「焉」，其實都應讀作「焉」訓「乃」，句讀作「楚邦稍安，君王安（焉）先居罙墨之上，以觀師徒，安（焉）命師徒殺取」，第一個「安」字與下文連讀，第二個「安」字魚游春水〈陳公初讀〉6 樓改為下讀，甚是。文中的「先居」可理解為「先位於（某地）」、「先處於（某地）」。簡文所言則是因楚國的局勢才「稍安」（稍稍平穩），故於「罙墨之上」舉行大蒐禮，校閱車卒。

03. 罙墨之上

「罙」。原考釋釋「灾」，讀「災」。佑仁案：原考釋之說不可信，此字雖與《說文》「災」字或體「灾」同形，然古文字中「災」字清一色都從「才」得聲，沒有例外。此字暫據張崇禮〈箚記〉釋為「罙」，仍有討論空間。

04.吕（以）雚（觀）帀（師）徒

原考釋讀為「觀」，訓為「諦視。」張崇禮〈箚記〉指出「君王焉先居堪巒之上，以觀師徒焉」，君王於是先處在突出的山脊之上，來觀看士卒。林清源師〈通釋〉指出簡文「君王安先居灾璺之上」，意即「君王於是先駐紮在高巒之上」，其目的是想要居高臨下「以觀師徒」處理模擬狀況的景象，登石巒有助於遠望以鳥瞰全局。

佑仁案：其實簡文「君王安先居罙璺之上，以觀師徒」兩句話中，其中的「觀」是句子中的關鍵字，原考釋者引《說文解字》解為「諦視」，張崇禮解為「觀看」，林清源師雖無具體解釋，但從「登石巒有助於遠望以鳥瞰全局」來看，大抵與前述兩位學者的看法近似。學者們將文意理解為楚王在「罙璺」觀看低處的「師徒」，會導致楚王與師徒的位置分為二處的結果。

筆者認為簡文「觀」結合〈陳公治兵〉屬於「大蒐禮」的性質，「觀」應即「觀兵」之「觀」。本篇之篇題原考釋擬為〈陳公治兵〉，頗能貫通全篇之主旨，然而〈陳公治兵〉一文內文並無「兵」字，陳公所整飭的「兵」實為「師徒」，所以「觀師徒」其實上就是「觀兵」，即今語之「閱兵」。《史記・楚世家》：「八年，伐陸渾戎，遂至洛，觀兵於周郊。」《集解》服虔曰：「觀兵，陳兵示周也。」《史記・周本紀》：「（武王）東觀兵，至于盟津。」《左傳・僖公四年》：「觀兵於東夷。」杜預注：「觀兵，示威。」《左傳・宣公十二年》：「觀兵以威諸侯。」「觀」者，指陳兵以校閱之義。前面已經提到，大蒐禮是以田獵伴隨著校閱軍隊，將「觀」解為「校閱」之義，是再合適不過。新見西周中期〈史密簋〉：「會杞尸（夷）、舟（州）尸（夷），雚不所，廣伐東國。」劉雨讀「雚」作「觀」，指軍事術語「觀兵」，指周王在此炫耀武力。（劉雨：〈近出殷周金文綜述〉頁 155。）寇占民在劉雨的思路下徵引傳世文獻中對「觀兵」的記

載，認為「雚」在此當讀為「觀兵」之「觀」，它是西周春秋時的一種軍事行為，其云「觀兵的實質是向對手炫耀武力，以達到震懾對方的目的」，並舉《左傳・宣公十二年》：「觀兵以威諸侯」、《左傳・昭公五年》：「楚子遂觀兵于坻箕之山。」杜預注：「觀，示也」。楊伯峻《春秋左傳注》：「觀兵，檢閱示威」以為証。（參寇占民，《西周金文動詞研究》頁285。）

　　承上所述，筆者認為簡文開頭應該是要這樣理解：楚王發動邸之戰後，國勢稍安（言下之意，在發動戰爭之前，楚王尚未完全掌握「邸」、「罙鄾」等處的統治權），表示楚王獲得勝利後，由於餘黨勢力尚未完全消滅（故云「稍安」），因此楚王在「罙鄾」進行閱兵大典，展示軍力。換言之，「罙鄾」作為一個重要軍事地點，「王所」之所在，並非楚王在罙鄾「觀察」他處的師徒，而是楚王在此進行閱兵，簡文中出現的所有角色：楚王、陳公、軍執事、師徒、王卒，都在「罙鄾」之上。綜上所述，筆者的看法是楚王觀兵的地點就在「罙鄾」，而非楚王在此俯視他處的師徒。

05. 安（焉）命

　　「焉」字下讀訓作「於是」、「乃」，參魚游春水〈陳公初讀〉6樓。

06. 雉兔

　　原考釋隸為「走脅」讀為「走逸」，「走逸」意為奔走越過前者，謂其速也。海天遊蹤〈陳公初讀〉4樓、蘇建洲〈上九箚一〉："簡2「殺取禽獸○1○2」，整理者釋為「走逸」，應釋為「夷兔」，讀為「逸兔」。「夷」見包山28。「兔」見孔子詩論23、25號簡。"汗天山〈陳公初讀〉8樓指出"「夷兔」，似當讀為「雉兔」。"

　　流行〈箚記〉指出整理者釋▮▮為「走」，與字形不合，或釋為「夷」讀「逸」，於形雖合，但辭例頗晚，楚文字「夷」、「夭」常常相混，此字實從土夭聲，當讀為「狡」。汗天山〈陳公初讀〉37樓引用《孔

叢子卷第七・連叢子下第二十三》：「殺禽畜雉兔。」《竹書紀年・昭王》：
「雉兔皆震。」為例。林清源師〈通釋〉指出由《孔叢子・連叢子下》、
《竹書紀年・昭王》、〈上林賦〉等文獻可知，簡文「禽獸」之後二字，應
隸定作「壼兔」，讀為「雉兔」。

佑仁案：原考釋釋成「走逸」，學者或讀為「狡兔」、「雉兔」。筆者贊
同讀成「雉兔」，「雉兔」連讀，古籍、出土文獻甚多。「夷」、「雉」相
通，古籍有證，《文選・甘泉賦》：「列新雉於林薄」，服虔注：「雉夷聲相
近」，李注：「新雉辛夷也。」《周禮・秋官・司寇》「薙氏」鄭注「《書》：
『薙或作夷』」。《石鼓文・田車》亦有「麀鹿雉兔」「雉兔」指野雞和兔
子，古代田獵記錄中，「雉」、「兔」常並舉，可見二物常同時被捕獲。

林清源師〈通釋〉認為：「本篇竹書『治兵』組簡文提及楚王下令師
徒從事田獵活動，又大篇幅敘述師徒和王卒的軍事訓練活動，其內容與先
秦時期的『大蒐禮』相合，且本篇竹書『戰史』、『陣法』二組簡文內容亦
與『大蒐禮』密切相關，是以筆者懷疑本篇竹書實即反映了春秋時期楚國
的大蒐禮。」筆者贊同這樣的看法，甲骨刻辭經常出現商王出征途中或凱
旋歸來時，舉行田獵的記載，這種田獵當與軍事有關。例如《合集》
37398：「弜戠𥝊獲白兕，叙于……在二月，隹王十祀，彡日，王來征盂方
伯□。」姚孝遂認為「來征」伴隨田獵的卜辭「都是商王在凱旋時舉行大
蒐，獲兕、獲鹿的記載」（姚孝遂：〈甲骨刻辭狩獵考〉頁 59。），董作賓也指出
甲骨文卜辭裡，長距離的遠征往往與田獵相結合（董作賓，《殷曆譜》頁
164。）。依據《周禮・夏官・大司馬》的記載，大蒐禮按春夏秋冬四季進
行，是透過田獵活動以進行軍事部署、軍隊整頓、人員校閱及訓練戰爭技
巧，它並非純粹的狩獵活動，而是帶著觀兵、校閱、演習等實質意義。大
蒐禮可以在戰爭之後舉行，楊寬指出「《左傳》宣公十四年載：『晉侯伐
鄭，為邲故也。告於諸侯，蒐焉而還。』這在伐鄭之後，再舉行『大蒐
禮』而還，分明具有武力威脅的作用。」（楊寬，《古史新探》頁 278。）依據

《左傳・宣公三年》記載，西元前 606 年，楚莊王率兵北伐陸渾戎，至於洛水，觀兵於周疆，並問王孫滿鼎之大小輕重。《韓非子・喻老》：「楚莊王既勝，狩於河雍，歸而賞孫叔敖。」恐怕也與大蒐簡車徒之事有關。本簡開頭提及楚王發動郲之戰，使得楚邦「稍安」，所謂的「稍安」只是楚國宇內「稍稍穩定」，楚王選擇在此時大蒐振旅、炫耀兵力，兼對部隊進行重新部署（納師徒入王卒），是完全合理之事。

07. 不┄┄陳公狂復於君王：「┄┄◻此▪。

　　佑仁案：簡 1 後接簡 6（簡 6 上半殘缺，只存下半簡），但也可能中間尚存一簡以上之缺簡。

08. 迚〈逓—極〉

　　原考釋讀為「恆」。海天遊蹤〈陳公初讀〉4 樓："當釋常見常見的恆極訛誤，此處當釋為「極」，到達也。"佑仁案：海天遊蹤說法較佳。

09. 夌（凌）行

　　海天遊蹤〈陳公初讀〉4 樓認為應改釋為「夌」，筆者 2014 年 5 月 13 日曾在復旦大學出土文獻與古文字研究中心以「上博九《陳公治兵》綜合研究」為題進行講座（以下簡稱「復旦講座」），陳劍指出「夌」讀作「凌」，「行」指王卒的行列，指「凌壓過王卒的行列」。

10. 母（毋）

　　佑仁案：本篇的「母」字共見三例：

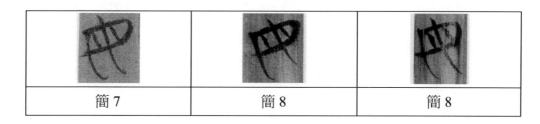

簡 7	簡 8	簡 8

原考釋都直接釋作「毋」。古文字的「母」、「毋」常通用，但字形應有區別，「女」字像一女子安坐斂手之形，「母」是在「女」上添加兩點表示乳形，例如「」（楚帛書乙 8.19）、「」（《郭店・語叢四》簡 6），而「毋」則將「母」的兩點改為一橫筆，例如「」（《包山》2.214）、「」（《上博二・昔者君老》簡 1）。回過頭看本篇的三例字形，顯然都應嚴式隸定都應作「母」，戰國文字中「母」、「毋」字形不同，應予以細察。

11. 女（如）內（入）王衣（卒）

原考釋認為「女」讀為「汝」。

佑仁案：原考釋「女」讀「汝」，不可信。「女」應讀「如」訓作「不如」，楚簡中同樣情況的「女（如）」用法甚多，〈平王問鄭壽〉簡 2-3：「如毀新都、戚陵、臨易」，〈姑成家父〉簡 9：「女（如）出內庫之囚人而予之兵。」此處文意上是陳公向楚王詢問，究竟是要「止師徒」還是「毋止師徒」？楚王認為不如將師徒的兵力納入王卒中，以厚實楚王的兵力。「女（如）內（入）王衣」的「如」字以及後文的「毋亦善乎」一語（「毋亦善乎」猶今語之「不是很好嗎？」），顯露出楚王謙遜委婉的態度，表示陳公狂在楚國應有一定政治地位。

12. 觢（誓）

郭永秉於「復旦講座」面告「觢」當讀「誓」（2014 年 5 月 13 日），可信。

13. 吕（以）厚王窣（卒）

「厚」，林清源師〈通釋〉訓為「增益」，可信。

14. 裎（整）

張崇禮〈箚記〉認為「裎」讀為懲，陳劍於「復旦講座」面告當讀「整」，可信。

15. 敷（輔）緩（援）

林清源師〈通釋〉讀為「輔援」，認為「命相輔援」，可以理解為「執事人一定要好好地教導師徒，告訴他們彼此得相互輔佐支援」。

16. 五人於吾（伍）

佑仁案：參〈曹沫之陣〉簡 26 上＋62 下：「五人以伍，一人又（有）多，四人皆賞，所以為斷。」「五人以伍」是部隊最小的編制單位。

17. 十人於行＝（行。行）戚不成

苦行僧〈陳公初讀〉22 樓認為此字當是「戚」字，在此或讀為「促」。

18. 安（焉）或峕（持）八鼓五再▄

陳劍於「復旦講座」面告「焉」字下讀，可信。

19. ▩（鐲）

海天遊蹤〈陳公初讀〉4 樓懷疑字即李家浩所提酒器「盟」（▩）的訛變或省體，音「豆」（端侯），可讀為「鐃」（泥宵）。Wqpch〈陳公初

讀〉19 樓贊成海天遊蹤的釋字，但認為讀「鐲」即可。紫竹道人〈陳公初讀〉42 樓亦贊成海天遊蹤的釋字，並認為此字右旁之字，字象一個人頭上戴著一個「豈」，頗疑就是兜鍪的「兜」的初文。无斁〈陳公初讀〉43 樓同意紫竹道人的意見，看成是从金、兜省的字，「兜」可分析為从人、豈聲，上古音「兜」屬端母侯部，「亞」屬定母侯部，「豆」屬端母侯部，讀音很相近，「兜」从豈聲，豈从豆聲，豈、蜀讀音相近，故可讀為「鐲」。佑仁案：此字从海天遊蹤所釋，字从金、从人、豈省聲，從紫竹道人讀「鐲」，疑為右半疑即為「兜」字。

20. ⿰彳⿱𠆢止（坐）

原考釋指出「⿰彳⿱𠆢止」，或讀為「比」。海天遊蹤〈陳公初讀〉7 樓認為：**"疑釋為「坐」。下句是「木鐸以起」，起坐相對為文。"**蘇建洲〈上九芻一〉另指出此字在「止」旁尚有從上面延伸下來的直筆，从「人」立於「厂」，是「产」一系列的字體，比對《上博一・緇衣》簡 9「詹」作、《曾侯》11「鍦」作。

汗天山〈陳公初讀〉12 樓認為當釋爲「廷」，讀爲「停」。鳲鳩〈陳公初讀〉53 樓引用《史記・孫子吳起列傳》：「婦人左右前後跪起皆中規矩繩墨，無敢出聲」之說，指出有「跪」、「坐」、「廷（停）」等釋法或讀法，楚文字「廷」不如此作，讀「跪」似優。

佑仁案：筆者認為讀「坐」是正確的，請看下面兵書中的證據：

> 《吳子》：「夫人常死其所不能，敗其所不便。故用兵之法教戒為先。一人學戰教成十人，十人學戰教成百人，百人學戰教成千人，千人學戰教成萬人，萬人學戰教成三軍。以近待遠，以逸待勞，以飽待飢。圓而方之，坐而起之，行而止之，左而右之，前而後之，分而合之，結而解之。每變皆習乃授其兵。是謂將事。」

《將苑・習練》：「夫軍無習練，百不當一；習而用之，一可當百。故仲尼曰：『不教而戰，是謂棄之。』又曰：『善人教民七年，亦可以即戎矣。』然則即戎之不可不教，教之以禮義，誨之以忠信，誠之以典刑，威之以賞罰，故人知勸。然後習之，或陳而分之，坐而起之，行而止之，走而卻之，別而合之，散而聚之。一人可教十人，十人可教百人，百人可教千人，千人可教萬人，萬人可教三軍，然後教練而敵可勝矣。」

《通典・兵典》：「周初，太公曰：『教戰之法，必明告吏士，申三五之令，教其操兵，起居進止，旌旗指麾，陳而方之，坐而起之，行而止之，左而右之，列而合之，絕而解之，無犯進止之節，無失飲食之宜，無絕人馬之力。』」

特別是《吳子》中的文例，「左右」、「坐起」、「行止」除「行」簡文作「進」之外，皆能與簡文對應，讀「坐」當無可疑，這邊講的是陣法的運用。

楚簡中有「（〈季庚子問於孔子〉簡 20／凡失勿危）、「」（〈曹沫之陳〉簡 63／弗狹危地）、「」（《包山》2.263／一坐席），字從「止」、「坐」聲（李家浩：〈談包山楚簡 263 號所記的席〉頁 9 注釋 3。），〈陳公治兵〉簡 13 的「」只是將「坐」聲改成「宀」聲。前述《包山》2.263 讀「坐」，〈曹沫之陳〉簡則讀「危」，可見△字在文例中讀「跪」讀「坐」皆可，但此處言陣法操練的項目，應當讀為「坐」，古籍中相關的文例筆者認為最直接的證據是《孫臏兵法・威王問》簡 272「鼓而坐之，十而揄之」，銀雀山漢簡字即作「坐（）」一例。

「坐」與「起」是古代練兵時備受重視的科目中之一，往往與「進退」同步操練。張衡〈東京賦〉云：「迄上林，結徒營，次和樹表，司鐸授鉦。坐作進退，節以軍聲。」《廣韻・止韻》：「起，作也。」又《說

文》：「作，起也。」「作」、「起」互訓，故「坐起」古籍又作「坐作」，例如《周禮・夏官・大司馬》云：「以教坐作、進退、疾徐、疏數之節。」鄭玄注：「習戰法。」即為讀「坐」之證。

「坐」、「起」除了是一種列隊的軍事操練之外，它更是戰法的運用，許多兵法家都認為步兵的戰鬥隊形中坐姿是最堅固，《左傳・桓公十二年》云：「楚人坐其北門」，杜預云：「坐猶守也」，《司馬法・嚴位》云：「凡車以密固，徒以坐固」，可見部隊由進攻轉而防守，陣前士兵往往是以坐姿應敵。另外，「坐」也可以使混亂的部隊轉而穩定的方法，《禮記・樂記》「武亂皆坐」，銀雀山漢簡《論政論兵之類》「十陣」云：「甲亂則坐，車亂則行」、「甲恐則坐，以聲坐□」，「甲恐則坐」一詞，張震澤云：「此句似言甲士恐懼，則令坐之。《司馬法・嚴位》：『畏則密，危則坐。』立則易亂，坐則鎮靜。意為密集之陣，在強敵之前宜堅持勿動。下文『往者弗送，來者弗止』，亦謂敵雖往來，不分散隊伍以追逐也。」可見當軍隊混亂時，使之安坐，是穩定軍容的重要方法。

21. 蹕（鼙）

海天遊蹤〈陳公初讀〉7 樓認為當直接釋為「鼙」，字亦見《包山》2.145。

22. 喬山

張崇禮〈箚記〉認為「鼫溝」、「喬山」亦當為鼓鉦之類。佑仁案：陳劍、郭永秉於「復旦講座」面告認為「鼫溝」、「喬山」疑為樂曲一類名稱，故「鼫」義符從「鼓」。

23. 綌（裕）

林清源師〈通釋〉認為「裕」，可訓作「寬容」、「寬緩」或「寬裕」。

24. 蚓（斷）

原考釋讀為「專」。佑仁案：簡文：「有所謂一，有所謂蚓」，「蚓」即《說文》「斷」字古文，楚簡「蚓」多讀「斷」而不讀「專」。《郭店·六德》簡 30「人有六德，三親不（斷）。」李零《郭店楚簡校讀》云：「疑同『劓』，《說文》『斷』字古文（實即古「剸」字），釋作『斷』」。（李零，《郭店楚簡校讀記》頁 133。）在《上博》簡的另一篇兵書〈曹沫之陣〉中也提到「斷」，簡 26 上+62 下云：「五人以伍，一人有多，四人皆賞，所以爲（斷）」陳劍指出：「斷，決也，猶言裁定功過賞罰之標準。」（陳劍，《上博竹書〈曹沫之陣〉新編釋文（稿）》）「斷」有果斷、決斷等義。

本處「威」、「恭」、「裕」、「一」、「斷」等五項戰爭的原理、原則，只是陳公狂所標舉出的五項條目性的原則，其內涵讀者可以自由解釋，例如「斷」字，可理解為賞罰的「明斷」，戰術運用的「果斷」，陣法安排的「決斷」等等，皆無不可。

25. 莆（蒲）寞（騷）

原考釋認為「英寞」為地名，地望不詳。youren〈陳公初讀〉1 樓、〈陳公初讀〉23 樓、高佑仁〈初讀〉指出“「英」，當從「艸」、「甫」聲，即「莆」，見曾侯乙竹簡。同簡有相同寫法的「䣙」可以參考。先君武王與鄖戰於莆寞，這講的應該就是蒲騷之戰。「莆」當讀「蒲」，蒲寞即蒲騷之異名。《左傳·桓公十一年》：「楚屈瑕將盟貳軫，鄖人軍於蒲騷，將與隨、絞、州、蓼，伐楚師，莫敖患之，鬭廉曰，鄖人軍其郊，必不誡，且日虞四邑之至也，君次於郊郢以禦四邑，我以銳師宵加於鄖，鄖有虞心而恃其城，莫有鬭志，若敗鄖師，四邑必離，莫敖曰，盍請濟師於王，對曰，師克在和，不在眾，商周之不敵，君之所聞也，成軍以出，又何濟焉，莫敖曰，卜之，對曰，卜以決疑，不疑何卜，遂敗鄖師於蒲騷，

卒盟而還。」"

鳲鳩〈陳公初讀〉25 樓："若「莆宲」為「蒲騷」確，則「宲」應為從「屮（草）」得聲之字，與郭店《唐虞之道》簡9、簡24讀為「瞽瞍」之「瞍」的那兩個字為同字，但有一絲區別可以注意，《唐虞之道》中該字下部作下穿出的雙手「収」狀，而本篇該字隸定後與「宲」全同。"

流行〈箚記〉指出："應釋為「蒲宲（蒐）」。楚文字「宲」作：

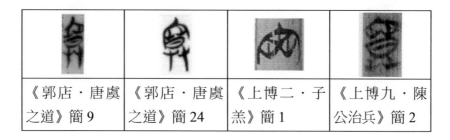

（上博九・陳公治兵）　（郭店・唐虞9）　（上博三・周易45）

而「蒐」字作：

（上博六・王子木1）　（上博六・王子木3）

二字形近易混。「蒐」可讀為「騷」（參高亨《古字通假會典》762頁「蒐」與「廋」條、759頁「騷」與「溲」條）。「蒲宲（蒐）」即見於《左傳・桓公十一年》的蒲騷。"

林清源師〈通釋〉認為莆宲，地名，「莆」，從 youren〈陳公初讀〉1 樓改釋。熊賢品〈地名考釋〉同意 youren 之說讀為「蒲騷」，但整理者將 釋為「宲」，與「騷」的聲韻關係相距較遠，應隸作「宀日卉」，蒲騷應當在楚、鄖之間的漢水以東地區。

佑仁案：與本處相關的疑難字共四見（後文以△表示）：

《郭店・唐虞之道》簡9	《郭店・唐虞之道》簡24	《上博二・子羔》簡1	《上博九・陳公治兵》簡2

〈唐虞之道〉簡9、24 與〈子羔〉簡1 的文例皆為「瞽瞍」之「瞍」，現在又見於〈陳公治兵〉「浦△」即應對應《左傳・桓公十一年》的「遂敗

郎師於蒲騷」的「蒲騷」，可知△字的聲音應往「瞍」、「騷」聯繫以後，對其構形能有更深入的了解。另外上博三《周易》簡 45 有「」字，對應今本為井卦「上六：井收。勿幕有孚，元吉」中的「幕」，馬王堆帛書亦作「幕」，「寞」、「幕」聲符都是「莫」，通假沒有疑義（皆為明紐鐸部），只是目前所見多數作「寞」的楚簡材料其文例都與「寞」字無關，因此也有學者開始懷疑《周易》此字應與△為同聲系之字（mpsyx：〈郭店簡《唐虞之道》的「瞽瞍」之「瞍」可以論定了〉），而與「幕」、「寞」無關，這種看法是否正確，目前仍難有定論。關於△字的考釋，音讀是其關鍵，先將相關字詞的上古音歸屬羅列如下：

單字	聲紐／韻部	單字	聲紐／韻部
騷	心／幽	潮	定／宵
蒐	心／幽	宀	明／元
瞍	心／幽	苗	明／宵
草	從／幽	寞	明／鐸
艸	清／幽		

我們刻意將古音歸屬於精系（齒頭音）、幽部的字置於左側，其他則置於右側。針對△字筆者有以下幾點看法：

1、△字不是「寞」：不少學者都將△字逕歸「寞」（高明：《古文字類編（增訂本）》頁 319。），但從古音來看「寞」明紐鐸部，「騷」、「瞍」二字則都屬心紐幽部，聲韻畢異，可見△字與「寞」並無關係，只是恰好同形而已。《說文》「寂寞」之「寞」作「 」，目前古文字中出現的「寞」，不是誤釋，就是尚待解決的疑難字（如《上博三・周易》簡 45 有「」字）。

2、△字非「蒐」之形訛：劉洪濤曾指出△應與「蒐」之誤字，其云：「從『芔』的『蒐』字跟『莫』字在字形上的確有很多相似之處，《唐

虞之道》『寞』字所从的『莫』有沒有可能是『蒐』字之誤，這是一個很值得思考的問題」（參劉洪濤：〈郭店竹簡《唐虞之道》「瞽瞍」補釋〉頁 109-111。），這是他早期的看法，在《上博九・陳公治兵》公佈後放棄此說，但至今影響力仍很大。

《上博九・陳公治兵》公佈以後，流行（網名）認為△字與「寞」形近易混，「蒐」可讀為「騷」。（流行：〈讀上博楚簡九箚記〉）mpsyx 指出「楚簡的所謂『寞』就是『蒐（搜）』的簡化，當是先省去『鬼』字象身體的部分，而後又省去『田（鬼頭）』中間的一橫（楚簡田旁和日旁每相混），便成為『寞』字。郭店簡《唐虞之道》和上博簡《陳公治兵》兩例可證『寞』字必讀為『叟』或『蒐（搜）』」（mpsyx：〈郭店簡《唐虞之道》的「瞽叟」之「叟」可以論定了〉）。他已經清楚指出「」變成「」的兩個演變脈絡：一、先將「蒐」的「鬼」旁省略身體（也就是「卩」旁），二、將「田」（鬼頭）省成「日」。許雁綺在其碩士論文《楚簡同形字辨析・第二章單向同形字》的「『蒐』、『莫』同形」一節，詳細論證前述孟蓬生所主張的演變內容（許雁綺：《簡同形字辨析》頁 49-55。）。劉波《出土楚文獻語音通轉現象整理與研究》也認為：「或疑唐虞之道中的寞當為蒐之寫訛」（劉波：《出土楚文獻語音通轉現象整理與研究》頁 68。）。趙苑夙之博士論文《上博簡楚王「語」類文獻研究》亦持此觀點（趙苑夙：《上博簡楚王「語」類文獻研究》頁 126）。

他們的思路大抵如下：

步驟 1 古文字中「鬼」可以省略到只剩鬼頭（由），這是可以成立的，但是步驟 2 則很有問題，古文字的「鬼」多見，但從甲骨文以降，就筆者所

見的資料中，從未見將「田」形省易作「日」的寫法。或謂：「田」形、「日」形在古文字構形中時可替換，可見步驟 2 應可成立。筆者認為「田」、「日」訛混確實是古文字常見的現象（劉釗：《古文字構形學》頁 337。），但這只是古文字學理，無法反推成每個偏旁從「田」形的字都能改易作「日」。△是否從「蒐」所變來，還是得看出土文字中的證據力。

3、從「竹」與「屮」的差異不是釋字的重點：

无斁（網名）認為：

《唐虞之道》中的那個所謂的「冪」字，「宀」下的部分，與楚文字中常見的「莫」不同。尤其是最下面的部分：

在戰國時期的楚文字中「艸」最常見的形體是寫作「屮」，很難見到寫作「竹」形的例子，由此可見，過去學術界把 A（引者案：即目前所討論之字）字釋作「冪」，是很值得懷疑的。（无斁：〈郭店簡《唐虞之道》的「瞽叟」之「叟」可以論定了〉4 樓）

筆者認為△字確實與「冪」無關，但无斁認為△字下半從「竹」，故△非從「莫」，事實上「莫」字下半的「艸」寫成「竹」者亦不少，例如：「莫」（〈語叢三〉簡 47）、「莫」（《曾侯乙》簡 10）、「莫」（《曾侯乙》95），可見是否從「竹」並不是△能解釋「莫」的關鍵。

4、△字與「苗」並無關係：鵑鳩將△字與楚簡中讀作「廟」的字聯繫起來，並擬構其演變脈絡，如下：

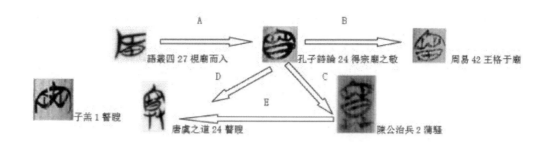

鳲鳩並且加以說明：過程 A：加了「屮」，屬繁化。過程 B：「日」形變作「田」形，并不奇怪。過程 C、D：加了「艸」，屬繁化。過程 E：「艸」豎筆下拉出頭，似「手」。

　　一亥（陳劍網名）認為〈子羔〉的「宇」是从「宀」、「屮」聲，而其餘所謂的「寞」則是从「宀」从「艸」聲，「草」字《說文》云：「大篆从茻」。（參一亥：〈說《子羔》簡中「舜」父之名「[宀/占][宀/卉]」之「[宀/占]」〉後的跟帖）在討論串中施謝捷、沈培等學者也都不約而同指出〈唐虞之道〉諸字形應是从「艸」得聲，楚簡中「屮」、「艸」、「卉」、「茻」都是「草」的觀點。劉洪濤也認為楚文字中的「屮」、「屮屮」都是「艸」，所以諸疑難字从「茻」聲的。（劉洪濤：《郭店竹簡〈唐虞之道〉「瞽瞍」補釋》）△字是不是从「艸」，還可以再研究，但从聲韻來看，將「宇」、「寞」理解為从「艸」、「茻」聲是最穩當的答案，「艸」字清紐幽部，「瞍」、「騷」則為心紐幽部，聲紐都是屬於齒音的精系字，韻部皆為幽部，與前述的觀點相較，聲韻相距最近。楚武王曾與鄖人發生蒲騷之戰，是其奠定基業的重要戰役。《春秋左氏傳・桓公十一年》：「楚屈瑕將盟貳軫，鄖人軍於蒲騷」杜注：「蒲騷，鄖邑」，今湖北安陸西南，《左傳・桓公十三年》：「莫敖狃於蒲騷之役，將自用也，必小羅。」《資治通鑑》：「昔莫敖忸於蒲騷之役，卒喪楚師」，杜佑《通典》：「春秋時，鄖人軍於蒲騷，音蕭。」簡文「先君武王與邧（鄖）人戰（戰）於莆（蒲）寞（騷）」中已出現「邧（鄖）人」，此事又發生於楚武王期間，則簡文中的「莆寞」可以肯定就是「蒲騷」。

26.鄭咎

「鄭」字構形從海天遊蹤〈陳公初讀〉4 樓、蘇建洲〈上九箚一〉所釋，「鄭咎」為地名，確切讀法與地望，待考。

27.酓（熊）霝（雪）子枂（麻）

陳劍於「復旦講座」面告：「在戰史處的排列，不需拘泥於『熊雪』先王，『熊雪子麻』即是以『熊雪』為氏，熊雪是其先祖，為熊雪氏的後代，名為『子麻』，所以此人的世系完全不需依文王、武王的先後來討論，《包山》185 簡中有這個人的字『熊雪适』」，此說有理「熊雪子麻」並非「熊雪」，故無法據而調整簡序。

28.帀（師）不𢇍（絕）

原考釋讀為「師不絕」，本句指大量兵員繼而不斷。

无斁〈陳公初讀〉44 樓指出《陳公治兵》中多次出現「師不繼」一詞。如："戰於涂漳之滺（滸），師不繼。或與晉人戰於兩棠，師不繼。簡 4

先君武王與邳（郎）人戰於蒲宲，師不繼（？）。簡 2

戰於鄭咎，師不繼。酓霝、子麻與郜人戰於駱州，師不繼，簡 3

「繼」可讀作「績」，《廣韻・錫部》：「績，功業也。」「不績」的意思，與文獻中常見的「敗績」差不多。

以《左傳》為例：

《左傳・桓公八年》：戰於速杞，隨師敗績。

《左傳・莊公九年》：及齊師戰于乾時，我師敗績。

《左傳・閔公二年》：戰於犖澤，衛師敗績。"

曹建敦〈札記二〉認為"簡文意指，因楚師不繼，怎麼能獲得敵人的旗幟呢？即未能取勝。"佑仁案：簡文「師不絕」无斁與曹建敦皆讀為「師不繼」，恐非。從字形上看，「鑾」在楚簡中幾乎都讀「絕」，例如《郭店・六德》簡 29「爲父鑾（絕）君，不爲君鑾（絕）父。爲昆弟鑾（絕）妻，不爲妻鑾（絕）昆弟。」《上博一・緇衣》簡 22-23「輕鑾貧賤而重絕富貴」，今本《禮記・緇衣》「鑾」正作「絕」。從文義上看，「兩棠之戰」是眾所周知楚莊王大敗晉軍的重要戰事，《呂氏春秋・至忠篇》云：「荊興師，戰於兩棠，大勝晉」高誘注：「荊剋晉負，故曰大勝。」《新書・先醒》亦云：「莊王圍宋伐鄭，…南與晉人戰於兩棠，大克晉人」《春秋・宣公十二年》云：「晉荀林父帥師及楚子戰于邲，晉師敗績。」而蒲騷之戰亦是楚武王奠定霸業之事，亦由楚人獲勝，參考釋第十七條「浦寞（騷）」。是以文中的戰事應皆為楚國獲勝，故應讀作「師不絕」。

29. 鑾（猿）羿（旗）

單育辰〈隨錄十六〉指出"鑾（援）羿（旗）應讀爲「猿旗」，於動物名加鼠旁，曾侯乙簡常見。"曹建敦〈札記二〉認為"簡文之「猨旗」，應指繪畫有猨作為物章的旗幟。"

30. 墥

暮四郎〈陳公初讀〉4 樓 58 樓指出："剛剛召開的西南大學 2013 全國博士生學術論壇上，陳劍先生在對武漢大學熊賢品博士《上博九〈陳公治兵〉地名考釋四則》一文作評論時認爲簡 3「屈粵與鄖令尹戰於～」之「～」右旁很可能是楚簡之「悳（德）」。鄙意其說有理。"（2013 年 10 月 24 日）佑仁案：〈子道餓〉簡 2「悳」字作「 」，本簡字形很可能如陳劍所言從土、悳聲。

31. 師不絕。……先君莊王與□□戰於涂、漳之滸（滸）

若依據原考釋簡 3 接簡 4 的排序，由於缺少「戰於涂、漳之滸」與「戰於兩棠」的主戰者，則簡 3 與簡 4 之間至少缺一簡，。

32. 㦻（仇）人

海天遊蹤〈陳公初讀〉4 樓認為：“簡 4 整理者是為從來從戈者，實楚簡常見的仇字。”。佑仁案：海天遊蹤之說可信，「如既至於仇人之間」一句，過去學者都視它為下一段之起頭，陳劍於「復旦講座」指出其文義應與前文「又與晉人戰於兩棠，師不絕」銜接，他認為：「打仗已在仇人之間，如何能『將出師』，應是指士兵拼死用命，如同置於仇人之間」，可信。

33. 既斯軍

陳劍於「復旦講座」面告「既斯軍」即分為二軍。斯，馬王堆帛書易傳《繆和》63 上云：「斯晝爲三遂（隊），而出擊葂（荊）人，大敗之。」張注：「斯晝爲三遂，斯，析，分開。遂讀爲隊。」（2014 年 5 月 13 日）

34. 進於將軍

原考釋者：“進於將軍，《儀禮・士冠禮》：「進受命於主人」，鄭玄注「進，前也。」左右司馬要在將軍之前。”

佑仁案：原考釋釋「進」為「前也」的說法不盡妥當。此段的文例是「左右司馬進於將軍，命出師徒，將軍乃許諾。」從左右司馬的「命」（請求）與將軍的「許諾」可以清楚看出，此「進於將軍」應是司馬向將軍提出某些建議，所以筆者認為「進於將軍」的「進」是進言、進見、進奏的「進」。《漢書・史丹傳》云：「丹進曰：『凡所謂材者，敏而好學，溫

故知新，皇太子是也。』」南朝梁・劉勰《文心雕龍・奏啟》云：「奏者，進也。言敷于下，情進於上也。」兩條書證的「進」皆為「進言」之義。左右司馬向將軍進言，而其請求的內容則為「命出師徒」，如此一來才有後文「將軍乃許諾」云云。

另外，原釋文的「將軍乃許諾左右司馬」，句讀方面也應改作「將軍乃許諾，左右司馬……」「諾」字下應點斷，有了將軍的首肯，左右司馬才有後續的行動。

35. 安（焉）名之曰穽（掩）行▪

陳劍於「復旦講座」面告「焉」字當下讀（2014 年 5 月 13 日）。「弇」應讀「掩」，指掩護，師徒先出，將軍後出，以師徒掩護將軍之意甚明。

36. 閔

海天遊蹤〈陳公初讀〉7 樓、蘇建洲〈上九箚一〉認為 "字又見《繫年》簡 101、113，讀為「門」訓為攻城門。"

37. 追

原考釋讀作「追」。蘇建洲〈上九箚一〉認為："實為從「辶」從「亘」的字。"張崇禮〈箚記〉認為 "御追，整理者解為使馬駕車去追擊。蘇建洲先生認為追實為從辶從亘的字。從字形上看，兩說皆有可能；結合文意，我們認為當釋追。御，讀為禦，抵禦。禦追，抵禦和追擊。禦追和、逆及關隧、攻隧，同為兩種相反的軍事行為。"

佑仁案：楚文字中尚未見確定的「追」字，金文「追」字作「🖊」（〈舒盂壺〉／《集成》9734），字從辵、𠂤聲，故△字釋「追」合情合理，但字形視為「亘」也有一定道理，只是文義難通。

38. 檐（擔）徒

易泉〈陳公初讀〉15 樓認為"右部即鄂君啟節車節「簷」字所從，字當讀作「簷」或「擔」。古稱肩挑者為「簷徒」。"

39. 漈城

袁金平〈陳公初讀〉16 樓、張崇禮〈劄記〉都將字釋為從水、桀聲，可信。讀法待考。

40. 安（焉）紳（申）兩和而紉之▪

「焉」下讀。汗天山〈陳公初讀〉14 樓認為「和」意爲「軍門」，如《周禮・夏官・大司馬》：「以旌爲左右和之門」。

41. 陶（阜）阬（岡）

原考釋作「陸阧」。苦行僧〈陳公初讀〉33 樓改釋為「陶阬」，讀為「阜岡」，可信。

42. 娌（涅？）壄（野？）

原考釋隸定作「娌」。苦行僧〈陳公初讀〉3 樓認為當為「場」字，讀為「易」，平易。洪德榮〈編校〉釋「場」讀「疆」。林清源師認為字從「呈」，與下字連讀為「涅野」。佑仁案：從字形上看確實當從「呈」不從「易」，讀法待考。

43. 突（深）卉（艸）

海天遊蹤〈陳公初讀〉7 樓："應釋為艸，楚簡多見。"佑仁案：釋「深草」甚是，《六韜・臨境》云：「其銳士伏於深草，要我隘路，擊我便處，為之奈何？」草叢深處易有敵軍埋伏，行軍至此宜當謹慎。

44.鑾（坎）

苦行僧〈陳公初讀〉3 樓認為讀「坎」，可信。

45.徒麞（甲）進退

佑仁案：「徒甲進退」意即徒卒和甲士同進同退，與「車則徒甲居後」（戰車掩護徒甲部隊）。

46.偁（麗？）

「偁（麗？）」。原考釋者釋「兩」，陳劍於「復旦講座」面告當釋「偁」。

47.龜

張峰〈筆記〉認為右半從「龜」，可信。但此處具體要怎麼訓讀，恐須結合古陣名才能有更進一步的解答。

〈舉治王天下〉譯釋

王瑜楨　撰寫

季旭昇　改訂

【題解】

　　〈舉治王天下〉是本書的第四篇，全文又包含連續抄寫的五篇文章，依原考釋者濮茅左的命名，分別是〈古公見太公望〉、〈文王訪之於尚父舉治〉、〈堯王天下〉、〈舜王天下〉、〈禹王天下〉。全部合起來總名〈舉治王天下〉，這個總名是取於〈文王訪之於尚父舉治〉，不過，〈文王訪之於尚父舉治〉的命名是有問題的，「舉治」二字當為「舉（與）詢（辭）」，即「子」向「文王」告辭。綜觀全篇，應該是先寫周宗有難，古公去見太公望，尋求解決之方（第一篇），然後文王命「子」去訪求尚父，既得尚父，文王向尚父請教「持中達道」之方。尚父回答以「四帝二王」之道，於是後面分述黃帝、堯、舜、禹（四帝）、啟、湯（二王）之道。本篇第35 簡之後應該還有缺簡，也許缺的就是接著敘述啟、湯王天下之道。因此全篇可能可以稱之為「文王訪尚父問道」。為了方便大多數讀者檢索，本文總名仍依原考釋名為〈舉治王天下〉。但〈文王訪之於尚父舉治〉一節改名〈文王命子訪尚父〉。

【總釋文】

簡序：1+2+3+成 16+9+7+4+11+5+6+成 9+28,12,10+16+17+14+19+15+18+13+21+12 +8+21+22+24+23,25+26+20+27+29+30+31+32+33+34+35)

一、古公見大公望

……坪（平）。耆（胡／古）公見大（太）公宔（望）於吕（呂）墬（述／隧），曰：「虗（吾）聝（聞）周宗又（有）難，而不……【一】

……龻（令）聝（聞）光剌（烈）之蘇（族）。」耆（胡／古）公……【二】

……又（有）慶。子嘗以此諆（稽）之，亓（其）白墨（黑）牁（將）可督（知）也。」耆（胡／古）公……【三】

二、文王命子訪尚父

第一段：序論（天命文王，文王請子訪求尚父）

〔……。（文王）謂子曰〕：「□□□□□□□□□□□□□□□□□之至于（於）周之東，乃命之曰：『昔者又（有）神，【〈成〉一六】募（顧）監於下！乃語周之先褆（祖）曰："天齋＝（之所）向，若或與之；天齋＝（之所）怀（背），若佢（拒）之。勿（物）有所總【九】；道又（有）所攸（修），非天之所向；莫之能昃（得）。"』尚（嘗）退而思之，亓（其）唯取（賢）民虖（乎）！子爲我□【七】。」

子訪之上（尚）父，羉（與）詞（辭）。文王曰：「日耑（短）而殜（世）忠（困）□□□□□□□□□□□□□。」【四】乃遉（往）。既見，牁（將）反（返）。文王乃 卑（俾） □□□□□□□□□□□□□□□：「子【一一】昃（得）上（尚）父，軎（載）我天下；子遊（失）上（尚）父，埖（墜）我周眔（祚）！」

既言，而上（尚）父乃皆（偕）至。

第二段：文王向尚父請教達中持道，尚父以四帝、二王之道回應

佳（唯）七年，文【五】王訪於上（尚）父，曰：「我左串（患）右難〔25〕，虘（吾）欲達中梻（持）道。昔埶（我）旻（得）中，殜＝（世世）毋又（有）遂（後）慭（悔）；佳（唯）【六】梻（持）市（昳）明之悳（德），亓（其）殜（世）也〔無悔〕□□□□□□□□□□□□□□□□□□□□□□□【〈成〉九】……遊（失）也，菖（邊/怨）並（謗）之眾人也，非能龕（合）悳（德）於殜（世）者也，【二八】……安（焉），共（恭）呂（以）……【一二】……也，非天子之差（佐）也。請厶（私）之於夫子：『昔者，舜台（始）大龕（合/會？）□□□□【一〇】□□□□□□□□□□□□□□□□□□□□□□□□□□矣。』」

上（尚）父乃言曰：「夫先四帝、二王之〔道〕，【一六】□□□□，□□□□，□□□□，啓行五厇（度），湯行三記（起）。」

第三段：文王問尚父道守

文王曰：「道又（有）獸（守）啚（乎）？」

上（尚）父曰：「黃帝倰光，堯〔倰□〕，〔舜倰□〕，〔禹倰□〕，〔啓倰³善〕【一七】視僵（質），湯倰善視詢（順）。」

第四段：文王問尚父道的要領

文王曰：「道又（有）要啚（乎）？」

上（尚）父曰：「敬人而嶄（新／親）道，毋自▩而訐（信）□，□□□□□□□□□□【一四】□□□□□□□□□□□□□□□不譬（知）亓（其）所埊（極）。」

3　此釋文依紫竹道人（鄔可晶）在「武漢簡帛網-簡帛論壇-簡帛研讀」之〈舉治王天下〉初讀〉下（http://www.bsm.org.cn/bbs/read.php?tid=3026&page=7）討論增補，2013.01.12，63樓。

第五段：文王問尚父「道盍」，尚父答以「三損」及「日行」

文王曰：「又（有）▨盍啻（乎）？」

上（尚）父曰：「黃帝攸（修）三員（損）、葡（服）日行，習女（母／毋）智（知），【一九】於是甬（用）牆（狀／將）安。」

文王曰：「請馤（問）亓（其）□□□□□□□□□□□□□□□□□□□□□【一五】□□□□□□□□□□著（略）。」

上（尚）父曰：「黃帝攸（修）厽（三）員（損）：□□□□□□□□□【一八】……□五□一□二正；五穀（？）不▨，亓（其）民能相分舍（余／餘）；三年不生粟，五年亡（無）凍（凍）▨（餒？）者，此盍▨之道也。」

文王曰：「請【一三】馤（問）日行？」

上（尚）父曰：「日行啻（乎），甬（勇）吕（以）果，而潛（浸）吕（以）成；亯（享）而均庶，遠而方（旁）達，此日行也。」■【二一】

三、堯王天下

堯王天下，備（服）方▨，死（極）㐭（文）倀（長）明，行四【二一】……

……訪之於子，曰：「𡕨（從）正（政）可（何）先▨？」墨（禹）含（答）曰：「隹（唯）寺（時）▨。」堯□□□□□□□□□□□□□□□□□□□□【二二】「尻（處）寺（時）可（何）先？」曰：「毋忘亓（其）所不熊〔能〕！」堯曰：「於（嗚）虖（呼）！日月閟（比）閒（間），戠（歲）建□□；□□□□，□□□□；□【二四】則勿（物）生，瀆（篤）則智（智）成；金至（重）不潚（流），玉則不劃（侵）。」堯吕（以）四劃（害）之文（紊）爲未也，乃馤（問）於墨（禹）曰：

「大割（害）既折（生），少（小）【二三】……」

訬（察）之於堯=（堯，堯）訇（始）甬（用）之，嘉德□□□□□□□□□□□□□□□□□□□□【二五】

四、舜王天下

舜王天下，三貺（苗）不賓（賓）。舜不割（遏）亓（其）道，不賓（賽／塞）亓（其）□，□□□□，□□□□，□□□□，□□□□□。□□□□，遠【二六】埶（邇）皆紀，四正受繢（任），五事（？）皆【二〇】李（理），正（政）才光（美），請□□□，□□□□，□□□□，□□□□，□□□□，□□□□，【二七】明則保或（國），晳（知）臤（賢）正絧（治），教娓（美）民備（服）。■【二九】

五、禹王天下

墨（禹）王天下，備（服／負）深死（亙／膺）垔（重），□□□□，□□□□，□□□□□，【二九】五年而天下正（定）。

一曰：墨（禹）事堯，天下大水。堯乃亯（就）墨（禹）曰：「氣（其）安！亓（其）迮（往）疋（疏）川（川）记（啓）浴（谷），㠯（以）瀆天下!」墨（禹）疋（疏）江爲三，疋（疏）河【三〇】爲九，百川（川）皆道（導），賓（塞）専（陂）卆（九十），夬（決）瀆三百，頁（手）丩（句／拘）旨（指），身鯩（鱗）艄（皵／錯）。禹吏（使）民㠯（以）二（仁）和，民乃肁（盡）力。百川（川）既【三一】道（導），天下能（乃）死（亙／極）。

二曰：墨（禹）奉埶（舜）童（重）悳（德），攺（施）於四或（國），悬（謀）㠯（以）袋（勞）民，膰（繁）而肁（盡）力。墨（禹）

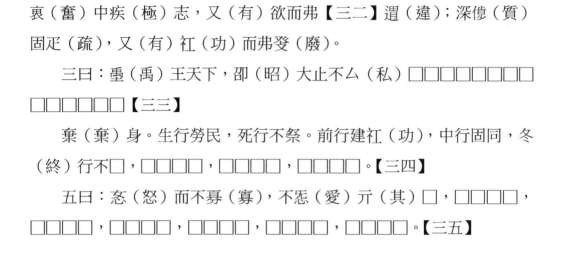

裏（奮）中疾（極）志，又（有）欲而弗【三二】違（違）；深償（質）固疋（疏），又（有）祉（功）而弗髮（廢）。

　　三曰：墨（禹）王天下，邵（昭）大止不厶（私）□□□□□□□□□□□□□□□□【三三】

　　棄（棄）身。生行勞民，死行不祭。前行建祉（功），中行固同，冬（終）行不□，□□□□，□□□□，□□□□。【三四】

　　五曰：忿（怒）而不募（寡），不惡（愛）亓（其）□，□□□□，□□□□，□□□□，□□□□，□□□□，□□□□。【三五】

　　之道，募（寡）人不能戈（一）安（焉），而介緣弋（代）之。夫立民，天下之難事也，或（或）呂（以）興，或（或）呂（以）亡，公其畫（盡）之。夫【八】（案：非〈舉治〉篇簡）

【分章譯釋】

一、古公見大公望

【說明】

　　本篇共 3 簡，自第 1 簡至第 3 簡，無完簡。共 44 字。簡文記敘了「者（古）公」至呂隧見太公望，應該是商請太公望幫周文王滅商（或商量拯救文王於羑里的方法）。由於簡文殘缺嚴重，本篇具體內容難以說清楚。此外，訪太公望的主角「者公」，原整理者以為就是文王的祖父「古公」——周後稷第十二代孫、季歷之父、被尊稱為「周太王」的「古公亶父」。陳劍以為是陳國的始封之君胡公滿，我們以為是文王時人，但具體是誰，待考。

【釋文】

……坪（平）〔1〕。者（胡／古）〔2〕公見大（太）公圣（望）〔3〕於呂（呂）墜（述／隧）〔4〕，曰：「虗（吾）酮（聞）周宗又（有）難〔5〕，而不……【一】

……椠（令）酮（聞）光剌（烈）之嫩（族）〔6〕。」者（胡／古）公……【二】

……又（有）慶〔7〕。子嘗以此諆（稽）〔8〕之，亓（其）白墨（黑）牆（將）可督（知）也〔9〕。」者（胡／古）公……【三】

【語譯】

……平。胡公在呂隧見太公望。（太公望）說：「我聽說周宗室有難，而不……

……有美好名聲、光輝有功業的宗族。」胡公……

……有福澤。子曾經查考過他，他的是非對錯我們是可以知道的。」胡公……

【注釋】

01 坪（平）

鄔可晶〈編連小議〉謂："墨節之上所存「坪」字，也許就屬於《成王既邦》。"瑜楨案：楚簡「坪」字多讀作「平」。簡文不知上接何文，但由此看來，〈古公見太公望〉未必是本篇的第一則。

02. 者（胡／古）公

原考釋濮茅左云："「者公」，即「古公」。古公，姬姓，名亶父。亦稱「豳公」、「古公亶父」、「大王亶父」、「古公太王」、「豳公亶父」、「古公

亶甫」等，季歷之父，周文王姬昌之祖父。《史記·周本紀》：「古公卒，季歷立，是為公季……。」《禦定孝經衍義》：「古公，號也；亶公，名也。」」

又於《上博九》頁191「說明」云：「關於「古公」的稱謂在歷史上是否存在，這是學術界至今還在關注和爭論的一個重要問題。《詩·大雅·緜》正義說：「古公言其年世久古，後世稱前世曰古公，猶云先王、先公也。」清崔述《豐鎬考信錄》說：「古，猶昔也。『古公亶父』者，猶言『昔公亶父也』。」朱熹認為：「古公，太王之本號。」(《詩集傳》、《四書集注》)嚴陵方氏說：「所謂古公也，季歷也，西伯也，皆當時之所稱也。大王也，王季也，文王也，乃後來之所追也。」《禮記集說》聞一多、錢穆提出「古」為地名說，「古即古公亶父之古，本地名，當在沮、漆二水之間。太王自古徙歧，太伯失位，復逃歸古」（聞一多《天問疏證》）；「臨汾有古山、古水，公亶父本居其地。故稱古公」（錢穆《周初地理考》，《燕京學報》第十期）。也有認為先秦兩漢典籍，多不見「古公」之稱，如《穆天子傳》、《孟子》、《呂氏春秋》、《韓詩外傳》、《尚書大傳》等，「古公」之稱是司馬遷誤解《詩·大雅·緜》「古公亶父」句之故。本篇的發現解開了這一歷史的謎團。本篇開門見山句「耆公見大（太）公室（望）於呂（第一簡），可見文獻所記載的「古公」，戰國時是書作「耆公」，把「耆」作「古」之本義解有誤。本卷竹書所有對話者採用的都是個稱，耆公往呂地見太公望，可見「耆公」為個稱。而非先王、先公等泛稱，司馬遷所記「古公」個稱有據。」

袁金平〈初讀〉16樓謂：「簡1「古公見太公望於呂遂曰」一句，整理者斷作「古公見太公望於呂，遂曰」，非是。」鄔可晶〈編連小議〉謂：「《文王訪於尚父》前一篇為《古公見太公望》，「古公」之「古」原寫作「耆」，原整理者認為此人就是古公亶父。但據《史記·周本紀》，古公亶父是文王的祖父，跟太公望並非同一世代的人，他怎麼可能去「見太

公望於呂隧」呢？「耇」即胡考、胡壽之「胡」的本字，陳劍先生指出這個「耇公」應該讀爲「胡公」，即陳國的始封之君胡公滿。胡公滿與武王同時代而比武王年幼，他去見太公望是合情合理的。由此可知《古公見太公望》故事的時代要晚於《文王訪於尚父》。而《文王訪於尚父》之後的三篇——《堯王天下》、《舜王天下》、《禹王天下》——的故事時代則早於《文王訪於尚父》。看來，《舉治王天下》內部的小篇大致是按從晚到早的時代順序排列的，《成王既邦》無疑當列於《古公見太公望》之前，後者首簡墨節之上所存「坪」字，也許就屬於《成王既邦》。"

　　瑜楨案：「耇」從老省、古聲，即「胡耇」之「胡」的本字[4]，可信。

　　季案：「耇公」原考釋讀為「古公」，可從，但謂即周文王之祖父古公亶父，鄔可晶已指出其不可信。但鄔文引陳劍說讀為「胡公」，謂即比周武王年幼的陳國始封之君「胡公滿」，並據此以為本篇係胡公滿見太公望，可能證據還不夠。太公望之事，司馬遷時已不可確知，《史記‧齊太公世家》云：「呂尚蓋嘗窮困，年老矣，以漁釣奸周西伯。西伯將出獵，……果遇太公於渭之陽，與語大說，……故號之曰「太公望」，載與俱歸，立為師。或曰，太公博聞，嘗事紂。紂無道，去之。遊說諸侯，無所遇，而卒西歸周西伯。或曰，呂尚處士，隱海濱。周西伯拘羑里，散宜生、閎天素知而招呂尚。呂尚亦曰『吾聞西伯賢，又善養老，盍往焉』。三人者為西伯求美女奇物，獻之於紂，以贖西伯。西伯得以出，反國。言呂尚所以事周雖異，然要之為文武師。周西伯昌之脫羑里歸，與呂尚陰謀修德以傾商政，其事多兵權與奇計，故後世之言兵及周之陰權皆宗太公為本謀。周西伯政平，及斷虞芮之訟，而詩人稱西伯受命曰文王。伐崇、密須、犬夷，大作豐邑。天下三分，其二歸周者，太公之謀計居多。」《郭店‧窮達以時》簡5也說呂望「行年七十而屠牛於朝歌，尊而爲天子師，

4　參拙作：〈談古文字中老旁與𠤢旁的訛混現象〉，收入季師旭昇主編《孔壁遺文論集》（臺北：藝文印書館，2013.8），頁291-304。

遇周文也」。諸說小有不同，但一致指出呂望遇周文王而為文王師，不需要等到周武王時再派人求訪太公。《詩・大雅・文王》「古公」，毛傳已指明係泛稱：「古公，亶公也，古言久也。」孔穎達《正義》也說：「謂之古公，言其年世久古，後世稱前世曰古公，猶云先王、先公也。」本篇的「古公」目前難以實指，視為泛稱較妥。如此一來，《古公見太公望》是由「古公」去見太公望，《文王訪於尚父》是由「子」去見師尚父，「古公」與「子」都不能實指，而且這兩篇應該同屬文王。二者應是〈舉治望天下〉的主體，《堯王天下》、《舜王天下》、《禹王天下》則是文王效法的典範。旭昇再案：我在〈談《上博九・舉治望天下》簡 1「古公見太公望」──兼說古公可能就是闃夭〉一文中提出「胡公」可能就是「闃夭」，「胡」與「闃」音近可通。

03. 大公坒（望）

瑜楨案：「大公望」，又名為上父、尚父、呂尚、呂望、太公望、師尚父，有關事蹟，詳參《上海博物館藏戰國楚竹書》頁 195-196 原考釋，亦可與〈二、文王訪之尚父舉治〉篇頁 199 討論「尚父」處對應。另外，亦可參劉信芳〈郭店簡所記呂望〉、〈孔子所述呂望〉；李步嘉〈楚簡記「呂望」〉等相關著作。

04. 呂隂（述／隧）

原考釋謂："「呂」，《集解》引徐廣曰：「呂在南陽宛縣西。」又《潛邱劄記》：「故呂城在鄧州南陽縣西四十里。」「隂」，字從𨸏，述省聲，《說文》所無，讀為「隧」。"袁金平〈初讀〉16 樓謂："「呂遂（從阜）」當連讀，為齊地名，見於馬王堆帛書以及銀雀山漢簡。"網名「yangan79」〈初讀〉58 樓謂："《古公見太公望》簡一有句作「古公見太公望於呂遂曰」，整理者斷句在「遂」前，我們覺得有所不妥。「遂」，

一般表示前後事在時間或是事理上的關係。本句「古公見太公望於ＸＸ」顯然是爲之後的對話提供一個狀語。如：清華簡《尹至》：「惟尹自夏徂亳，遂至在湯。湯曰……」所以這個「遂」加在曰前有違古人的習慣。此句之「呂遂」不可分，爲一地名。馬王堆《戰國縱橫家書・蘇秦謂燕王章》：「自復而足，楚將不出睢（沮）章（漳），秦將不出商閣（於），齊不出呂墜（隧）……」其註釋說：「呂隧，未詳。《燕策》蘇秦章和蘇代章均作營丘，營與呂字形相近。營丘是太公呂望始封之地，在今山東省臨淄縣。《漢書・地理志》泰山郡蛇丘縣註：『隧鄉，故隧國。《春秋》曰：齊人殲於隧也。』地在今山東省肥城縣。」《銀雀山漢墓竹簡・選卒》：「……勝不服於呂遂。」整理者引馬王堆帛書認為其地當屬齊。「呂遂」斷爲一詞，既符合了語感，又很好的和「太公望」聯繫在了一起。而且又為「呂遂」這個地名提供了新的線索，豈不一舉三得。"

瑜楨案：袁金平指出「呂遂」當指地名，可從，「呂」是太公望先祖的發祥地，從地名看，古公見太公望，在齊國山東，合理。

05. 曰

「虛暗周宗又難」：原考釋隸為「墜（遂）曰：吾聞周宗有難」，謂："「周宗」《詩・小雅・雨無正》：「周宗既滅，靡所止戾。」鄭玄箋：「周宗，鎬京也。」孔穎達疏：「毛以為，周室為天下所宗。」《左傳・襄公二十九年》：「晉國不恤周宗之闕。」杜預注：「周宗，諸姬也。」周宗姬姓之宗，或亦讀為「宗周」。"

瑜楨案：原考釋以為周宗即鎬京，即宗周。宗周，史籍所載多指周朝政治中心——鎬京。但季師告訴我他以為文王訪呂尚之時尚未都鎬，《史記・貨殖列傳》：「公劉適邠，大王、王季在岐，文王作豐，武王治鎬。」文王伐崇侯虎後始自岐遷豐，不都鎬京。因此，周宗當指周之宗室、宗族。「周宗有難」或指文王被囚羑里，據《史記・齊世家》：「周西伯拘羑

里，散宜生、閎夭素知而招呂尚。呂尚亦曰：『吾聞西伯賢，又善養老，盍往焉。』」史載文王最大的災難是被殷紂王囚於羑里，因此本篇「周宗有難」應該就是文王被囚羑里，散宜生、閎夭等人「素知而招呂尚」，呂尚因此說「吾聞周宗有難」。據甲骨文，殷周關係並不完全十分融洽，殷有「璞（撲）周」之舉，見《合》6812 正、《合》6813、《合》6814、《合》6815、《合》6816 等。文王篤仁敬老、禮賢下士，諸侯歸心，已引起殷紂王的疑慮，「周宗有難」，是當然的結果。

季案：「曰」字以下的這一段話，依原考釋斷讀，係指「古公」之言。但古公如係受文王之命而去訪太公，卻說「吾聞周宗有難」，「吾聞」二字不通（古公應該是明白地知道，而不是「聽說」）。因此，這段話應是「太公」之言。古書「曰」字的用法頗為複雜，俞樾《古書疑義舉例》有「一人之詞而加曰字例」、「兩人之詞而省曰字例」已指出不少例子。楊樹達《古書疑義舉例續補》又有「一人之語未竟而他人插語例」，以為「古人對答之頃，往往有意欲宣，情勢急迫，不能自製。此在言者為不得已；而古人敘述其事者，亦據其急迫之狀而述之，此古人文字所以為質而信也」[5]，本篇對答，太公望並非插語，而是「古公」去見太公望，太公望「有意欲宣」，因而直接點明古公來意，由此可見太公望急於為文王所用，這與《史記·齊太公世家》「太公博聞，嘗事紂。紂無道，去之。遊說諸侯，無所遇，而卒西歸周西伯」也是吻合的。

06. 櫽（令）聞（聞）光剌（烈）之醊（族）

「櫽」，原考釋濮茅左謂：“隸為「櫽」。「櫽」，從木，䆃聲，《說文》所無。「櫽」字前殘文，字義難明。” 網名「海天遊蹤」[6]〈初讀〉9

---

5 楊樹達撰：《古書疑義舉例續補》（上海：上海古籍出版社，2007），頁192-194。

6 〈舉治王天下〉篇所引用之網名「youren」為高佑仁先生、網名「mpsyx」為孟蓬生先生、網名「溜達溜達」指白於藍先生、網名「汗天山」為侯乃峰先生、網名「海天遊蹤」為蘇建洲先生、網名「紫竹道人」指鄔可晶先生、網名「ee」指單育辰先生、網名「松鼠」指李松儒先

樓、蘇建洲〈箚記（一）〉指出「櫫」字見於《璽彙》0264、《新蔡》零11、零 529、甲三 74，一般釋為「櫺」。網名「鳭鳩」〈初讀〉71 樓謂：「不妨將此字視作跟「令」聲可通的字，相關字形可參范常喜文章（http://www.bsm.org.cn/show_article.php?id=951#_ftnref4）。簡 2：令聞光烈之〔族+族〕（可能還用為「族」，不過複寫罷了）「令聞光烈」對應嚴整，「令聞」古書多見，且有「令」、「光」對舉例子：《墨子・非命下》「遂得光譽令問（聞）於天下」《孟子・告子上》有「令聞廣譽」與之類似。璽彙 0264（某某公璽），左邊字是地名，左下字難以確識，究是何地頗難考定。既知首字讀「令」可行，且考慮到此璽字形有些怪異，就不妨大膽臆測一下，那麼左下的字有無可能是「夌」呢，若有成立之可能，則此璽應讀「零陵公璽」，楚國縣的長官一般稱「公」，如包山簡「魯陽公」、「長沙公」、「安陵公」、「益陽公」等。秦置「零陵縣」，屬長沙郡，後代續有沿革。除蘇先生上舉新蔡簡外，還見於甲三 224、400，字在其中如何理解，待考。「木」上部份還見璽彙 5370、5371、5372，除了範文字形外，鑄客匜也見。"

瑜楨案：范常喜《〈上博七・凡物流形〉「令」字小議》指出：〈弟子問〉「考言窒色」，張光裕先生指出即文獻中常見的「巧言令色」；《郭店・緇衣》「《呂刑》云：『非狿，制以刑』。」「狿」字《上博一・緇衣》作「霝」，傳世本作「命」，《尚書・呂刑》作「靈」。據此可知「窒聖（聲）好色」可讀作「窒（靈／令）聲好色」。[7]網名「鳭鳩」據此謂「櫫䎙光剌之䊷」可讀為「令聞光烈之族」。其說甚是。剌，金文多見，今作「烈」。令，善、美好；聞，有名、著稱；光，榮耀、光彩；烈，光明、輝煌。四個形容詞並列。令聞光烈之族，是太公贊美文王所代表的「周宗」。

生、網名「苦行僧」指劉雲先生、網名「鳭鳩」指王凱博先生、網名「jdskxb」是張峰先生。不清楚者以原網名列出。以此說明，後不贅述。

7　范常喜：〈〈上博七・凡物流形〉「令」字小議〉，武漢大學簡帛網（網址：http://www.bsm.org.cn/show_article.php?id=951#_ftnref4），2009.1.5首發。

07. 有慶

原考釋濮茅左隸「又𪊽」讀「有廌」。網名「youren」〈初讀〉0 樓謂：“簡三讀作「廌」的字其實從「鹿」從「心」從二「蟲」。”網名「海天遊蹤」〈初讀〉9 樓、蘇建洲〈箚記（一）〉謂：“簡 3「又𪊽」，整理者釋為廌的字，實為慶，可比對郭店緇衣 13。「有慶」古籍常見。”網名「wqpch」〈初讀〉25 樓謂：“上句殘存「有慶」二字，乃《周易》中常見之占卜用語。”

瑜楨案：「𪊽」字，即「慶」，可從。「慶」之字形可參季師旭昇《說文新證》福建版，頁 824-825。「有慶」即有福澤。《易・坤》：「積善之家，必有餘慶；積不善之家，必有餘殃。」《詩經・小雅・楚茨》「孝孫有慶」屈萬里《詩經詮釋》頁 404 引朱傳：「慶，猶福也。」

08. 子嘗以此諆（稽）之

原考釋濮茅左謂：“「諆」，《經典釋文》：「諆，胡啟反，又音奚。又苦迷反，《說文》云『恥也』，五米反。」《集韻》：「諆，怒聲。」怒諷廌觸不直之事。”網名「wqpch」〈初讀〉25 樓謂：“簡 3「……又（有）慶，子嘗以此諆之，元（其）白墨（黑）將可智（知）也。古公」……。諆字，似可讀為卟，《說文・卷三》：「卟以問疑也。從口卜。讀與稽同。《書》云『卟疑』。」下句言黑白，可對比《卜書篇》白赤、白黃，同為兆色。……又，此字可系聯《平王問鄭壽》以及曾侯乙墓竹簡中從言從係諸字，白於藍讀「稽／卟」，應該是正確的。”網名「鳲鳩」〈初讀〉27 樓謂：新蔡簡有一例，字形：▨（甲三 15、60），辭例：唯危慄恐懼，用受△元龜、巫筮。依辭例語法，△應是動詞，看字形不從肉，樓上所說若實，也當讀「稽」，與占卜相關。

瑜楨案：子，各家都沒有解釋，疑與〈子訪之尚父〉的「子」有關。

如果是這樣，更說明了〈古公見太公望〉也是在文王之時。「」字，原釋隸定為「諆」可從，然訓為「恥也」可商，網名「wqpch」引白於藍於《上博六・平王問鄭壽》將從言從係的字讀為「稽／卟」，網名「鳲鳩」從之，也讀「稽」。關於《上博六・平王問鄭壽》從言從係的字，郭永秉〈釋上博楚簡《平王問鄭壽》的「訊」字〉一文已改讀為「訊」。（《古文字研究》27，頁 489-493）至於簡文「諆」字，我們以為可讀為「稽」（參《漢字通用聲素》【奚通旨】，頁 522），「諆」字上古音為匣母支部，「稽」字上古音為見母脂部，匣母與見母上古聲音關係密切，韻母旁轉。即考察、檢核之意，《周易・繫辭下》：「於稽其類。」孔穎達《疏》曰：「稽，考也。」季案：辭殘，「諆」字取何義難定，《荀子・非十二子篇》「無廉恥而任諆詬」，「諆」謂「嘲笑、恥詬」，於本篇也有可能這麼解。

09. 元（其）白墨（黑）牆（將）可智（知）也

原考釋讀為「其白黑將可知也」，注謂："「墨」，……亦讀為「黑」，聲同。白黑，喻是非。……「牆」，《集韻》：「醬、牆，《說文》：『鹽也。從肉，從酉，酒以和醬也。』古省。」用作「將」。「智」，讀為「知」。"瑜楨案：可從。「白黑」指對錯。

二、文王命子訪尚父

【說明】

本篇共 19 簡，即自第 4 簡至第 21 簡（墨節上的部分），完簡 4 枚。共 376 字，其中合文 2，重文 1，文字不清 5。原考釋者為濮茅左。

本篇寫文王命子求賢訪尚父，訪得尚父之後，文王向尚父請教如何

「達中持道」。文章一開始，文王告訴子：神明對周先祖指示要遵從「天之所向」。文王認為要遵從「天之所向」，必需求賢。於是命令子去訪求尚父。文王以為若能得尚父，就能開創周的天下；不能得到尚父，就會喪失周的國祚。

子既訪得尚父，文王向尚父請教如何達中持道，尚父於是告以「四帝二王之道」（四帝即黃帝、堯、舜、禹，二王即啟、湯），四帝之道簡殘不可知，二王之道為「五度」、「三起」。又告訴文王：黃帝守「光」……（堯至禹殘）、啟守「善視質」、湯守「善視順」。最後告訴文王要「敬人而親道」、修三損、服日行、習無智等為政之道。全文顯示了文王求賢若渴，壯大周邦的努力。

本篇「與辭」二字，原考釋誤釋為「舉治」，因而把全篇名為「舉治王天下」。經過我們的更正，本篇不宜再稱做〈舉治王天下〉。綜觀全篇，以文王訪尚父請教「達中持道」之方，而尚父答以「四帝二王」之道，應該叫做〈文王命子訪尚父〉，不過，為了方便所有讀者，姑且仍依原考釋稱〈舉治王天下〉。

【補記】張舒《〈上海博物館藏戰國楚竹書（九）〉集釋及相關問題研究》一文建議將此篇篇題改擬為〈文王訪於尚父〉，和我原來的想法相近。林清源師〈《上博九・舉治王天下》第二篇簡文研究〉一文亦同意我的「稿本」意見，建議將篇題更名為〈文王命子訪尚父〉。

【釋文】

第一段：序論（天命文王，文王請子訪求尚父）

　〔……。（文王）謂子曰〕：〔1〕「□□□□□□□□□□□□□□□□□□□□之至于（於）周之東，乃命之曰〔2〕：『昔者又（有）神，【〈成〉一六】募（顧）監於下！〔3〕乃語周之先禋（祖）曰〔4〕："天斎＝（之所）

向，若或與之〔5〕；天斋＝（之所）怀（背），若佢（拒）之〔6〕。勿（物）有所總〔7〕【九】；道又（有）所攸（修）〔8〕，非天之所向；莫之能戛（得）。〔9〕"』尚（嘗）退而思之〔10〕，亓（其）唯毆（賢）民虖（乎）〔11〕！子爲我□〔12〕【七】。」

子訪之上（尚）父〔13〕，矍（與）詢（辭）〔14〕。文王曰：「日耑（短）而殜（世）恩（困）〔15〕□□□□□□□□□□□□□。」【四】乃逴（往）〔16〕。既見，牉（將）反（返）〔17〕。文王乃 卑（俾） 〔18〕□□□□□□□□□□□□□□□□□□： 子 【一一】戛（得）上（尚）父〔19〕，軎（載）我天下〔20〕；子遊（失）上（尚）父〔21〕，坑（墜）我周眂（祚）〔22〕！」

既言，而上（尚）父乃皆（偕）至〔23〕。

第二段：文王向尚父請教達中持道，尚父以四帝、二王之道回應

隹（唯）七年〔24〕，文【五】王訪於上（尚）父，曰：「我左串（患）右難〔25〕，虗（吾）欲達中栜（持）道〔26〕。昔堥（我）戛（得）中〔27〕，殜＝（世世）毋又（有）迻（後）愍（悔）〔28〕；隹（唯）【六】栜（持）市（昳）明〔29〕之惪（德），亓（其）殜（世）也〔無悔〕□□□□□□□□□□□□□□□□□□□□□【〈成〉九】……遊（失）也，嗇（怨）並（謗）之眾人也〔30〕，非能盒（合）惪（德）於殜（世）者也〔31〕，【二八】□□□□□□安（焉），共（恭）呂（以）……【一二】……也，非天子之差（佐）也〔32〕。請厶（私）之於夫子〔33〕：『昔者，舜台（始）大盒（合／會？）〔34〕□□□□□【一〇】□□□□□□□□□□□□□□□□□□□□□□□矣。』」

上（尚）父乃言曰：「夫先四帝、二王之〔道〕〔35〕，【一六】□□□□，□□□□，□□□□，啓行五仄（度），湯行三忌（起）〔36〕。」

第三段：文王問尚父道守

文王曰：「道又（有）獸（守）啻（乎）〔37〕？」

上（尚）父曰：「黃帝倰光〔38〕，堯〔倰□〕，〔舜倰□〕，〔禹倰□〕，〔啓倰[8]善〕【一七】視僮（質）〔39〕，湯倰善視詢（順）〔40〕。」

第四段：文王問尚父道的要領

文王曰：「道又（有）要啻（乎）〔41〕？」

上（尚）父曰：「敬人而斲（新／親）道〔42〕，毋自██而訐（信）〔43〕囚，□□□□□□□□□□【一四】□□□□□□□□□□□□不督（知）亓（其）所坙（極）〔44〕。」

第五段：文王問尚父「道盍」，尚父答以「三損」及「日行」

文王曰：「又（有）██盍啻（乎）〔45〕？」

上（尚）父曰：「黃帝攸（修）三員（損）〔46〕、蒲（服）日行〔47〕，習女（母／毋）督（知）〔48〕，【一九】於是甬（用）牄（狀／將）安〔49〕。」

文王曰：「請謂（問）亓（其）□□□□□□□□□□□□□□□□□□□□【一五】□□□□□□□□□□茖（略）〔50〕。」

上（尚）父曰：「黃帝攸（修）厽（三）員（損）：□□□□□□□□□□【一八】……□五□一□二正〔51〕；五穀（？）不██〔52〕，亓（其）民能相分舎（余／餘）〔53〕；三年不生粟，五年亡（無）凍（凍）██（餒？）者〔54〕，此盍██之道也。〔55〕」

文王曰：「請【一三】謂（問）日行〔56〕？」

8　此釋文依網名「紫竹道人」在「武漢簡帛網-簡帛論壇-簡帛研讀」之〈〈舉治王天下〉初讀〉下（http://www.bsm.org.cn/bbs/read.php?tid=3026&page=7）討論增補，2013.01.12，63樓。

上（尚）父曰：「日行啻（乎）〔57〕，甬（勇）呂（以）果〔58〕，而潛（浸）呂（以）成〔59〕；亯（享）而均庶〔60〕，遠而方（旁）達〔61〕，此日行也。」■【二一】

【簡序調整】

原考釋：4,5,6,7,8,9,10,11,12,13,14,15,16,17,18,19,20,21

網名「汗天山」：6+《上八‧成》9

網名「鳲鳩」：13+21

網名「松鼠」：11+2,4+16

鄔可晶〈編連小議〉：a.4　b.11+《上八‧成》16+9+7+5+6+《上八‧成》9

　　c.（28+10+16+17+14+19+15+18）+20+27+13+21（前為陳劍老師意見）

　　d.暫無法編入本篇：12　　e.不屬於本篇：8

張舒《《上海博物館藏戰國楚竹書（九）》集釋及相關問題研究》，同鄔說。

郭倩文《集釋及新見文字現象整理與研究》：11,9,7,4,28,10,5,6,16,17,14,19,15,18,13、21　上,8,12,20,21　下、22,23,24,25,26,27、29　上……

林清源師〈第二篇簡文研究〉：（A1）簡 11。　（A2）《成王既邦》簡 16+〈文王訪於尚父〉簡 9＋7。　（A3）簡 4。　（A4）簡 28＋10。　（A5＋B1）簡 5＋6＋《成王既邦》簡 9。　（B2）簡 16＋17＋14。　（B3）簡 19＋15＋18。　（B4）簡 13＋21。

王瑜楨〈讀本〉：a.《上博八・成》16+9+7+缺簡+4+11+5+6+《上博
八・成》9+28,12,10+16+17+14+19+15+18+13+21　　b.不屬於
本篇：8（同鄔說）

以下對簡序調整做點說明：〔a.成 16+9+7+缺簡〕應該是全文的開
始，簡 7 末句為「子為我……」，應該是文王要子為他做事。文意未完，
後有缺簡。這句話之前的敘述，是文王先說明「昔者有神」告訴周之先
祖，必需體察「天之所向」，文王的體認就是要求賢，所以希望「子」為
他訪尚父。為此，我們在簡文開頭補上「文王謂子曰」，表明本篇係先由
文王和「子」對話。

〔a.成 16+9+7+缺簡〕同鄔說。但是沒有把簡 11 列為篇首。也沒有
把簡 7 下接簡 5。

接著，接簡 4「子訪之尚父，與辭」，這是「子」接受了文王的託付
要去訪尚父，向文王告辭（「與辭」二字應作如是解。一般解為「子」已
經去訪尚父了，並且與尚父對話。因而與下文造成相尚多的隔閡。）文王
在「子」行前，又殷殷告囑了一番。在「子」見到尚父，將要返回之前，
文王並沒有十足的把握「子」是否真的能請動尚父，於是謙卑地向上天祈
禱。祈禱畢，「子」和尚父翩然惠臨。這就是〔4+11+5〕。〔5+6+成
9+28+10+12+16+17+14+19+15+18〕這一部分與鄔文大體相同。〔20+27〕
（網名「松鼠」編聯）內容為「**遠邇皆紀，四正受任，五事皆理，政□才
美**」，不太像黃帝「修三損」的內容，比較接近堯舜時的政治情況（四正
或即四嶽），因此我們把〔20+27〕放在舜的一節。

簡 12，原鄔可晶以為「無前後文，不知應歸入〈舉治〉何簡」。按本
殘簡只有 3 字，難以根據文義進行判斷。但是本簡的「呂」字寫法特殊，
下部作三道螺旋狀迴旋，這種寫法又見於簡 10「台」的上部、簡 16
「矣」的上部，三者應是同一書手，更可能是同時書寫的作品。簡 12、

10、16 的位置應該有相連接的關係。本文同意鄔可晶簡 10 與簡 16 應該銜接的看法。因此簡 12 不能括在簡 10 與 16 中間，而應該在簡 10 之前，或簡 16 之後。從簡的保存情況來看，簡 12 萎縮，而簡 10、簡 16 都很完好，因此不可能與簡 10、簡 16 綴合。但是簡 10 之前為簡 28、簡 16 之後為簡 17，這兩支簡都萎縮，與簡 12 相類似。因此簡 12 應該接在簡 28 之後，或在簡 17 之前。簡 17 前面約殘 3 字，但是從文義來看，不可能是簡 12「安共以」三字。而簡 28 之後我們認為文義的殘缺較為嚴重，可能有缺簡，因此簡 12 很有可能是屬於這一支缺簡的一部分。此處暫時把簡 12 接在簡 28 之後，位置大約在第 7、8、9 字處（本篇竹節大約在從簡首算起的 8-10 字處，簡 12 下部應是竹簡，因此據此點放置。）至於文義，前後殘缺太多，不好推測。

簡 13 有「此盍民之道也」，可承簡 19 的「有□盍乎」。〔13+21〕為網名「鳲鳩（王凱博）」的意見，可從。

【語譯】

〔……。（文王對子說）〕：「……之，到周的東邊，於是告誡（我／文王）說：『從前有神，監看下界！於是（神）告訴周的先祖說："天所傾向的，你就親附依從它；天所反對的，你就拒絕它。萬物有它的綱領；道有所遵循之方，不是上天所傾向；是無法獲得的。"』我退下來思考，唯有訪求賢民吧！子幫助我（訪求賢民）……。」

於是子拜訪尚父，和文王辭行，文王說：「日子不夠用而且天下混亂，………。」子於是前往。子已經見過尚父，將要回來了，文王於是派遣（子）……（祈禱）：「子得到尚父，興舉周的天下；子錯失尚父，墜失周的國祚！」（文王）話說完不久後，子與尚父一起到來。

七年，文王拜訪尚父說：「我處境艱困，我要通達"中"秉持"道"。從前我得到中道，世世代代沒有後悔；持守光明的德行，這一生

沒有〔後悔〕。……差失，為眾人所抱怨，這種人不能合乎當世所需要的德行，……焉，恭敬而……失也，不是天子的輔佐大臣。私下請教夫子（尚父）：『從前，舜開始大合（答？會？）……。』」

尚父於是說：「從前四帝二王之道……，啟推行五度，湯推行三起。」

文王問：「道有哪些應該堅守的嗎？」

尚父回答說：「黃帝的道光顯（？），堯〔的道〕……〔舜的道〕……〔禹的道〕，啟的道擅長表現『質（質樸）』，湯的道擅長表現『順（和順）』。」

文王問：「道有要領嗎？」

尚父回答說：「尊敬人而親近道，不要自██而信……不知道他的終極界限。」

文王問：「有██，這是為什麼呢？」

尚父回答說：「黃帝遵循『三損』、奉行『日行』，在此之上要常常表現無知（不要有自己的私意），因此（天下）就會安定了。」

文王問：「請問這……茗（略）。」

尚父回答說：「黃帝遵循『三損』：……□五□一□二正。五穀不██，人民能夠把多餘的東西分給其他人；連續三年人民都不會粟未熟就急著收割來食用，連續五年人民都不會挨餓受凍，這是聚合（安定）人民的辦法。」

文王問說：「請問甚麼是『日行（每天遵行的原則）』？」

尚父回答說：「『日行』嘛，行事勇而致有結果即『實現』，又漸行之而積累致最終有成，讓大家能夠享用而都富庶，恩惠能夠施及遠方，這就是『日行』。」

【注釋】

01.〔……（文王）謂子曰〕

原簡殘，據文義補。〈成〉16+簡 7 最後三字為「子為我（求賢）」，說明這兩簡是文王對「子」說話。

02. 之至于周之東，乃命之曰

𡉈，《上博八》原整理者釋爲「才（在）」，此句斷作「之至，才（在）周之東」。馬嘉賢〈成王一則〉以為「才」當為「于」，改釋為「之，至于周之東」。鄔可晶〈編連小議〉從之。

瑜楨案：此字作「𡉈」，將裂痕湊攏後作「𡉈」，橫畫上部有筆畫，馬文以為「于」字於偏旁中往往上筆穿出。其說可從。全句讀「之至，于周之東」或「之，至於周之東」？上文殘，二讀均有可能。「命」有「賜命」、「告誡」、「告知」等義，依下文，釋「告誡」較妥。「命者」是誰？文殘無從考知，從「嘗退而思之，其唯賢民乎！子爲我」應為文王之語，則前面一大段應該是文王告訴子「某一高人告誡文王之語」。

03. 昔者有神，募（顧）監于下

原整理者謂：「〔夫〕𠬝監於下」，讀為「寡監於下」。「夫」字屬上簡末。」鄔可晶〈編連小議〉：「按照原整理者的編連……「夫顧監於下，乃語周之先祖」的主語應該也是尚父。但是從古書看，「顧監於下」者多爲具有神性的「天」或「上帝」（如《詩·大雅·大明》「天監在下」、《烝民》「天監有周」……等），尚父只是一介「賢民」（即賢人，見簡 7），不可能有這樣的職能，更不會具備「語周之先祖」的能力。將《成王既邦》簡16置於《文王》簡9之前，「顧監於下，乃語周之先祖」的主語就成了「有神」（可能就是指上帝），這無疑是合適的。」

瑜楨案：原考釋將「嘉」讀為「顧」可從，但此句補上簡末「夫」字則不必，根據鄔可晶〈編連小議〉一文已將簡 8 剔除，因此本簡開頭不接「夫」字。「乃語周之先祖」的「語者」是誰？原考釋以為「顧監於下」的主語是尚父，鄔文反對，並主張主語應為「有神」。鄔說較合理。「有神」未必是上帝，周人的上帝地位相當高，不應該籠統地說「有神」。

04. 周之先禃（祖）

原整理者謂："「禃」，從示，疑「祖」之繁。"網名「溜達溜達」〈初讀〉22 樓指出簡 5「　」字當與簡 9 同從「且」聲。網名「汗天山」〈初讀〉22 樓發表的釋文隸定為「祖」字，鄔可晶〈編連小議〉從之。

瑜楨案：《舉治》篇「且」旁上部均加「宀」形飾筆，簡 9「禃（祖）」字作：　，簡 5「䘏（柞）」字作　，「且」旁下加長橫筆也見於《望山・M2》簡 45「俎」字作　、《清華一・皇門》簡 13「俎」字作　。周之先祖是那一位，簡文沒有提供任何線索，待考。

05. 天齋＝（之所）向，若或與之

原整理者斷為：「天之所向若，或與之」。又謂："「齋」，「之所」二字合文。「若」，《集韻》：「若，順也，如也」。《尚書・堯典》：「欽若昊天。」甲骨文屢見「若」與「不若」。"網名「youren」〈初讀〉、高佑仁〈上博九初讀〉首先指出整理者斷句應改讀為："天之所向，若或與之，天之所怀（背），若拒之。"

瑜楨案：原考釋將「若」訓為「順」或「如」，可議，簡 9 兩個「若」字均應當代詞用，指「你」，如《莊子・齊物論》：「既使我與若辯矣，若勝我，我不若勝，若果是也。」「與」，親附、從，《管子・霸言》「諸侯之所與也」尹知章注：「與，親也。」《國語・齊語》：「桓公知天下諸侯多與己也，故又大施忠焉。」韋昭注：「與，從也。」

06. 天_齊=（之所）伓（背），若佢（拒）之

原整理者讀為：「天之所伓（不）若，佢（拒）之」，讀「伓」為「不」。網名「youren」〈初讀〉、高佑仁〈上博九初讀〉改讀為「天之所伓（背），若拒之」，讀「伓」為「背」，可從。

07. 勿（物）有所緫

「🐛（緫）」字原考釋隸定為「茲」字，待考。全句讀為「勿有所茲」。網名「易泉」〈初讀〉19 樓引裘錫圭〈釋古文字中的有些「恩」字和從「恩」、從「凶」之字〉一文以為此字疑左從糸，右部上墨點下心，隸定為「恩（從糸）」字讀為「從」。網名「汗天山」〈初讀〉22 樓發表的釋文隸定為「緫」，讀為「媵」或「忒」，二字均打問號表示不確定。鄔可晶〈編連小議〉討論簡序問題謂："簡 9「勿又（有）所緫」的「勿」，從文義看當讀爲品物、人物之「物」。陳劍先生向我指出，「物有所緫」與簡 7 首句「道又（有）所攸（修）」句式一致，簡 7 當接於簡 9 之後。今從之。簡 9「道有所修」後接說「非天之所向，莫之能得」，也與簡 7「有神」對「周之先祖」說「天之所向，若或與之；天之所背，若拒之」扣得很緊密。"

瑜楨案：「緫」字原簡中間斷裂，併合後作「🐛（𦀇）」，確為「緫」字無疑。意為綱領，《荀子・非十二子》「若夫總方略，齊言行，壹統類」楊倞注：「總，領也。」

08. 道又（有）所攸（修）

修，網名「海天遊蹤」〈初讀〉、蘇建洲〈箚記（一）〉：簡 7「道有所修」的「修」實為「攸」字，可讀為「修」。瑜楨案：「🔲」字，隸為「攸」，讀作「修」可從，意為「遵循」，如《上博二・容成氏》簡 36：

「天陛（地）四晉（時）之事不攸（修）。」《史記・殷本紀》：「昔高後成湯與爾之先祖俱定天下，法則可修。」

09. 非天之所向，莫之能夏（得）

原考釋謂：“「天之所向」，亦天命。古人以為「凡舉大事，必順天心。天之所向以之舉事必成，天之所背以之舉事必敗。」（《禦選古文淵鑒》）⋯⋯告誡君子修道立教順天命，其事吉數長，非天意，不可得。”可從。

10. 尚（嘗）退而思之

原考釋讀為「當退而思之」。網名「苦行僧」謂：“簡 7「嘗退而思之」之「嘗」用「尚」表示，不用「嘗」。”瑜楨案：「嘗」從「尚」聲，二字可通。嘗，試也，為謙虛用法，《孟子・梁惠王上》齊宣王曰：「我雖不敏，請嘗試之。」

11. 臤（賢）民

原考釋謂：“「臤」，楚竹書多用作「賢」。”瑜楨案：賢民，指訪求在下位的賢者，《六韜・舉賢》云：「文王曰：『舉賢奈何？』太公曰：『將相分職，而各以官名舉人，按名督實，選才考能，令實當其名，名當其實，則得舉賢之道也。』」

12. 子為我□

原考釋與簡 8 連讀為「子為我之道」：“「子」，代詞，表第二人稱，猶「您」。”文義不明。瑜楨案：「子」當與下句之「子」為同一人。「子為我」下約殘 2 公分，最多容納一字，或許為「求」、「訪」之類。

13. 子訪之上（尚）父

　　原考釋謂：“讀為「子訪之尚父舉治」。「訪」，問，謀，諮詢。”鄔可晶〈編連小議〉：“原整理者把簡 4 首句釋讀爲「子訪之上（尚）父舉（舉）詞（治）」，認爲「子」指文王；簡 5 文王所說的話中有「子遊（失）上（尚）父」之語，原整理者認爲「子」係「文王謙稱」。衆所周知，古漢語人稱代詞「子」從無第一人稱的謙稱的用法，原整理者的理解顯然不確。原整理者解釋「舉治」爲「舉民意，治天下，居安思危，居治慮亂，舉政成治，舉治民事」，也缺乏根據。從已經編定的 $\boxed{《成王既邦》}$ $\boxed{簡 16＋《文王》簡 9＋7＋5＋6＋《成王既邦》簡 9}$ 來看，「乃命之曰」以下的話是文王對另一個人說的（此人顯非尚父）；簡 5 的「子」應是文王對說話者的稱呼。簡 4 首句爲敘述語氣，「子」前當有名姓在另簡，可惜目前尚未發現，以下權且用「□子」指稱之。從文義看，簡 4「訪尚父」（「訪之」的「之」指代尚父）的「□子」和簡 5「失尚父」的「子」應指同一人，大概此人奉文王之命去訪尚父，請尚父出山，尚父不見他，所以文王有「子失尚父」之說。”

　　瑜楨案：鄔文提出「古漢語人稱代詞『子』從無第一人稱的謙稱的用法，原整理者的理解顯然不確」甚是。先秦「子」字多爲男子美稱。本句「子」爲何人不可知，鄔文謂：「『子』前當有名姓在另簡……以下權且用『□子』指稱之」，可從。從簡 11＋5：「（子）乃往。既見，將返。文王乃 $\boxed{卑（俾）}$……：『 $\boxed{子}$ 得尚父……』既言，而上（尚）父乃皆（偕）至」，可見「□子」不在文王眼前，而文王仍然稱之爲「□子」。

14. 舉（與）詢（辭）

　　原考釋謂：“「舉詞」，即「舉治」。舉民意，治天下，居安思危，居治慮亂，舉政成治，舉治民事。……「詞」字下有句讀符。”鄔可晶〈編

連小議〉謂：「簡 4 首句似當讀爲『子訪之，尚父與辭』，『辭』指推辭、辭謝。」

瑜楨案：「與辭」，下有標點，可見楚簡原抄寫者知道此處易誤讀，特作標識。原考釋釋爲「舉治」，鄔可晶釋「辭」爲推辭、辭謝，於簡文都難以通讀。簡文「與辭」上文爲文王希望子爲文王訪太公，「與辭」下文爲文王對子說了一些急切盼望求賢的話語（「日短而世困」），中間不可能有其他敘述，因此本句應讀爲「子訪之尚父，與辭」，即：□子去訪問尚父，與文王辭行。《楚辭·九歌·少司命》：「入不言兮出不辭。」《呂氏春秋·士節》：「晏子見疑於齊君，出奔，過北郭騷之門而辭。」高誘注：「辭者，別也。」

15. 日岜（短）而世恩（困）

原考釋讀爲「日岜而殢，恩」，釋云：「「恩」，從心，困聲，或疑「悃」異體。《玉篇》：「悃，志純一也。」……句意創建日益美好的社會。」網名「ee」〈識小〉謂：「《舉王治天下》簡 4 倒數第 1 字應釋爲「意」讀「億」。」單育辰《〈上博九〉雜識〉謂：「此兩支簡拼合從「松鼠」所言，「意」整理者誤釋作「悃」。按，應釋爲「意」讀「億」，「日短而世意（億）矣」是說每天時間很短，但一世光陰則很多了。」

瑜楨案：「▊」字，原考釋隸爲「恩」，單育辰隸爲「意」。楚簡「困」字作：▊（《上一·孔》9）、▊（《上三·易》1）等。而「意」字作：▊（《郭·語三》64）、▊（《清一·程》7），上部多有一短橫。此字摹形作「▊」，釋「恩」較合理。「恩」讀爲「困」，「日短」和「世困」屬於並列結構，意謂日子不夠而且天下局勢混亂，期望能有「賢民」輔佐。

16. 乃逹（往）

原考釋謂：「「乃逹」，讀爲「乃往」。」鄔可晶〈編連小議〉：「從

文義考慮，簡 11「乃往……」的主語可能不是文王，而是□子。簡 4 載□子訪尚父而遭辭，文王發了一通感慨，但應該不會很長；可能不久文王又因事召見了□子，所以□子「乃往，既見，將反」。以上內容大概就在簡 4 殘去的下半段以及其間所缺之簡（可能只缺一支）裏。」張舒《集釋及相關問題研究》：「推測簡 11 和《成王既邦》簡 16 係一簡之折，但簡 11 之下、《成王既邦》簡 16 之上尚缺一段殘簡，現不知去向。通過對比分析本篇簡長的數據，可知簡 11 之下、《成王既邦》簡 16 之上所殘之簡約長 7.8 釐米，缺字當不多。從文義考慮，簡 11「乃往」的主語可能不是文王，而是□子。簡 4 載□子訪尚父而遭辭，文王發了一通感慨，但應該不會很長；可能不久文王又因事召見了□子，所以□子「乃往，既見，將反」」

瑜楨案：原考釋讀為「乃往」可從。鄔可晶以為「子訪尚父而遭辭」，無據。張舒認為此段主語是文王請□子訪太公，可信。□子向文王辭行時，文王又向他說了一些話，而後「□子乃往」。

17. 既見，牀（將）反（返）

原考釋謂：「「既見牀反」，讀為「既見將返」。「反」，通「返」。」瑜楨案：原考釋釋讀可從，不過我們在「既見」後加逗號，表示「既見」和「將返」是兩個動作。

18. 文王乃卑（俾）

原考釋謂：「「文王乃𤰞」，「𤰞」，殘字，從田，待考。本簡下文殘缺。」網名「海天遊蹤」〈初讀〉13 樓、蘇建洲〈箚記（一）〉以為此字比對 𤰞（老甲 20），似為「卑」字。李松儒〈編聯二題〉讀為「俾」。吳宛真《文字編 2》：釋作「卑」字，讀為「俾」。瑜楨案：蘇文釋出「卑」字，而李松儒讀為「俾」，可從。「俾」，意為「使」；可讀如字，釋為「卑

服」等謙卑義。因下文殘缺，不能肯定。

依前後文來看，文王派「□子」去訪太公，□子「乃往，既見，將返」，中間隔了 39 個字後，接著是「既言，而上（尚）父乃皆（偕）至」，可見得這 39 個字是文王在等「□子」回來的時候所「言」的話，這一段話的前半殘了 21 個字（含「卑」），但是後半的「子得尚父，載我天下；子失尚父，墜我周祚」，意思是很明白的，表達的是文王對尚父的熱切期盼，而前半則可能是「文王乃卑服向上蒼禱告」之類的動作。

19. 子得上（尚）父

「子」字原殘。瑜楨案：我們在簡 11 句末補一「子」字使得文例「子得尚父，載我天下」與「子失尚父，墜我周祚」對應。

20. 軗（載）我天下

原考釋謂："「軗」，從車，才聲。字亦見《中山王方響壺》等，同「載」。"王瑜楨〈小記〉謂："簡 5：「……得上父，載我天下；子失上父，墜我周軎（經）」，原考釋以「載運」義來解釋……瑜楨案：「□得上（尚）父，載我天下」與「子失上（尚）父，墜我周軎」相對，因此「載」的意思應該和「墜」相反，釋為「承載」還不夠表達這個意思。「載」有「始」、「舉」、「運行」、「成」等意思，因此，「載我天下」解釋成「開創天下」、「興舉天下」、「治理天下」、「統一天下」等意思，好像比較好一點。"

21. 子遾（失）上（尚）父

原考釋謂："「子遾上父」，讀為「子失尚父。」「子」，文王謙稱。"瑜楨案：原考釋釋「遾」為「失」，可從，然以為「□子」是文王謙稱，不可從。本篇之「□子」應當是個人名，奉文王之命訪太公。

22. 坺（墜）我周眮（祚）

原考釋謂："「坺我周寙」，讀為「遂我周懼。」「坺」，從土，術聲。《集韻》:「坺，高也。」讀為「遂」，乃，便。《詩・邶風・泉水》:「問我諸姑，遂及伯姊。」寙，從宀，從二目，疑「瞿」字。《集韻》:「懼、瞿、愳、忂，《說文》『恐也』。或省，古作愳、忂。」又，「懼，無守兒，顏師古說。」"網名「苦行僧」〈初讀〉22 樓謂:"簡 5 所謂的「遂我周懼」，當釋為「墜我周室」。"網名「溜達溜達」〈初讀〉3、4 樓謂:"絕非「室」字，當從「且」聲，參簡 9「祖」字。"、"似可讀為「周祖」。"網名「海天遊蹤」〈初讀〉11 樓、蘇建洲〈劄記（一）〉謂:"簡 5 是否可讀為「遺我周祖」。遺與遂的通假例證，見白於藍彙纂 558 頁。"網名「海天遊蹤」〈初讀〉62 樓、蘇建洲〈劄記（二）〉:謂:"《舉治王天下》簡 5「遺我周⬚」，當隸作「目且」，《四聲篇海・目部》有「目乍」字，不知是否與此字有關。"鄔可晶〈編連小議〉:"上舉釋文中的「眮」字左旁隸定爲「貝」，是權宜的辦法（可與楚簡「則」字「貝」旁省體的寫法比較）。此字所從「且」原加「宀」旁，已有學者指出與本篇「祖」字所從「且」的寫法相同。此句有韻，「眮」當從「且」聲，與「載我天下」之「下」皆魚部字，本文初稿疑讀爲「阻」，並從學者們的說法讀「坺」爲「遂」或「遺」。《詩・邶風・雄雉》:「我之懷矣，自詒伊阻。」毛傳:「阻，難也。」《廣韻・語韻》:「阻，憂也。」此句意謂得不到尚父，將給我周帶來患難。陳劍先生認爲「坺」當從「苦行僧」（劉云先生網名）說讀爲「墜」，「眮」如確從「且」聲，似可讀爲「祚」（「且」、「乍」二聲屢通），意謂得不到尚父，則周祚將墜失。此句如何釋讀還有待於進一步研究。"網名「mpsyx」〈初讀〉79 樓:"「（子？）得上（尚）父，載我天下；子失上（尚）父，坺（墜）我周懼。」從文意及韻腳來看，所謂「周懼」應當讀作「周祜」，「周祜」猶言「周祚」。《詩

經・大雅・皇矣》：「以篤周祜，以對於天下。」（祜、下為韻）可相參證。」田雨〈箚記（二）〉："疑當釋為「則」。此處當是糅合楚文字中兩種「則」字形體變過來的。"駱珍伊〈箚記〉：舉《天策》「乘馬」合文作

，主張此字從馬且聲，下二橫畫為馬且共筆，右上加繁飾「宀」。

瑜楨案：「𡎱」字，圖版作：「

」，從土、尣聲，讀「遂」、「墜」、「遺」，聲音都可通，但以文義而言，讀「墜」最好。「墜」即喪失；敗壞。《尚書・酒誥》「今惟殷墜厥命。」孔安國《傳》：「今惟殷紂無道，墜失天命。」《國語・楚語下》「自先王莫墜其國，當君而亡之，君之過也。」韋昭《注》：「墜，失也。」

「䀹」字，圖版作：「

」，目前有「懼」、「祖」、「祚」三說。我們已在注 5 討論簡 7「祖」字和此字形右旁從「且」，至於左旁鄔可晶以為從「貝」，然李守奎分析「貝」和「見」字形區別時已提出「貝」的上部是平首狀，下部兩筆互不相連；「見」的上部是銳角狀，下從「人」或變形「人」旁。」[9]袁國華師在討論「得」字所從「貝」形與「目」形的區別時更精細地指出：「貝」形上部的「彐」字從左上邊起筆，向右延伸後於右上邊往下運行，再於右下角向左運行，最後再止於左上方；而「目」亦從偏右上邊起筆，然後斜向左下方伸展，之後向右上方作一弧度，最後停止於偏右起始處。[10]因此，筆者以為簡文此字左旁上部呈銳角狀，應從「目」不從「貝」。至於它的釋讀，此字右旁從「且」應該是聲符，楚簡「且」聲與「乍」聲通用，因此鄔可晶讀為「祚」，可從。「子得尚父，載我天下；子失尚父，墜我周祚！」說明得到尚父的重要性，這是對天下大勢的分析，不是對歷史的追述（下限在文王七年之前），《戰國策・秦策・范睢至秦》：「故文王果收功於呂尚，卒擅天下而身立為帝王。」

---

9 李守奎〈江陵九店56號墓竹簡考釋四則〉，《江漢考古》1994年第4期，頁67。

10 袁國華〈望山楚墓卜筮祭禱簡文字考釋四則〉，《中研院史語所集刊》第七十四本第二分，2003.06，頁309。

23. 皆（偕）至

原考釋謂：〝「皆」，讀為「階」。《說文》：「階，陸也。」《玉篇》：「階，登堂道也，上也，進也，梯也，級也。」〞網名「海天遊蹤」〈初讀〉62 樓、蘇建洲〈箚記（二）〉讀「皆至」為「詣至」。瑜楨案：「皆」應讀為「偕」，即俱、同。太公與子同至。

24. 隹（唯）七年

各家均未釋。瑜楨案：下句為「文王訪於尚父」，則此「七年」當為文王七年。文王紀年有二種，其一為嗣位紀年，其二為受命紀年。此七年當為受命後之第七年。

25. 我左串（患）右難

原考釋謂：〝「我」，即「文王」。「串」，《集韻》：「串，穿也，習也。」同「毌」，讀為「患」。《詩・大雅・皇矣》「串夷載路」，《釋文》：「串一本作患。」「左串右難」，左右難之。君子以成德政，慎終如始，民安其居，要世世王天下，行事必難。〞

瑜楨案：原考釋說可從，「左患右難」即指文王當時處境艱困，《史記・齊太公世家》：「周西伯昌之脫羑里歸，與呂尚陰謀修德以傾商政。」《後漢書・西羌傳》：「及文王為西伯，西有昆夷之患，北有獫狁之難，遂攘戎狄而戌之，莫不賓服。」

26. 虗（吾）欲達中杽（持）道：

「達」字，原考釋謂：〝逵，《古文四聲韻》引《古老子》作「𢕚」，形近，簡文「達」多作此形。「達中」，不偏不倚，無過無不及。《論語・堯曰》：「允執其中」，皇疏：「中，為中正之道也。」……達中則不過無

偏，也指合禮為善，愛民興國之正道。「恃」，《方言》：「齊部謂之恃。」……本句用作「持」。"

　　網名「ee」〈識小〉謂："《舉王治天下》5+6：文【5】王訪於上父曰：「我左患右難，吾欲達中持道，昔我得中，世世毋有後悔。」其「中」即清華一《保訓》文王臨終傳與武王之「中」。二文相較，若合符節。可見先秦時確實有文王得「中」的記載。所謂的「中」為一抽象概念，大體相當於「道」。"

　　瑜楨案：網名「ee」說可從，「達中持道」與下句「昔我得中」之「中」應是同一概念，即合於中道，中正之道。《周易》常見「得中」（〈訟〉、〈同人〉、〈睽〉、〈蹇〉、〈解〉、〈鼎〉）；「柔得中」（〈噬嗑〉、〈旅〉、〈小過〉、〈既濟〉、〈未濟〉）；「剛得中」（〈節〉、〈中孚〉）；「得中也」（〈漸〉）。《韓詩外傳・卷五》：「《詩》曰：『不競不絿，不剛不柔。』言得中也。」唯《清華一・保訓》之「中」較為複雜，似不能與本篇之「中」直接等同。

27. 昔坒（我）㝵（得）中

　　原考釋謂："「昔坒㝵中」，讀為「昔我得中」。"

　　瑜楨案：其說可從。不過，本篇既說「昔我得中」，既已得「中」，為何在「左患右難」時又要說「吾欲達中持道」？「中」如果是不偏不倚的中庸之道，那只是一種修為，不應得而又失。本篇之「中」仍有探討的餘地。

28. 殜＝（世世）毋又遂（後）愳（悔）

　　原考釋謂："「殜＝毋又遂愳」，讀為「世世毋有後悔。」、「遂」，《集韻》：「《說文》：『後，遲也。從彳、幺，夂者，後也。』古從辵。」、「愳」，從心，母聲。《韻會》「與謀同」，讀為「悔」。"瑜楨案：原考釋說可參。

29. 𣏗（持）市（眣）明之惪（德）

　　《上博八・成王既邦》原考釋斷句為「𣏗、市明之，惪（德）亓（其）殜（世）」，注謂：〝𣏗，字亦見《馬王堆漢墓竹簡・十問》「距而兩𣏗」，《說文・木部》「𣏗，槌也。從木，特省聲。」《玉篇》：「陟革切，槌橫木也。關西謂之𣏗。」……「市」，《說文・冂部》：「買賣所之也。市有垣，從冂從乁。乁古文及，象物相及也。之省聲。」「明」，表明、公示。在廟門、集市等公開場合予以公示。〞復旦吉大讀書會〈復吉讀書會・成王既邦〉從原考釋作「市」。蘇建洲《集解》頁399釋為「市」，是很正確的。（又參《楚文字論集》頁 513-516。）鄔可晶〈編連小議〉隸「市」，但以為衍字：〝《成王既邦》簡 9 的「𣏗」，過去不能確讀，現在看來應即《文王》簡6「吾欲達中𣏗（持）道」之「𣏗（持）」；「亓（其）殜（世）也」的說法也與「殜=（世世）毋（無）又（有）後愄（悔）」相應。「𣏗（持）明之德」即「持明德」，大概就是上文的「持道」，其義已足，「𣏗」下「市」字實嫌多餘。「𣏗」從「寺」聲，「寺」從「之」聲；「市」亦從「之」聲，二者古音極近。陳劍先生指出，《上博（六）・景公瘧》簡10「是皆貧胙（苦）約疠疾」、《上博（六）・孔子見季桓子》簡 3「而綵（敷、布）專聞亓（其）訇（詞/辭）於僻（遊─逸）人嘼（乎）」中的「疠」、「專」，因分別與其前的「約」、「綵」音近而誤衍。馬王堆帛書《十六經・前道》「柔身以寺（待）之時」，陳劍先生指出「寺」從「之」聲，與「之」又常作部分合文或重文用，因而「寺」後誤衍「之」字。「𣏗」與「市」的情況，跟上舉諸例，尤其是《十六經》「寺」與「之」的情況十分相似，由此推測「市」字可能也是因與「𣏗」音近而產生的衍文。〞

　　瑜楨案：裘錫圭〈戰國「市」字〉一文中討論 1971 年戰國時期「鄭韓故城兵器」原隸為「坓庫」的「坓」字應改隸為「市」：〝所謂坓庫的「坓」字，從銘文照片看本作 坓 、 坓 、 坓 等形，顯然也是「坿」（市）

字，但後二形省去「之」下一筆，以致跟「往」字所從的「㞷」相混。」若釋為衍文，刪除「市」字後本句作「唯持明之德」，句法不順。疑「市（定之）」可讀為「昳（定質）」，二字聲同，韻為旁對轉，《詩經·國風·鴟鴞》：「既取我子、無毀我室」，「子」（之部）與「室」（質部）押韻（參陳新雄《古音學發微》頁 1081）。秦簡時稱名「日失」之「失」，多讀為「昳」。（見《睡虎地》、《放馬灘》、《居》、《周家臺》，參彭勝華、劉國勝〈周家臺線圖〉。）《戰國策·齊策一》「鄒忌脩八尺有餘，身體昳麗。」鮑彪《注》：「昳，徒結切，日側也。故有光艷意。」此處以日光艷美比喻德行光明，《呂氏春秋·季春紀》：「德行昭美，比於日月，不可息也。」

30. 蒍（怨）并（謗）之眾人也

　　原考釋謂：〝「蒍并之眾人也」，讀為「怨并之眾人也」。「蒍」，字從艸，冝聲。《上海博物館藏戰國楚竹書（一）·孔子詩論》子曰：「《冝（宛）丘》，吾善之。」（第二十一簡）「宛」對應為「冝」。《說文》：「宛，屈草自覆也。從宀，夗聲。」《集韻》「慍、怨、宛，心所鬱積也。或作怨，亦省。」〞網名「ee」〈識小〉、單育辰〈佔畢十六〉謂：〝《舉王治天下》簡 28 第 3、第 4 字應釋爲「宛丘」。〞單育辰〈《上博九》雜識〉又謂：〝按，此二字作▮、▮，可參上博一《孔子詩論》簡 21「宛丘」二字作▮、▮。《詩·陳風·宛丘》鄭注：「帝舜之胄有虞閼父者，為周武王陶正。武王賴其利器用，與其神明之後，封其子媯滿於陳，都於宛丘之側，是曰陳胡公，以備三恪。」「宛丘」是舜後裔所在地，大概此篇就用來指舜所居之地。〞李敏《文字編 1》讀為「怨並」。張舒《集釋及相關問題研究》贊同單育辰的意見釋為「宛」，並認為第二字更像「并」字，待考。田偉《集釋述評》讀為「怨并」，未釋。林清源師〈上博九「宛丘之眾人」考釋〉、郭倩文《集釋及新見文字現象整理與研究》從單說。

　　瑜楨案：▮字，原考釋釋為「并」字，未對字形分析。單育辰引《上

博一・孔子詩論》「宛丘」釋作「丘」。《說文・從部》:「并,相從也。從從幵聲。一曰從持二爲並。」檢楚系文字「并」字,均從二人相從作「![字形]」(《清三・芮》23);「丘」字則象山丘形,戰國文字上部訛為「北」,字作「![字形]」(《清二・繫》21),未見「丘」有穿過橫畫以下的。本篇此字非二人相從,而是兩人相背,可與歷組二期卜辭(《合》32832)、對應起來,和甲骨二字相關的同文卜辭,甲骨學者多釋作「并」,作地名用。甲骨「并」字作![字形]或![字形],係以一條或兩條橫線側向並立的兩個人,來表示「合併」意。(陳劍《甲骨金文考釋論集》頁 406)聯繫甲骨字形後,可知本篇字形係以兩條橫線穿過人形以連結兩人相併之意,原釋釋作「并」應較單氏可從。我們以為「并」應讀為「謗」,「并」字上古音幫母耕部,「謗」字上古音幫母陽部,聲同韻近。(參高亨《古字通假會典》【並與並】、【方與並】等例,頁 311-312、315)《墨子・尚賢中》:「是以美善在上而所怨謗在下。」《呂氏春秋・仲春紀・情欲》:「民人怨謗,又樹大讎。」本句「怨謗之眾人」是倒裝句,指受到人民的怨恨非議。李宗焜師〈《上博(九)・舉治王天下》「怨并之眾人」試釋〉亦主此說,並把甲骨的「并」字做了更深入的分析:

辛丑貞:王令![字形]以子方奠于![字形]。　　《合》32107(歷二)

辛亥貞:王令![字形]以子方奠于![字形],在父丁宗彝。《合》32833(歷二)

辛酉貞:王令![字形]以子方奠于![字形]。　　《合》33278(歷二)

辛酉貞:王令![字形]以子方奠于![字形]。　　《合》32832(歷二)

　　已有多位學者利用這些卜辭指出所卜的應是同一件事,其所奠的地名作「![字形]」或「![字形]」,所指應為同一「并」地。字形偏旁雖有方向的不同,但仍可為一字,文字獨立存在時界限分明,但在偏旁中往往比較隨

便。在獨立存在時，「 ⿰ 」（从）與「 ⿰ 」（北）絕為二字，是任誰都知道的，但在作為偏旁時卻未必如此嚴格。……我在《甲骨文字編》中把 ⿰ 編為 147 號，把 ⿰ 編為 148 號，主要是著眼於「寧分不混」的處理原則，把它們排在一起，並不表示它們絕不可能是一個字。甚至 1113 號的「 ⿱ 」，其辭例：

□□[卜]：翌□□令⿰[以]子方[奠于]⿰（并），凵（由）王事。
《合》5622(賓三)

與前舉歷組卜辭應該也是同一件事，也可以與「并」併為一字。

又指出“馬王堆帛書《老子》甲、乙本《道經》「萬物旁作」，通行本作「萬物並作」。《漢書·武帝紀》「遂北至琅邪並海」，顏師古注「並讀曰傍」。皆可做為并、旁通假之證。《墨子·尚賢中》「若有美善則歸之上，是以美善在上，而所怨謗在下；寧樂在君，憂戚在臣。」《呂氏春秋·仲春·情欲》「民人怨謗」，應與簡文「怨并之眾人」同意。”據此，「怨謗」之釋讀，應屬可信。

31. 非能龠（合）惪（德）於殜（世）者也

原考釋讀為「非能合德於世者也」，又謂：“合德同心，堯、舜以德合德，以心合心，君臣合德於世，故其德灼然著見於四方，內外合德於世而中道立。本簡下文殘缺。”瑜楨案：原考釋說可從。「非能合德於世者也」是指不能合乎當世所需要的德行。

32. 非天子之差（佐）也

原考釋謂：“讀為「非天子之佐也」。「差」，簡文用作「佐」。《郭店楚墓竹簡·老子（甲本）》「以道差人主者，不穀（欲）以兵剛（強）於天

下」（第六、七簡），王弼本「差」作「佐」。"鄔可晶〈編連小議〉也從原考釋。瑜楨案：雖簡 10 前疑有缺簡，然簡 28 和簡 10 都是從反面論述應可拼合。「非天子之佐也」指不是天子的輔佐大臣。

33. 請厶（私）之於夫子

原考釋讀為「請私之於夫子」。鄔可晶〈編連小議〉從編聯的角度討論謂："從簡 10 稱對方為「夫子」看，這段話應該是文王講的，所以其後接以「上（尚）父乃言曰」引出的簡 16 作為對文王的話的回應，是合理的。簡 10 下殘，簡 16 上殘，其間尚有缺簡的可能性也無法完全排除。不過，簡 10 文王的話裏既提到了舜，簡 16 尚父所言「夫先四帝、二王」也包含了舜（詳下文），彼此當有照應；從這一點看，簡 10、16 大概不會相隔太遠，而很可能是前後相序的。"

瑜楨案：原考釋說可從，我們也依鄔文編聯將簡 10 與簡 16 拼合，不過簡 16 上半殘，應屬文王未說完的話，下半應屬尚父回應文王的對話，所以我們列為下一行。

34. 昔者舜台（始）大盦（合／會？）

原考釋釋斷句為「昔者坴（舜）忘（忱）大，盦（答）」又謂："「忘」。疑「忱」之異體，《集韻》「忱，側也。」《說文》：「側，痛也。」《六書故》：「心有感觸刺刺然也。」意舜能以天下為己任，先天下之憂而憂。本簡下文殘缺。"網名「汗天山」〈初讀〉22 樓發表的釋文釋為「昔者，舜怠（以？）大合（答？）……。」網名「海天遊蹤」〈初讀〉13 樓、蘇建洲〈劄記（一）〉：簡 10 整理者釋為「厶／心」（⿱厶心）實為「台」，即「以」，簡文「舜以大」。鄔可晶〈編連小議〉釋為「昔者舜台（以）大盦（合？）☒」

瑜楨案：原考釋的斷句有誤，以上學者已修正可從。「台」字，學者

多從汗天山釋為「以」，筆者以為可讀為「始」，始從台聲，二字聲韻畢同，《白虎通・卷七・文質》:「謂舜始即位，見四方諸侯，合符信。」

「會」，學者均從原考釋讀為「答」，筆者以為應釋為「合」，或可讀為「會」，因簡文後均殘，難以判斷。

35. 夫先四帝二王之〔道〕

原考釋釋斷句為「夫先四帝▬，二王之……」網名「汗天山」〈初讀〉22 樓發表的釋文從原考釋。鄔可晶〈編連小議〉釋為「夫先四帝、二王之【道】」，又謂：“頗疑簡 17 下部殘去之字中，還有說舜的一句話；這樣一來，黃帝、堯、舜、啓、湯，剛好湊成『夫先四帝二王』之數。文王問完『道有守乎』（見簡 17）後，緊跟著問『道有要乎』（見簡 14），也是很合適的。”網名「紫竹道人」〈初讀〉63 樓謂：“拙文因寫得十分匆促，修改工夫下得不多，在簡帛網發表後發現了一處不應有的疏失。文中說：「頗疑簡 17 下部殘去之字中，還有說舜的一句話；這樣一來，黃帝、堯、舜、啓、湯，剛好湊成『夫先四帝二王』之數。」應改爲：「頗疑簡 17 下部殘去之字中，還有說舜和禹的兩句話；這樣一來，黃帝、堯、舜、禹、啓、湯，剛好湊成『夫先四帝二王』之數。」特此更正，並向讀者致歉。”

瑜楨案：網名「紫竹道人」更正〈編聯小議〉以為簡文「四帝二王」為黃帝、堯、舜、禹、湯、啓，可從。我們的釋文也依此補正。

36. 啓行五厇（度），湯行三迉（起）

「厇」字，原考釋謂：“「厇」，或作度、厇、宅。《集韻》:「度、厇、宅，《說文》『法制也』。亦姓，或作厇、宅。」”駱珍伊〈箚記〉：“「五厇（度）」又見於簡 17 作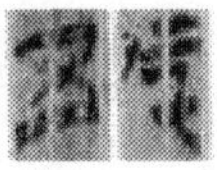。”

「迉」字，原考釋謂：“「迉」，《集韻》:「古文起。」《說文》:

「起，能立也。」《釋名》：「起，舉也。」《禮記・孔子閒居》：「無聲之樂，氣志既起。」注：「起，猶行也。」「三起」，疑指湯行古道。"林清源師〈第二篇簡文研究〉："「三」後之字，右旁从「己」，應隸作「记」，為「起」字異體，此字也曾見於《上博七・鄭子家喪》乙本簡 3 和簡 6。簡文「三记」應讀「三起」。"

瑜楨案：原考釋釋「厇」為「度」可從，「记」字，「记」為「起」，均可從。「五度」和「三起」應屬專有名詞，具體內容不可知。

37. 道又（有）戰（守）虖（乎）

原考釋讀為「道有守乎」，注謂："「戰」，同「獸」，讀為「守」，雙聲疊韻。字例亦見於《上海博物館藏戰國楚竹書（二）・從政（甲篇）》「夫是則獸（守）之以信」。君子之道・守其中正。不與小人苟合。有志進於道，有守不失身，可達化，故文王間守道。「虖」字下有句讀符。"

瑜楨案：原考釋釋「戰」讀為「守」可從，「守」字可訓為「持一不惑也」。《大戴禮記・曾子制言中》「貴其能守也」王聘珍《解詁》：「持不惑曰守。」《周易・繫辭下》「何以守位」鄭玄《注》：「守，持一不惑也。」

38. 黃帝倰光

原考釋謂："「徠」，通「來」。《集韻》：「來、徠，至也。或作徠。」黃帝來於光，母感光而孕，故傳黃帝考定星曆，治日月之行律。"網名「youren」〈初讀〉29 樓、高佑仁〈上博九初讀〉謂："簡 17 文例是在稱頌黃帝，「鼇」字在金文中即多用為吉祥祝福之語詞，疑此處應讀為「鼇光」，「鼇」訓「福」。"郭永秉〈續說夌〉謂："《上海博物館藏戰國楚竹書（九）・舉治王天下》篇中的▨（14 號簡）、▨（17 號簡）二字，從本文的分析看似應釋「倰」，但這兩個字所在簡文的文義都不太清楚……，暫存疑待考。"

瑜楨案：「麥」甲骨文字作█（《合》1094 正）█（《合》18684）（詳參李宗焜師《甲骨文字編》頁 19），金文作█（《集成》11.5910 西周早期 · 子麥作母辛尊）、█（《集成》12.6453 西周早期 · 麥伯觶）（詳參《新金文編》頁 709），金文字形多加「止」形，楚簡作「█」（《上五 · 弟》2）、█《上二 · 容》18。本篇此字應是承襲甲骨而較古老的字形，其右旁「麥」形下部保留「人」形。

季案：「倰光」的具體意義，由於簡殘，難以確知。但細玩上文謂「道有守乎」，則以下所述黃帝、堯、舜……都應屬於「道守」，則「倰」字應為黃帝、堯、舜等「守道」的一個動詞，姑且語譯為「所守的道」。「光」疑讀為「廣」，《尚書 · 洛誥》：「惟公德明，光於上下。」〈顧命〉：「燮和天下，用答揚文武之光訓。」二「光」字皆「廣大」之意。「黃帝倰光」意謂「黃帝所守的道非常廣大」。

39.〔啓倰善〕視倠

「視倠」，原考釋隸為「見侳」，謂："「侳」，同「陟」。……《玉篇》：『陟，登也，高也，升也』。"網名「海天遊蹤」〈初讀〉14 樓、蘇建洲〈箚記（一）〉指出█應為倠，此外二處「見」應釋為「視」。鄔可晶〈編連小議〉調整簡序謂："原整理者所排簡 14 的位置是有問題的，這從簡 13、14 文句的連讀就可以看出來。據原整理者介紹，簡 13「上殘，下平頭」，簡 14「上平頭，下殘」，二簡連讀之處的話爲：「文王曰：『請【13】視倠。湯█善視訂。』文王曰：『道又（有）要啻（乎）？』【14】」不但「請視倠」不辭，而且接連出現「文王曰」，也不合行文常理。簡 14 開頭的「視倠」，與接下來「湯█善視訂」的「視訂」文例相同，大概也是說與湯同類的人物的。從簡 16 的「先四帝、二王」，簡 17 的「啓行五厇〔宅〕，湯行三起」來看，「視倠」很可能指啓而言，與湯正合「二王」之稱。簡 17 末尾說「黃帝█光，堯……」，與簡 14 的「【啓】……（所缺

之字可能爲「⬚⬚」）視僡，湯⬚善視訋」同例，顯然當連讀。頗疑簡 17 下部殘去之字中，還有說舜的一句話；這樣一來，黃帝、堯、舜、啓、湯，剛好湊成「夫先四帝二王」之數。文王問完「道有守乎」（見簡 17）後，緊跟著問「道有要乎」（見簡 14），也是很合適的。"

瑜楨案：「⬚」字釋「僡」，可從。「視」讀為「示」，《詩・小雅・鹿鳴》：「視民不恌。」鄭玄注：「視，古示字也。」「僡」讀為「質」，即質樸。此簡開頭可依鄔文補「啟僥善」三字。

40. 湯僥善視訋

原考釋隸為「湯修善見設」，謂："文獻記載「湯解網三面」事，湯有寬容慈善之心。……「設」，用。如《苟子・臣道》：「正義之臣設。」"網名「youren」〈初讀〉29 樓改「修」為「僥」。

瑜楨案：網名「youren」改釋為「僥」字，我們在注 38 已有討論可參看。又，原考釋隸「設」字亦誤。此字圖版作：⬚（⬚），從言從勻，當為「訋」字，可讀為「順」，（參《漢字通用聲素》【勻通川】，頁 837）「順」即「和順」。《易・豫》「聖人以順動，則刑罰清而民服。」孔穎達《疏》：「若聖人和順而動，合天地之德，故天地亦如聖人而為之也。」

41. 文王曰：「道又（有）要啟（乎）

原考釋隸為「文王：日道有寅乎」，又謂「『日』或為『曰』之誤」。網名「海天遊蹤」〈初讀〉14 樓、蘇建洲〈箚記（一）〉指出「寅」字應從郭永秉釋為「要」，簡文應讀為「文王曰：『道有要乎？』」瑜楨案：蘇說可從。

42. 敬人而斳（新／親）道

原考釋斷為：「敬人而親，道取自設而信」。網名「汗天山」〈初讀〉

22 樓釋文改斷為：「敬人而新（親）道，毋自設（？）而信」。鄔可晶〈編連小議〉從之。瑜楨案：網名「汗天山」斷句可從。「𣂏」即「新」字，讀為「親」，「親道」謂「親近道」。

43. 毋自██而訏（信）□

原考釋以上句之「道」字屬本句，讀為「道取自設而信」，注云："人的策略和方法，自於本身，在於誠信。此句亦以湯為例，湯的成功來自於自身的努力。"網名「鴺鳩」〈初讀〉18 樓謂："簡 14：敬人而親，道取自設而信。所謂「取」，看圖版不從「又」，應為「毋」，在此讀「毋」。"駱珍伊〈劄記〉："簡 14 的「毋自██（△1）而██（△2）」，△1 原考釋釋為「設」，△2 原考釋釋為「信」。其實兩者同形同字。既然△2 釋為「信」，則△1 亦應該釋為「信」。此「信」字右旁「千」形寫法特殊，或許筆劃與《上博二·容成氏》簡 9 的██ 字同。"瑜楨案：「自」下一字待考。全句讀為「毋自□而信□」，「敬人而親道」與「毋自□而信□」句法相同，意義當相反。

44. 不𣉻（智/知）亓所竺（極）

原考釋謂："「不智亓所竺」，讀為「不知其所恒」。「竺」，疑「延」字，《字彙》：「延，古文恒字。」……《上海博物館藏戰國楚竹書（三）·周易》「利用延」（第二簡），今本「延」作「恒」。"網名「youren」〈初讀〉31 樓、高佑仁〈上博九初讀〉謂："簡 19「互」字下半從「止」，原釋不識，隸定成一奇怪部件。"瑜楨案：網名「youren」（高佑仁）所隸「竺」字可從。

45. 文王曰：又（有）██盍（何）虖（乎）

原考釋謂："「文王曰：又後盍虖」，讀為「文王曰：有後盍乎」。

「盍」,《爾雅,釋詁》:「盍,合也。」《易・豫》:「勿疑,朋盍簪。」與
「盍」同。《說文》:「盍,覆也。從血、大。臣鉉等曰:大象蓋覆之
形。」瑜楨案:「![字]」字,鄔可晶〈編連小議〉隸作「後(?)」。由圖
版看來,除「辵」旁能識,右旁不易辨識,暫錄原圖版待考。「盍」與下
文「此盍民之道也」應當同義。

46. 攸(修)厽(三)員(損)

原考釋讀「攸」為「修」,又謂:"「三員」,或讀為「三台」,
「員」、「台」音通,指「三公」。《帝王世紀》:「黃帝以風後配上臺,天老
配中台,五聖配下臺,謂之三公。」……「員」亦通「鼎」。如「三員」
讀為「三鼎」,應黃帝鑄三鼎……。"網名「苦行僧」〈初讀〉5 樓謂:
"簡 19「黃帝修三員」之「員」或可讀為「運」。"鄔可晶〈編連小議〉
謂:"「員」疑讀爲「損」,蒙蘇建洲先生、陳劍先生分別見告。"瑜楨
案:「員」讀「損」,可從。「損」,《易・繫辭下》:「損,德之脩也。」《莊
子・知北遊》:「為道者日損,損之又損之,以至於無為,無為而無不為
也。」《逸周書・度訓解》:「立中以補損,補損以知足。」

47. 蒪(服)日行

原考釋謂:"「備」,完備,掌握。「日行」,指「天時」。"鄔可晶
〈編連小議〉隸作「備」讀作「服」。瑜楨案:服,奉行。《尚書・說命
中》「旨哉!說乃言惟服。」孔傳:「旨,美也。美其所言,皆可服行。」
《晏子春秋・諫上三》「君身服之,故外無怨治,內無亂行。」吳則虞
《集釋》「此『服』字當訓『行』。」日行,原考釋以為指「天時」,不可
信。從全篇內容看來,是指文王與尚父討論每日應遵守道的原則。

48. 習女（無）䚫（智／知）

原考釋釋「習女智」為「習汝知」。鄔可晶〈編連小議〉謂："「女智」之「女」，我懷疑可能與「刑（型）於女節」（見馬王堆漢墓帛書《十六經・順道》）之「女」同意。陳劍先生則懷疑「女」當作「母（毋）」，即「習無智」。"瑜楨案：「女智」讀為「母（毋）智」，即「無知」。「習無知」是指黃帝在學習「修三損」、「服日行」這些事情上面要表現無知，不要有自己的私意。

49. 甬（用）牆（狀／將）安

原考釋釋為「用將安」。網名「汗天山」〈初讀〉22 樓釋文釋為「用狀（將？）安（焉）。」鄔可晶〈編連小議〉從原考釋。瑜楨案：「用」當連詞用，即「因此」。「牆」從爿聲，即楚文字之「狀」字，於此讀為「將」。「安」讀如本字即可。

50. 茖（略）

原考釋謂："《說文》：「茖，艸也。从艸，各聲。」殘句，語義不詳。鄔可晶〈編連小議〉從陳劍釋讀為「略」。

51. ▓五□一□二正

原考釋謂："本句字跡嚴重不清，句意待考。"駱珍伊〈箚記〉："原考釋釋作「二正」。但是「二」的第一筆下似乎還有其他筆劃，而且同篇「二」字的形體作、，兩個筆劃之間距離沒那麼大。另外，「正」字的形體也與同篇、不同。"瑜楨案：首字右旁似為「台」，則全字或為「治」、或為「始」。

52. 五穀不𦎍

原考釋釋為「五殺不𦎍（舉）」。網名「汗天山」〈初讀〉22 樓釋文從之。鄔可晶〈編連小議〉釋為「五穀（？穀）不舉」。駱珍伊〈箚記〉謂："原考釋釋為「殺」，但是「殺」字一般上部作形，與此字上部作不太一樣。「五～不舉」，可能是指《周禮・天官・膳夫》所言「大喪則不舉，大荒則不舉，大札則不舉，天地有災則不舉，邦有大故則不舉。」逢此五種事故而除去盛饌，偃息聲樂，如此則「亓民能相分餘」。"岳曉峰〈第十三簡釋讀〉一文認為「殺」字，不確，當為「穀」："「五穀」是先秦文獻常用詞，糧食的泛稱。"。瑜楨案：「五」下一字殘損模糊，難以辨識，我們依陳劍師隸定為「穀」。「不」下一字也有可能是「興」。

53. 亓民能相分舍（余／餘）

原考釋隸為「其民能相分舍」，謂："「舍」，同「餘」，用作「餘」，或釋為「舍」，施捨。"瑜楨案：「其民能相分餘」是指黃帝「修三損」教化人民，使民安居樂業的情形，如《管子・任法》:「黃帝之治天下也，其民不引而來，不推而往，不使而成，不禁而止。故黃帝之治也，置法而不變，使民安其法者也。」《新書・脩語上》:「黃帝曰：道若川谷之水，其出無已，其行無止。故服人而不為仇，分人而不譖者，其惟道矣。」又《上博二・容成氏》29 云:「民又（有）餘（餘）飤（食），無求不尋（得），民乃賽。」

54. 三年不生粟，五年亡（無）凍（凍）𦎍（餒？）者，此盍𦎍之道也

原考釋隸為「三年不生魚，五年亡（無）凍餌者，此曷口止口也」，注謂："天大旱，河川乾竭，三年無魚。……《呂氏春秋・順民》:「昔者湯克夏而正天下。天大旱，五年不收。餌，食物。指誘捕魚或禽獸的食

物。"鄔可晶〈編連小議〉隸為「三年不生粟，五年亡（無）涷餒（？）者，此盍民之道也」。岳曉峰〈第十三簡釋讀〉認為原釋為「涷」非是，即「涷」字："其左邊應為「東」字之形，右邊像「水」字形。……左邊較明顯為「食」旁，但右半部首與「耳」字形差別很大，不可遽釋為「耳」。……但該字既从「食」旁，又與「涷」連言，其義或亦如「餒」、「飢」之類，也與乏食有關，故「五年亡涷者」，推其文意，應是多年無困乏之義。"駱珍伊〈箚記〉："原考釋釋作「魚」。此字下从米，可能是「粟」字。「粟」字戰國晉璽作 ![字形]（《璽彙》3613）、楚璽作 ![字形]（《璽彙》5549），从米、角聲。而「角」字楚簡作 ![字形]，與此字上部正類似。"岳曉峰〈第十三簡釋讀〉："此字當釋為「粟」，上面偏旁為「西」字的古文「卤」（《說文·西部》），下面為「米」。《舉治》簡 13 中「粟」字所从之「卤」即由「卣」訛變而來，該字形的出現，表明早在楚簡中，「粟」字就有訛變為从「卤」的情況了。"

瑜楨案：諸家隸定為「粟」字、「涷」字，可從。鄔可晶、岳曉峰所隸「餒」，左从食，右旁不清楚，姑作「餒？」。「生」，不熟，《晉書·孝友傳·孫晷》：「時年饑穀貴，人有生刈其稻者，晷見而避之。」「生粟」大約類似這樣的情況，即「粟」未熟，但由於缺糧，人民只得提前採收。「三年不生粟」與「五年無涷餒」都是指黃帝修三損，讓人民生活安定的德政。「盍民」可讀為「合民」或「安民」，「盍（匣盍）」、「合（見緝／匣緝）」，二字音近可通；「盍（匣盍）」與「侃（溪元）」通（以上二例參張儒、劉毓慶《漢字通用聲素》頁 1039），「侃」與「安（影元）」音義相近，因此「盍民」應該可以讀為「安民」。

55. 此 ▌▌ 之道也

原考釋隸為「此曷□止□也」，謂"兩字不清，句意待考"。鄔可晶〈編連小議〉謂"原整理者釋為「此曷□止□也」的一句，陳劍先生改釋

「曷」爲「盍」，認出其下殘字爲「民」、「也」上一字爲「道」”，又謂“簡 19+15 尚父所說「黃帝攸（修）三員（損？），備（服）日行，習女智，於是用牆（將）安」，係對文王「又（有）後（？）盍唇（乎）」的回答，這個「盍」無疑就是簡 13「此盍民之道也」的「盍」。所謂「修三員（損？）」等，當與「後（？）盍」或「盍」有關。如果像原整理者那樣把簡 13 放在別處，反而是不合理的。”岳曉峰〈第十三簡釋讀〉釋爲「敦民之道」，即“使民殷實豐厚之道，「敦」爲使動用法。”

瑜楨案：鄔文從陳劍說釋形義均較原考釋好，茲從之。「盍民」可讀爲「合民」或「安民」，「盍（匣盍）」、「合（見緝／匣緝）」，二字音近可通；「盍（匣盍）」與「侃（溪元）」通（以上二例參張儒、劉毓慶《漢字通用聲素》頁 1039「盍字條下」），「侃」與「安（影元）」音義相近，因此「盍民」應該可以讀爲「合民」或「安民」。

56. 請聞（問）日行

原考釋簡 20 下接簡 21，文義不相銜接，將首句隸作「胃日行」，謂：“「胃日行」，據語句可補「何」字，讀爲「何謂日行」。”並以「日行」爲「太陽運行」。網名「wqpch」〈初讀〉43 樓謂：“簡 21 首字模糊不清，原釋胃，實際該字即從耳從昏的聞字，讀爲問。《相邦之道》簡 2「敢昏（問）民事」，《民之父母》等篇也有此種格式的提問句。字形分析上，右旁雖不清，但左旁昏尚可看出，對比同篇出現的幾個聞字，該字爲聞無疑。”網名「鳲鳩」〈初讀〉謂：“首字釋「問」很對，這樣一來，就可以和簡 21 連讀了。「三年不生魚（？），五年亡凍餒（？）者，此□□之善（？）也。」文王曰：「請【13】問日行？」上（尚）父曰：「日行乎用，以果而波（？），以成享而均庶，遠而方達（？），此日行也。」【21】”瑜楨案：網名「wqpch」改釋「胃」爲「聞」、網名「鳲鳩」將簡 13 與 21 連讀，皆可從。

57. 日行啚（乎）

原考釋隸「啚」為「衒」，又連下句首字隸作「日行衒甬」，謂：「「日行衒甬」，讀為「日行衡運」。」網名「汗天山」〈初讀〉22 樓釋文釋「啚」為「安」讀為「焉」，打問號表示不確定。網名「鳲鳩」〈初讀〉45 樓謂「日行△甬（用）」之△疑釋「乎」。鄔可晶〈編連小議〉隸為「日行啚」，可從。

58. 甬（勇）呂（以）果

原考釋以「甬」字屬上句讀，「呂果」連下句二字讀為「呂果而波」注云：「讀為「以果而被」。「果」，必，一定。「波」，讀為「被」，及，遍及。《尚書·堯典》：「光被四表。」」鄔可晶〈編連小議〉隸為「甬」讀為「勇」，打問號表示不確定。網名「鳲鳩」〈初讀〉64 樓謂「鄔可晶先生《編連小議》一文……讀「勇以果」很正確，簡單補充幾條書證。1、士君子之有勇而果于行者（《說苑》）2、勇於義而果於德（《法言》）……。」瑜楨案：鄔可晶〈編連小議〉讀為「勇以果」，可從，即勇敢而果決。

509. 潛（浸）呂（以）成

原考釋隸「潛」字為「波」，屬上句讀；以「呂成」連下句首三字讀為「以成旮而均」。網名「wqpch」〈初讀〉43 樓謂：「簡 21 所謂「波」字釋讀亦不確，左旁從水，右旁上從次，下似從日。其義待考。」鄔可晶〈編連小議〉隸為「而潛（懵？）以成」。瑜楨案：我曾在 2015 年 8 月 21-22 日參加吉林大學主辦「『出土文獻與學術新知』學術研討會暨出土文獻青年學者論壇」會議中發表〈上海博物館藏戰國楚竹書（九）·舉治王天下·文王命子訪尚父〉箚記四則〉一文中的注 6 依陳劍師惠賜的意見

改讀為「浸」：“陳劍先生不吝惠賜拙文寶貴意見，在給我的回信中（2015.06.30）改讀為「寖」：「前我曾疑『潛』讀爲『憯』，是擬以『速』義釋之；今思讀爲『浸』若『寖』更合。二者相通之例多見，殆不煩舉證；『浸』若『寖』訓爲『漸』，句意謂行事勇而致有結果即『實現』，又漸行之而積累致最終有成，『漸行』之義與『日行』扣合得更爲緊密。」筆者非常感謝，特致謝忱。”而後，林清源師〈《上博九・舉治王天下》第二篇簡文研究〉一文亦有相同看法。

60. 亯（享）而均庶

原考釋以上句「呂」字下讀，隸為「以成吝而均」，以「庶」字屬下句，注云：“讀為「以成鄰而均」。「吝」讀為「鄰」。……均，平均。……簡文句意能親近、平等、融洽。”網名「鳲鳩」〈初讀〉40 樓：“簡 21 出現兩個形體 🖼（下以△代示），整理者釋「吝」讀為「鄰」，該篇出現很多「文王」之「文」，都作 🖼 簡 15 🖼 簡 19，△上部與之明顯不同，△應釋「亯（享）」。”鄔可晶〈編聯小議〉則隸為「高（？吝？）而均庶」。網名「苦行僧」〈初讀〉67 樓：贊成鄔文對此字的隸定，讀為「高而均庶（蹠），遠而方（旁）達」，並認為「高」與「遠」、「均」與「旁」、「蹠」與「達」對應得都很嚴密。李敏《《上海博物館藏戰國楚竹書（九)》文字編》從原考釋。

瑜楨案：簡 21：「🖼（△1）而均庶，遠而方（旁）達，此日行也。」堯王天下，備（服）方 ▬，巫（恆）🖼（△2）倀（長）明，行四……」小文〈《上海博物館藏戰國楚竹書（九）・舉治王天下・文王命子訪尚父》箚記四則〉一文認為：“△1 當隸為「亯」，△2 當為「吝」。以下是「亯」、「吝」、「高」三字常見的楚文字字形（有必要者加文例以助辨識）：

「吝」：從「文」從「口」。如：▌（《上博二・容》53）、 （《上博九・卜》7）、 ▌（《新蔡・甲三》137）。

「高」：從京省從口。A.類作 ▌（《上博四・柬》13）、▬、▌、▌（《上博四・柬》8），口形與京形分離。B.類作 ▌（《上博五・競》4「高宗」），口形與京形接近，有點像「日」形。

「宣」：字象宗廟祭享之建築物。A.類作 ▌（《上博三・周易》17），上部「人」形與下部「日」形相去較遠。B.類作 ▌（《新蔡・乙四》43）。C.類作 ▌（《上博四・曹》4「篙能並兼人」，「篙」讀「執」），「宣」上部之「人」形與下部之「日」形相距較近。D.類作 ▌▌（《郭店・成》24「民篙弗從」、「民篙弗信」，「篙」均讀「執」），下部從「目」形。

明顯看得出，「宣」字在金文中象建築之形的「▌」已演變成「▲」，與「高」字、「吝」字上部無別，區別在於下部「高」字從「口」，「宣」字從「日」形。「高B」的屋頂與「口」形接近，因此容易被誤釋為「宣」。而「宣」與「吝」不同本來也是很明顯的，但是「宣C」的「日」形寫得太彎，與上部的「▲」結合，看起來就像「文」，整個字和「吝」就難以分辨。

其實，把字形放大之後，△1 與△2 的筆畫還是很容易可以辨識的，放大字形如下：

△1 ▌（宣） △2 ▌（吝）

△1 完全符合「宣」字的字形，與上引《上博七・凡（甲）》12「宣C」的寫法相近，當隸為「宣」字，無疑。

△2 上部的「文」形也還算清楚，只是「文」旁的末筆和「口」旁的右上筆糾結在一起，造成辨識的混淆（也有可能「口」旁右上那一大團只是墨漬）。不過，仔細分辨整體的構形，它是「吝（文）」字還是比較清楚的。因此，網名「鳰鳩」將△1 隸為「宣」可從。但△2 應隸為「吝」。

言,本義為祭享,引申為享受(常見)、奉獻(見《尚書・洛誥》「汝其敬識百辟享」)、事奉君王(《清華三・說命下》簡 4-5「余克言(享)於朕辟」)。此處所述「日行」都是太公告訴文王每日應該遵行運作的事情,因此「言」似宜釋為文王的動作「奉獻」,太公告訴文王,為君之道要「奉獻」,而不是搜括民脂民膏。均,訓為「平均」。庶,訓為「眾多」。"(字例稍有刪減)

61. 遠而方(旁)達

原考釋隸「達」為「遣」,斷句作「庶遠而方,遣此日行也」。單育辰〈佔畢十六〉:"《舉治王天下》簡 21 第 21 字以下相關 4 字亦應釋為『遠而先達』。"鄔可晶〈編連小議〉隸作「高(?吝?)而均庶,遠而方達」。網名「苦行僧」〈初讀〉67 樓:"簡 21「高而均庶,遠而方達」(參鄔可晶、單育辰先生的意見),當讀為「高而均庶(蹠),遠而方(旁)達」,「高」與「遠」、「均」與「旁」、「蹠」與「達」對應得都很嚴密。"

瑜楨案:古文字的「方」從「刀」,楚文字一般作「□」(《上博一・性》簡 33),從刀,刀形第一筆從橫畫上端貫穿右下。但是我們也看到《上博四・柬》簡 13 作「□」,刀形已有訛變。本簡此字作「□」,字形與柬 13 較近,釋為「方」,尚可接受。方,大也(參《故訓匯纂》頁 990。可以讀為旁、溥,義亦為「廣大」)。達,通也。(《孟子・盡心上》「達之天下」趙岐注)

三、堯王天下

【說明】

本篇共 5 簡,自第 21 簡(墨節下開始)至第 25 簡。共 93 字,其中重文 1,文字不清 1。原考釋者為濮茅左。

本篇記載了堯以聖德服天下，窮極天下事理，國家久長輝煌。因為大水為患，治不了，於是親自訪才，找到禹後，考察禹的能力，問禹「從政何先？」禹答以「處政要合宜」，並且指出為政者不要忘記還做不到的事，為政者德厚潤美，就不會被外力侵害。堯又問：「大害尚未根除……。」經過堯的考察，為天下覓得一個治國的幹才。

【簡序調整】

原整理者依序排列為簡 21 至簡 25。瑜楨案：依簡文內容看來，簡 21 下開頭先說帝堯以德服膺四方照耀天下，而後簡 22 說堯訪禹何者為從政之先，禹答以「時」，接著簡 24 堯問「處時何先」，與簡 22 可以銜接。簡 23「金重不流，玉則不侵」可以看成比喻君子「處事合宜」，因此可以銜接簡 24。最後接簡 25 說明堯任用禹，禹有嘉德。因此簡序調整為：21 下—22+24+23—25。

【釋文】

堯王天下，備（服）方〔1〕▃，死（極）夆（文）倀（長）明〔2〕，行四〔3〕【二一】……

……訪之於子〔4〕，曰：「𡊮（從）正（政）可（何）先〔5〕▃？」坒（禹）𣌭（答）曰：「隹（唯）寺（時）〔6〕▃。」堯□□□□□□□□□□□□□□□□□□□【二二】「尻（處）寺（時）可（何）先？〔7〕」曰：「毋忘亓（其）所不熊〔能〕！〔8〕」堯曰：「於（嗚）虖（呼）！日月閟（比）閒（間）〔9〕，歳（歲）建〔10〕□□；□□□□，□□□□；□【二四】則勿（物）生，瀆（篤）則替（智）成〔11〕；金至（重）不潚（流），玉則不剶（侵）。〔12〕」堯吕（以）四割（害）之文（紊）為未〔13〕也，乃䎽（問）於坒（禹）曰：「大割（害）既折（生）〔14〕，少（小）【二三】……」

訧（察）之於堯＝（堯〔15〕，堯）訋（始）甬（用）之〔16〕，嘉德□□□□□□□□□□□□□□□□□□【二五】

【語譯】

堯統治天下，（以聖德）服膺四方，窮極天地恆久彰顯，施行四……

〔堯〕察訪禹說：「從政要以什麼為先？」禹回答說：「合宜、合適。」堯……

「合宜、合適要以什麼為先?」〔禹〕說：「不要忘記那還做不到的！」堯說：「啊!日月接連交相更迭，歲星因循□□；□□□□□□□。□□，萬物就會生育；篤實，各種智能就會熟成；（為政者德厚，如）金屬厚重，氣溫再高也不會融化（，就不會被各種外在不好的力量而改變）；像玉一樣潤澤而溫，就不會被侵損。」堯認為四瀆的災害還沒有消除，於是問禹說：「大害既生，小……」

經過堯的考察，於是堯就開始任用禹，美德□□□□□□□□□□□□□□□□□□□□□。

【注釋】

01.備（服）方

「備」，原考釋謂：〝「備」，通「服」，征服。堯以聖德服天下。〞網名「汗天山」〈初讀〉22 樓發表的釋文隸定為「備」字或「萬」字，二字均打問號表示不確定。瑜楨案：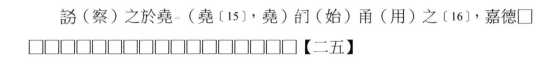（ ），左從人、右從菨，原考釋隸定為「備」字可從，簡 19「菨」作 、簡 29「備」作 、 。「備」，讀為「服」，楚簡多見。「方」：原考釋指出「方」字下有句讀符。瑜楨案：方，指四方。《尚書・益稷》「皋陶方祗厥敘」孔安國《傳》：「方，四方。」

02. 亟（極）吝（文）倀（長）明

原考釋讀為「恒吝長明」。瑜楨案：「亟」，讀為「極」，參裘錫圭〈是「恆先」還是「極先」〉（載《裘錫圭學術論文集》5，頁 326-337）。「極」，窮盡，竭盡。《禮記・大學》「是故君子無所不用其極。」鄭玄《注》：「極猶盡也。」「吝」字，依原釋釋為「吝」，應讀為「文」，《尚書・堯典》「曰若稽古帝堯，曰放勳，欽明文思安安」鄭玄《注》引馬融云「臨照四方謂之明，經緯天地謂之文」。簡文「極文長明」應指帝堯以聖德服膺四方，極能經天緯地，長久照臨四方。

03. 行四□

瑜楨案：行，施行。施行四樣事物，下殘，不可推知。

04. 子

原考釋謂：＂「子」，本簡指「禹」。＂瑜楨案：《舉治王天下》所見「子」字分別為〈一、古公見太公望〉簡 3、〈二、文王訪於尚父〉簡 4、簡 5、簡 7 及本篇〈三、堯王天下〉簡 22，本篇內容是堯和禹的對話，所指「子」當屬第二人稱，原考釋以為此「子」指「禹」可從。（相關討論請參〈二、文王訪之於尚父〉注 13）據《史記・夏本紀》：「堯聽四嶽，用鯀治水，九年而水不息，功用不成。於是帝堯乃求人，更得舜，……於是舜舉鯀子禹，而使續鯀之業。堯崩……。」舜舉禹在堯崩之前，因此堯和禹應該是有見面的可能。此處稱禹為子，應是指「鯀之子」。堯要禪讓舜，而舜要用禹，因此堯也想要知道禹的能力，下文「從政何先」，當即是堯要考問禹。

05. 夊（從）正（政）可先

原考釋謂："「夊正可先」，讀為「從政何先」。「夊」，「從」省。「正」，讀為「政」。「先」字下有句讀符。"瑜楨案：「從政何先」句是堯訪問禹時主要議題，禹回答以「時」的重要。

06. 隹（唯）寺（時）

原考釋讀為「惟志」，又說"故立「志」為從政之先。"汗天山〈初讀〉22 樓發表的釋文作：「隹（唯）寺（志？時？）。」瑜楨案：「寺」字，原考釋者於簡 22 讀為「志」（頁 218）、簡 24 讀為「時」（頁 220），依簡文內容看來，這兩簡所討論的是同一件事，不應解釋不同。原考釋謂「立志為從政之先」，先秦未見此說，也不合先秦的環境，古代貴族受學，本來就是要為國家服務，沒有「立志」與否的問題。「寺」，讀「時」，釋為「適時」，指合適、合宜。這一簡是堯和禹討論從政的重要性，應以何為先，禹回答說以「時」為要。內容應與《呂氏春秋・孝行覽・首時（或作「胥時」）》同，曰：「時固不易得。……聖人之見時，若步之與影不可離。……故聖人之所貴，唯時也。」《馬王堆帛書集成・周易經傳・謬和》：「古之君子，時福至則進取，時亡則以讓。」（第 3 冊，頁 122）

07. 凥（處）寺（時）可先

原考釋云："讀為「居時何先」，……本句意為居靜思道時首當考慮什麼。或讀為「處時何先」。瑜楨案：宜讀為「處時何先」。本句為堯要幫舜查考禹的能力，因此問禹「處『時』何先」？即：要把握「時」，應該先做什麼？

08. 毋忘亓（其）所不熊（能）

原考釋隸「熊」為「能」，謂：「讀為「毋忘其所不能」。聖人遺教，察往事，省前行，知其所不足，無忘其所不能，日三省己，這是成功者首當思考的問題。」網名「youren」〈初讀〉70 樓：「曰：「毋忘亓（其）所不能。」……【24】所謂的「能」，應該是「熊」字，「熊」季旭昇師解釋作「大能」，（《新證》下，P782，又參《從新蔡葛陵簡說「熊」字及其相關問題》，收入『第十五屆中國文字學學術研討會』，臺灣輔仁大學中文系承辦，2004 年 4 月），「熊」字的「火」是由大訛變而來，△字從類似「矢」形，包山156從「大」，「矢」、「大」在楚簡的文字訛變現象中非常普遍，△字文例還是要讀能，《左傳》昭七年黃能，《釋文》作黃熊，能與熊同，包山156也讀「能」。」

瑜楨案：網名「youren」指出原考釋所隸「能」字當為「熊」，讀為「能」，可從。「所不能」，見《郭店·緇衣》簡 7、《上博一·緇衣》簡 4 云：「言亓（其）所不能」。古書見於《孟子·告子下》：「所以動心忍性，曾益其所不能。」《大戴禮記·曾子立事》：「君子攻其惡，求其過，彊其所不能。」意思是：不要忘記你所做不到的。要保持謙卑，時時學習。

09. 日月閟（比）閒（間）

原考釋謂：「「閟」，《經典釋文》：「閟，閉也。」引申為消失。「閒」，《說文》古文「間」。「日月閟間」指日月循環交替顯隱升落。」瑜楨案：原考釋所讀「閉間」，典籍未見，也難以成詞。筆者以為「閟」當讀為「比」，二字上古音同為幫母脂部，聲韻畢同。「比」，即連也，《戰國策·燕策二》「人有賣駿馬者，比三日立市，人莫之知。」鮑彪《注》：「比，猶連。」當副詞，用來修飾後面的「間」字。「間」，即更迭、交替。《書·益稷》：「笙鏞以間，鳥獸蹌蹌。」孔安國《傳》：「間，迭也。」「日月比間」謂日月接連更迭。

10.戠（歲）建□□

　　原考釋隸「戠聿」，讀為「歲聿」，注謂：＂「聿」，《五音集韻》：「聿，循也，遂也，述也。……。＂網名「ee」〈識小〉、單育辰〈佔畢十六〉、單育辰〈《上博九》雜識〉指出原考釋所隸「聿」應爲「建」字。

　　瑜楨案：原考釋所隸「聿」，圖版作 字，簡文左旁殘，可能導致原考釋誤釋，單氏釋為「建」字可從，楚簡一般常見的「建」字作「 」（《清華三・芮良夫毖》簡 12）、「 」（《清華二・繫年》簡 120），簡文此字未見「止」旁或「L」旁，但從殘存筆畫來看，應為「建」字無疑。「歲建」代指「歲月」。文下殘，推其文義，「歲建□□」應指「歲月匆匆」。

11. □則勿（物）生，瀆（篤）則督（智）成

　　原考釋讀為「則物生，犢則知成」，謂後句句意為「喻小則能大」。瑜楨案：這幾句應該是禹針對「時」所說的正面話。「則物生」前面應該還有一個字，全句作「□則物生」，意謂：□□，萬物就會生育。「瀆（定屋）」疑讀為「篤（端覺）」，二字上古聲屬舌頭，韻為屋覺旁轉（參陳新雄《古音學發微》頁 1064），意謂：篤實，各種智能就會熟成。《淮南子・原道訓》：「萬物有所生，而獨知守其根；百事有所出，而獨知守其門。故窮無窮，極無極，照物而不眩，回應而不乏。此之謂天解。」

12. 金重不澨（流），玉則不剒（侵）

　　原考釋隸為「金厚不澨」，注：＂讀為「金厚不流」。「厚」，《廣韻》：「厚，重也。」＂網名「苦行僧」〈初讀〉6 樓謂：＂簡 23 所謂的「厚」字當爲「重」。＂瑜楨案：簡文「 」從石、主聲，應即「重」字，參《郭店・緇》簡 44 作「 」。

「溜」：原考釋隸「流」，可從，指金屬受高溫而融化。《莊子·逍遙遊》：「大旱金石流土山焦而不熱。」《楚辭·招魂》「十日代出，流金鑠石些。」王逸《注》：「鑠，銷也；言東方有扶桑之木，十日並在其上，以次更行，其熱酷烈，金石堅剛，皆為銷釋也。」本句謂金屬厚重，氣溫再高也不會融化。比喻為政者德厚，就不會被各種外在不好的力量而改變。

「劼」：原考釋謂：「「劼」，疑同「戡」，從刀與從戈同義……。《廣韻》：「戡，勝也，克也。」《集韻》：「戡，刺也。」」瑜楨案：「劼（禪侵）」疑讀為「侵（清侵）」，二字韻同聲近（這四句似有押韻，「生」與「成」同押耕部韻，「侵」，「流」與「侵」押韻。裘錫圭〈從殷墟卜辭的「王占曰」說到上古漢語的宵談對轉〉一文指出，幽、侵曾有陰陽對轉關係）。玉，在此似作形容詞，像玉一樣「潤澤而溫」。《禮記·玉藻》、《郭店·五行》簡13都有「玉色」一詞。「玉則不侵」比喻執政者像玉一樣潤澤而溫，就不會被侵損。

13. 堯㠯（以）四割（害）之文（紊）爲未

原考釋謂：「「割」，有害意，通害，禍害。如《尚書·大誥》：「天降割於我家。」又《堯典》：「湯湯洪水方割。」「四割」，即「四凶」，指驩兜（渾敦）、共工（窮奇）、鯀（檮杌）、三苗（饕餮）。……「文」，讀為「紊」，《說文》：「紊，亂也。……」「未」，未了。四凶在朝，堯不能去。「四割」，或指「四瀆」之害，《爾雅·釋水》：「江、河、淮、濟為四瀆。四瀆者，發源注海者也。」」瑜楨案：原考釋以為「四害」可能是指四凶或是四瀆，筆者以為此四害，應是指四瀆。據《左傳·文公十八年》：「舜臣堯，賓於四門，流四凶族渾敦、窮奇、檮杌、饕餮，投諸四裔，以禦魑魅。」流四凶為舜事，與禹無關。堯用鯀治水無成，心中煩惱，因此詢問禹。「未」當釋為「不止」，《左傳·僖公十五年》：「晉侯逆秦師，使韓簡視師。復曰：『師少於我，鬥士倍我……我怠秦奮，倍猶未也。』」

14. 大割（害）既折（生）

原考釋謂：" 讀為「大害既制，小」。……《廣韻》:「制，禁制，又斷也，止也。」本句意為堯問禹:「大害已禁，小……。」" 瑜楨案：折（章盍），似可讀為「生（生耕）」，二字聲近，韻相去較遠，但有通轉之例（參《漢字通用聲素》頁558）。句謂：大害既生。指水患為虐。

15. 訬（察）之於堯

原考釋謂："「訬」，字不清，疑「諓」。《說文》:「諓，善言也。」" 網名「汗天山」〈初讀〉22 樓發表的釋文隸定為「察」字後打問號表不確。網名「鳲鳩」〈初讀〉47 樓從汗天山隸定而未釋。

瑜楨案：此字圖版作（），右旁與《上博二・容成氏》簡 18「」字左旁相同，從乂從刀，全字從言、從刈，可隸為「訬」字，讀為「質」（此字李天虹〈容成氏「刈」〉有詳細考釋，文云："簡文左旁的下半，和「乂」相當接近，加上其上的一橫，尚能看出「亍」字初文的痕跡；右旁從「刀」，正可組成《說文》的「刈」。……如李零先生所說，的左半，即聲旁，和郭店簡中用作「察」、「淺」、「竊」的字所從相同。「刈」、「亍（音孽）」古音在疑母月部，與清母月部的「察」、精母元部的「淺」、清母質部的「竊」音都不遠，可以相通。如「薛」字古音在心母月部，金文用為「薛」的字作、（《金文編》第 34 頁）等形，王國維指出字系從「月」、「亍」聲。所以「亍」可以作為「察」、「淺」、「竊」的聲旁。" 類似的字形也見《郭店》（參張光裕、袁國華《郭店楚簡研究》第一卷，頁375），均讀為「察」。察之於堯，謂經過堯的考察。

16. 堯訋（始）甬（用）之

原考釋："「諓之於堯=司甬之嘉德」，讀為「諓之於堯，堯出始用

心之嘉德。「諓」，字不清，疑「諓」。《說文》：「諓，善言也。」「嘉」，《說文》：「嘉，美也。從壴，加聲。」「嘉德」，善德、美德。詞亦見《左傳・桓公六年》：「謂其上下皆有嘉德而無違心也。」《左傳・襄公九年》：「嘉德足以合禮。」本簡下文殘缺。"網名「汗天山」〈初讀〉22 樓釋文作："察（？）之於堯，堯〔台司〕（始）甬（用）之嘉德……"網名「鳲鳩」〈初讀〉47 樓謂："簡 25：「察（？）之於堯，堯始用之嘉德。」該簡下殘，暫讀「堯始用之嘉德」為句，如果確實，則「之」字用法似與《容成氏》「脛不生之毛」有點相似？「脛不生之毛」，有多位學者論及，只瞭解大概觀點，未讀原文，不能取捨。「堯始用之嘉德」蓋言嘉德合於堯心。"

瑜楨案：《孟子・滕文公》：「當堯之時，水逆行，氾濫於中國。……使禹治之，禹掘地而注之海，驅蛇龍而放之菹。」《墨子・尚賢中》：「禹平水土，主名山川。」

四、舜王天下

【說明】

本篇共佔三簡，即 26+20+27+29（墨節上），無一完簡。全篇共 44-45 字。原考釋者為濮茅左。

本篇記載了舜王天下時，三苗不服，舜並沒有因此加兵制服，也沒有過急地改變三苗之習俗，而是努力治理國家，明則保國，知賢正治，因而教美民服，遠邇皆紀。

【釋文】

舜王天下〔1〕，三瞗（苗）不賓（賓）〔2〕。舜不割（遏）〔3〕元（其）

道，不賓（賽／塞）〔4〕亓（其）□，□□□□，□□□□，□□□□，□□□□□。□□□□，遠【二六】埶（邇）皆紀〔5〕，四正受績（任）〔6〕，五事（？）皆【二〇】李（理）〔7〕，正（政）才兄（美）〔8〕，請□□□，□□□□，□□□□，□□□□，□□□□，□□□□，【二七】明則保或（國）〔9〕，替（智。知）臤（賢）正絅（治），教娍（美）民備（服）〔10〕。■【二九】

【簡序調整】

原考釋：26,27,28,29。網名「松鼠」（李松儒）：20+27。瑜楨案：簡 28 移至〈二、文王訪之尚父舉治〉篇，全篇應為 26+27+20+29。簡雖殘，但應可銜接。

【語譯】

舜統治天下，三苗不服從。舜不遏止三苗的道；也不阻塞三苗的……，遠的近的都得到很好的治理，四方的官長都能適任，五事都能處理的很好，正才兄，請……昌明法則，保衛邦國，賢才被重用，政治都合乎正道，教化美好，人民服從。

【注釋】

01. 舜王天下

關於舜的事蹟，原考釋已於原書頁 222 有詳細說明，請參看。

02. 三㲰（苗）不賓（賓）

原考釋謂："「㲰」，字亦見《上海博物館藏戰國楚竹書（一）・緇衣》：「《呂型（刑）》員（云）：『㲰（苗）民非甬霝（命）。』」（第十四

簡）。同「覒」，《字彙補》:「覒，一作覒。」《說文》:「覒，擇也。從見，毛聲，讀若苗。」……今本作「苗」，音通。史書又稱「三毛」、「三鐃」、「有苗」、「苗」等。」"「賓」，順從。……三苗不習禮，故不賓。"瑜楨案：原考釋釋「覒」為「苗」可從，有關禹征三苗、三苗不賓事蹟，亦見該書頁 222-223。

03. 舜不割（遏）元（其）道

原考釋讀為「舜不割其道」，謂："「割」，《五音集韻》:「割，剝也，斷也，截也，害也。從刀，害聲。」"網名「汗天山」〈初讀〉22 樓釋文作："舜不割（害）元（其）道。"

瑜楨案：▨，原考釋隸作「割」，可從。簡文應讀為「遏」，古「遏」、「害」通用。《詩‧大雅‧文王》:「無遏爾躬。」《管子‧七法》:「莫害其後。」於省吾《雙劍誃諸子新證》:「害、遏古字通。」《淮南子‧覽冥訓》:「誰敢害吾意者？」王念孫《讀書雜志》:「害，讀為遏。」（參《漢字通用聲素研究》頁 636）《詩‧大雅‧民勞》「式遏寇虐，憯不畏明。」鄭玄《箋》:「遏，止也。」其道，指苗民之道。「舜不割其道」謂舜不改改苗民的生活方式，這與「三苗不服，禹請攻之。舜曰：『以德可也。』行德三年，而三苗服」（《呂氏春秋‧尚德》）、「有虞氏之時，三苗不服，禹欲伐之。舜曰：『是吾德未喻也。』退而修政，而三苗服」（《監鐵論‧論功》）等文獻可互相印證。

04. 不賓（賽／塞）元（其）

原考釋隸為「不賓（擯）元（其）……」，謂："「不賓元」，讀為「不擯其……」。「賓」，通「擯」。《集韻》:「擯，棄也。」舜不擯異俗，接納四方之民。本簡下文殘缺。"網名「汗天山」〈初讀〉22 樓釋文作：「不賽（塞）元（其）……」。瑜楨案：▨，為楚簡「賽」字無疑，讀為

「塞」。意為「阻塞」。本簡下殘約 22-23 字。如與下簡能銜接，則最後一字可補「遠」。

05. 遠執（邇）皆紀

原考釋隸為「埶皆紀」，讀為「設皆紀」："「埶」，簡文多見，《上海博物館藏戰國楚竹書(一)・性情論》「所善所不善，埶也」(第三簡)、「出眚(性)者，埶也」第四簡等。本簡可讀為「設」，或亦可讀「置」，音通。「皆」，完整、統一。《說文》:「皆，俱詞也。」「紀」，治理。《五音集韻》:「紀，極也，會也，事也，理也，識也。亦經紀。」"網名「汗天山」〈初讀〉22 樓釋文作:「執（設？邇？）皆紀（起？）」；鄔可晶〈編聯小議〉隸作:「【□】執（設）皆紀」。

瑜楨案:「▇」字，汗天山隸「執」，讀為「設？邇？」；鄔文隸為「執」，讀為「設」，且於「執」字前補了一個空格，正好能與後文「四正受績（任），五事皆李（理）……」押韻。我們認為，「埶」應該讀為「邇」，其前可補「遠」。裘錫圭〈釋殷墟甲骨文裡的「遠」「𣪊」（邇）及有關諸字〉一文已正確釋出金文中「𣪊」即「埶」的本來寫法，甲骨金文或讀為「邇」。（參《裘錫圭學術文集 1・甲骨文卷》，頁 173）邇，近也。紀，治理（參《故訓匯纂》頁 1713「紀」字義項第 28）。「遠邇皆紀」是說舜治理天下，無論遠近都得到很好的治理。

06. 四正受績（任）

原考釋讀為「四正受任」，謂："「四正」，亦指「四方」，即正東、正南、正西、正北四個方位。" "「績」，從系，貢聲，字書無，據簡文，讀為「任」。意四方之界，皆有所任。或讀為「紅」，穿、引，相聯。"瑜楨案:「績」從貝、紅聲，讀為「任」，可從。「正」，官長。疑指四方部落的領袖。《管子・君臣下》「四正五官，國之體也。」黎翔鳳《校注》

曰：「四正，謂君臣父子。」（頁 585）恐非。《清華陸・子產》16 有「六正」，與此同例。

07. 事（？）皆李（理）

事，圖版作「」，原考釋謂「待考」。網名「jdskxb」〈初讀〉30 樓謂：＂簡 20 讀為「四正受任，五事？皆……」「事」字細看還是能看出來的。古書五事常見，比如：《禮記・大傳》：「聖人南面而聽天下，所且先者五，民不與焉。一曰治親，二曰報功，三曰舉賢，四曰使能，五曰存愛。」此處五事不知指何。＂網名「海天遊蹤」〈初讀〉37 樓謂：＂簡 20 的怪字上部與《信陽》2.09（篋）作 同形。可能以下部為聲符，似是「叡」的右旁，比對 （郭店 五行 55）、（五行 44），讀為「賢」？或整體都是表意字。待考。＂鄔可晶〈編連小議〉謂：＂簡 20+《舜王天下》簡 27 的拼合，由李松儒先生首發其覆。下麵爲此說作些論證。原整理者正確釋出的本篇簡 20「五事皆」的「皆」字，其「曰」旁殘去大半，而簡 27 被原整理者釋爲「曰」的首字，其實正是這個「皆」字所殘的形體，二者可以拼成一個完整的「皆」 （簡 20）+（簡 27）=細審圖版，簡 27「李」字右下有一句讀符號，可知原整理者「李（齊）正（政）估（固）才（在）……」的讀法非是。這段文字實當讀爲「【□】埶（設）皆紀；四正受續（任），五事皆李（理）……」，「李（理）」與「紀」皆之部上聲字，正好押韻。總之，簡 27 沒有問題當移入《文王》篇並與簡 20 相拼合。＂

瑜楨案：，網名「jdskxb」釋為「事」，字形待考。楚簡常見的「事」字作：（《上博二・魯邦大旱》簡 3）、（《郭店・老子丙》簡 12），「又」形右上或加一小撇作：（《上博二・昔者君老》簡 3）、（《清華一・皇門》簡 11），「中」形訛似「古」形作：（《上博一・緇衣》簡 4）、（《上博一・緇衣》簡 8），或作：（《郭店・語叢四》

簡 18），簡文「」之「中」形寫得像「凶」形，且「又」形一小撇筆寫於左上，與其他「事」字寫法有別。古書「五事」常見，《尚書・洪範》、《禮記・大傳》所述都各自不同。《春秋繁露・五行五事》：「夫五事者，人之所受命於天也，而王者所修而治民也。」本篇五事雖不知確指，但可以確定是是指國家的五樣大事。

李，原考釋隸為「李」，以為即「季」字："「李」，簡文「季」，字從子、從來，當為「季」字或體。《上海博物館藏戰國楚竹書（三）•中弓》「季逗子」之「季」，從來、從子，……讀為「齊」，「季」、「齊」音通。"網名「苦行僧」〈初讀〉7 樓：簡 27 所謂的「季（齊）政」當釋讀為「李（理）政」。鄔可晶〈編連小議〉讀為：「四正受績（任），五事皆李（理）……」

瑜楨案：「李」字原釋讀為「齊」有誤，苦行僧讀為「理」可從，然將「理政」連讀，可商。我們以為鄔文的斷句是正確的，注 5 已提及鄔文於「執」字前補了一個空格，正好能與後文「四正受績（任），五事皆李（理）……」押韻，且以目前〈舜王天下〉篇的殘簡內容看來，全文主要都是四字句，而且有韻。

08. 正（政）才㝠（美）

原考釋讀為「政固在㝠」，謂"「政」，政事、政治。《韓非子・五蠹》：「今欲以先王之政，治當世之民，皆守株之類也。」「估」，讀為「固」。「才」，通「在」。「㝠」，讀為「㝠」，同「美」……「㝠」，或讀為「謀」。"瑜楨案：原釋釋「正」為「政」可從，，原釋釋為「估」讀為「固」。待考。

09. 明則保或（國）

原考釋讀為「明則保國」，網名「jdskxb」〈初讀〉30 樓、張峰〈筆

記〉：“用曰 15：自其有保貨，寧有保德，本篇簡 17（瑜楨案：手民之誤，應更正為簡 29）明則保國，兩者相類似，古之恆語。”瑜楨案：原釋可從，「明則保國」是指昌明法則，保衛邦國。

10.（知）叡（賢）正絧（治），教娀（美）民備（服）

　　原考釋讀為「知賢政治，教美民服」。駱珍伊〈箚記〉：“簡 29 的「智叡正」，原考釋讀為「知賢政治」。這四個字應該是「動賓＋動賓」結構，所以「正」或許可讀為「正治」，義為正其治，導正政治。或是讀為「正始」，義為正其始，《文選・卜商〈毛詩序〉》：「《周南》、《召南》，正始之道，王化之基。」劉良注：「正始之道，謂正王道之始也。」。”瑜楨案：「正」應依字讀，「知賢正治，教美民服」是指賢才被重用，政治都合乎正道，教化美好，人民服從。全文有韻：紀、理、國、治、服，皆為之職韻。

五、禹王天下

【說明】

　　本篇共 7 簡，自第 29 簡（從墨節下開始）至第 35 簡，只有一枚完簡。共 164 字，其中合文 1。原考釋者為濮茅左。

　　簡文分六段，首先總說禹王天下，承受重大的責任，五年而天下安定。其後有「五曰」記載五段禹的德行表現。一曰記敘禹事奉堯，堯命禹治水，禹勞苦盡力，終致天下安定。大部分文獻記載禹治水是在舜在位之時，本段與舊說不同。二曰記敘禹承繼舜的大德，盡力為民勞苦，深厚、樸質、堅定、寬大，終身力行不輟。三曰記敘禹無私心。四曰記敘禹勞苦節儉。五曰記敘禹雖發怒，但諸侯仍然歸心。

【釋文】

　　墨（禹）王天下〔1〕，備（服／負）深墨（亙／膺）至（重）〔2〕，□□□□，□□□□，□□□□□，【二九】五年而天下正（定）〔3〕。

　　一曰：墨（禹）事堯〔4〕，天下大水。堯乃臺（就）〔5〕墨（禹）曰：「氣（其）安〔6〕！亓（其）遷（往）〔7〕疋（疏）洲（川）记（啓）浴（穀）〔8〕，㠯（以）瀆〔9〕天下！」墨（禹）疋（疏）江爲三，疋（疏）河【三〇】爲九，百洲（川）皆道（導）〔10〕，賣（塞）専（陂）卒（九十）〔11〕，夬（決）瀆三百〔12〕，百（手）丩（句／拘）旨（指），身鮽（鱗）鰭（散／錯）〔13〕。禹吏（使）民㠯（以）二（仁）和〔14〕，民乃聿（盡）力〔15〕。百洲（川）既【三一】道（導），天下能（乃）巫（亙／極）〔16〕。

　　二曰：墨（禹）奉坴（舜）童（重）悳（德）〔17〕，攺（施）於四或（國）〔18〕，愚（謀）㠯（以）袋（勞）民〔19〕，膞（繁）而聿（盡）力〔20〕。墨（禹）衰（奮）中疾（極）志〔21〕，又（有）欲而弗【三二】遦（違）〔22〕；深傻（質）固疋（疏）〔23〕，又（有）红（功）而弗癹（廢）〔24〕。

　　三曰：墨（禹）王天下，卲（昭）大止不厶（私）〔25〕□□□□□□□□□□□□□□□□【三三】

　　棄（棄）身〔26〕。生行勞民，死行不祭〔27〕。前行建红（功），中行固同，冬（終）行不□〔28〕，□□□□，□□□□，□□□□。【三四】

　　五曰：忿（怒）而不募（寡）〔29〕，不忢（愛）亓（其）〔30〕□，□□□□，□□□□，□□□□，□□□□，□□□□，□□□□。【三五】

　　之道，募（寡）人不能戈（一）安（焉），而介綏弋（代）之。夫立

民，天下之難事也，或（或）呂（以）興，或（或）呂（以）亡，公其聿（盡）之。夫【八】（案：非〈舉治〉篇簡）

【語譯】

禹統治天下，肩負著極為深重的責任與工作，……五年使天下平正。

一曰：禹任職於堯時，當時天下大水為患。堯於是和禹會面說：「期望（你把水患）解決吧！你前去疏浚河道開鑿山谷，以疏通天下的大水！」禹把江疏通為三、把河疏通為九，所有的河川都得到疏導，把堤防填補闕漏九十道，挖通三百條河渠，累到手指彎曲不能伸展，全身皮膚裂開像魚鱗。禹用仁和來役使人民，人民都盡力為禹工作。百川已經疏導暢通，於是天下歸於正常穩定。

二曰：禹承舜的厚重之德，施行至天下四方，每天謀慮，為人民而辛勞，雖然國政繁雜，禹仍然盡力謀國。禹全力實踐中心意志，雖有欲望也不違背心志；他的個性深厚、樸質、堅定、寬大，有功勞時也不丟棄這四種德行。

三曰：禹統治天下，彰顯宏大的舉止，沒有私心……丟掉性命。活著的時候為人民勞苦，死了也不舉行盛大的祭禮。前半輩子都是在建功，中間階段把大家團結維持安定，晚年不……。

五曰：發怒而不會孤獨，不會捨不得他的……。

之道，我沒有辦法定於一，那麼介綏弋（代）之。立民，是天下最難的事情，有人因此興旺，有人因此滅亡，你好好努力吧。夫……（不屬於本篇）

【注釋】

01. 叡（禹）王天下

原考釋讀為「禹王天下」可從，關於禹的事蹟亦可參原釋頁 226。

02. 備（服／負）深死（亙／膺）至（重）

原考釋讀為「服深桓厚」，謂：“禹王天下時，堯舜五典之教深入人心，服天下已深久惇厚。”網名「youren」〈初讀〉31 樓：“禹王天下，備（服）深恒厚……【29】此「厚」亦是從主聲的「重」，省口形的「重」字參望山 2.28（兩例）、望山 2.2。”高佑仁〈上博九初讀〉謂：“簡 29：苦行僧先生指出簡 23 的「厚」字當爲「重」，甚是。該篇簡 29「禹王天下，備（服）深恒厚」的「厚」，就字形上看，顯然也是從「主」聲的「重」字，古文字「石」旁的「口」形時常省略，這樣寫法的「重」字，可以參考望山 2.28（兩例）、望山 2.2、郭店〈成之聞之〉簡 39、上博〈緇衣〉簡 22。”

瑜楨案：原考釋隸「服深桓厚」，非是。當隸為「服深極重」，讀為「負深膺重」。「服（奉職）」、「負（奉之）」，二字上古音聲同，韻為陰入對轉，負，背負、承擔。「恆（匣蒸）」、「膺（影蒸）」，二字韻同聲近，膺，承受，與「負」義近。深、重，義亦相近。「負深膺重」，謂：身上肩負著深重的責任與工作。

03. 五年而天下正（定）

原考釋謂：“即五年而天下治。”瑜楨案：「正」當讀為「定」，《老子》二十二章：「枉則直」漢帛書乙本直作正，甲本正作定。（參高亨《古字通假會典》【正與定】，頁 60）簡文「五年」指帝禹在位五年，《吳越春秋・越王無餘外傳第六》云：「（禹）三載考功，五年政定，周行天下，歸還大越。」

04. 𡔈（禹）事堯

原考釋讀為「禹事堯」。瑜楨案：事，侍奉、任職。《郭店・唐虞之道》簡 9：「忠事帝堯。」《孟子・離婁上》：「不以舜之所以事堯事君，不敬其君者也。」《說文・史部》：「事，職也。」

05. 堯乃㝅（就）𡔈（禹）曰

原考釋謂：〝「㝅」，讀為「就」。〞瑜楨案：原釋釋「㝅」為「就」可從，「就」應訓為「會也。」《逸周書・諡法》：「就，會也。」

06. 气（其）安

原考釋謂：〝「气」，字形亦見《上海博物館藏戰國楚竹書（三）・周易》「气至」』（第四十四簡）。《集韻》：「气，乞，取也。或省。」「乞，與也。或通作气。」「乞汝」，給予。詞亦見《晉書・謝安傳》：「以墅乞汝。」〞網名「鳲鳩」〈初讀〉46 樓謂：〝簡 30 整理者所釋「女」，應為「安」，楚簡中有類似寫法。〞瑜楨案：網名「鳲鳩」改釋「安」可從。「安」字，即「使安定」之意。《論語・憲問》：「修己以安百姓。」《呂氏春秋・仲春》「是月也，安萌牙，養幼少，存諸孤。」高誘《注》：「萌芽諸當生者，不擾動，故曰安。」（參「漢語大辭典」電子版）

「气」字，原釋釋為「乞」，「乞」本從「气」分化。於此可讀為「其」，《清華三・周公之琴舞》簡 3 作：「訖（汔）我僶（夙）夜不兔（勉）敬（儆）之」，原考釋李守奎謂：「訖，句首語氣詞，疑讀為『遹』或『聿』。」李銳〈清華 3 劄記（三）〉主張「訖」讀為「汔」。季師旭昇〈敬之敬㞢〉從之，且謂：〝「訖」、「仡」、「汔」的源頭應該是甲骨文的虛詞「气」，張玉金《甲骨文虛詞詞典》指出甲骨文此字有四個用法，其中第三個為「副詞，猶其也。用在貞辭部分裡，表示疑問語氣，可譯為

『應該……嗎』、『會／能……嗎』」。用在《清華三・周公之琴舞・成王之忐》中,則有希望、期許的語氣,似可譯為「希望能……」」。

瑜楨案:季師旭昇在李銳的基礎上補充說明「汔」字在〈周公之琴舞〉中表示有期望語氣的作用,我們以為〈禹王天下〉「氣安」亦可從,「气」讀為「其」,意思是說帝堯期望禹能發揮專長平定水患!

07. 亓(其)迬(往)

「其」字,相當於楊樹達《詞詮》卷四頁 161 的「命令副詞」,「其往」是堯命禹將前往去治水之意。

08. 疋(疏)𠨘(川)𢓊(啟)浴(谷)

原考釋讀為「疏川起谷」,謂:"禹決九川,距四海,使天下大水有所歸。「疋」,讀為「疏」,古今字。……「𠨘」……讀為「川」。……「𢓊」《集韻》:「起,𢓊,《說文》『能立也』。亦姓。古從辵。」《五音集韻》:「起,與也,作也,立也,發也。」「浴」,讀為「谷」。"網名「苦行僧」〈初讀〉8 樓謂:"簡 30「疏川起谷」之「起」當讀為「啟」,開通之意。《梁書・元帝紀》:「鑿河津於孟門,百川復啟。」"

瑜楨案:網名「苦行僧」讀「起」為「啟」可從。《𤔲公盨》記禹「墮山濬川。」《漢書・溝洫志》:「昔大禹治水,山陵當路者毀之,故鑿龍門。」

09. 濆

原考釋謂:"「濆」,《爾雅・釋水》:「水注川曰谿,注谿曰谷,注谷曰溝,注溝曰澮,注澮曰濆。」《釋名・釋水》:「濆,獨也。各獨出其所,而入海也。」「濆」用作動詞。"瑜楨案:原考釋將「濆」用作動詞可從,但訓為「獨也」可商,簡文開頭是堯向禹說「氣(其)安!」希望

禹能解決當時已相當嚴重的水患，因此，「瀆」指疏通、開通，應劭《風俗通義‧山林》：「瀆者、通也。」

10. 墨（禹）正（疏）江爲三，正（疏）河爲九，百洲（川）皆道（導）

　　原考釋讀為「禹疏江為三，疏河為九，百川皆導」。瑜楨案：原釋可從，相關事蹟參原釋頁 227-229。

11. 賣（賽／塞）專（陂）坒（九十）

　　原考釋隸為「賽敷九十」，謂：〝「賣」通「賽」，險要之地。……「專」，音通「敷」。「敷」，布。《詩‧商頌‧長發》：「禹敷下土方。」《尚書‧禹貢》：「禹敷土，隨山刊木。」〞蔡偉〈百ㄩ旨身鮨鰭〉引陳劍意見釋作〝賽（塞）專（湖）九十。〞網名「苦行僧」於蔡文下方跟帖謂：〝我們認為「專」當讀為「陂」。《莊子‧應帝王》：「齧缺問於王倪，四問而四不知。齧缺因躍而大喜，行以告蒲衣子。」對於其中的「蒲衣子」，《經典釋文》云：「崔云：『即被衣，王倪之師也。』《淮南子》曰：『齧缺問道於被衣。』」「陂」有堤防之意。《詩‧陳風‧澤陂》：「彼澤之陂，有蒲與荷」，毛傳：「陂，澤障也。」《漢書‧高帝紀上》：「母媼嘗息大澤之陂，夢與神遇。」「塞陂」的意思就是堵塞堤防，也就是說堵塞江河湖泊等蓄水之處的堤防的漏洞或決堤之處。堵塞堤防的決口，古書中往往用塞字，如《史記‧河渠書》：「漢興三十九年，孝文時河決酸棗，東潰金隄，於是東郡大興卒塞之。」《史記‧河渠書》：「余從負薪塞宣房，悲瓠子之詩而作河渠書。」其中的「宣房」，《漢書‧溝洫志》作「宣防」。《漢書》多用古字，「宣房」恐當讀為「宣防」。「宣防」恐即黃河瓠子段堤防的名稱。若我們的推測無誤的話，「塞宣房（防）」與「塞陂」表達方式相同。〞王寧跟帖謂：〝從讀音上看，「專」字似應讀「洀」，亦即「泊」。《說文》：「洀，淺水也。」段注：「《說文》作『洀』，隸作『泊』，亦古今

字也。」"網名「鳲鳩」跟帖謂："如不求僻，不就是浦嗎？"王寧跟帖又謂："如果「專」真讀「湖」的話，是不是和楚國方言有關？直到現在湖南方言不是還說「扶（湖）南」嗎？只是不知道古代楚國人是不是也這麼說……。"

瑜楨案：「專」字，有讀為「敷」、「湖」、「陂」、「洦（泊）」、「浦」等意見。「賣專」與後文「決瀆」都是動賓結構，兩句相對，如網名「苦行僧」所言，「瀆」和「專」為名詞，因此讀為形容詞或動詞的「敷」不可從，其餘「湖」、「陂」、「泊」、「浦」都是名詞，不過，「湖」、「泊」有調節水量的功能，治水未見塞湖泊。「浦」為水邊、河岸，無所謂「塞」。網名「苦行僧」釋為「陂」，可從，「陂」即「堤防」，《尚書・禹貢》、《史記・夏本記》、《漢書・地理志》記載禹治水，有「九澤既陂」；《國語・周語下》有「陂鄣九澤」；《大戴禮記・五帝德》有「陂九澤」。「專（滂魚）」，「陂（幫歌）」，聲母同為唇音，歌魚旁轉。

12. 夬（決）瀆三百

原考釋謂："「夬」，《集韻》：「夬，通作決。」《易・夬》九五「莧陸夬夬中行」，馬王堆漢墓帛書《周易》作「決決」。……「決」，水沖潰堤岸。《左傳・成公十五年》：「決睢澨。」「決瀆」，亦見於《管子・形勢解》：「禹身決瀆，斬高橋下，以致民利。」《春秋繁露・求雨》：「不行者決瀆之。」《淮南子・原道訓》：「是故禹之決瀆也，因水以為師。」《史記・太史公自序》：「維禹浚川，九州攸寧；爰及宣防，決瀆通溝。」"

瑜楨案：原考釋以為「決」是指水沖潰堤岸，有誤。「決」，應當動詞用，指挖通、疏通，《上博二・容成氏》簡 24-25：「決九河之溰（結）。」《韓非子・五蠹》：「中古之世，天下大水，而鯀、禹決瀆。」《莊子・天下篇》：「昔者，禹之湮洪水、決江河而通四夷九州也，名山三百。」「瀆」指江河大川，《韓非子・五蠹》：「中古之世，天下大水，而鯀禹決

瀆。」《釋名·釋水》：「天下大水四，謂之四瀆，江、河、淮、濟是也。」「決瀆」指挖通了江河大川。

13.百（手）丩（句／拘）旨（指），身鯥（鱗）鰼（骰／錯）

原考釋讀為「百糾置身鯥鰼」，謂："「百」，《說文》：「古文百從自。」「丩」，《說文》「丩，相糾繚也。一曰：『瓜瓠結丩起。』象形。」後世作「糾」。「旨」，讀為「置」。或讀為「致」，獻出。《論語·學而》：「事君能致其身。」「鯥」，《閩中海錯疏》：「鯥，魚形如石，首而差大，麟細口紅。」「鰼」，字左上似有筆誤。一名鮫，鯊魚之類的兇猛海魚。《爾雅翼》：「鮫，一名鰼。」……「鯥鰼」，泛指水中異猛魚類。句意禹治水能不惜自身，百事相縈，致身不顧鯥鰼異猛之危。"網名「ee」〈識小〉謂："《舉王治天下》簡 31 第 14 字應釋爲「首」。"網名「海天遊蹤」〈初讀〉49 樓謂："簡 31 講到大禹治水的辛苦，曰：「首丩旨，身鯥鰼」，可比對《容成氏》23+24「面鼾（鼾）鰼（魚昔－骰），脛（脛）不生之毛。」「鯥」，來紐真部，可讀為「鼾」（見紐元部）。（魚昔）自然就是《容成氏》的（魚昔－骰）。「首丩旨」，可能讀為「手丩胝」，首、手同為書紐幽部，開口三等，通假例證見《彙纂》頁 111。句常與厚相通，見《彙纂》頁 169、171，則「丩」可考慮讀「厚」。厚胝，猶文獻所謂重繭、累胝、重胝。當然由於首與面位置相近，也不排除簡文誤抄，實際上本是「身丩旨，首鯥鰼」。「丩」直接想到是讀為「佝」，「旨」釋讀待考。紫竹道人兄也傾向於誤抄的意見。"網名「鳲鳩」〈初讀〉60 樓謂："「首丩旨」可讀「首垢黧」或「首考黧」。《說文》「考，老人面凍黎若垢」。"網名「海天遊蹤」〈初讀〉61 樓謂："此(鳲鳩60樓)說有理，《史記·李斯列傳》：「禹鑿龍門，通大夏，疏九河，曲九防，決淳水，致之海。而股無胈，脛無毛，手足胼胝，面目黎黑，遂以死於外，葬於會稽。」"蔡偉〈百丩旨身鯥鰼〉謂："從古文字字形來看，「百」即「頁」

之省，亦即「首」字。整理者引《說文》云云，殊不可信。案《容成氏》曰：「毚(禹)既巳（已）受命，乃屮（艸—草）備（服）薑（箬）蒼（箬），冒芺（蒲）𦸈（笠）。手足[■]〔□〕，面軑（矸）鱛（皵），𠆩（脛）不生之毛。」也是說大禹之事，「手足[■]〔□〕，面軑（矸）鱛（皵）」與「百（首）丩旨身鱗鱛」可以互相比照。我認為，《禹王天下》的這段話，應該讀為：「首（手）丩（句）旨（指），身鱗（鱗）鱛（皵／錯）。」《說苑・君道》曰：「北面拘指逡巡而退以求臣，則師傅之材至矣。」劉台拱指出：案《淮南・脩務訓》：「弟子句指而受。」拘指即句指。《鹽鐵論・刺議》曰：「僕雖不敏，亦當傾耳下風，攝齊句指，受業徑於君子之塗矣。」「拘指」、「句指」為同義連語，彎曲之貌（不能照字面簡單地理解為「彎曲手指」）。而連語往往可以倒言之，如「怠荒」或作「荒怠」、「寬綽」或作「綽寬」、「貪婪」，《清華簡（三）・芮良夫毖》作「惏（婪）惥（貪）」，則尤為顯例。故「拘指」、「句指」文獻中或寫作「積称」、「枳棋」、「枳枸」、「枳句」、「枝拘」、「迟曲」、「稽極〈称〉」、「稽可〈句〉」，大抵皆為「詰詘不得伸之意」。簡文是描寫大禹治水之辛勞，以致：手彎曲而不能伸展，身之膚理也麤皵若魚鱗了。」瑜楨案：「百」讀為「手」，從網名「海天遊蹤」說；全句讀「手拘指，身鱗錯」，從蔡說。

14. 二（仁）和

原考釋讀為「二和」。網名「鳲鳩」〈初讀〉48 樓謂："簡 31「禹使民以二和，民乃盡力」，簡 32「禹奉舜重德，施於四國，謀以勞民，昧而盡力」，對比後可推測「二和」、「重德」指為一物。" 瑜楨案：網名「鳲鳩」說可參，我們以為「二」應讀為「仁」，「二」字古音日母脂部，「仁」字古音日母真部，聲母相同，韻為陰陽對轉。「仁」，指仁德，《禮記・緇衣》：「子曰：『禹立三年，百姓以仁遂焉，豈必盡仁？』」《史記・夏本記》：「禹為人敏給克勤；其德不違，其仁可親，其言可信。」

15. 民乃聿（盡）力

原考釋讀為「民乃盡力」，謂：「「聿」，《說文》：「聿飾也。從聿、從彡。俗語以書好為聿。讀若津。」《廣韻》：「盡，竭也，終也。」……禹身行以先，恭敬以信，故其民盡力。「力」字下有句讀符。」」可從。

16. 百洲（川）既道（導），天下能（乃）亟（亙／極）

原考釋讀為「百川既導，天下能恒」。蔡偉〈百丩旨身鮥鰡〉謂：「我們從竹簡《禹王天下》的用韻來看：「二曰」一段文字以德、或（國）、力為韻，達、發（伐）為韻。「一曰」一段文字前面以百、鰡為韻，而「禹吏（使）民以二和，民乃盡力。百洲（川）既道（導），天下能亙」一句夾在其間，則「亙」字無疑地也是用為「亟」而讀為「極」的，以與「力」字押韻。「天下能亙（極）」與上文的「民乃盡力」相對，傳世古書中也有「能」、「乃」對文的例子，如《後漢書・荀爽傳》說：「鳥則雄者鳴鴿，雌能順服；獸則牡為唱導，牝乃相從。」再來檢索古書，發現有下列一些語句：1.《墨子・非攻下》曰：「禹既已克有三苗，焉磨〈曆〉為山川，別物上下，卿制大極，而神民不違，天下乃靜。」2.《新書・益壤》曰：「炎帝無道，黃帝伐之涿鹿之野，血流漂杵，誅炎帝而兼其地，天下乃治。」又曰：「諸子畢王，而天下乃安。」「天下乃靜」、「天下乃治」、「天下乃安」顯然與「天下能亙（極）」的句式相同。「極」，就是中正，標準的意思。《禹王天下》簡 30 也有「五年而天下正」之語，可以為證。」瑜楨案：蔡說可從，本句可讀為「百川既導，天下乃極」。

17. 墨（禹）奉坴（舜）童（重）惪（德）

原考釋讀為「禹奉舜重德」，謂：「《說文》：「奉，承也。從手、

卅，豐聲。」「童」，通「重」。如馬王堆漢墓帛書《春秋事語・宋荊戰泓之上章》「不童傷」，《左傳》作「不重傷」。禹奉行舜重德之道。"網名「苦行僧」〈初讀〉10 樓："簡 32「奉舜童德」疑當讀為「奉舜踵德」。"

瑜楨案：「重德」，指大德、厚重之德，《漢書・車千秋傳》：「千秋居丞相位，謹厚有重德。」

18.敁（施）于四或（國）

原考釋讀為「施於四國」，謂："「敁」，通「施」。《集韻》「敁」同「敍」，又《集韻》：「敍，《說文》云『敷也』。或作敁，通作施。」字也見《郭店楚墓竹簡・尊德義》第三十七簡。「施於四國」，意同「施及四國」，《禮記・孔子閒居》孔子曰：「無服之喪，施及四國。」意德恩遠及四方之國。"瑜楨案：「國」，義為域、方。

19.愳（謀）呂（以）裝（勞）民

原考釋讀為「誨以勞民」，謂："「愳」，通「誨」。《說文》：「誨，曉教也。從言，每聲。」《郭店楚墓竹簡・六德》：「既生畜之，或從而教愳（誨）之，胃（謂）之聖。」（第二十、二十一簡）「裝」，簡文用作「勞」。如《上海博物館藏戰國楚竹書（一）・緇衣》「則君不裝（勞）」，今本作「勞」。字形也見《包山楚簡》、《長沙仰天湖楚簡》等。「勞民」，慰撫人民。《周易・井》象曰：「木上有水，井，君子以勞民勸相。"網名「汗天山」〈初讀〉22 樓讀為：「悔（毋）以勞民，蘁而盡力。」網名「鳲鳩」〈初讀〉48 樓謂："▓應為「昧」字。「謀以勞民，昧而盡力」很通暢。"

瑜楨案：「愳」字，鳲鳩釋為「謀」可從。「謀」，慮也，常解。勞民，為人民辛勞，《上博二・容成氏》簡 35：「身力以裝（勞）百眚（姓）。」「謀以勞民」即憂慮圖謀為人民辛勞。

20. 膰（繁）而聿（盡）力

原考釋謂：＂「畿而聿力」，讀為「畿而盡力」。《說文》：「畿，天於千里地。以遠近言之，則言畿也。從田，幾省聲。」＂網名「汗天山」〈初讀〉22 樓釋文作：「悔（毋）以勞民，畚而盡力。」網名「鳲鳩」〈初讀〉48 樓謂：＂［圖］應為「昧」字「謀以勞民，昧而盡力」很通暢。＂網名「鳲鳩」〈初讀〉66 樓謂：＂下午得見《清華三》圖版，讀到《說命》下簡 7 時，感覺與《舉治王天下》簡 32 中的那個字可能為一字，在 48 樓我釋為「昧」，從上部殘筆看還有差距，今據清華簡改釋為「來/日」，讀為「勑」或「來」。「謀以勞民，來而盡力」較「謀以勞民，昧而盡力」更為通順，古書中「勞」、「來」可連及出現，如《孟子》中「勞之來之」等。《說文》「勑，勞也，從力來聲」。請參《故訓匯纂》110 頁，不轉抄了。＂

瑜楨案：「［圖］」字右上部件不清，我們以為此字當從肉從采從田，似與（《上博八‧有皇將起》簡 6「［圖］」）同字，則可隸為「膰」，讀為「繁」，「膰而聿力」讀為「繁而盡力」，指雖然國政繁雜，禹仍然盡力謀國。清‧阮元《小滄浪筆談‧山左金石志序》：「吾老矣，且政繁，精力不及此，願學使者為之也。」（參「漢語大辭典」電子版）

21. 墨（禹）裒（奮）中疾（極）志

原考釋讀為「禹奮中疾志」，謂：＂「裒」，字也見《上海博物館藏戰國楚竹書（一）‧性情論》「不又夫裒（奮）犯之情則悆」（第三十八簡），《令鼎》銘文「奮」作「裒」，簡文省形，均從「衣」。「奮」，《集韻》：「奮，揚也。」《漢書‧禮樂志》：「粗屬猛奮之音作，而民剛毅。」顏師古注：「猛奮，發揚也。」字或隸作「畚」。「中」，中正之道。「疾」，《廣韻》：「疾，病也，急也。」「疾」，或亦讀為「亟」。《集韻》：「亟，《說

文》『敏疾也。』從人，從口，從又，從二。二，天、地也。徐鍇曰：『承天之時，因地之利，口謀之，手執之，時不可失疾也。』」句意奮揚道之正中，亟發先帝之志。"網名「ee」〈識小〉謂："《舉治王天下》簡 33第 1 字應釋爲「達」，簡 32+33：「禹奮衷疾志，有欲而弗【32】達，深實固疋，有功而弗發。」達、發皆押月部韻。"瑜楨案：「中」即中心，「志」即意志，禹努力實踐中心意志。原考釋謂「中」指「中正之道」，「志」指先帝之志，推之太過。

22. 又（有）欲而弗遣（違）

原考釋讀為「有欲而弗違」。網名「汗天山」〈初讀〉22 樓謂：「又（有）欲而弗……〔辵胃〕（彙？）」網名「ee」〈識小〉、單育辰〈佔畢十六〉釋為「有欲而弗達」。

瑜楨案：「欲」，指欲求。𢝔，原考釋隸為「遣」讀為「違」，可從。「又（有）欲而弗遣（違）」謂：禹有欲求，也不違背要實踐的中心意志。

23. 深傿（質）固疋（疏）

原考釋讀為「深陟固疏」，句意禹能跋山涉水，鞏固疏通。網名「jdskxb」〈初讀〉30 樓謂："簡 23（瑜楨案：手民之誤，簡 33）「深」下一字從人從寁，楚簡偏旁多見，可參陳斯鵬：《楚系簡帛中字形與音義關係研究》，中國社會科學出版社，2011 年 3 月，第 122-125 頁。字形有的從日，有的從田，可參看張峰《楚系簡帛文字訛書研究》，吉大博士論文，2012 年，第 48 頁。"網名「youren」〈初讀〉34 樓謂："應該是簡33，前面的帖已經提到了。「深傿固疋（疏），有功而弗廢。」「深寁」這文例不免讓人想起中山王方壺銘文的「寁愛深則賢人親」，該「寁」字學者讀法甚多，一時也難定。楚簡中可以確定的讀法有「實」、「質」、「窒」。"張峰〈筆記〉謂："《舉治王天下》簡 33：「深」下一字網友

海天遊蹤和 youren 已經指出從人從寋，這是正確的。《說文·寉部》：「寋，礙不行也。」《廣雅·釋言》:「寋，僕也。」楚簡寋及從寋偏旁多見，陳斯鵬和季旭昇先生也有過詳論。楚文字寋字形有的從日，有的從田，從日除了表音，還存在訛書的情形。"

瑜楨案：此四字當讀為「深償（質）固疋（疏）」。深，深厚。償（知脂），讀為「質（知脂／章質）」，二字聲韻俱近，質樸。固，堅定。疏，寬大。

24. 又朲（有）朲（功）而弗發（廢）

原考釋讀為「有功而弗廢」，謂「句意禹能持守省察，持功績而不廢」。瑜楨案：釋文可從，釋義可商。全句應謂禹雖有功，亦不廢深厚、質樸、堅定、寬大四德。

25. 璽（禹）王天下，卲（昭）大止不厶（私）

原考釋隸為「禹王天下卲（昭），大止（志）不厶（私）」。又謂："或讀為「大之不私」、「大正不私」。"網名「苦行僧」在〈〈舉治王天下〉初讀〉10 樓討論云:"簡 33「禹王天下卲大志不私」當斷讀為「禹王天下，卲（紹）大志，不私」。"

瑜楨案：「卲」讀為「昭」，可從，意為「昭明、發揚」，《左傳·桓公二年》:「故昭令德以示子孫。」止，容止，見《詩·大雅·抑》「淑慎爾止」箋。引申為行為舉止。不私，沒有私心。

26. 弃（棄）身

原考釋謂："同「棄身」。"網名「youren」〈初讀〉17 樓謂:"該篇書手與〈莊王既成 申公臣靈王〉同一人，可以參考〈上博六莊王既成 申公臣靈王〉7 號簡與本篇簡 4（瑜楨案：手民之誤，應更正為簡 34）的

「棄」字，是個特徵字。"

瑜楨案：《上博六・莊王既申》簡 7 字作「▢」，本篇字作「▢」（「去」形上部的橫筆極淡），同樣字形又見《上博二・容成氏》簡 3 作「▢」。「棄身」指丟掉性命，《韓詩外傳》：「管仲曰：『臣聞之：酒入口者、舌出，舌出者、〔言失，言失者、〕棄身，與其棄身，不寧棄酒乎？』」（補字依許維遹校釋《韓詩外傳集釋》頁 355）本段主要記禹勞苦節儉，與上段「無私」有別，因此可能是屬於「四曰」的內容。

27. 生行綮民，死行不祭

原考釋讀為「生行勞民，死行不祭」。瑜楨案：「生行勞民」與簡 32「謀以勞民」句例相似，說明禹處處為民勞苦。行，施行。死行不祭，謂死後也不祭祀，避免勞民傷財。

28. 前行畫（建）𢀖（功），中行固同，冬（終）行不□

原考釋讀為「前行建功，中行固同，終行不窮」，謂：「據文意「不」字下可補「窮」字。」瑜楨案：「前」、「中」、「終」指禹一生的三個階段。前段盡力於建功，中段盡力於與人「同」，《孟子・公孫丑上》：「禹聞善言則拜。大舜有大焉，善與人同。舍己從人，樂取於人以為善」《荀子・大略》：「禹見耕者耦、立而式，過十室之邑、必下」，這些記載都顯示著禹虛心問善求同。禹的晚年，簡殘不可知。

29. 忞（怒）而不募（寡）

原考釋讀為「恕而不寡」，謂："忞，《說文》：「恕，仁也。從心，如聲。忞，古文省。」《佩觿》：「《尚書》以忞作怒音。案：字書『忞』，古仁恕之『恕』字。今或本云古恚怒之『怒』，非也。」簡文「忞」或亦用作「怒」。"張峰〈筆記〉謂："《舉治王天下》簡 35「忞而不寡」。整

理者或讀為怒，這是正確的。《上一・性》簡 1 的怒即作 ![字] 。"

　　瑜楨案：原圖版作：「![字]」，原考釋釋為《說文》古文「恕」，亦作「怒」，張峰以為原釋解為「怒」可從。此字形從女從心，又見於《上博五・競建內之》簡 6「不謫![字]」，陳偉釋「不責怒」。（參顏至君《《上海博物館藏戰國楚竹書（五）》〈競建內之〉與〈鮑叔牙與隰朋之諫〉研究》）。古書記載「禹聞善言則拜」，難見禹發怒，唯《國語・魯語下》「禹致群神於會稽之山，防風氏後至，禹殺而戮之，其骨節專車」，雖然殺了防風氏，天下諸侯仍然歸心於禹。

30. 不忎（愛）元（其）

　　原考釋讀為「不愛其」，可從。愛，捨不得。下殘，難以推測所缺何字。

〈邦人不稱〉譯釋

高佑仁　撰寫

【題解】

〈邦人不稱〉為《上博九》的其中一篇，内容圍繞葉公子高在昭王出奔、昭王復國、白公之禍、惠王之長四段時間的事蹟，以及楚人對他的評價。全文透過葉公子高與葉國諸老、昭夫人等人的談話，表明他在昭王出奔後勤王的立場，以及在平定白公之禍以後，不願接受封賞的態度。本篇無結尾符，且首、尾皆殘缺，對全文的理解造成困難。文中記載葉公子高的生平事蹟，其價值不言可喻。

此外，簡2上、簡7兩枚上端殘缺的簡，疑應屬於〈邦人不稱〉之内容，但目前未能找到適當的安放位置，總釋文歸於〔散簡〕。而本篇至少有四簡（簡1、8、9、13）是不屬於〈邦人不稱〉的内容，總釋文歸於〔非本篇内容〕，其中比較大一段的是簡8、9兩枚完整竹簡，此二簡的書手與〈邦人不稱〉相同，但内容有關蔡大祝内容，與〈邦人不稱〉找不到聯繫點。松鼠（李松儒）〈字跡情況〉則指出簡13與〈命〉篇為同一抄手，不屬於本篇，可信。魚游春水〈邦人札記〉47樓認為簡1非本篇内容，可信。

本篇竹簡一共出現四次「邦人不稱△焉」的文例，而這些段落都是以「就……（時間）」起頭：

就昭王之亡，……而邦人不稱勇焉。【簡2下、簡3】

（楚昭王 10 年・西元前 506 年）

就復邦之後，……而邦人不稱美焉。【簡 3、4】

（楚昭王 11 年・西元前 505 年）

就白公之禍，……而邦人不稱還焉。【簡 4、5、6、7、11、12】

（楚惠王 10 年・西元前 479 年）

就王之長也，……而邦人不稱貪焉。【簡 10】

這四個以「就」字為開頭的語句，其實都省略了主語。工藤卓司〈葉公故事〉認為「稱勇」、「稱美」的主詞是「楚昭王」，「稱還」、「稱貪」的主詞是「葉公子高」，恐非。從本篇連貫的語氣來看，以及「就」字的用法來看，此處楚人「稱」的對象只能是同一個人，也就是葉公子高。

【簡序】

（一）沈培〈「就」字用法〉提出【簡 11】接【簡 12】接【簡 10】，曹方向《上博簡楚國故事研究》指出【簡 6】接【簡 7 下】，皆屬定論。如此一來可將本篇區分成兩大段落，如下：

1、【簡 3】【簡 4】【簡 5】【簡 6】【簡 7 下】
2、【簡 11】【簡 12】【簡 10】

筆者認為應將兩大段落連讀，情況為：

葉公子高曰：「一人千君，旟何施？」果【簡 7 下】
寧禍，賞之以西廣田百畛……【簡 11】

「何施果」過去學者讀為一句，筆者認為應斷讀「一人千君，旟（焉）可

（何）它（施）？」，「何施」即今語「有什麼用？」、「又能如何？」之
義。換言之，當葉公子高一時之間找不到惠王時，昭夫人建議選擇另立新
王，使邦有王，但葉公子高並不採取這樣的態度，他認為另立他主又能如
何，因此依舊擁護昭王。下一句「果寧禍」，指最後終於如葉公子高之
願，覓得惠王，平息國難，才有簡 11 的「賞之以西廣田百畛，辭曰」云
云。總而言之，筆者認為簡 7 下應與簡 11 連讀，而合成一篇有機體。（本
文完稿後，王寧也提出同樣的編聯看法，但其說解與筆者不同，本處權充【簡 7 下】接
【簡 11】一說之補充。參王寧：〈上博九〈邦人不稱〉釋文補正簡評〉）

（二）【簡 8】與【簡 9】

〈邦人不稱〉簡 8、簡 9 內容與本文故事並無關係，二簡文義連貫，
但卻前後殘缺，使得其具體意涵頗為費解。在此，我們透過文中某些關鍵
字句進行推敲，試圖廓清一些問題。我們先將簡 8、簡 9 全文羅列出來
（為求說明之方便，全以今字表示）：

> 鄰（蔡）大祝曰：「……之惑也，而并是二者以邦君，君猶少之，
> 抑懼君之不終世保邦」，既言乃御，固祝而止之，蔡【簡 8】大祝
> 止。待邦君加冠，得為御出。就蔡大祝，▨二拜頓首曰：「今日
> ▨既失邦，或得之。」蔡大【簡 9】

首先，由開頭的「……之惑也」，一直到「抑懼君之不終世保邦」為
止，顯然是一個人的談話內容，再由其後的「既言乃御」，可知該人在講
話完後便打算離開，對某人講完話後便轉身要走，這當然是一種不滿的
表現。

那麼，這段話是誰的話？而他又是對誰講的呢？筆者認為，這段話的
說話者是「蔡大祝」，因為該人談話後便欲離開，但固祝當場加以制止，
簡文緊接著說「蔡大祝止」（蔡大祝停下腳步），可見講話的人就是蔡大

祝，所以在簡 8 以前，一定會有「蔡大祝曰」一類的字句。

再來，蔡大祝的話，又是對誰說的呢？要解決這個問題，需要先釐清一個問題。蔡大祝講完後便欲離開，固祝制止，等到國君執行完加冠禮後，蔡大祝便離開。之後簡文這麼說：

就蔡大祝，二拜頓首曰：「今日　　既失邦，又得之。」

前面提到蔡大祝離開，下一句說「就蔡大祝」，蔡大祝既是被「就」（主動拜見）之人，則「就蔡大祝」的主語自然不可能是他，那麼「就蔡大祝」一語之前，省略了主詞。筆者認為，既然「■」向蔡大祝二拜頓首，那麼主動拜謁蔡大祝的，當然就是「■」。「■」向蔡大祝說：「今日■既失邦，又得之。」從整個文義來看，這兩個寫法其實是一字之異體：

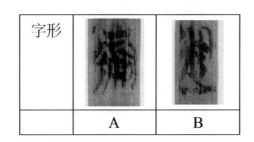

字形		
	A	B

細審構形不難發現，其實 A 左半從「彳」，B 左半從「辵」，彳、辵偏旁替換，例多不舉，而二字右半雖難以具體說明隸定為何字，但構形應該相同。知道拜見蔡大祝的是「■」以後，可以進一步推估，簡 8 一開頭，其實就是蔡大祝對「■」的面責。

蔡大祝對「■」說「并是二者以邦君，君猶少之」，（即便結合二者給國君您，是不足。」只怕無法「終世保邦」，認為「■」能力不足，即便擁有國家，也無法永久保有。此處的無法「終世保邦」，正可與簡 9 的「既失邦」對應起來。即便蔡大祝使用了「抑懼」這樣婉轉的口吻，但其批評仍是一針見血、直指要害。一個人講完話後，便掉頭走人，這是當然

是對受話者一種不滿的表現，由此可見，「▓」或許是無禮或驕泰在先，才招致蔡大祝的批評。蔡大祝迫不及待地離開，促使他深切反省，並立刻前去拜見，向蔡大祝致意。

「▓」向蔡大祝表示：「今日既失邦，又得之」，此應與蔡被楚滅國，而後又復國一事有關，那麼「▓」這個人名如何與復國的蔡平侯聯繫起來，是未來可以努力的方向。可惜簡文前殘後缺，就有限的資料，還不足清楚釐清此中的寓意。

【釋文】（簡序2下+3+4+5+6+7下+11+12+10/2上,7上,8,9,1,13）

☐頏天之女[01]。

臺（就）卲（昭）王之亡，要王於陸（隨）寺（待）[02]，戰於漷，戰於▓，戰於長【簡二下】☐☐☐曲陶，三戲（戰）而三訾（捷）[03]，而邦人不嫢（稱）戡（勇）安（焉）。

臺（就）遠（復）邦之遂（後），盍（闔）昃（冠）為王列（賚）[04]，而邦人【簡三】不嫢（稱）娍（美）安（焉）。

臺（就）白公之禑（禍），睧（聞）令尹、司馬既死，牆（將）迍（蹠）郢[05]。鄴（葉）之者（諸）老皆柬（諫）曰：「不可，必以帀（師）。」鄴（葉）【簡四】公子高曰：「不夏（得）王，牆（將）必死，可（何）以帀（師）為？」[06]乃乘執（馴）車五雝（乘），述（遂）迍（蹠）郢。[07]至，未夏（得）王，卲（昭）夫人胄（謂）鄴（葉）公【簡五】子高[08]：「先君之子聚（？）在外【簡六】，盍（何）罨（擇）而立之，邦既又（有）王，毋亦竈（謹／歡）嗧（乎）！」[09]鄴（葉）公子高曰：「又（一人）千君，旜（焉）可（何）它（施）？」[10]果【簡七下】窋（寧）禑（禍），賞之呂（以）西輵（廣）田百貞（畛），詞（辭）曰[11]：「君王▓（嘉？）臣之青（請）命，未尚（嘗）不許。」[12]詞（辭）不受賞。命之為命（令）【簡一一】尹[13]，詞（辭）。命之為司

馬，詞（辭）曰：「呂（以）鄴（葉）之遠，不可畜也。」安（焉）叚（假）為司馬，不取亓（其）折（制），而邦人不夒（稱）還（緩）【簡一二】安（焉）。[14]曻（就）王之長也，賞之呂（以）焚寴（國）百貞（畛），[15]古（故）為鄴（葉）連嚻（敖）與鄒（蔡）樂尹，而邦人不夒（稱）畬（貪）安（焉）。臣犀[16]【簡一〇】（下殘）

〔散簡〕

亡名安（焉），是古（故）弗智（知）也-，[17]☑【簡二上】

☑君（？高？）之言忢（過），昔周[18]☑【簡七上】

〔非本篇內容〕：

鄒（蔡）大祝曰：「……之或（惑）也，而并是二者呂（以）邦君=（君[19]，君）猶少之[20]，罷（抑）瞿（懼）君之不冬（終）殜（世）保邦[21]」，既言乃魚（御）[22]，固祝而𣥺=（止之），鄒（蔡）【簡八】大祝𣥺（止）。須邦君加晃（冠），戛（得）為備〈魚（御）〉出。[23]曻（就）鄒（蔡）大祝，▨二拜頓=（頓首）曰[24]：「今日▨既遳（失）邦，或（又）戛（得）之。」[25]鄒（蔡）大【簡九】（下殘）

☑子虖（乎）-，者（胡）不呂（以）至（致）敏（命）-？[26]」㝵（寢）尹曰：「天加訛（禍）於楚邦，虗（吾）君邊出，戁䰟□□□□[27]☑【簡一】虗（吾）毃（豈）敢（敢）呂（以）尒（爾）嬰（亂）邦乚。[28]【簡一三】

【語譯】

……煩天之女。

到了昭王出奔國外時，葉公子高在隨地接應昭王，戰於澈，戰於▨，戰於長……曲陶，三次戰爭三次都獲得勝利，而楚人不說他勇猛。

　　等到昭王復國之後，昭王賞賜給葉公子高蓋冠，但楚人不認為公子高的器物華麗。等到遭遇白公之禍時，聽聞令尹、司馬皆已死，葉公子高將到郢，葉地的國老都勸諫說：「不可以，一定要派遣軍隊。」葉公子高說：「若找不到惠王，惠王一定會死，派遣軍隊又要做什麼呢？」於是乘坐五輛駟車前往郢都。抵達以後，找不到惠王，昭王夫人告訴葉公子高說：「先君的小孩聚集在國外，何不扶立其中一位，國家便有君王，這不是一件令人很喜悅的事嗎？」葉公子高說：「一人千君，又有什麼用呢？」最後果然平息白公之禍。惠王賞賜予西邊廣大的田地百畛，葉公子高推辭說：「君王嘉許臣的請求，對我的請求向來未曾拒絕。」推辭不願接受封賞。惠王命令他擔任令尹，葉公子高推辭；命令他擔任司馬，也是推辭地說：「由於葉地很遠，擔任司馬就無法管理葉地人民了。」於是乎代理司馬，不採用原司馬所制定的制度，但楚人不認為他的管理比較寬鬆。

　　等到楚惠王年紀較長以後，賞賜給他焚國百畛土地，因此擔任葉連敖與蔡樂尹，楚人不認為他貪婪。

〔散簡〕

　　……（他）不追求名聲，所以無人知曉。

　　你的說法過當，以前周……

〔非本篇內容〕：

　　蔡大祝云：「……的迷惑，將二者合併給君王，猶恐您仍顯不足，也害怕您無法永久保有政權。」講完之後便欲乘車離去，固祝阻止他，蔡大祝停下腳步，等待國君加冠，才能駕著馬車離開。（█）立即前去拜見蔡大祝，█二次跪拜頓首，說：「█曾經失去國家，如今又重新獲得。」蔡大祝回答說：……（下殘）

　　「……子嗎？為何不幫國君傳達命令呢？」寢尹說：「上天加諸災禍於楚國，昭王出奔郢都，戁禩……」

……我豈敢以此擾亂國家。

【注釋】

01. 頒天之女

「頒」，原考釋隸為「頒」，疑「類」之省。汙天山（侯乃峰）〈邦人札記〉24 樓釋作「頒（髮-祓？）」。單育辰〈上博九識小〉0 樓、〈佔畢十六〉指出：「《邦人不稱》簡 2 拼合似有誤，第 9 字應釋爲『髮』，參〈靈王遂申〉簡 2 第 13 字。」苦行僧（劉雲）〈上博九識小〉2 樓、〈楚簡文字釋讀二則〉另引用了《信陽》2.09 中的「▨」作為字形例證。工藤卓司〈葉公故事〉從原考釋隸定，指出《周禮・春官・大祝》「六祈」中有「類」。賴怡璇〈邦人不稱通釋〉以為楚簡「類」字從「米」，與所論形體有別，並引用李學勤之說，李文已將〈史牆盤〉（《集成》10175）的字形隸為「猶」，讀為「祓」，但「祓天之女」文意與下文不合，前文亦殘，此處難通讀。

佑仁案：「頒天之女」首字應隸摹作「▨」，原整理者釋「類」，幾位學者從之，恐不可信。正如賴怡璇所言，楚簡「類」字從「米」，與△有比較大的差異。△字又見〈靈王遂申〉簡 2，原整理者亦釋作「類」（參蘇建洲：〈上博九〈靈王遂申〉釋讀與研究〉），依據前述學者們的考證可知二字都應改釋作「髮」。

「犮」字楚簡作「▨」（《上博六・天子建州》甲 11）、「▨」（《上博六・天子建州》乙 11）、「▨」（《上博五・三德》18）、「▨」（《上博三・周易》51）、「▨」（《清華貳・繫年》56）、「▨」（《信陽》2.09），於「犬」旁尾巴位置添加橫筆，林澐認為是在「犬」尾加劃以區別之（林澐：〈先秦古文字中待探索的偏旁〉）。《說文》訓為「犬走貌」，何琳儀認為「从犬，加短橫表示犬行有所碍。」為「跋」之初文。（何琳儀：《戰國古文字

典——戰國文字聲系》，頁 954）《說文》則認為「犮，走犬皃。从犬而丿之。曳其足，則剌犮也。」「犮」是否為「跋」之初文，筆者仍感存疑，「犬」作「㐱」（《包山》2.6），比對字形可知「犮」是在「犬」字的「尾部」添加筆畫，而不是「足部」，《說文》「从犬而丿之。曳其足。」顯然並不正確。在尾部加上指示性之筆畫，而要凸顯「跋躓」或「犬行」，這恐怕是有疑義的。不過，就古音分析，「犬」溪紐元部，「犮」並紐月部，「犮」確實很可能是從「犬」分化出來的字，尤其西周金文中的「犮」與「犬」有非常密切的關係。「犮」最早見於西周金文「髮」字偏旁，如下：

西周早期・召卣《集成》5416	西周早期・召尊《集成》6004	西周中期・䎘公盨《新收殷周青銅器銘文暨器影彙編》1607	西周中期・癲鐘00246	西周中期・或者鼎《集成》2662
西周中期・史牆盤《集成》10175	西周中期・史牆盤《集成》10175	西周晚期・髮鐘《集成》35		

「犮」的寫法與「犬」無異，一直到戰國時期「髮」字才改從「犮」得聲。《說文解字》「犮」於偏旁中共見 21 次，全數當聲符使用。秦文字將義符的「頁」改換成「長」，字形作「」。

簡文「頹」字從汗天山、單育辰所改釋，汗天山進一步讀為「被」，「頹」讀「被」在金文、楚簡中都很常見，〈三德〉簡 18 有「好犮（被）

天從之，好長天從之」，然而本篇上殘，「頒天之女」的「頒」如何通假，乃至於全句的文意，一時難定。

「女」，沈培〈「就」字用法〉：「簡 2b「就」前一字應當是「女」字，因竹簡中間裂開，致使中間一筆不連，其寫法跟其它讀為「焉」的「安」字寫法有區別。」工藤卓司〈葉公故事〉以為此字亦可為「安」或「焉」。王寧〈釋文補正簡評〉認為：「「安」原釋「女」，然此字向右的一斜筆並非一筆，而是兩筆，中間一筆下端殘泐，故此當為「安」，讀「焉」。又疑「之」後抄脫一「道」字，「天之道」一語先秦兩漢古書習見。「頖天之[道]焉」，謂「……無名焉，是故弗知也」是近似於天之道的情況。」

佑仁案：此處所以造成學者們的爭論，主要是因為這段簡文中間有裂縫，如下：

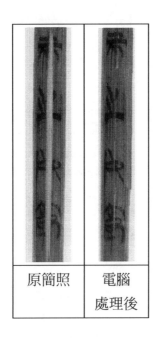

| 原簡照 | 電腦處理後 |

然而細審原簡，不難看出，其實竹簡是左右裂開，並非中間有竹肉剝落，若以電腦將裂縫拼合，仍能呈現出「天之女就」等清晰的四個字，字形部件皆無殘缺。本字原整理者釋作「女」，而工藤卓司、王寧改釋作「安」，

從圖版可知，完全沒有釋「安」的可能性，字就是「女」。

原考釋者讀「女」，且下讀，沈培改成上讀。「如就某某」一詞，文句堪稱通順，但是從整體文句來看，「之」後面需要一個實詞作為受辭，因此以讀「女」並上讀，可能性最高，但是「煩天之女」究竟是什麼意思，就現有的材料來看仍不足以解決問題。

02.豪（就）邵（昭）王之亡，要王於陸（隨）寺（待）

「豪（就）邵（昭）王之亡」，原考釋讀為「如就昭王之亡郢」，並指出「豪」，讀為「就」，「邵王」，即楚昭王。沈培〈「就」字用法〉認為："這種「就」字的用法，古書少見。而古書中與之用法相當的詞應該是「及」，古書中「及……」的說法很多。由此可見，楚墓竹簡中這種用法的「就」跟古書中的「及」的用法是相同的。前人在解釋古書的這種「及」時，雖然常常也說是「至」的意思，但是我們知道，「及」可以跟「至」連用而說成「及至」，可見它跟「至」並不完全相同。仔細推敲上引例句，這種「及」顯然含有「一直到」的意思。"海天遊蹤（蘇建洲）〈邦人札記〉27 樓贊成沈培之說，並認為："〈邦人不稱〉「就王之長也」的說法似與越王差徐戈「就差徐之為王」相同，則「就」的用法也應相同。"

佑仁案：筆者認為「就」逕讀如字即可，無需設想其他的通假可能，楚簡中「就」字可以表達 A（地）到 B（地）之義，例如鄂君啟車節「就高丘、就下蔡、就居巢、就郢」，而楚簡中更是常以「A（人）就 B（人）」意指 A（人）主動前往 B（人）之處所談話。例如：

〈鄭子家喪〉甲簡 1：莊王就大夫而與之言。
〈平王問鄭壽〉簡 1：景平王就鄭壽，訊於尸廟。
〈陳公治兵〉簡 9：陳公乃就軍執事人。

此處的「就」與「到」、「及」、「至」、「逮」等字的用法非常接近，「就」可以指空間上的 A 至 B，亦應也可用在時間概念上的「到了（就）某某時間」。

「要」，原考釋將「寅」讀為「郢」，指地名。海天遊蹤（蘇建洲）〈邦人札記〉5 樓、〈上九箚一〉改隸為「要」。汗天山（侯乃峰）〈邦人札記〉釋為「要（？遇？）」。賴怡璇認為：“楚簡的「要」字有兩種寫法：一、「」（《上博四・昭王與龔之雎》簡 7），二、「」（《清華二・繫年》簡 77），本簡的「」即第二種寫法，它們是受「寅」字影響而類化，本處的「要」讀作「邀」。”王寧〈釋文補正簡評〉將「要」訓為「約」，引《戰國策・燕策二》「秦召燕王，燕王欲往，蘇代約燕王曰」為例，指出鮑注：「約猶止。」

佑仁案：字從蘇建洲改釋為「要」，正如賴怡璇所言，楚簡部分「要」字下半已類化與「寅」字無別。也就是說在「目」旁之下，先作「大」形，再寫出兩手，不過上半的「目」形仍具有偏旁制約的功能，不至於和「寅」混同。

王寧將字訓成「約」，即阻止、阻攔，並將「要王於隨」一句翻譯成「昭王至隨後又欲逃亡他處，被葉公阻止。」這個說法除了有增字解經的嫌疑，句法上也不能成立。筆者認為直接將「約」理解成約言、約定即可，即葉公子高在昭王出奔前即約定將於隨等候接應，《左傳・哀公十四年》：「使季路要我，吾無盟。」杜預注：「子路信誠，故欲得與相要誓而不須盟。」

「王於陸（隨）寺（待）」，原考釋讀為「王於待時」。易泉（何有祖）〈邦人札記〉21 樓、〈上九札記〉指出：“「於」後第二字是「寺」應是，但「於」後第一字可分析為從「又」從二「土」，即「隨」字，此處「王於隨寺（待）」，待，等待。”單育辰〈上博九識小〉0 樓；〈佔畢十

六〉亦指出："〈邦人不稱〉簡 2 倒數第 11 字應釋爲「隨」。"鶡鳩〈邦人札記〉31 樓認為："字左上還有筆劃，為「卩」之殘無疑。"汗天山（侯乃峰）〈邦人札記〉24 樓："疑「寺」字應讀為「時」或「待」。"

　　曹方向《上博簡楚國故事研究》認為簡文「要王於隨待」，可見昭王奔隨一事是有計劃地進行。賴怡璇〈邦人不稱通釋〉指出："昭王受難時，逃至隨國避災是情理之內，在傳世與出土文獻也記載昭王出奔隨國之事，《左傳・定公四年》：「鬥辛與其弟巢，以王奔隨。」《史記・吳太伯世家》：「楚昭王亡出郢，奔鄖。鄖公弟欲弒昭王，昭王與鄖公奔隨。」《清華二・繫年》：「邵（昭）王歸（歸）𨟻（隨）。」（簡 83-84）《左傳》記載「以王奔隨」中的「以」訓為「帶領」義，主詞是鬥辛與巢，而簡文的論述則是省略主詞，楚簡文字簡短，因此在敘述過程中可見省略主詞的情況，如《上博四・昭王毀室》簡 1「既齰㦷之。」「㒹（就）邵（昭）王之亡，要王於㙑（隨）寺（待）。」意為一直到昭王逃亡時，（鄖公）邀昭王在隨國等待。"

　　佑仁案：「隨待」從易泉所釋，簡文此處是言昭王出亡之事，楚昭王出奔鄖邑後又奔隨，次年始復入楚國。簡文是指昭王出奔至隨國，事前葉公子高已與昭王約定至隨國接應。《左傳・定公五年》云：「王之奔隨也。」《呂氏春秋・孝行覽》：「昭王出奔隨」《史記・楚世家》：「（鄖公）乃與王出奔隨。」《史記・楚本紀》「三十一年，吳王闔閭與伍子胥伐楚，楚王亡奔隨，吳遂入郢。」「寺」以讀「待」為妥。

03. 戰於瀿，戰於▓，戰於長□□□曲陶，三戰（戰）而三嚞（捷）

　　「戰於瀿」，原考釋讀為「戰於滋」。海天遊蹤（蘇建洲）〈邦人札記〉5 樓、〈上九箚一〉認為："「戰於瀿」，或可讀為「坎」。"鶡鳩〈邦人札記〉20 樓疑讀「堑」。賴怡璇〈邦人不稱通釋〉："所論字與《上博九・靈王遂申》簡 4「▓」同，然而此處辭例（簡 3-4）為「虛秉

策以歸，至重澅，或（又）棄其策安（焉）」「重澅」為地名，與所論字是否有關無法確定。《左傳・定公四年》：「左司馬戌及息而還。敗吳師於雍澅。」指出吳、楚曾在雍澅之地發生戰爭，但「雍澅」是否可簡稱為「澅」仍有疑問，在此暫依整理者釋文。"

佑仁案：嚴式隸定作「澅」，應為河流名故偏旁从水，具體之地望一時難考，與〈靈王遂申〉中的「重澅」，應無關係。

「戰於▆」，原考釋讀為「戰於梁」。蘇建洲〈上九箚二〉："〈邦人不稱〉簡 2「戰於▆」，字形右上類似「夊」，可比對《繫年》119 ▆、100 ▆。"田雨〈讀箚記（二）〉認為此字右當從「鷹」，即「津」之異體。佑仁案：此地名原篆作「▆」，左半从水，右半訛變嚴重，待考。

「□□□曲陶」，原考釋讀為「□亡陸」。Youren（高佑仁）〈邦人札記〉1 樓、〈上九初讀〉："「亡隨」應改釋為「曲隨」。"游俠〈邦人札記〉4 樓以及海天遊蹤（蘇建洲）〈邦人札記〉6 樓、〈上九箚一〉皆讀為「曲陶」。汗天山（侯乃峰）〈邦人札記〉24 樓："疑為「覆」或「包」或「陶」字。"賴怡璇〈邦人不稱通釋〉："所論字作「▆」，高佑仁指出此字字形與〈陳公治兵〉簡 19「▆」同，二字皆可隸為「陶」（高佑仁私下與筆者討論，2013.10.10），金文的「陶」字作「▆」（《集成》4329），三形皆同，所論字即為「陶」。"

佑仁案：所謂的「亡」原篆作「▆」，當即「曲」字。「曲」下一字原整理者釋「隨」，原篆作「▆」，然「隨」已見本篇簡 2，與此字寫法不同，可見不應釋「隨」，此從游俠、海天遊蹤（蘇建洲）之說改釋成「陶」，《陳公治兵》簡 19 也有「陶」字作「▆」，構形相近。

這段話其實有一個難解的問題，學者們都未曾深究。簡文云：「戰於澅，戰於▆，戰於長【簡 2】□□□曲陶，三戰（戰）而三嘗（捷）……【簡 3】」我們先將〈邦人不稱〉竹簡頂端的縮小圖板羅列如下（簡 1 上部殘缺）：

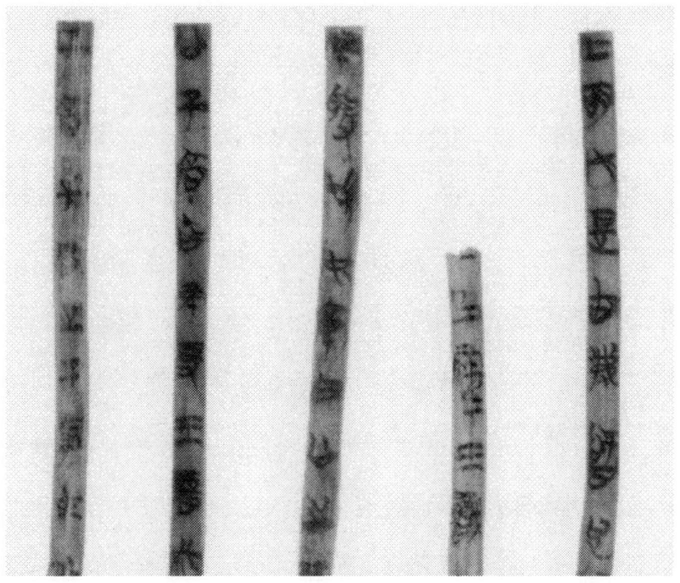

簡 6　簡 5　簡 4　簡 3　簡 2

簡 3 開頭為「曲陶」,「曲」上一字猶存有殘筆「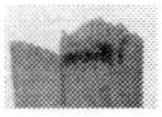」,可惜對釋字無太大幫助。王寧〈釋文補正簡評〉認為此字是「隨」字「土」旁之殘,結合簡 2 末端的「長」字,此地應即「長隨」。王寧這個說法顯然沒有回查過縮小圖板,因為依據原書縮小圖版來看,「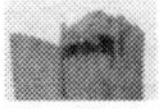」字上頭至少還有兩個補字空間,絕對無法與簡 2 末的「長」字結合成一地名。

簡文有個費解的地方,「戰於澈,戰於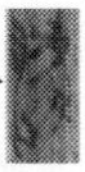,戰於長【簡 2】□□□曲陶,三戰而三捷……【簡 3】」以標舉出戰爭的次數為「三」,則「戰於長□□□曲陶」一句,若將「於」字後的五個字通通都理解成地名,以符「三」場戰役之數,則地名略顯冗長,尤其前二戰的地點都只有一字,但若不理解為地名,而在三個補字缺塊中補上「戰於」二字,這會讓作戰地點變成四處,違反簡文「三戰而三捷」的說法。一個變通方法,缺字中補上「戰於」讓作戰次數為四次,而「三戰而三捷」的「三」理解為「多」。清汪中《述學・釋三九上》:「因而生人之措辭,凡一二之所不能

盡者，則約之三，以見其多。」《詩・魏風・碩鼠》：「三歲貫汝，莫我肯顧。」要之，本處無論如何理解，都仍有未盡妥恰之處，這邊特別點出問題，以俟來人。

「三戩（戰）而三嘗（捷）」，原考釋讀為「三戰而三首」。Youren（高佑仁）〈邦人札記〉2 樓、〈上九初讀〉指出："「三戰而三首」的「首」，過去已多見，……一般讀作「止」，即獲勝得虜之義，這邊讀「首」肯定有問題。"海天遊蹤（蘇建洲）〈邦人札記〉6 樓認為："簡「三戰而三嘗」，應讀為三戰而三止，止，捉獲、俘獲也。"

陳劍〈釋「捷」〉："近出《上博（九）》的〈邦人不稱〉篇，簡 3 有「三戰而三嘗（ ），而邦人不稱勇焉」句，其中的「嘗」顯然以釋讀爲「捷」最爲順適……「戩」字可以省作「嘗」，完全沒有問題。……作爲「戩」字省體的「嘗」（ ），其「首」旁上方的一橫筆本是屬於「戈」旁的；而作爲「戴」字異體的「嘗」（如《上博六・慎子曰恭儉》簡 5 ），其「首」旁上方的一橫筆則本是「之」旁之下橫。二者實際是來源不同的，但形體已經完全混淆了。"佑仁案：「捷」字從陳劍〈釋「捷」〉所釋。

04. 臺（就）返（復）邦之遂（後），盍（闔）晃（冠）為王列（賚）

原考釋斷句為「女（如）臺（就）返（復）邦之遂（後），盍晃為王秉。」「盍」，通「蓋」，「晃」為「冠」，「秉」訓為「執持」。汗天山（侯乃峰）〈邦人札記〉24 樓將末字釋為：「秉（？使？獲？）。」ee（單育辰）〈上博九識小〉0 樓、〈佔畢十六〉認為末字應為「獲」，並舉《清華壹・金縢》簡 14「則大 （穫）」為例。

紫竹道人（鄔可晶）〈邦人箚記〉28 樓："本篇簡 3「蓋冠爲王」下原整理者釋「秉」之字，應與《清華（一）・金縢》簡 9、14 用爲「穫」以及《上博（五）・鮑叔牙與隰朋之諫》簡 4「～民獵樂」的「～」爲一字（或一字繁簡體），汗天山先生在括注中懷疑讀「獲」，似可從。「蓋冠

爲王獲」即爲王所獲之冠蓋。此字從「刀」從「壑」聲，疑爲「穫」之異體；《鮑叔牙與隰朋之諫》中疑可讀爲「郄民獵樂」（「郄民」意謂「疲民」）。此字及相關諸字的釋讀，余已有另文詳論。"賴怡璇〈邦人不稱通釋〉指出字形可見於《上博四・采風曲目》簡 3、《上博五・鮑叔牙與隰朋之諫》簡 4、《清華一・金縢》簡 9 等，可隸爲「列」，讀爲「賚」："「賚」可訓爲「賞賜」，寇占民指出金文常寫作「𤔲」、「𤔲」、「𤔲」、「𤔲」等字，皆爲「賞賜」義，而傳世文獻則作「賚」字，以上諸字當爲同源詞。"

佑仁案：「就復邦之後」指楚昭王十一年（西元前 505 年）秦救至，吳去，昭王遂復國一事。「盍冠爲王列」的「列」字，可參蘇建洲〈《上博楚簡（五）》考釋二則〉一文中所附的陳劍考釋意見。「盍冠爲王列」「盍冠」從鄔可晶讀作「蓋冠」，指冠服和車蓋，「列」從賴怡璇讀作「賚」，指賞賜。「就復邦之後，盍冠爲王列（賚），邦人不稱美焉」全句指等到昭王復國之後，昭王賞賜給葉公子高蓋冠，但邦人不認爲蓋冠華麗。

05.牁（將）迈（蹠）郢

原考釋讀爲「將至郢」。海天遊蹤（蘇建洲）〈邦人札記〉7 樓："簡 4、簡 5「將迈郢」，「迈」整理者讀爲「至」，不確。此字亦見於〈陳公治兵〉簡 1、〈繫年〉簡 36 讀爲「適」，則本簡也該讀爲「適」。當然應照傳統讀爲「蹠」也未嘗不可。"

佑仁案：「迈」字楚簡多見，一般有讀「適」和讀「蹠」兩種主流說法，「適」較「蹠」更常在古籍中出現，但考量到「迈」與「蹠」都從「石」得聲，音韻關係較「適」更爲密切，故採讀「蹠」之說。

06.鄴（葉）公子高曰：「不叟（得）王，牁（將）必死，可（何）以帀（師）爲？」

原考釋讀為「可以師為」："「帀為」，用兵之舉。"佑仁案：簡 5「將必死，可以師為？」明顯當讀為「何以師為？」此外本處的「曰」字作「」，其肥筆的特徵十分罕見，值得留意。

07.乃乘埶（駟）車五龏（乘），述（遂）迖（躐）郢

原考釋讀為「乃乘勢車五乘，遂至郢」："「埶」，同「執」。"海天遊蹤（蘇建洲）〈邦人札記〉8 樓、〈邦人札記〉25 樓、〈上九箚一〉指出："簡 5「乃乘駟車五乘」，二乘字用法不同所以寫法不同，可以關注。「執車」，可以讀為「駟車」。"魚游春水（曹方向）〈邦人札記〉45 樓："第一個「乘」下部不是整理者所分析的從「土」旁，而是常見的那種從「几」的寫法。第一個是登乘之乘，第二個是車乘之乘。"程燕〈上九箚二〉、〈上九札記〉認為「埶」字是「藝」之初文，簡文「執（藝）」字可讀為「駟」，「駟車」即「傳車」。

佑仁案：「乘埶（駟）車」的「乘」下從「几」，魚游春水的理解可信。「几」旁一般作「」（天星簡）、「」（天星簡），但也可作「」（〈柬大王泊旱〉簡 2）、「」（《包山》2.21）、「」（《包山》2.26），只不過由於竹簡右半殘損，因此原整理者才誤釋作「土」。

08.邵（昭）夫人胃（謂）鄴（葉）公子高

原考釋讀為「昭夫人謂葉公」："「邵夫人」，楚昭王夫人，楚惠王母，生子章（楚惠王）。"沈培〈「就」字用法〉讀為「召夫人，謂葉公【5】子高先君之子眾（？）在外」曹方向《上博簡楚國故事研究》："有學者認為簡文「邵夫人」之「邵」讀為「召」，恐怕是不能成立的。簡文講述的是葉公從葉邑入郢尋找惠王，乘駟車五乘，「至，未得王」。揣測當時情勢，葉公夫人一同入郢的可能性不大，如果將簡文理解為葉公「召夫人」，不但「夫人」所指不明，下句「謂葉公子高」的主語也不明確。"

佑仁案：從原整理者、曹方向之說，讀「昭夫人」，即楚昭王之夫人。

09.「先君之子聚（？）在外，盍（何）睪（擇）而立之，邦既又（有）王，毋亦雚（讙／歡）虖（乎）！」

「先君」，佑仁案：應指楚昭王，昭夫人遍尋不著誤以為惠王已死，故稱「先君」。

「聚（？）」，原考釋疑隸為「眾」。海天遊蹤（蘇建洲）〈邦人札記〉8 樓、〈上九箚一〉改隸為「聚」。佑仁案：本處應是動詞性質，故釋「聚」較「眾」來得好，但是字形殘泐嚴重，當屬何字，一時難定。

「盍睪（擇）而立之」，原考釋："疑首字應隸為「乘」。「睪」，讀為「擇」，音通。擇，選擇。句意要明智周全，乘時擇適立主。"汗天山（侯乃峰）〈邦人札記〉24 樓將首字釋為「乘（？盍？）」，第二字釋為「甲（？擇？）」。曹方向《上博簡楚國故事研究》認為："簡文「先君之子聚在外，盍擇而立之」，應看成昭夫人對葉公子高說的話。所謂「盍擇而立之」，亦即在昭王諸子中另外選立一人爲君。"賴怡璇〈考釋二則〉認為："簡文的「盍」字作「▨」，……所論字形下方疑有一豎筆，若此則較似「車」形，然而若隸為「乘」字，則簡文文意難解。依其文意，所論字仍隸為「盍」為宜，句中表非疑問，《廣雅‧釋詁三》：「盍，何也。」楚簡與之相仿的「盍」字如「▨」（《望山》2.14）、「▨」（《包山》2.254），所論字下方的豎筆或非筆畫而是墨跡。"

佑仁案：「盍」字應從汗天山之改釋，賴怡璇已指出當釋作疑問語詞，表示反問的「何不」。《論語‧公冶長》：「盍各言爾志？」簡文的「盍擇而立之」即昭夫人向葉公子高建議：何不擇一公子而立之，使楚國有新王。

「邦既又（有）王，毋亦雚（讙）虖（乎）」，原考釋將「亦」隸為「安」，全句讀為「邦既有王母焉觀乎」。「雚」，讀為「觀」，「虖」，即「唬」字，讀為呼、乎。汗天山〈邦人札記〉24 樓將「雚」字釋為「觀

（？懼？）」。曹方向〈邦人札記〉30 樓：將「寉」讀為「勸」，有勉勵、善、樂等意。工藤卓司〈葉公故事〉將「寉」讀為「觀」。曹方向〈白公之亂〉："「盍擇而立之邦既有王毋亦勸（？）乎」，「亦」字簡文作「」，雖有殘泐，但還能看出和「安」字的區別。茲改釋。……拼綴連讀後的內容為：昭夫人謂葉公子高曰：「先君之子聚在外，盍擇而立之。邦既有王，毋亦勸（？）乎？」"賴怡璇〈邦人不稱通釋〉、〈考釋二則〉認為："「寉」或可讀為「讙」，訓為「喧嘩」，簡文「先君之子聚（？）在外，盍擇而立之？邦既有王，毋安（焉）寉（讙）麿（乎）！」"「既」可訓為「若」，……是一種假設性的語氣，全句簡文文意為昭夫人詢問葉公子高，惠王已被俘，而昭王仍有其他的孩子在國都之外，是否要選擇一位冊立為國君，國家若有國君，（百官）便不會喧嘩（不安定）了。"另指出百姓對於政局不安時，常會「讙」之，相似辭例如《荀子・彊國》、《韓詩外傳・卷六》、《呂氏春秋・審應覽・離謂》。

　　佑仁案：由於葉公子高與昭夫人無法覓得惠王，因此由正在國外的庶子中，擇取一位而為王，楚邦既有新的領導者，則「毋亦寉乎」。寉，可讀為讙、歡，皆是喜悅之義。邦有新君，人民皆喜之。

10. 鄴（葉）公子高曰：「天（一人）千君，旜（焉）可（何）它（施）？」

　　原考釋全句讀為「葉公子高曰：一人千君，乾何它果」。海天遊蹤（蘇建洲）〈邦人札記〉9 樓疑「一人」沒有合文號，是否釋為「兀（元）」，「它果」疑讀為「施獻」。工藤卓司〈葉公故事〉認為："「」字可釋為「万」。「万千君」，即「聚在外」（第六簡）的楚昭王之子。"賴怡璇〈邦人不稱通釋〉認為："所論字形作「」，楚簡可見無合文符號的合文，如「」（「一夫」合文，《包山》2.3），依辭例，暫從整理者之說。「旜」，此處可讀為「焉」，疑問詞……「可」，整理者讀為

「何」。此處如字讀即可。"

佑仁案:「一人千君,旆(焉)可(何)它(施)?」簡文「一人」未有合文符號,又見《清華伍・封許之命》簡 5「以菫(勤)余又」。賴怡璇將「旆」讀為「焉」,可信。「一人千君」指另立身處國外的庶子為君,必無法使眾庶子們信服,而造成各擁其王的局面,將造成國家混亂。「焉何施」指另立他王,又有何用呢?

11. 賞之呂(以)西輭(廣)田百貞(畛),詞(辭)曰

原考釋釋文作「賞之呂(以)西輭(廣)田,百(伯)貞詞(辭)曰」。海天遊蹤(蘇建洲)〈邦人札記〉10、16 樓指出:"簡 10「百貞」也見於〈君人者〉簡 3-4「百貞之主」,張崇禮先生認為讀為「百畛」,「畛」,古代用於計量田地。《戰國策・楚策一》:「葉公子高,食田六百畛。」正與簡文相合。簡文簡稱「百畛」正是代指葉公子高。"

佑仁案:「廣」字原篆作「 」,原整理者之釋文作「輭」,並直接讀作「廣」。筆者認為讀法可信,但此字應摹作「 」,隸定作「輭」,即《說文》「軭」之或體,構形从車、坒聲,見於曾 197、曾 169、曾 167、包.145。上博一〈孔子詩論〉簡 10「灘坒之智」,「灘坒」即《詩經》名篇〈漢廣〉,「輭」、「廣」音近可通,可見一斑。

12.「君王 (嘉?)臣之青(請)命,未尚(嘗)不許。」

原考釋:"「 」,字不清,疑「嘉」字,用作動詞。「青」,簡文用作「請」。「尚」,或讀為「嘗」。"沈培〈「就」字用法〉:"諍,整理者釋為「嘉」。楚文字「嘉」、「加」無此種寫法,疑是「爭」字,讀為「諍」。"佑仁案:「 」从「力」从「子」,左上不識,學者或釋「嘉」,暫從之。嘉,嘉許,此句可理解為「君王嘉許臣的請求,未曾沒有答應的事」,言下之意,請國君接受葉公子高不願受賞的請求,此句為葉公子高

婉辭西廣田之政治語言。

13. 命之為命（令）尹

佑仁案：「命」字作「」，字形上半的「亼」受「高」之影響而產生訛變。

14. 詞（辭）曰：「吕（以）鄴（葉）之遠，不可畜也。」安（焉）叚（假）為司馬，不取亓（其）制，而邦人不敻（稱）還（緩）安（焉）。

「畜」，王寧〈釋文補正簡評〉：「「畜」為「止」義，引申為久留意，《禮記・儒行》：「易祿而難畜也」，鄭注：「難畜，難以非義久留也。」」佑仁案：筆者認為「畜」當解釋成「治理」。《詩・小雅・節南山》：「式訛爾心，以畜萬邦。」高亨注：「望你改變心腸，以治理天下。」「以葉之遠，不可畜也。」葉公子高人在葉地，他以「葉地離郢十分遙遠，擔任司馬將無法管理葉地民眾」為理由，婉拒前往接任司馬一職。

「叚（假）」，原考釋隸為「厠」。海天遊蹤（蘇建洲）〈上九箚一〉認為：「或釋為從叚聲，或釋為從質聲。此處似讀為「假」，義同假攝（代理職務）；假吏（暫時代理職務的官吏）；假守（古代稱權宜派遣而非正式任命的地方官）。《左傳》哀公 16 年有這樣的記載：「沈諸梁兼二事，國寧，乃使寧爲令尹，使寬爲司馬，而老於葉。」既為「兼」，則讀為「假」，是合理的。」單育辰〈佔畢十六〉補充相似辭例可參《包山》2.158「畢得假爲右史」。佑仁案：關於「假」字構形研究可參季旭昇師：〈清華一疑難字考評〉，《第二十四屆中國文字學國際學術研討會論文集》（嘉義：中國文字學會、國立中正大學中國文學系主辦，2013 年 5 月 3-4 日），頁 1-11。

佑仁案：「不取亓（其）折（制）」，原考釋隸為「不攺亓折」，讀作

「不救其制」。海天遊蹤（蘇建洲）〈邦人札記〉11、25 樓、〈上九簡一〉：“下一句「不◎其制」，整理者釋為啟，讀為救。應釋為取。”並指出“簡 11-12 命之為令【11】尹，辭。命之為司馬，辭，曰：「以葉之遠，不可畜也。」焉假為司馬，不取其折，而邦人不稱還（榮）【12】焉」，其中「折」字，比對〈景公瘧〉07、13 的「折」，可知確實是「折」。筆者以為當讀為「利」，……古書有「不取其利」的說法，如《管子‧版法解》：「舜耕歷山，陶河濱，漁雷澤，不取其利，以教百姓，百姓舉利之。」”沈培〈「就」字用法〉認為「質」，原作「折」，疑讀為「實」。「取」字從蘇建洲之說，指採用、採納。「制」，指法度、制度。《禮記‧曲禮上》：「越國而問焉，必告之以其制。」鄭玄注：「制，法度。」「不取其制」是說不採用前任司馬所遺留的制度，但楚人不認為他的治理比較寬緩。

「而邦人不夏（稱）還（緩）安（焉）」，原考釋：“「還」，《集韻》：「還，復反也。或從彳，亦作㠪，通作旋。」”汗天山（侯乃峰）〈邦人札記〉24 樓「還」疑讀為「寬」。沈培〈「就」字用法〉「還」讀為「榮」。賴怡璇〈邦人不稱通釋〉：“〈邦人不稱〉中出現四次「不稱」，前二次的主語為昭王：「不稱勇」和「不稱美」，後二次的主語是葉公子高：「不稱還」和「不稱畬（貪）」，此篇簡文明顯是讚頌葉公子高，但「不稱」是否定語，故「還」和「畬」皆應讀為負面詞，才可使文句成為頌揚葉公的詞句，因此「榮」與「寬」二說皆與文意不合。簡文「不稱△」中的「勇」、「美」和「貪」皆是用來形容主語，此處的「還」應也是用來形容葉公子高的形容詞，「還」可讀為「緩」，「還」為邪紐元部，「緩」為匣紐元部，二字音近，古書中也常有「睘」、「爰」二聲的通假例證……「緩」可訓為「怠慢」，如《墨子‧親士》：「緩賢忘士而能以其國存者，未曾有也。」簡文：「安（焉）叚（假）為司馬，不啟（啟）亓（其）折（鑕），而邦人不夏（稱）還（緩）安（焉）。」文意為：因此假

攝司馬（與令尹二職），處理犯罪時不隨便用刑，國人不因此認為葉公子高怠慢（職務）。"

15. 臱（就）王之長也，賞之呂（以）焚畞（國）百貞（畛）

「臱（就）王之長也」，原考釋斷句為「女（如）臱（就）王之長也」，讀為「如就王之長也」，「長」指年長，輩分高。沈培〈「就」字用法〉："此句的「長」當是「長大成人」的意思。"

佑仁案：王指楚惠王，關於惠王即位時的年紀，史書無載，然從其在位五十七年來看，應從年幼就即位。「長」此從沈培之說，指年長。意指俟惠王年長之後，還曾厚賞葉公子高，但國人不認為葉公子高貪心。

「賞之呂（以）焚畞（國）百貞（畛）」，原考釋斷句為「賞之呂（以）焚畞（國）」，讀為「賞之以焚國」，並認為「百（伯）貞」為葉公子高的或稱。海天遊蹤（蘇建洲）〈邦人札記〉10、16 樓、〈上九箚一〉："簡 10「百貞」也見於〈君人者〉簡 3-4「百貞之主」，讀為「百頃」。整理者認為「百貞」指葉公子高，其說甚是。上引〈君人者〉簡 3-4「百貞之主」的解釋，張崇禮先生認為讀為「百畛」，「畛」，古代用於計量田地。《戰國策·楚策一》：「葉公子高，食田六百畛。」正與簡文相合。簡文簡稱「百畛」正是代指葉公子高。"

佑仁案：參考《戰國策·楚策一》的說法，「貞」應讀為「畛」，雖然與簡文有「六百畛」、「百畛」之數目的落差，但是仍有非常重要的參考價值。

16. 而邦人不貞（稱）酓（貪）安（焉）。臣犀……

「酓（貪）」，原考釋："「酓」，同「醓」。"易泉（何有祖）〈邦人札記〉21 樓、〈上九札記〉認為疑讀作「貪」："這裏似說（子高）所受大賞與功勞相符，邦人不以為貪。"魚游春水（曹方向）〈邦人札記〉30

樓疑「酓」讀爲「能」：“意思是，擔當兩種職務皆能勝任，而邦人不稱讚。”賴怡璇〈邦人不稱通釋〉認爲簡文表示葉公子高雖然得到豐厚的賞賜，但國人仍「不稱酓」，若將「酓」讀爲「能」則不合文意，從何有祖之說。

佑仁案：從何有祖之說，〈芮良夫毖〉簡 4「母（毋）惏（婪）慇（貪）」，「貪」字从「酓」聲。貪，指貪圖官位。

「旱」，原考釋與簡 11 連讀，編聯後釋文作「女臣旱寧禍」，讀爲「如臣幹寧禍」。沈培〈「就」字用法〉指出「旱」是雙聲字，扒、旱皆聲。

17. 亡名安（焉），是古（故）弗智（知）也-

原考釋讀爲「亡名女是，古弗知也-」，「亡名」，亦讀爲「亡命」，逃亡在外，「也」字下有句讀符。易泉（何有祖）〈邦人札記〉21 樓改斷句爲：「亡（無）名安（焉），是故……」，指出：“「名」後一字，原釋文作「女（如）」，比同簡的「女」字多一筆，頗疑是「安（焉）」字，屬上讀。”沈培〈「就」字用法〉：“其中的「焉」，原作楚文字「安」的常見寫法，整理者誤釋爲「女」，易泉（即何有祖）正確指出此字與「女」不同，並將之屬上讀，可從。上面簡文中凡直接讀爲「焉」的字，原來都作此形，整理者皆誤釋爲「女」，讀爲「如」，並將之屬下讀，皆當改正。”

佑仁案：「安」，原整理者誤隸作「女」，今從易泉改釋作「安」讀「焉」，並視爲上讀。「無名」指不追求名聲，此處或是講葉公子高不居功之懿行。

18. 君（？高？）之言悇（過），昔周

原考釋隸爲「智周」，讀爲「知周」。王寧〈釋文補正簡評〉認爲：“「過」原簡文作上化下心寫法，原屬上句，疑非，「君之言」當即「[先]君之言」，「過」當屬下句讀。”佑仁案：所謂的「智周」應改釋爲「昔

周」。「（某人）之言過」，是古籍中常見的用法，《論語・季氏》：「且爾言過矣」，《晏子春秋・景公飲酒酣諸大夫無為禮晏子諫第二》：「君之言過矣！」《晏子春秋・景公欲以聖王之居服而致諸侯晏子諫第十四》：「公之言過矣！」「過」，指對方的言論過當。王寧將「過」字下讀，反不辭矣。

19. 而并是二者吕（以）邦君

佑仁案：本處的前段簡文殘缺，為文義的理解帶來隔閡。「邦君」一詞頗為費解，「邦君」一詞又見同段簡 9「須（待）邦君加晃（冠）」，指國君。可見此處應該也要讀成「邦君」，則動詞應該就是「以」，疑讀為「與」，馬瑞辰通釋：「以、與古通用」。「與」指給予，《老子》第六十三章：「將欲奪之，必固與之。」

20. 君猶少之

佑仁案：讀「少」，即便結合二者輔弼君王，君王之能力仍少（或小），不足以終世保邦。

21. 翻（抑）瞿（懼）君之不冬（終）殜（世）保邦

「翻（抑）」，原考釋讀為「抑」。海天遊蹤（蘇建洲）〈邦人札記〉10 樓、〈上九箚一〉讀為「一」，甚也。

佑仁案：讀「抑」，本處蔡大祝當面向國君指出其能力不足，又稱其無法長久保有國家，這對人臣而言是非常不禮貌的談話，因此「抑懼」在此是語句的轉折，讓蔡大祝尖銳的政治語言比較委婉客氣一些。

「殜（世）」，原考釋隸定為「鄴」，讀為「葉」。youren（高佑仁）〈邦人不札記〉14 樓、〈上九初讀〉指出："「世承邦」之「世」，原字從歹從口，原考釋者隸定作从「邑」，非。相同寫法見於〈舉治王天下〉簡 28 亦讀「世」。"海天遊蹤（蘇建洲）〈邦人札記〉36 樓、〈上九箚

二〉："同時簡 8「罷懼君之不終世承邦」,「世」字整理者隸定為「鄴」,讀為「葉」,所以導致斷句有誤。此字實為「殜」,可與簡 4 的「鄴」比對。《國語・越語下》:「先人就世,不穀即位。」韋昭注:「就世,終世也。」"

佑仁案:這裡的「終世」恐不能以「就世」理解（猶言逝世或壽終正寢,參《漢語大辭典》）,而是指「一生」、「終生」而言,《左傳・昭公十三年》:「為覊終世,可謂無民。」杜預注:「終身覊客在晉是無民。」

「保」,原考釋隸為「係」,從人,承聲指繼承,接續。不求甚解〈邦人札記〉38 樓改隸為「保」。海天遊蹤（蘇建洲）〈邦人札記〉40 樓認為:"此字形正好介在保與承之間,考量到文義與人旁的制約,茲改釋為保。"賴怡璇〈邦人不稱通釋〉:"楚簡「保」字作「㣎」(《包山》2.244),所論字從類似兩個又形,應只是「保」字的豎筆向上延伸而已。「保邦」即「保護國家」。"

佑仁案:原篆作「　」,字當釋「保」,「保」從「子」,「承」從「𠂤」,二者構形有別,部分訛誤情況確實曾經發生,例如包山簡將「承」寫成「　」(包 232)、「　」(包 245),即將「𠂤」誤作「子」之例,不過這樣的情況數量非常少。

本處的「　」就是「保」字,學者們已經闡述得很明白,此處僅再提供一個發現。就筆者所見,將「子」旁左右兩側的筆劃往上提,而與「子」旁雙手交錯類化成近「廾」之形,這樣的寫法在「丞」或從「丞」的偏旁中,絕少出現,筆者僅在〈鄭子家喪〉甲簡 2 發現同樣寫法的「　」(保)。李松儒曾經推論〈鄭子家喪〉甲篇與〈邦人不稱〉是由同一位書手所書寫,有「保」字作旁證,可知這個推論完全正確。一位書手在兩篇作品中都使用同樣寫法的「保」字,這意味它並不是一時誤寫的錯字,而是帶有個人風格的特殊寫法。

此外,此處的「保邦」,恐非「保護國家」之義,「保」即保有、佔

有，即青銅器銘文習語「子子孫孫永保用」之「保」。《詩・唐風・山有樞》：「子有鍾鼓，弗鼓弗考。宛其死矣，他人是保。」鄭玄箋：「保，居也。」朱熹《集傳》：「保，居有也。」「不終世保國」指無法一生持續擁有國家，即政權將為人所取代。

22. 既言乃魚（御）

原考釋隸為「魚」，讀為「吾」。汗天山（侯乃峰）〈邦人札記〉24 樓改釋為「備（服）」。賴怡璇〈邦人不稱通釋〉認為「魚」和「備」有相似的「羊」形部件，林清源師指出這是一種集團的形近類化，而二字的形體：「高佑仁已將楚簡的「備」字形體做了整理：「備」字有較罕見的寫法「 」（《郭店・成之聞之》簡 3）、「 」（《郭店・語叢一》簡 94），最特別的形體為：「 」（《上博四・曹沫之陣》簡 33）、「 」（《上博四・曹沫之陣》簡 52）。可見〈曹沫之陣〉的「備」字較為特別，但簡 33 的「 」字形下方仍有與「 」形相似的筆畫，此形應是「 」訛為「火」形的過渡字形；而「 」字可證明「備」字也是可以從「 」形的，若此，則「備」與「魚」字形便十分接近。但由於所論字形右上尚有一斜筆（ ），因此筆者還是較傾向此字為「魚」字。」

佑仁案：△1 原考釋者釋作「魚」，學者們改釋作「備」，就字論字，△1 應是「魚」字無誤。只是，就文義來看，蔡大祝講完話之後便欲「魚」（△1），固祝阻止他，蔡大祝等待國君舉行完加冠之禮後，立即「備」（△2）出。從句義上看，這裡的「魚」（△1）和後頭的「備」（△2）顯然就應是同一個詞。

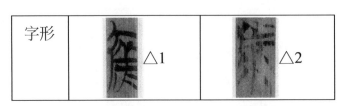

字形		
	△1	△2

簡號	簡 8	簡 9
文例	既言乃魚（御）	旻（得）為備〈魚（御）〉出

知道△1、△2 是同一個詞以後，它們其中一定有一個是錯字。關於「魚」、「備」訛寫的問題楚簡也有旁證，〈孔子見季桓子〉簡 5「是故魚道之君子」，字是「魚」無誤，但「魚道」一詞難解，郭永秉〈考釋二題〉改釋作「備」，讀為「服」，「服道」即「行道」。「魚」、「備」二字來源不同，字形有別，則〈孔子見季桓子〉的「魚」當是「備」的誤字。那簡文本處究竟是「魚」還是「備」是錯字呢？這個問題顯然已無法單純從字形上做判斷。

筆者認為本處簡文當以「魚」字為正，「備」是誤字，「魚」可讀為「御」，古從「魚」聲者，多與「御」字聲系相通，二字都是疑紐、歌部字。「籲」《說文》或體作「敔」，許慎云：「從又、魚聲」。又，《禮記・緇衣》「慎惡以御民之淫」，「御」字上博簡《緇衣》作「虧」，字從「魚」聲。「御」，指駕、乘馬車。《晏子春秋・外篇下十六》：「景公游于菑，聞晏子死，公乘侈輿服繁馹驅之。」《史記・樂書》：「馬散華山之陽而弗復乘；牛散桃林之野而不復服。」張守節正義：「服，亦乘也。」董理簡文原意，蔡大祝講完話後便欲御車離開，固祝阻止，因此蔡大祝等到國君加冠之禮結束後，方駕車而出。

23. 須邦君加晃（冠），旻（得）為備〈魚（御）〉出

原考釋斷句為「須邦君加晃，旻為備出臾」，讀為「須邦君加冠，得為服出就」。汗天山（侯乃峰）〈邦人札記〉24 樓的釋文為「須邦君加冠弁（？晃？）為備（服）」，並認為「出」字屬下讀。海天遊蹤（蘇建洲）〈邦人札記〉35 樓認為「晃」應為「曼」。佑仁案： 加冠，古代男子二

十歲行加冠禮，表示成年。邦君少之，年紀小，自然能力小，剛好與加冠相合。

24. 臺（就）鄰（蔡）大祝，█二拜頓=（頓首）曰

原考釋：“「█」，字不清，待考，蔡大祝名。”易泉（何有祖）〈邦人札記〉21 樓、〈上九札記〉認為：“字從「彳」從「甬」還可辨，最右側少許筆劃待考。字疑讀作「踊」。「踊」這一禮儀行為，常見於《儀禮》。”鳲鳩〈邦人札記〉23 樓則認為从糸从取。汗天山（侯乃峰）〈邦人札記〉24 樓釋為「起（？踊？）」。

佑仁案：此處有兩個問題：一、有學者或言「█」為蔡大祝之名，實非。「蔡大祝」一人已見簡 8 末簡 9 首，未見私名，此更將「█」視為私名，更顯怪異。本處的文例是：「……得為御出。就蔡大祝，█二拜頓首……」，「蔡大祝」一名前有「就」字，表示他是被拜見的對象，則不可主動行禮。簡 9 末「蔡大祝」之後應是蔡大祝針對「既失邦又得之」云云，所做的回應，都可見二拜頓首者，不是蔡大祝，而「█」更不是其私名。筆者認為，這兩簡的句意應是蔡大祝對著「█」直言批評他無法終世保邦，話一講完便欲離開，固祝表示應待「█」加冠禮之後才能離開。蔡大祝離開後，█主動前去拜訪、就教。

二、「█」這個人在簡文中只向蔡大祝說了一段話「今日█既遊（失）邦，或（又）复（得）之。」文中的「█」顯然也應是人名，就指他自己，整體觀之，「█」、「█」應是同一人之名，差異僅在前者從「彳」後者從「辵」。

25. 今日█既遊（失）邦，或（又）复（得）之。

原考釋將「█」隸為「迵」，字從辵，從用，讀為「通」，引伸為互換、復原。佑仁案：「既」，應從常訓解釋成「已經」，（以前）已經失邦，

（現在）又得之，此應與蔡國被滅又復邦有關，若此則「▨」應為蔡君之名。

26. 耆（胡）不弖（以）至（致）敏（命）-。

「耆」，原考釋釋文作「耆不弖至戜-」，讀為「耆不以至戜」。海天遊蹤（蘇建洲）（〈邦人札記〉0 樓、〈上九箚一〉改隸為「老／古」，讀為「故」，讀為「故不以至戜」。yushiawjen〈邦人札記〉22 樓：補說："簡1 第 3 字與《上博五・鮑叔牙與隰朋之諫》簡 3 第 16 字 、《清華一・皇門》簡 1 第 8 字同从老古聲，應不从旨聲。"

佑仁案：「耆」，該句之後為寢尹的答話，則「耆」當然應讀「胡」，可參〈湯在啻門〉簡 5「耆（胡）猷（猶）是人，而罷（一）亞（惡）罷（一）好？」（陳劍〈《清華簡（伍）》與舊說互證兩則〉）。

「敏」，原考釋隸為「戜」，訓為「殺」。易泉（何有祖）〈邦人札記〉21 樓、〈上九札記〉認為此字左部當從令從口，即左部所從為「命」，右部很可能從「攵」，「致命」，即傳達言辭、使命。工藤卓司〈葉公故事〉以為「致命」為犧牲性命之意。佑仁案：「敏」贊成何有祖之說，字形左从「命」右从「攵」，就僅存的文例來看，「至敏」比較適當的讀法是「致命」。

27. 㝉（寢）尹曰：「天加訛（禍）於楚邦，虗（吾）君邊出，戀䰟□□□

「㝉（寢）尹」，原考釋讀為「寢尹」。汗天山（侯乃峰）〈邦人札記〉24 樓隸為「侵」，疑讀為「箴」。

佑仁案：商代甲骨、青銅器中即常見「寢某」之名，「寢」已是官名（參魏慈德：〈甲骨文中的寢官〉，頁 175-200）。「寢令」一詞，見於包山簡166、171，原是管理寢廟的職官，戰國時期則掌管卜筮。《左傳・哀公十八年》載：「王（楚惠王）曰：『寢尹、工尹，勤先君者也。』」杜預注：

「柏舉之役，寢尹吳由於以背受戈，工尹固執燧象奔吳師，皆為先君勤勞。」所謂的「勤先君」是指在寢廟裡負責祭祀之事，用以侍奉先君。至於「箴尹」，則屬諫官，《左傳・宣公四年》有「箴尹克黃」。《呂氏春秋・勿躬篇》高誘注：「楚有箴尹之官，諫臣也。」「寢」清紐、侵部。「箴」端紐、侵部，韻部雖同，但聲紐有異，仍以讀「寢尹」為尚，不過簡文中寢尹對昭王出奔之事的說法，在古籍中仍無旁證。

關於本簡中的「吾君」及「遏（？）出」，一般都認為是指楚昭王出奔之事，然而宋華強提出不同的看法，其云：

> 簡 1 和同篇其他敍述昭王之亡的竹簡未必同篇，「吾君」是否指昭王就沒有確切證據了，也可能是指其他楚王，如楚靈王。楚靈王十一年因伐徐而次於乾溪，樂而不返，逾年國內發生政變，靈王眾叛親離，歸國無計，彷徨山中，最後縊死於芋尹申亥氏（參看《左傳》昭公十二年、十三年），這也可以稱得上是「遏出」了。〈邦人不稱〉簡 1 的「吾君」到底是哪位楚王？這個問題恐怕必須要等上面提到的李零先生所說《寢尹曰》全部發表才有可能解決。（〈〈邦人不稱〉的「遏出」〉）

依據宋華強的看法，由於簡 1 不屬於〈邦人不稱〉的範圍，因此「吾君」的對象就未必然是「楚昭王」。不過，筆者認為，古籍在述及楚昭王逃亡一事時，常用「出」字形容，例如：

> 《史記・伍子胥列傳》：「己卯，楚昭王出奔。庚辰，吳王入郢。昭王出亡，入雲夢」（相同文例又見《史記・楚世家》）
> 《史記・吳太伯世家》：「比至郢，五戰，楚五敗。楚昭王亡出郢，奔鄖。」

《史記・楚世家》:「楚兵走,吳乘勝逐之,五戰及郢。己卯,昭王出奔。……昭王之出郢也,使申鮑胥請救於秦。」

《國語・楚語下》:「吳人入楚,昭王出奔,濟于成白,見藍尹亹載其孥。」

《呂氏春秋・首時》:「昭王出奔隨,遂有郢,親射王宮,鞭荊平之墳三百。」

《新序・節士》:「吳敗楚兵於柏舉,遂入郢,昭王出亡在隨」

《說苑》:「後三年,吳師伐楚,昭王出走。」

相反的,陳、蔡遺臣結合公子比、公子黑肱、蔡公棄疾率楚國人民推翻靈王,王子棄疾不救,靈王逃亡進芋尹申亥家中,夏五月自縊而死。古籍在談到此段史事時從不用「出」字,可見此句的「吾王」仍應是楚昭王。

「遏」,原考釋隸為「遏」,訓為「過」。海天遊蹤(蘇建洲)〈邦人札記〉0 樓、〈上九箚一〉改隸為「遏」。魚游春水(曹方向)〈邦人札記〉30 樓、〈小議「易」字〉認為:"按典籍「遏」、「出」二字有流移、逃亡之意,簡文之「遏出」,大概是「播蕩」、「播出」,也就是出逃的意思。"

佑仁案:「 」字目前釋「易」與「尋」兩種主流意見。所從偏旁又見上博八〈王居〉簡 1( )、上博八〈顏淵問於孔子〉簡 5( )、上博六〈天子建州〉乙本簡 11( )等處,從字形來看,上半所從的偏旁與「日」接近而與「尋」旁較遠,但是即便應釋成「易」聲,但「遏出」是什麼意思,也很費解。學者認為「『遏』、『出』二字有流移、逃亡之意,簡文之『遏出』,大概是『播蕩』、『播出』,也就是出逃的意思」,但「遏」古籍訓作「沖擊」或「跌倒」,與逃亡、流亡一義相去甚遠。

「出」,佑仁案:「出」字原篆作「 」,原考釋者釋作「邑」,楚簡「邑」字作「 」(包山 2.3)、「 」(包山 2.54)、「 」(《新蔡》甲3.275),與本處字形差異很大,筆者認為應釋作「出」,楚簡作「 」(《上

博二・從政》甲 16）、「㊥」（《新蔡》甲 3.135）、「㊥」（《上博二・容成氏》簡 22）。

　　《國語・楚語下》：「吳人入楚，昭王出奔」《史記・楚世家》：「己卯，昭王出奔。」《史記・伍子胥列傳》：「昭王出亡，入雲夢。」「楚昭王遭闔閭之禍，國滅，昭王出亡，父老迎而哭之。」文獻中談及昭王流亡到隨國時，動詞都是用「出」，「天加訛（禍）於楚邦」一詞，又見《上博四・昭王毀室》簡 9-10，就字形、文例來看，本處肯定是指昭王出奔事。

　　「䜌」，原考釋：〝「䜌」，字待考。〞汗天山（侯乃峰）〈邦人札記〉24 樓疑為「察」字。

　　「禔」，海天遊蹤（蘇建洲）〈邦人札記〉0 樓、〈上九箚一〉改釋「鬼／示-威」）佑仁案：字形從蘇建洲釋成「禔」，但讀作「威」或是「畏」，由於簡文下殘，一時難定。

28. 虗（吾）敱（豈）敢（敢）吕（以）尒（爾）䜌（亂）邦㇄。

　　原考釋讀為「吾豈敢以爾亂邦」，「敱」讀為「豈」，字書所無，「䜌」，讀作「亂」。

　　佑仁案：「豈敢」二字原整理者讀法正確，但二字皆明顯從「殳」不從「攴」，二偏旁在楚簡中應有嚴格的區別。（參高佑仁：〈《上海博物館藏戰國楚竹書（二）・民之父母》校讀〉）原整理者稱「敱」乃「字書所無」也不正確，無論是「敱」（見《說文解字》、《廣韻》），還是「毃」（見《康熙字典》）都已曾見於字書之中。

　　原整理者將「尒」讀作「爾」可信，而「爾」這個代名詞大抵可指「人」與「事」兩個大類，就有限的簡文來看，「吾豈敢以爾亂邦」之「爾」比較高的可能性是指「事」，語意與「此」相近。

　　李松儒認為本簡與〈命〉、〈志書乃言〉、〈王居〉等篇的書手（李松儒：《戰國簡帛字跡研究：以上博簡為中心》，頁 481-482。）為同一人，可信。本

篇末端有結尾符，可見是該篇的最後一簡，再由竹簡空白之處的反印文，可知本簡應是以由後向前捲收的形式存放，然而在目前公布的上博簡資料中尚找不適合的安放位置，不過，這將會是日後考察編聯的重要線索。

〈史䲷問於夫子〉譯釋

賴怡璇　撰寫

李旭昇　校改

【題解】

〈史䲷問於夫子〉是《上海物館藏戰國楚竹書（九）》的第六篇，據原考釋濮茅左〈說明〉，全篇共 12 支簡，無一完簡，推測完簡原長約 37 釐米。全文總 236 字，含合文 1，重文 3，殘字 6。本篇不見篇題，全文記載史䲷與孔子的問題，故以〈史䲷問於夫子〉為題（以下簡稱〈史䲷〉）。

旭昇案：通觀全篇，應該是一位齊國敝史之子史䲷接受了國君的某項職位，不知道該怎麼做，因而向孔子請教，與《上博三・仲弓》篇的情形類似。第一段說明史䲷的身世；第二、三段記述國君派其子「師之」，簡文指出這是關係國家百姓福祉的事，不可以不戒慎恐懼，並強調人不能完全靠自己獨存，必需學習。第四段強調為政用人要「慎始」，一開始就要選擇仁人進用。第五段強調為政要不違民意。第六段列舉人君八種過失。第七段夫子解釋何謂「申（信）」與「敬」。第八段夫子讚美「臨事而懼」。

【簡序】

本篇簡 1 上平頭，下殘，為史䲷與夫子的對話，前文殘缺，非首簡。原考釋認為本篇為 12 支簡，但是，張峰、王凱博、高佑仁、賴怡璇對編

聯都有不同的看法。本文採用季旭昇師的主張：1，2+11，3+10，4+季桓9，季桓25+5，6+7，9+8，12。以下是對編聯的討論：

（一）【簡1】。鳲鳩〈史蒥初讀〉49樓：“1+12可綴接，似有缺字。”怡璇案：依據原考釋的說明，簡1的形制為「本簡長19.6釐米，上平頭，下殘。第一契口距上端10.1釐米。」簡12形制為「本簡長23.6釐米，上、下殘。第一契口距上殘端6釐米，第一契口與第二契口間距17釐米。」簡1為上平頭，若簡1+12編聯可成立，則簡12為竹簡的第二段。〈史蒥〉較為確定的編聯為簡9+8，簡9上平頭，而簡8的二個契口間距即為17釐米，與簡12同，依此推論，簡12為簡1的第二段好像有可能。但就文意而言，二簡的拼合似乎仍有疑問。簡1：“史蒥曰：「蒥也，古（故）齊邦希（幣／敝）史（吏）之子也，亡（無）女（如）意（圖）也。」”簡12云：“「暗（聞）子之言大矍（懼），不志所為辶。」夫子曰：「善才（哉）！臨事而矍（懼），希不」”，簡1是史蒥家世及史蒥遇見某事而「不知如何圖也」；簡12則是某人聽到夫子的話之後的反應，二簡的文意無法連貫，故暫不拼合。旭昇案：從文意來看，二簡不宜拼合。簡1平均每字佔1釐米，簡殘30.5釐米，則約缺34字。

（二）【簡2】接【簡11】。鳲鳩〈史蒥初讀〉49、51、52、55樓：“2+11可直接綴接，簡2尾殘字應為「夫」（參附表），「夫不可以弗戒」很順暢。”松鼠（李松儒）〈史蒥初讀〉62、63樓：“《孔子見季桓子》簡21也應該歸入該篇，其文意與簡2相關，但是不能完全拼合，中間有2、3字空，這僅僅是個想法。”

怡璇案：依二簡的文意來看，簡2是否與簡11拼合是有疑問的，二簡拼合後的釋文為「含（今）史（使）子帀（師）之，君之睪（擇）之訢（慎）矣，☑【簡2】不可㠯（以）弗戒，子之史（使）行，百生（姓）曼（得）亓（其）利，邦家㠯（以）𤕟（親）【簡11】」簡2文意為國君選擇子（史蒥）為師是非常謹慎的，但簡11已是在說明某事應引以為戒，你

若去實行某事，則百姓、國家可得利，二簡文意無法銜接的十分完整。

松鼠編聯為簡 2+〈孔子見季桓子〉(以下簡稱「季桓」)簡 21，但認為二簡中間有 2-3 個缺字。筆者測量原書釋文考釋旁所列的黑白竹簡照，〈季桓〉簡 21 的兩個契口距離約為 17 釐米，與〈史䈞〉第二段竹簡形制同，〈季桓〉與〈史䈞〉書手雖然相同，但二篇簡文的形制有別（〈季桓〉簡首 1.1 釐米、簡尾 1.5 釐米、兩個契口間距都是約 26 釐米；〈史䈞〉簡首簡尾均約 10 釐米、兩個契口間距都是約 17 釐米），〈季桓〉簡 21 兩個契口間距與〈史䈞〉同，故〈季桓〉簡 21 簡改置於〈史䈞〉篇是可能的。就文意而言，二簡拼合為「含（今）史（使）子帀（師）之，君之罩（擇）之斳（慎）矣。☑【簡 2】☑者，孝＿（君子）慮（德）昌（己）而立帀（師）保，斳（慎）亓（其）豊（禮）樂，逃（道）亓（其）☑【季桓 21】」二簡皆在說明為人師之事，有拼合的可能。因此就形制與文意而言，松鼠之說應可從。

旭昇案：〈史䈞〉簡 2 殘存 20 釐米，容 21 字（重文算 1 字，殘字不計），平均每字 0.95 釐米；〈季桓〉簡 21 殘存 20.8 釐米，容 15 字，平均每字 1.38 釐米，二簡字距疏密差距太大，不可能綴合，文義的銜接也有問題。〈史䈞〉簡 11 殘存 25 釐米，容 25 字，平均每字 1 釐米，與簡 2 接近。文義也有可能銜接。二簡拼合後，簡 2 的簡首至第一契口為 10.1 釐米，第一契口至殘簡尾為 9.9 釐米，加簡 11 簡首至第一契口的 7.3 釐米，合起來為 17.2 釐米，此為拼合後全簡第一契口到第二契口的長度。然後是簡 11 第一契口到第二契口為 16.8 釐米，此為拼合後全簡第二契口到第三契口的長度。最後殘餘 0.9 釐米，表示簡尾仍缺 9.1 釐米。簡 2 加簡 11 的原簡全長應為 49.8 釐米。本簡平均每字約 0.9357 釐米，則簡尾約缺 9-10 字。

（三）【簡 3】接【簡 10】。張峰〈上博九・史䈞初讀〉：“簡 7 下疑接簡 3。”鳲鳩〈史䈞初讀〉48、51 樓、王凱博〈史䈞綴合〉主張簡 11+簡 3+簡 10。怡璇案：簡 3+10 的說法，王凱博已根據二簡殘簡的字形以

及文意進行拼合，可從。但簡 3 上接何簡則有不同意見，張峰將簡 7+3，鴈鳩則是簡 11+3，二種編聯後的釋文如下（依本文贊成的字隸定）：

> 美宔（宮）室，區（驅）輕（騁）畋邋（獵），与（舉）獄訟，此所呂（以）遯（失）。【簡 7】朼（必）厃（危）亓（其）邦豪（家），則能貴於壺=濼=（禹湯，禹湯）則學，自訇（始）【簡 3】不可呂（以）弗戒，子之吏（使）行，百生（姓）旻（得）亓（其）利，邦家呂（以）㣼（徲／夷）；子之史（使）不行百生（姓）☒【簡 11】朼（必）厃（危）亓（其）邦豪（家），則能貴於壺=濼=（禹湯，禹湯）則學，自訇（始）【簡 3】

怡璇案：簡 3 的「朼（必）厃（危）亓（其）邦豪（家），則能貴於壺=濼=（禹湯）」為正面用語，因此簡 7 末句「此所以失」、簡 11 末句「子之史（使）不行百生（姓）」皆與簡 3 文意不合。故二說皆不取。

旭昇案：王凱博〈史蒥綴合〉主張簡 3+簡 10，理由如下：

（1）簡 3 上平頭，為一簡之首，下殘，長 19.5cm，天頭 9.8cm，餘（19.5—9.8=）9.7cm；簡 10 上、下皆殘，長 25.4cm，第一契口距上端 7.5 cm，第一契口距第二契口 16.8cm，第二契口下餘 1.1cm。我們曾根據"簡 9+簡 8"的綴合說明本篇三道編繩，全長約 54 cm，可公式化表示為"10+17+17+10"，簡 3 拼接簡 10，具體為"9.8+（9.7+7.5=）17.2+16.8+1.1（+殘缺部分約 9.1）"，基本合於公式，沒有問題。

（2）更為重要的證據是，拼合後字為"訇"，前此我們已據殘筆釋出，現拼合後，更確定前釋不誤。字形比對，請看下表。

《史䕙問於夫子》4　《史䕙問於夫子》4　《孔子見季桓子》9　3尾+10首

拼綴後相關文句如下："必危其邦家，則能貴於禹湯，禹湯則學，自【3】旬（始）有民以來，未或能才立於地之上……【10】"雖然整體還待深究，但"自始有民以來"很通暢，是沒有問題的。

王凱博的說法有一定的說服力。拼合圖如右。本簡平均每字 1.1815 釐米，拼合後的簡尾缺 9.1 釐米，約缺 7-8 字。

（四）【簡 4】接〈季桓〉【簡 9】。張峰〈上博九・史䕙初讀〉："簡 4 實際上可與《上六・孔》簡 9：「仁㤅人而進之，不仁人弗得進矣。始（？）得不可人其與」連讀。具體應為簡 4 在前，簡 9 在後。" youren〈史䕙初讀〉46 樓、〈史䕙初讀〉同意張峰說法，進一步指出二簡可綴合成一簡。

怡璇案：〈史䕙〉簡 4 與〈季桓〉簡 9 二簡依文意應可拼合。旭昇案：〈史䕙〉簡 4 簡首至第一契口為 9.8 釐米，第一契口後殘餘 9.7 釐米，與簡 9 第一契口前的 7.7 釐米加起來，恰為 17.4 釐米（此處密合，不需補字）。簡 9 第一契口至第二契口為 17 釐米，均與本篇形制相合。簡 9 的簡尾殘存 0.3 釐米，約缺 9.7 釐米。〈史䕙〉簡 4 殘存 19.5 釐米，容 16 字，平均每字 1.21 釐米；〈季桓〉簡 9 殘存 25 釐米，容 20 字，平均每字 1.25 釐米。二簡在形制上都符合，因此可以拼合。二簡字距平均為 1.23 釐米，則簡尾約缺 7-8 字。

（五）【簡 5】接〈季桓〉【簡 25】。鳲鳩〈史䕙初讀〉47 樓、王凱博〈史䕙綴合〉指出〈季桓〉簡 25 可與本篇簡 5 連讀，並認為"簡 25 尾部

為「所」之殘，後應還有一字，已不存。"youren〈史蒥初讀〉53 樓、〈史蒥初讀〉："季25 和史5 綴合是完全正確的，但從圖片中很容易就看出來，這中間如果要再補一字，那麼史 5 的契口將不符合本篇編聯的要求。……就簡文來看，季25 與史5 應當是直接綴合，而不補字。" 顧史考〈季桓子簡序追補〉認為依〈季桓〉簡 25 的型制而言，不應與本篇的簡5 拼合。

怡璇案：筆者上文已指出〈史蒥〉簡 9+8（第二契口）的長度為 44.1 釐米，〈季桓〉簡 25 全長為 19.7 釐米，而〈史蒥〉簡 5 簡首至第一契口為 8 釐米，第一契口至第二契口為 17 釐米，故〈季桓〉簡 25+〈史蒥〉簡 5 至第二契口長為 44.7 釐米，相較於〈史蒥〉簡 9+8（第二契口）的長度，已多出 0.6 釐米，此簡已無再補字的空間，故從 youren 之說二簡直接綴合，不補字。

旭昇案：〈季桓〉25 長 19.7 釐米，容 17 字，平均每字 1.15 釐米；〈史蒥〉5 全長 25.5 釐米，容 19 字，平均每字 1.34 釐米，字距接近，文義尚合，似可以拼合。但是〈季桓〉25 全長 19.7 釐米，其簡首至第一契口的長度約為 10.2 釐米，[11] 餘 9.5 釐米加〈史蒥〉簡 5 簡首至第一契口的 8 釐米，合為 17.5 釐米，已較本篇全簡標準值 17 釐米為長（〈季桓〉25「眾之」後有一殘字，絕非「所」字，如果認定本句應該是「眾之所□」，那麼這兒就是漏寫了一個「所」字，或者本句原來就是「眾之□」，沒有「所」字。總之，□字的下半殘缺，因此 17.5 釐米應該再加 0.2 釐米）。而拼合後的文句為「眾之所植，莫之能灋（廢）也；眾之□【季桓簡 25】，莫之能豎（豎）也」。文句略有瑕疵，但尚可接受，姑依此說拼合（如右圖）。〈史蒥〉簡 5 只有 0.5 釐米，含簡尾殘字可補 7 字。

---

11 原考釋以為〈季桓〉簡25上殘，其實不然，本簡上端應不殘。

（六）【簡 6】接【簡 7】。張峰〈上博九・史蒥初讀〉："簡 6 和簡 7 也許連讀，下所列正好「八」。"youren〈史蒥初讀〉43 樓、〈史蒥初讀〉贊同張峰之說，並認為"如果真的是三道邊聯的話，二簡不只連讀而已，根本就是綴合成一簡。"

旭昇案：依原考釋對簡 6、7 的說明，此二簡可以拼合。簡 6 上殘，從殘簡簡首至第一契口為 14.3 釐米（文中契口的距離，是我看著圖版量的），已超過完簡簡首至第一契口 10.1 釐米的長度，因此 14.3 釐米應看成拼合後全簡的第一契口至第二契口的部分（與完簡相較，簡首全殘，第一契口至第二契口尚殘 2.7 釐米）；簡 6 剩下 11 釐米，與簡 7 第一契口之前的 5.9 釐米加起來為 16.9 釐米，已符合第二契口至第三契口的長度（約 16.8-17 釐米），剩下 10 釐米剛好是簡尾的長度。由於下半簡有點裂開，所以與上半簡簡尾的形狀不完全吻合，但大體色澤與斷痕都相當接近。因此從形制來看，這樣的拼接是合理的。依簡首缺 12.7 釐米，可補 9-10 字。

（七）【簡 9】接【簡 8】。鳲鳩（王凱博）〈史蒥初讀〉40 樓、〈史蒥綴合〉疑簡 9 下綴簡 8，接口綴為「敬」。xiaosong〈史蒥初讀〉77 樓："假如這兩簡綴合的話，孔子應該回答「彊也者」怎樣怎樣，因為史蒥問的「何謂彊，何謂敬」。"

怡璇案：依王凱博將二簡的殘字進行拼合的情況來看，其說可從。而 xiaosong 所指出的「假如這兩簡綴合的話，孔子應該回答『彊也者』怎樣怎樣」疑問，因為簡 8 下文殘缺，因此無法斷定孔子沒有回答「何謂雷」的問句。旭昇案：簡 9 簡首至第一契口為 10.2 釐米，第一契口以下殘餘 9.6 釐米，加上簡 8 殘簡首至第一契口的 7.3 釐米，共為 16.9 釐米，與本篇標準值 17 釐米吻合。簡 8 第一契口至第二契口為 17 釐米，也與本篇標準值 17 釐米吻合。簡尾殘存 1.3 釐米，約缺 8.7 釐米，本簡平均每字應為 1.14 釐米，則拼合後的本簡約殘 6-7 字。

（八）【簡 12】。旭昇案：本簡依文意不應與簡 1 拼接，句末"夫子

曰：「善才（哉）！臨事而矍（懼），希不”已近文章結束語氣，如依此判斷，本簡簡尾缺約 8 字，簡首缺約 27 字。

旭昇案：依照上面的討論，本篇主張的編聯如下：1，2+11，3+10，4+季桓 9，季桓 25+5，6+7，9+8，12。

以下先列全篇釋文、語譯，再分別注釋，釋文為嚴式隸定，簡號用「【】」表示，若無法翻譯者，則以通行字的釋文表示。

【釋文】（簡序：1+2+11+3+10+4+季9+季25+5+6+7+9+8+12）

【缺簡】亓（其）□之。」史蒥曰：「蒥也，古（故）齊邦希（幣／敝）史（吏）之子也。亡（無）女（如）惹（圖）也，[01] □□□□□□□□□□□□□□□□□□□□□□□□□□□□□□□□□□【一】

之㠯（以）亓（其）子=（子。子），亓（其）身之弍也[02]。含（今）史（使）子帀（師）之，君之睪（擇）之新（慎）矣，[03]【二】不可以弗戒[04]乚。子之史（使）行，百生（姓）旻（得）亓（其）利，邦家㠯（以）徲（徲／夷）[05]；子之史（使）不行，百生（姓）□□□□□□□□□□[06]【十一】

朼（必）㡯（危）亓（其）邦豪（家），則能貴於墨=湯=（禹湯，禹湯）則學[07]。自訇（始）【三】又（有）民㠯（以）來，未或（有）能才（特）立於埅（地）之上[08]，鼠（一）或不免又（有）謂（禍）[09]，不？□□□□□□□□【十】

亟（極）同，古（故）叁（教）於詒（始）麿（乎）才（哉）[10]。詒（始）旻（得）可人而与（舉）之，【四】悬（仁）爰（援）悬（仁）而進之，不悬（仁）人弗旻（得）進矣。詒（始）旻（得）不可人而与（舉）之[11]【孔子見季桓子簡九】

民嚣（喪／氓）不可思（侮）[12]。眾之所植，莫之能灋（廢）也；[13]眾之灋【孔子見季桓子簡二十五】，莫之能豈（豎／樹）也[14]。子曰

（以）氏（是）視之，不亓（其）難与（與）言也[15]？盧（且）夫□□
□□□□□【五】

　　□□□□□□□□□□也。」史蒥曰：「可（何）胃（謂）八ㄣ？」
夫子曰：「好內与（與）賺（貨），幽（幼）色与（與）酉（酒），大鐘貞
（鼎），[16]【六】美审（宮）室，區（驅）輕（騁）畋邋（獵），与
（舉）獄訟，此所以遊（失）[17]」【七】

　　「害（曷）鹿（從）而不敬[18]？子亦季（厥）之惻（側）。[19]」史蒥
曰：「可（何）胃（謂）雷〈申〉（信）？可（何）胃（謂）【九】敬
[20]ㄣ？」夫子曰：「敬也者，詹（瞻）人之崟＝（峹＝／顏色）而為之、為
視亓（其）所谷（欲）而[21]□□□□□□□【八】

　　「□□□□□□□□□□□□□□□□□□□□□□□□□□□睧
（聞）子之言大瞿（懼），不志（識）所為[22]ㄣ。」夫子曰：「善才
（哉）！臨事而瞿（懼），希不[23]□□□□□□□□」【十二】

【語譯】

　　亓（其）□之。」史蒥說：「蒥，是從前一個齊國鄙陋官吏的兒子。
對『謀畫』不知道該怎麼辦。」

　　■之吕（以）亓（其）子，太子，是他自己的分身。今日派遣他去
學習，國君的選擇是十分慎重的，不可以不謹慎啊。太子的派遣（學習）
得以實現，百姓就能得到利益，國家與國家之間皆能親厚；太子的派遣
（學習）不能實現，百姓⋯⋯。

　　必可以端正國家，則連禹、湯都會推重他。禹、湯也是要學習（才能
成為聖賢）。自有人民以來，沒有人能孤立於土地之上（而不學習），（如
果不學習），甚至於不免會遇到災禍。

　　死（極）■同，因此教化要從開始做起吧！一開始得到可用之人而
舉薦他，則仁者會援引同樣有仁之人出仕，而不仁之人就無法出仕。一開

始得到不可用之人而推舉他⋯⋯。

　　人民是不可以欺侮的。眾人所樹立的，不能夠廢除；眾人〔要廢除〕的，不能夠樹立。你從這一點來看，不是很難跟他說明的嗎？而且□⋯⋯

　　⋯⋯也。」史䇞說：「是哪八項呢？」夫子說：「貪戀妻妾姬侍與財貨、沉溺於酒與色、製作大鐘和大鼎、裝修華麗的宮室、駕著車馬打獵、喜歡興起獄訟，這些都是人君之失。」

　　「為何外表遵從而內心不恭敬呢？你亦在他的身邊。」史䇞說：「什麼是信？什麼是敬？」夫子說：「敬，（如果）是瞻望人的臉部表情而表現出來的、（如果）是要看他的欲望而（決定，那就不叫敬了）⋯⋯」

　　「（我）聽到夫子的話非常畏懼，（我）不知道（已往都）在做什麼。」夫子說：「很好啊！面對事情會畏懼，很少會不⋯⋯」

【注釋】

01. 史䇞曰：「䇞也，古齊邦𦝼（幣／敝）史（吏）之子也。亡（無）女（如）慈（圖）也。」

　　史䇞。原考釋："「吏」，亦通「史」。⋯⋯「䇞」，史官人名。"張峰〈上博九·史䇞初讀〉："簡 1「史䇞」的史為史官名，在楚簡中多見⋯⋯「䇞」可直接釋寫為留，《上一·緇 21》：「私惠不懷德，君子不自留焉」，「留」原簡作「䇞」。"

　　怡璇案：原考釋皆將〈史䇞〉的「史」字隸作「吏」，〈史䇞〉篇與所論字相同者共有六例，字形如下：

簡 1	簡 1	簡 2	簡 9	簡 11	簡 11

簡 6 的「□」形，原考釋隸為「史」，此形應是以上六形的簡省字形，亦見於《包山》2.168「□」。「史」、「吏」為一字之分化，因此上列諸字隸為「史」或「吏」皆有可能，季旭昇師指出「吏」字的字義來自「史」的引申，後來為了讓字形有區別，於是在「史」字的上端加「V」形分化符號，而分化出「吏」字。（《說文新證》，頁 40）可見「史」為初文，「吏」為後來分化的字形。楚簡若出現此種形體皆隸為「史」，如《上博三・仲弓》簡 1「季桓子史（使）仲弓為宰。」「史」字作「□」，故〈史蒥〉以上諸形仍隸為「史」字為宜。（楚簡的「史」字相關辭例可參陳斯鵬：〈楚簡「史」、「弁」續辨〉，頁 401；陳斯鵬：《楚系簡帛中字形與音義關係研究》，頁 111-115。）

蒥，張峰以為可直接隸作「留」。但此字作「□」，上從中，嚴式隸定當作「蒥」，即「蒥」。此形亦見《包山》2.169「□」，李家浩〈夫跂申鼎、自余鐘與郧子受鐘銘文研究〉指出"按古文字「艸」旁或寫作「中」，疑這個字當是「蒥」字的異體"，故此處仍依原形隸定。

曰，字作「□」。旭昇案：此字又見《上博二・民之父母》10、《上博四・相邦之道》4、《上博五・弟子問》8、《上博七・凡物流形》15。相關說法可參宋華強〈釋上博簡中讀為「曰」的一個字〉。古，當讀為「故」，全句讀為「蒥也，故『齊邦敝吏』之子也」，「故」字修飾「齊邦敝吏」，而非修飾「齊邦」。

枲（敝）史（吏）。原考釋："「枲」，字形亦見《上海博物館藏戰國楚竹書（一）・性情論》「枲（幣）帛，所以為信與登（徵）也。」（第十三簡），《上海博物館藏戰國楚竹書（二）・魯邦大旱》「女（汝）無愛珪璧枲（幣）帛於山川。」（第二簡），「枲（幣）帛於山川，毋乃不可」（第四簡）等。本簡「枲」讀為「敝」，謙辭。……「枲」，字形亦見《上博（一）・性情論》、《上博（二）・魯邦大旱》，本簡「枲」讀為「敝」，謙辭。"（頁 273）易泉〈史蒥初讀〉22 樓："出於世官世族的考慮，第二

個「吏」，也要進而通作「史」。當然，二「吏」直接釋作「史」，在郭店簡中也有大量的例證。"

怡璇案：「帝」字作「」，此字與原考釋指出的《上博二·魯邦大旱》簡 2「」、簡 4「」形體不完全相同，「」下方的豎筆似乎未貫穿「冂」形。youren〈史蒥初讀〉68 樓指出此字下半部形體可與簡 12「」合觀。天涯倦客〈史蒥初讀〉67 樓認為簡 12 字形即是「市」的豎筆寫得短了一點。古文字未見此種形體的「市」形，但楚簡文字豎筆墨跡較淺是可能的，如《上博七·武王踐阼》：「」（簡 4）、「」（簡 5）。且此書手的字形較為草率，一個字形中的豎筆長度不足，在其他字形中也可見得，如「悤」字作「」（〈季桓〉簡 8），其豎筆至「」上方，不往下貫穿。「帝」字一般是從巾旁，本篇此字從「市」旁，「巾」與「市」字形義俱近，可以互用。

旭昇案：依原考釋讀為「敝吏」，猶敝廬、敝室，謙稱敝陋的小吏，雖古書未見此一用法，但於理可從。

亡（無）女（如）悫（圖）也。原考釋指出「亡」古通「無」；「悫」，讀為「者」，全句讀為「無如者」，或讀為「亡如者」、「無如諸」。海天遊蹤〈史蒥初讀〉8 樓、〈上九箚一〉，張峰〈上博九·史蒥初讀〉都讀「悫」為「圖」。無語〈史蒥初讀〉34 樓認為「女」可能當如字讀。高榮鴻〈史蒥校讀〉訓「圖」為「謀劃」，簡文「亡如圖也」，意謂「我沒有這樣的謀劃」。

怡璇案：「圖」字在楚簡中表示「圖謀」意的有二種形體：「」（《上博二·魯邦大旱》簡 1）、「」（《郭店·緇衣》簡 23），較常見的字形為後者。「亡（無）女（如）悫（圖）也」的「女」字，原考釋讀為「如」，無語認為讀為本字。筆者以為，此句前文為史蒥介紹自己的門第，似與「女」字義無關，依原考釋之說讀為「如」。

旭昇案：「圖」，義為「謀畫」。無如，義如「無奈」，或「對……不知

道該怎麼辦」，如《禮記・哀公問》「無如後罪何」。「無如圖何」意謂「對謀畫不知道該怎麼辦」。「謀畫」什麼？簡文上缺，無從判斷。從全篇來看，大約是史蒥接受了某個職位，不知道該怎麼做，這就是「圖」，因而去請教孔子。

佑仁案：「無如」一詞又見於〈魯邦大旱〉「抑無如庶民何？」與本簡用法類似。

篇首尚有「亓□之」三字，簡缺，義不可推。

02. [字] 之吕（以）亓（其）子=（子。子），亓（其）身之弍也

[字]。原考釋隸作「既」。youren〈史蒥初讀〉0 樓、〈上九初讀〉："簡 2：開頭「既之」，首字不是既字，左半從「歹」，從簡文的文義來看，這個字跟死有關。"怡璇案：所論字作「[字]」，楚簡的「既」字作「[字]」（《包山》2.16），「既」字左旁從皀，與所論字有別。youren 指出此字左半從「歹」，楚簡「歹」旁作「[字]」（「死」字所從，《包山》2.27），此說可從。所論字右上偏旁頗似「关」旁，字形如「拳」字作「[字]」（《曾侯》212），然字形殘泐難以確定，故置原圖版為宜。

子=（子，子）。原考釋："「子」，重文，分讀。前「子」，本意。後「子」，讀為「嗣」，意繼續，繼承。指出第一個「子」訓為本意，第二個「子」讀為「嗣」。"〈季師讀書會〉指出「子」有可能是國君之子

怡璇案：〈季師讀書會〉指出「子」專指「國君之子」，文獻中的「子」字有特指君位繼承人的意思，如《禮記・曾子問》：「曾子問曰：『君之喪既引，聞父母之喪，如之何？』孔子曰：『遂既封而歸，不俟子。』」鄭玄注：「子，嗣君也。」若依此解，則簡 2 後文「含（今）史（使）子帀（師）之，君之睪（擇）之訢（慎）矣。」的「君」字即為「國君」。

「子，亓（其）身之弍也」，原考釋和張峰將「子」字下讀，通讀為

「嗣」，訓為「繼承」。句法較為冗贅，本句「子其身之弎」的「身」字應是指「君之身」，「子」字應與第一個「子」字同義，意謂：「太子，是國君的分身」。

身。海天遊蹤〈史蒥初讀〉8 樓、〈上九箚一〉：「簡 2「子其身之，惑也。」似可讀為「子其信之，惑也。」」 無語〈史蒥初讀〉31、32 樓：「「子其身之或也」舊斷句有誤，應作「子，其身之貳也」，此段可與《左傳》文公十六年：「……子，身之貳也……」相關文句對讀。」〈季師讀書會〉：「以其子 A（即？）之，其子其身二（分身），現在讓你當他的老師，國君的選擇是非常謹慎的。」高佑仁認為「其身之二」應讀為「仁之弎」，本簡書手又見〈孔子見季桓子〉篇，該篇有「此与（與）惎（仁）人弎（弎／貳）者也。」（2014.2.7 私下給予筆者意見）

怡璇案：从身之字讀為「信」和「仁」皆是於理有據，但就用字習慣而言，季旭昇師〈從清華簡談仁的源起〉指出楚簡的「仁」字作「惎」者多見，作「忎」、「忈」、「怎」者少見，〈季桓〉亦以「惎」字表示，故讀為「仁」較不適宜。若讀為「信之，惑也」則與本簡後文的「含（今）史（使）子帀（師）之，君之睪（擇）之斳（慎）矣」關連性不大。〈季師讀書會〉以為「其子其身二（分身）」，應是將「身」字讀為本字，此說與無語所舉的《左傳・文公十六年》：「……子，身之貳也……」例證相仿。

弎。原考釋隸為「或」讀為「惑」。youren〈史蒥初讀〉5 樓、〈史蒥初讀〉：「簡 2 的「或」就字形當以釋「弎」為妥。」簡文「子，亓（其）身之弎也」，「其」訓為第三人稱代詞，「身」訓為「君之身」，「其身」二字應實指下文「君之睪（擇）之斳（慎）矣」的「君」，「貳」有「副」、「居次要地位」等意思，簡文此句亦可與《國語・晉語一》：「夫太子，君之貳也，恭以俟嗣，何官之有？」對看，依文意看，〈晉語一〉的「太子」相當於簡文的「子」，而「君」相當於簡文的「其身」。〈史蒥〉的簡 1 和 2 無法直接編聯，二簡之間尚有缺文，夫子或在缺文中有實指出

「國君」一詞,故在本簡以「其」代替「國君」。

03. 含（今）史（使）子帀（師）之,君之罩（擇）之訢（慎）矣。

原考釋斷句為「含（今）史（使）子帀（師）之,君之,罩（擇）之訢（慎）矣」,注云:"「含」,簡文多用作「今」,……「吏」,用作「使」。"〈季師讀書會〉斷句為「含（今）吏（使）子帀（師）之,君之罩（擇）之訢（慎）矣。」指出"以其子 A（即?）之,其子其身二（分身）,現在讓你當他的老師,國君的選擇是非常謹慎的,並指出「師之」較常用於老師教導,少用於統領軍隊。"

怡璇案:關於此句的斷句,〈季師讀書會〉將「君」訓為「國君」,並將「君之」下讀。原考釋的斷句應是將本簡的二個「之」字訓為代名詞,將「君」訓為「統治」。傳世文獻中多將「師之」訓解為「學習」、「效法」意,例如:

> 《孟子・萬章下》:「費惠公曰:『吾於子思,則師之矣;吾於顏般,則友之矣;王順、長息則事我者也。』」
> 《說苑・政理》:「文侯曰:『……往必問豪賢者,因而親之;其辨博者,因而師之;問其好揚人之惡,蔽人之善者,因而察之,不可以特聞從事。』」
> 《說苑・臣術》:「翟黃對曰:『君母弟有公孫季成者,進子夏而君師之。』」
> 《說苑・建本》:「十五歲學而周威公師之。」

因此若依此原考釋斷句,「師之」指學習某人,但「君之」若訓為統治,二者之文意不連貫。

筆者贊同〈季師讀書會〉的斷句,「君」指國君。簡文「君之擇之慎

矣」一句有二個「之」字，第一個「之」訓為「的」，第二個「之」訓為「是」，「之」字的相同用法如《禮記・中庸》：「文王之德之純。」（參解惠全，崔永琳，鄭天：《古書虛詞通解》）。「含（今）吏（使）子帀（師）之」的「子」與前文的「子＝」同義，皆指國君之子，從上引文《說苑》的語法觀之，可知「師之」的主詞皆在前，即為簡文中的「子」，而「之」則是代名詞，簡文此處的「之」應是指史䰞。簡2簡文「子，元（其）身之弌也。含（今）史（使）子帀（師）之，君之睪（擇）之斳（慎）矣。」句意為：子（太子），他自身（國君）的副手，今日使子（太子）效法你（史䰞），國君的選擇是十分謹慎的。

　　旭昇案：「使子師之」，意為「（君）讓兒子去師法（學習）」。師法何人？簡文有闕，難以肯定。師法史䰞，有此可能。

04. 不可以弗戒

　　旭昇案：本句屬第 11 簡，與第 2 簡可拼接，已見前述。戒。各家未釋。旭昇案：戒慎、謹慎，《孫子・九地》：「是故其兵不修而戒，不求而得。」松鼠以簡 2 與〈季桓〉簡 21 可拼接。但二簡字距相差太大，難以拼接，文義亦不同，〈季桓〉簡 21 談「立師保」，與本篇「師之」並不相同。

05. 子之史（使）行，百生（姓）夏（得）元（其）利，邦家呂（以）徲（徲／夷）***

　　子之史（使）行。原考釋讀為「子之事行」，謂〝疑指興修水利，利民耕耘事〞。旭昇案：原考釋之說並無根據。「史（使）」，應即上文「含（今）史（使）子帀（師）之」之「使」，即「派遣」。行，施行，成行，參《故訓匯纂》「行」字條下第119以下各解。

　　徲。原考釋：〝「徲」，從彳，屖聲，「遲」之省……「遲」，亦可讀

為「治」。"海天遊蹤〈史蒥初讀〉23 樓、〈上九笘一〉："簡 11 邦家以遲，整理者釋為從犀，字形不似。此字是否是「㝵」，讀為「厚」，參孔子詩論 15 的厚字。"易泉（何有祖）〈史蒥初讀〉25 樓："郭店語叢一14 號簡的「厚」更像些。此處為「厚」字省「口」。"mpsyx（孟蓬生）〈史蒥初讀〉37 樓："此字與上文「利」字押韻，釋為「㝵」是對的。此處可以讀為「夷」，義為「平安」。「子之吏行，百姓得其利，邦家以㝵（夷）。」「邦家以夷」跟「邦家以寧」意思略同。想了一下，所謂「㝵」字應隸定為「㝵」，兩個字讀音相同。"海天遊蹤〈史蒥初讀〉56 樓贊成孟蓬生之說，並指出"此字也可以理解為楚文字遲作【辵】一類字形訛變而來。意即右旁整個只是個辛字。"高榮鴻〈史蒥校讀〉隸作「㝵」，訓作「豐厚」，並指出「夷」沒有「平安」之意。

怡璇案：此字作「▨」，學者或釋為從厚，但不論是《上博一‧孔子詩論》簡 15 的「▨」或是《郭店‧語叢一》簡 14 的「▨」、《信陽》2.15的「▨」等形體，都明顯有「口」形部件，與所論字形有別，楚簡的「厚」字是否會省略口形部件，目前尚未有例證。孟蓬生與蘇建洲師的第二說皆贊成從辛，這是比較直接的推斷，此字的右旁從广從辛，楚簡「辛」字即作「▨」（《包山》2.44），與所論字右下偏旁同。孟蓬生讀為「夷」，訓為「平安」，高文已指出此說的疑問，可從。「▨」隸為「㝵」，可讀為「親」，〈季桓〉簡 4 的「親」字即從「辛」聲，字形作「▨」。「邦家以親」指國與國之間親近，《韓非子‧說林上》：「鄰邦必懼而相親」，可見「親」字可用來形容二國之間的情誼。簡 11 釋文作「不可以弗戒𠂤。子之史（使）行，百生（姓）㝵（得）亓（其）利，邦家呂（以）㝵（親）；子之史（使）不行，百生（姓）」，文意為「不可以不謹慎啊。你去實行，則人民可以得利，國與國之間相親；若你不去實行，百姓……」

旭昇案：此字與「厚」、「㝵」、「親」都有點關係，也有點距離，以文

義而言，釋為「𢔌」最好，「𢔌」讀為「夷」，訓為「平」，《詩·大雅·召旻》「實靖夷我邦」，由此義引申為「平安」、「太平」，毫無問題。「𢔌」從「屖」，「屖」從尸從辛。

06. 子之史（使）不行，百生（姓）□□□□□□□□□□

原考釋讀為「子之事不行，百姓」。旭昇案：本句與上句相反，意謂：子之派遣（師法、學習）如不能實現，百姓（受其害，邦家以亂）。後二句依文義大約如此。

07. 朾（必）危（危）亓（其）邦豪（家），則能貴於𡐦=湯=（禹湯，禹湯）則學

朾（必）。原考釋：＂「朾」，用作「必」。＂youren〈史蒥初讀〉6樓、〈上九初讀〉、〈史蒥初讀〉：＂簡 3 開頭的「必」字，原字隸定作提手旁，應是筆誤，實是從「才」。＂

怡璇案：所論字作「▨」，原考釋已指出此字亦見於《上博一·緇衣》：「▨」（簡 20）、「▨」（簡 21），此種字形首見於《郭店》的〈唐虞之道〉簡 3 和簡 28、〈忠信之道〉簡 2、〈語叢三〉簡 16 和簡 60，裘錫圭在《郭店楚墓竹簡》按語指出「『朾』從『才』聲」（袁國華〈郭店楚墓竹簡從「匕」諸字及相關詞語考釋〉指出此字應從「匕」聲），因此應如 youren 所言為原考釋筆誤。

危（危）。原考釋：＂「危」，同「跪」，讀為「危」。＂〈季師讀書會〉：＂「必然會 B 他的國家」，那麼就比禹湯還要高貴，禹湯是自……學習的，「危」，必然是正面詞語。＂旭昇案：我當時釋「貴於禹湯」為「比禹湯還要高貴」，現在看來不是很恰當，應該釋為「連禹湯都會推重」。

怡璇案：本簡此字作「▨」，此字上方偏旁從「坐」，「坐」的甲骨文

作「⿰⿱⿱」（《合集》973 反）劉釗《古文字構形學》頁 326 指出象人坐於席上，古人所謂的「坐」，即如「⿱」形膝著於席，臀著於足的姿勢。陳劍師〈上博竹書〈昭王與龔之脽〉和〈柬大王泊旱〉讀後記〉指出「古代之『坐』本即『跪』，『危』應是『跪』之初文，『危』與『坐』形音義關係皆密切，很可能本為一語一形之分化。」高佑仁《上博楚簡莊、靈、平三王研究》頁 569-571 已整理楚簡可見的從坐偏旁之字，依辭例證明從坐之字可讀為「坐」與「危」字聲系，前者如《上博五・君子為禮》簡 1：「⿰（坐）於薵（疇）中。」後者如《上博四・柬大王泊旱》簡 18：「社稷以⿰（危）歟？」

簡 3 釋文作「朼（必）⿰元（其）邦豢（家），則能貴於壘=潄=（禹湯，禹湯）則學」，傳世文獻中的「禹」和「湯」皆為儒家的賢主，故所論字應為正面詞彙為宜。此字可讀為「危」，訓為「正」，《論語・憲問》：「子曰：『邦有道，危言危行；邦無道，危行言孫。』」《十三經注疏・論語注疏》何晏集解引包咸曰：「危，厲也。」朱熹《四書集注》釋「危」為「高峻也」；楊伯峻《論語譯注》指出："危－《禮記・緇衣》注：「危，高峻也。」意謂高於俗，朱熹《集注》用之，固然可通。但《廣雅》云：「危，正也。」王念孫《疏證》即引《論語》此文來作證，更為恰當。"其說可從。

則。張峰〈上博九・史蒥初讀〉："簡 3 的兩個「則」字嚴格說來應為訛書，楚簡的「則」右側所從為「勿」，這兩個字右所從與《清壹・保》5 的「易」字同（也可能是書手所加飾筆，但不管怎麼說，加了飾筆與「易」混同了）。"

怡璇案：簡 3 二「則」字作「⿰、⿰」，並非訛書。與本篇簡文同書手的〈季桓〉亦可見此種寫法，如「⿰」（簡 4）、「⿰」（簡 20），此形共出現四次，四次皆為訛書的機會不大，故直接隸為「則」即可。

貴。原考釋："「貴」，音通「潰」。"〈季師讀書會〉："「貴」字

不得讀為潰，依字解。"怡璇案：在前注已指出「危」應為正面義，則此處的「貴」亦為正面意，可釋為尊重，敬重。《韓非子‧五蠹》：「富國以農，距敵恃卒，而貴文學之士。」

壴潹（禹湯）。原考釋："「壴潹」，重詞，分讀為「禹湯，禹湯」。"海天遊蹤〈史蒥初讀〉11 樓、〈上九箚一〉："簡 3「湯」作「潹」可以看作「湯」的異構。上博緇衣「湯」作從水庚聲，施謝捷先生以為是「湯」的異構。康也從庚聲，故「潹」可以看作「湯」的異構。"

怡璇案：「潹」字作「◾」，此字形體特殊，一般楚簡的「康」作「◾」（《郭店‧緇衣》簡 28）、「◾」（《郭店‧成之聞之》簡 38），甲骨文作「◾」（《集成》35371）、「◾」（《集成》35982）（甲骨字形取自李宗焜師：《甲骨文字編》，頁 1144），裘錫圭《裘錫圭學術文集‧甲骨文卷》頁 36-50 指出「康」字上從「庚」，象一種樂器之形。甲骨文的「康」字下方原從數個黑點形，楚簡則有從「◾」與「米」二形，「◾」字依據辭例讀為「湯」無疑，然「康」字所從的「◾」則訛為「◾」。仍保有「康」字所從的二撇筆，但下方卻作土形，此字的上一字為「壴」，下從土，本篇「潹」字或受「壴」字影響而類化。

旭昇案：簡文「朼（必）㞢（危）亓（其）邦豪（家），則能貴於壴潹（禹湯）」，意謂：必能端正其國家，則連禹湯都會推重。「貴於ＸＸ」釋為「為ＸＸ所看重」，如《韓非子‧說林上》3：「子圉恐孔子貴於君也。」意謂「子圉怕孔子為國君所看重」。

孥。原考釋："「孥」疑「舉」字異體，會意。字從臼（《說文》：「臼，叉手也。從𦥑、𦥑。」），從人，從子。"youren〈史蒥初讀〉7 樓、〈上九初讀〉、〈史蒥初讀〉："簡 3「禹湯舉自」原釋所謂的「舉」，下半明顯從子，實為「孥」字。"

怡璇案：此字作「◾」，下從子旁，從高佑仁之說隸為「孥」。類似寫法亦見於〈季桓〉簡 16、17、18 作「◾」「◾」、「◾」，上部「臼」形

中間的部件較一般楚簡「學」字為繁。（楚簡「學」字一般作「」
（《郭店・性自命出》簡8）、「」（《郭店・尊德義》簡4））

旭昇案：「禹湯則學」疑有缺字或錯字，但意思大概還是可以推測，
意謂：禹湯也是要學習（才能成為聖賢）。

08. 自旨（始）又（有）民呂（以）來，未或（有）能才（特）立於堅（地）之上

旨（始）。原考釋缺釋。鳾鳩〈史蒥初讀〉38樓："簡3整理者缺
釋，實為旨之殘。"又把「旨」字列表比對如下：

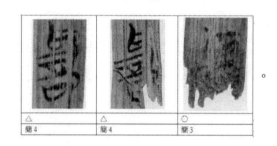

鳾鳩〈史蒥初讀〉48、51樓、王凱博〈史蒥綴合〉主張簡3+簡10。
王凱博已根據二簡拼合後的字形復原「旨」字，讀為「始」。可從。

未或（有）能才立於堅（地）之上。原考釋讀為「未或能栽粒於地之
上」或「未或能在立於地之上」。高榮鴻〈史蒥校讀〉認為「或」應讀為
「有」。

旭昇案：筆者於〈史蒥釋讀〉中指出「未或能才立於之上」，原考釋
讀為「未或能才（栽）立（粒）於堅（地）之上」，注謂「全意難以明
瞭」。其他學者也都沒有提任何想法。原因可能是〈史蒥〉全篇殘斷太
甚，文義難明，所以無法訓讀。

從前面的釋文可以知道，本篇第二段談「（君）使子師之」，自然是強
調「師」、「學習」的重要。因此第三段說「禹湯則學」（我們懷疑這四個
字有訛漏，句意應是「禹湯亦學」），接著說「自始有民以來，未有能才立

於地之上」，意思應該是很清楚的。「才立」應該是「獨立不需向人學習」之類的意思。據此，我以為「才（從紐之部）」可讀為「特（定紐職部）」，二字韻為陰入對轉，聲為舌齒旁紐，從紐與定紐古音可假的例子，如「蝶」從「疌」聲，「蝶」《說文》徒葉切，屬定紐；「疌」《說文》疾葉切，屬從紐。「才」與「特」，典籍雖無通假之例，但「才」與「直」（澄紐職部）可通，「直」與「特」只是聲母有清濁之異而已。「特立」謂「獨立」，《禮記・燕義》「君獨升立席上，西面特立」，即此義。「未有能特立於地之上」，謂「未有人能孤立於地之上（而不用跟人學習）」。

09. 𢿱（一）或不免又（有）謂（禍）。

原考釋與下一字「不」字連讀，謂：“讀為「抑（噫）或不免有滑（猾）否」。「𢿱」，讀為「抑」，副詞。表反詰，或表揣測。謂，依音讀為「滑」或「猾」”（頁 286）易泉〈史蒥初讀〉24 樓、〈上九札記〉：“𢿱，原釋文讀作「抑」或「噫」。此字古文字常見，即「一」字異構，可訓作「甚」。”鳲鳩〈史蒥初讀〉28 樓：“簡 10，審其詞氣，「𢿱」（△）字疑應上讀，作「……有民以來，未或能才立於地之上△，或不免有禍，不……」，不知△讀「矣」或「殹」是否合適，還可考察。”

怡璇案：所論字作「」，此形首見於《上博四・柬大王泊旱》簡 5「」，劉洪濤〈讀上海博物館藏戰國楚竹書（四）箚記〉依據中山王壺「」字形，認為此字應讀為「一」，訓為程度副詞「甚」、「極」等意思。而後《上博七・凡物流形》出現的「」（甲本簡 17）、「」（乙本簡 12）字形，沈培〈略說《上博（七）》新見的「一」字〉皆讀為「一」。於本簡則可依易泉訓為「甚」。

謂（禍）。張峰〈上博九・史蒥初讀〉釋為「禍」。怡璇案：簡文「未或能才（在）立於陛（地）之上，𢿱（一）或不免又（有）謂不（否）」，文意應是指人生存於世上，可能會遭遇「謂」，此字讀為「禍」

字為宜。「骨」與「聎」為一字分化，二字通讀無疑問。

旭昇案：本句各家也都說不清楚。本句承上句「自始有民以來，未有能特立於地之上」，進一步說「甚或不免有禍」。意謂：人不能孤立不學，（如果不學），甚至於不免遇到災禍。本句後之「不」字應屬下一句，簡殘，意不可知。

10. 亟（極）![圖]同，古（故）臮（教）於訽（始）麿（乎）才（哉）

原考釋與下一「訽」字連讀，隸為「亟蒥同古，臮於詞麿才詞」，讀為「恆啟同古，教與治乎在治」，且謂「亟」，亦通「亙」，綿延，連續；「同」或通「通」；「臮」簡文多用作「教」，教化；「於」讀為「與」；「詞」讀為「治」。海天遊蹤〈史蒥初讀〉14 樓、〈上九笑一〉謂："簡 4 開頭二字整理者釋為恆啟，疑當釋為「極聽」，古書常見。"youren〈史蒥初讀〉9 樓、〈上九初讀〉指出："簡 4 開頭的「啟」，左半從「耳」，右半不知。"張峰〈上博九・史蒥初讀〉："「互（亟？）攷同，故教於始乎哉？始（？）得可人而與（舉？）之☐」我們之所以在「乎哉」斷句，是因為「乎哉」連用文獻多見，如《禮記・檀弓下》：「死者而用生者之器也，不殆於用殉乎哉！」簡 4 實際上可與《上六・孔》簡 9：「仁愛人而進之，不仁人弗得進矣。始（？）得不可人其與」連讀。具體應為簡 4 在前，簡 9 在後。"

怡璇案：「![圖]」字雖殘，但殘存的部分看得出即是「亟」字。裘錫圭《裘錫圭學術文集－古代歷史、思想、民俗卷》頁 326-337 指出「在我們所能看到的、數量不能算少的戰國時代的楚簡裏，基本上是借『互』為『亟』的。」故此字似乎讀「亟」聲之字為宜。「![圖]」字，因此右旁是否為「兄」？難以判斷。暫時存疑待考。旭昇案：簡殘，此三字文義不明。

古（故）臮（教）於訽（始）麿（乎）才（哉），原考釋的釋讀文義不是很明朗。旭昇案：先秦典籍中，句尾「乎哉」多半表達的是一種肯定

知道答案的疑問句，但也有直接表示肯定的，如《說苑·尊賢》：「夫有道
而能下於天下之士，君子乎哉！」本簡此句應該是這樣的句法。「故教於
始乎哉」意謂：「因此教化要從開始做起吧！」。

11. 詞（始）夏（得）可人而与（舉）之，惷（仁）爰（援）惷（仁）而
進之，不惷（仁）人弗夏（得）進矣。詞（始）夏（得）不可人而与
（舉）之

　　本句是由簡 4 與〈季桓〉簡 9 拼合而成。原考釋把「詞」字屬上句，
讀「夏可人而与之」為「得何人而舉之」，釋「与」為「舉」：「據簡意讀
為「舉」，得賢才而舉治，意亦同「願得士以治之」」張峰〈上博九·史
蒥初讀〉：「「互（亞？）攸同，故教於始乎哉？始（？）得可人而與
（舉？）之▨」我們之所以在「乎哉」斷句，是因為「乎哉」連用文獻多
見，如《禮記·檀弓下》：「死者而用生者之器也，不殆於用殉乎哉！」」
與〈史蒥〉4 拼合的〈季桓〉9，陳劍師〈季桓重編〉謂簡文意為：「仁人
在上，所援引（舉薦、提拔）的也是仁人，不仁之人也就無由進仕了。」

　　怡璇案：簡文「詞夏（得）可人而与（舉）之，惷（仁）爰（援）惷
（仁）而進之，不惷（仁）人弗夏（得）進矣。詞（始）夏（得）不可人
而与（舉）之」的首句與末句為對文，張峰疑「詞」可為「始」字，可
從。「始」訓為「初」，「詞夏（得）可人而与（舉）之」中的「可」字讀
本字即可，《禮記·雜記下》：「孔子曰：『管仲遇盜，取二人焉，上以為公
臣，曰：「其所與游辟也，可人也！」』」《十三經注疏·禮記正義》頁
1428 指出經文中的「可人」指「其人性行是堪可之人也。」簡文中的
「進」字可訓為「出仕」，如《孟子·公孫丑上》：「治則進，亂則退，伯
夷也。」簡文文意為：一開始得到可用之人而舉薦他，則有仁者會援引同
樣有仁之人出仕，而不仁之人就無法出仕。一開始得到不可用之人而推舉
他……。

《論語》與《孟子》皆可見與簡文相似的文句，如：＂仲弓為季氏宰，問政。子曰：「有先司，赦小過，舉賢才。」曰：「焉知賢才而舉之？」曰：「舉爾所知。爾所不知，人其舍諸？」＂（《論語・子路》）＂樊遲問仁。子曰：「愛人。」問知。子曰：「知人。」樊遲未達。子曰：「舉直錯諸枉，能使枉者直。」樊遲退，見子夏。曰：「鄉也吾見於夫子而問知，子曰：『舉直錯諸枉，能使枉者直。』何謂也？」子夏曰：「富哉言乎！舜有天下，鄙於眾，舉皋陶，不仁者遠矣。湯有天下，選於眾，舉伊尹，不仁者遠矣。」＂（《論語・顏淵》）＂孟子曰：「尊賢使能，俊傑在位，則天下之士，皆悅而願立於其朝矣。」＂（《孟子・公孫丑上》）可見簡文此處與儒家典籍思想相合。

12. 民器（喪／氓）不可愸（侮）

〈孔子見季桓子〉原考釋斷句為「民，喪不可愸（悔）」，「愸」，同「悔」。」陳偉〈上六條二〉讀為「民喪（氓）不可悔（誨）」：＂喪字從「亡」從四「口」，釋「喪」可從。這裡恐當讀為「氓」。民氓，指民眾、百姓。＂李銳〈季桓新編〉釋「愸」為「悔（侮）」。陳劍師〈季桓重編〉釋為「民器（氓）不可愸（侮）」：＂「愸」字有用爲「侮」之例，如馬王堆漢墓帛書《春秋事語・十五・魯莊公有疾章》「愸德詐（詐）惌（怨）」之「愸」，裘錫圭（2004，頁 93 注 12）已指出當讀爲「侮」。周波（2007）指出，「秦、西漢前期的『侮』字本寫作從『毋』」，「『侮』字本以『侯』部的『炙』、『毋』為聲符，上古當屬侯部。……『侮』并不以之部的『每』、『母』為聲符」。簡文此字上所從正作「毋」形而非「母」形，當非偶然。＂

怡璇案：「器」字作「（圖）」。原考釋隸為「喪」。「喪」字甲骨文作「（圖）」（《粹》470），從「桑」聲加四「口」形分化；金文作「（圖）」（毛公鼎），其下從「亡」表義亦兼聲（參季師《說文新證》頁 127，藝文 2014）。楚簡

的「喪」字形體不一（詳細字形可參范常喜〈簡帛《周易·夬卦》「喪」字補說〉頁40）。本簡此字應該是從毛公鼎那樣的字形省略原來像「桑樹」的部分，保留四個「口」與「亡」旁而形成的。嚴式隸定依陳劍師，字從「亡」聲，讀為「氓」十分合適。

「惄」字作「![字形]」，學者有從母和從毋二種隸定，古文字的「母」和「毋」二字常通用，二形的差別在於「毋」改「母」之兩點為一橫。（參季旭昇師：2014 年版《說文新證》頁 851、854）本簡此字第二筆橫筆應即「毋」字形所從的一橫筆，類似字形如「![字形]」（〈季桓〉簡 13），故應隸為「惄」，從李銳讀為「侮」，「民嚚（氓）」即「百姓」，「侮」訓為「欺侮」，傳世文獻亦可見「侮」字的受詞為「民」，如《前漢紀·孝景皇帝紀》：「侵侮萬民」、《詩經·豳風·鴟鴞》：「今女下民，或敢侮予？」

13. 眾之所植，莫之能瀘（廢）也

〈季桓〉原考釋讀為「眾之所植，莫之能姅（升）也」，訓「植」為「種植」；謂「姅（升）」為「穀物成熟」。陳偉〈上六條二〉讀為「眾之所植（直），莫之能阩（懲）也」。陳劍師〈季桓重編〉訓「植」為「樹立」，並改釋「姅」為「瀘」：「「瀘」字原作如下之形：![字形]，此字正當釋為「瀘」讀為「廢」。其左半所謂「立」形實由「瀘」字的「去」旁中將其「口」簡寫為一實筆而來。「瀘」字常可省去「水」旁。如《六德》簡 2"瀘"字作![字形]（又簡 4、簡 44 略同）。上引字形跟"瀘"的另一點不同之處、容易引起懷疑的，是"瀘"所從"鴈"旁中間的斜筆多由右上往左下彎曲，其筆意跟簡文此字右半中間部分不同。但如《(上博（五）·鬼神之明、融師有成氏》簡 1 之![字形]、郭店《老子甲》簡 31 之![字形]，尤其是後一例，其相關部分筆意與簡文此字亦甚近。"怡璇案：陳劍師之說詳盡可從。

14. 眾之▨，莫之能豎（豎／樹）也

〈季桓〉原考釋補為「眾之所□，莫之能□也」。李銳〈季桓重編〉補為「眾之所【廢，莫之能□也】」。旭昇案：依前簡序討論，「眾之」下只能補一字，依殘存筆畫來看，比較接近「灋」字，[12]從李銳所補。「豎」即「豎」，讀為「樹」，建樹也，與上句「植」同義。

15. 子昌（以）氏（是）視之，不亓（其）難与（與）言也

氏，字作「▨」原考釋讀為「是」。海天遊蹤〈史蒥初讀〉16 樓、〈上九箚一〉以為當係「氒」字。高榮鴻〈史蒥校讀〉主張隸為「氒」字較好，但亦不能排除「氒」與「氏」之間訛混的可能。怡璇案：蘇師認為此字為「氒」，所引字例《上博五・姑成家父》簡 7 作「▨」。然〈姑成家父〉文例為「伐▨遉▨」，文意不明，是否為「氒」似乎仍有疑問（如陳偉〈上博五《苦成家父》通釋〉即將「▨」字隸為「氏」，讀為「是」）。一般說來，楚簡的「氒」字多作▨（〈容成氏〉簡 2）、▨（〈尹至〉簡 5），上部所所從的「厂」旁皆為二筆寫成，與本簡此字有別，故本簡此字似非「氒」字。

「氒」與「氏」形近易混，蘇建洲師〈《君子為禮》簡七字詞考釋二則〉整理「氒」與「氏」形近訛混的字例如：▨《上博一・緇衣》簡 19「其集大命于氏〈氒一厥〉身」、▨《上博五・融師有成氏》簡 5「氏〈氒一厥〉狀若生」）、▨《清華壹・保訓》簡 4 的「自稽氏〈氒一厥〉志」，都是「氏」要讀為「氒」的例子，可見二字有誤寫的可能。

旭昇案：此字字形較近於「氒」。但「氏」、「氒」二字形義俱近，楚簡中常混用，不好區分。從言法來看，作指示代詞時，「氏（是）」為近

指，「乑」為遠指。「乑」也可以用為三身代詞，但只能指人，未見指事。（參周法高《中國古代語法・稱代篇》頁 100；張玉金《西周漢語代詞研究》頁 137，238，288 等），據此，本篇此字要釋為相當於近指「此」的三身代詞，指前面所稱述的事物，似乎有點困難；釋為近指的三身代詞「氏（是）」，則直接了當。

視。原考釋隸為「見」。youren〈史蒥初讀〉10 樓改隸為「視」。怡璇案：youren 說可從。

不亓（其）難与（與）言也？怡璇案：「其」可訓為程度副詞「甚」，如《韓非子・初見秦》：「是故秦戰未嘗不尅，攻未嘗不取，所當未嘗不破，開地數千里，此其大功也。」王先慎集解：「《策》其作甚，是也。」旭昇案：「亓（其）」訓為「甚」，蓋通「綦」。如不破讀，則視為語詞亦可。「難與言」是難以跟誰言？簡殘難以推斷，或許是對「民氓、眾」。

16. 好內与（與）賄（貨），幽（幼）色与（與）酉（酒），大鐘貞（鼎）

原考釋讀為「納與賄，幽色與酒，大鐘鼎」，釋「納」為「取也」、「賄」為「資也」或「賭、貨」、「幽」為「深」、「色」為「女人」、「酉」為「酒」、「大鐘鼎」為「美重器」。鳲鳩〈史蒥初讀〉26 樓：“簡 6：史留曰：「何謂八？」父子曰：「內與賄，幽色與酒，大鐘貞」其中「內與賄」讀為「納邪偽」。” youren〈史蒥初讀〉12 樓、〈上九初讀〉：“簡 6：「賄」原考釋者訓作「賭」，這個字楚簡常讀作貨，此處不應例外，《郭店・語叢三》「內（納）賄（貨）也」可參。”

鳲鳩〈史蒥初讀〉26 樓認為「內与賄」讀為「納邪偽」。高佑仁以為此字從貝，仍應讀為「貨」為宜，「貨」可訓為「賄賂」或「買通」，如《左傳・僖公三十年》：「晉侯使醫衍酖衛侯，甯俞貨醫，使薄其酖，不死。」「与」字即讀為「與」，本句「內（納）与賄，幽色与（與）酉（酒），大鐘貞（鼎），美审（宮）室，區（驅）輕（騁）畋遢（獵），与

（舉）獄訟」的語法為前二句是「A 與 B」的形式，「納與貨」指接納與賄賂。（高佑仁私下給與筆者意見）

怡璇案：「与」可讀為「邪」，〈季桓〉簡 19「與（邪）譌（偽）之民」，陳劍師〈季桓重編〉謂：“按「與民」跟「仁人」相對，顯然應讀為「邪民」。「與」字本从「牙」得聲，「与」就是「牙」的變形（參看裘錫圭 1992，頁 84~85），古書「與」跟「邪」相通之例習見（參看高亨、董治安 1989，頁 846~847）。”但依此讀，簡 6+7 只有七件不好的行為，與「何謂八」不符。「![字]」字上从為下从貝，隸為「賹」沒有問題。原考釋訓為「賭」，全句為「納與賭」，並將「納」訓為「取」、「入」等意。但「納」字若訓為「接納」等字意，則後文多有受詞，表示某人接納了某物，如《孟子・萬章上》：「天子使吏治其國，而納其貢稅焉。」《書・舜典》：「夙夜出納朕命，惟允。」

原考釋與高佑仁的說法，皆合於史蒥所問「可（何）胃（謂）八」的數目，但「納」訓為「接納」的疑問除了上段所敘之外，仍有一個問題，「納」若為「八」項不可為之事其中之一，則「納」必需是負面字意，但「納」字並沒有此用法，（參宗福邦、陳世鐃、蕭海波主編：《故訓匯纂》，頁 1719-1720）因此即使讀為「納與賹」，將「賹」訓為負面意的「賭」或是「貨」，仍不合「何謂八」的數目。但需要說明的是，楚簡中的「賹」的確多讀為「貨」，如高佑仁所舉的《郭店・語叢三》簡 60「內（納）賹（貨）也」，但楚簡的通假習慣是會改變的，如楚簡的「閒」多讀為「外」或「間」，但在《清華貳・繫年》簡 99 中卻讀為「縣」（相關考釋可參蘇建洲、吳雯雯、賴怡璇合著：《清華二《繫年》集解》，頁 702-704），可見「賹」字也有讀為他字的可能，且若讀為「偽」，二字皆从為聲，讀音更為接近。

鴈鳩讀為「偽」，「內与賹」即為「納邪偽」，此說可從。〈季桓〉即有「與（邪）譌（偽）之民」（簡 19）一詞，陳劍師〈季桓重編〉指出

"「邪偽」近義連用，「邪」意義重點在「（立身行事）不正」，「偽」意義重點在「人爲修飾、誇飾」。「邪偽」一詞古書多見，用以修飾人的如《論衡・累害篇》：「邪偽之人，治身以巧俗，脩詐以偶眾。」"因此簡文此處讀為「納邪偽」是可成立的。

旭昇案：依高佑仁說，「内与賍」為二事，雖然似乎少了一個動詞（全句應作「好内與賍」），但符合「八」之數；依鳲鳩與賴怡璇，「納邪偽」一事甚為通順，但夫子所述只有「七」事，不符「八」之數。簡 6+7 的拼合甚為合理，要符合「八」之數，只依高佑仁說。為了解決 6+7 二簡中間無法容納任何字的困難，最不得已的辦法，我們只能說抄手漏抄了一個字，〈季桓〉、〈史蒥〉抄手水準並不高，他處也有疏漏，如〈季桓〉簡 3「而綮{専}（敷、布）䎽（聞）亓（其）𧵩（詞／辭）於僻（逸）人𧊒（乎）」，陳劍〈季桓重編〉以為「"綮"、"専"兩字中必有一字係衍文」。〈季桓〉25+〈史蒥〉5 的「眾之所植，莫之能瀍（廢）也；眾之瀍【孔子見季桓子簡二十五】，莫之能豎（豎）也」句中的「眾之瀍」顯然漏了一個「所」字。準此，本篇此處可以假設原句應作「好内與賍（貨）」，「好内」謂「貪戀妻妾姬侍」。《國語・晉語一》：「〔國君〕好内，適子殆，社稷危。」韋昭注：「好内，多嬖妾也。」《史記・齊太公世家》：「桓公好内，多内寵，如夫人者六人。」《漢書・中山靖王劉勝傳》：「勝為人樂酒好内，有子百二十餘人。」顏師古注：「好内，耽於妻妾也。」「好貨」謂「貪愛財物」。《孟子・梁惠王下》：「寡人有疾，寡人好貨。」（俱參《漢語大詞典》）

幽（幼）色与（與）酉（酒）。原考釋訓「幽」為「深」。高榮鴻〈史蒥校讀〉認為「幽」字的義項不能與「色」、「酒」搭配成詞，也無法讀通簡文，疑「幽」可讀為「淫」。單育辰〈雜識〉讀為「幼」。郭永秉認為「這就是見於《大戴禮記・用兵》「疎遠國老，幼色是與」的「幼色」，指美少年。（郭永秉說法轉引自張舒《上博九問題研究》）怡璇案：單、郭二人之說可從。

「大鐘鼎」，原考釋謂「美重器，屬淫禮」，有一定的道理，楊華《先秦禮樂文化》頁 155-156 指出：“鐘的據有，及其質量的好壞和規模的大小，對於貴族、天子乃至整個國家來說都是一件大事。楚人尚鐘，以鐘為國家重器，相當於中原國家對鼎的重視。在周代雅樂體系中，鐘和鐘樂也成為宗法等級制度的一個物質載體，是定名分，分等級的標誌。春秋末年以降，禮崩樂壞，社會上普遍流行著對鐘樂的潛越，而那些暴發崛起的中下層貴族則竭力追求對鐘樂的占有，以炫耀自己的地位。”可見「鐘」對古代貴族而言有特別的地位。

《淮南子・本經訓》指出「凡亂之所由生者，皆在流遁。流遁之所生者五：大構駕，舉宮室……鑿缺池之深，肆畔崖之遠……高築城郭，設樹險阻……<u>大鐘鼎，美重器</u>……煎熬焚炙，調齊和之適……此五者，一足以亡天下矣。」因此，不論是大鐘或是大鼎，的確是表示「重美器」，但其深意為貪圖物質的享樂，即「淫樂」。

旭昇案：古代禮器多有定制，鑄大鐘被視為越禮的奢淫行為，《國語・卷一・周語下・景王二十三年》周景王鑄大鐘、《說苑・正諫》晉文公欲鑄大鐘，以自比堯舜、《上博四・曹沫之陳》魯莊公將為大鐘，都受到賢臣的勸諫。

17. 美审（宮）室，區（驅）輕（騁）畋邌（獵），与（舉）獄訟（訟），此所以遊（失）

■。原考釋隸為「美」。苦行僧〈史蒥初讀〉57 樓：“簡 7 中所謂的「美宗室」之「美」，恐當是「羔」的訛字。「羔」在此當讀為「高」。兩字古音都是見母宵部，且古書中兩字有相通的例子。”鳲鳩〈史蒥初讀〉58、59 樓認為此字形可能遠溯甲骨。高榮鴻〈史蒥校讀〉認為楚簡有「火」、「大」訛混之例，因此隸為「羔」、「美」皆有可能，但依訓詁原則，優先考慮能以本字讀通簡文之例，故較傾向前說，「美」應訓作「使

之華美」義。張舒《上博九問題研究》補充《史記・蘇秦列傳》中「高宮室大苑囿以明得意」的「高」與此處「美宝室」之「美」用法相同。

怡璇案：已往楚簡的「美」字皆从散聲，作「」（〈季桓〉簡14）、「」（《上博五・季庚子問於孔子》簡13）等形，此處是楚簡首次出現以「美」字表「美」意的字形，苦行僧則以為是「羔」的訛字，其實是沒有必要的。「美」的甲骨文作「」、「」（字形取自李宗焜師：《甲骨文字編》，頁66-67），字形从大，上象毛羽飾物的部分已與「羊」形接近。西周金文作「」（美爵，《集成》9086），本篇此字繼承甲骨金文，確是「美」字無疑。

宧（宮）。原考釋認為隸為「宝」，並認為此字和「宗」、「室」、「祐」字音分別可通，因此「宝室」亦可讀為「宝祐」、「宗祐」，「美宝室」，亦屬淫禮。（頁281）mpsyx〈史䭼初讀〉41、44樓："所謂「宗」，實為「宧」，音借為「宗」。中宗音近。「崇朝」或作「終朝」，中南山或終南山，是其證也。6、7如果編聯，則「美宧室」與「大鐘鼎」，則讀「美宗室」於義不通，應讀為「美宮室」，似與《周禮》之「嬫宮室」同義。《周禮・地官・大司徒》：「以本俗六安萬民：一曰嬫宮室，二曰族墳墓，三曰聯兄弟，四曰聯師儒，五曰聯朋友，六曰同衣服。」"高榮鴻〈史䭼校讀〉："「宧」字，原篆寫作：楚簡「宝」字寫作「」（《包山》219）、「」（《包山》22），其豎畫中間為一點或短橫畫，不為圈形部件，可知不能隸作「宝」。其次，楚簡「宧」字寫作「」（《郭店・六德》12），其豎筆已訛寫成向右曲筆，而所論字之豎筆只是訛寫成向左曲筆，故隸作「宧」應可成立。音韻方面，「中」為端紐冬部，「宗」為精紐東部，「宮」為見紐冬部，三字聲近韻同，具備通假的條件。"

怡璇案：高榮鴻已指出楚簡字形「主」與「中」的差別，故此字應隸為「宧」。高文指出「『中』為端紐冬部，『宗』為精紐東部，『宮』為見紐冬部」，可見「中」通假為「宗」和「宮」的音韻條件是一樣的，但傳世

文獻未見「美宗室」一詞，故筆者較傾向讀為「美宮室」。

「美宗室」與上文的「大鐘鼎」同，皆指沉溺享樂，如：

> 《韓非子・八姦》：「何謂養殃？曰：人主樂宮室臺池、好飾子女狗馬以娛其心，此人主之殃也。」
>
> 《戰國策・蘇秦從燕之趙始合從》：「與秦成，則高臺、美宮室，聽竽瑟之音，察五味之和，前有軒轅，後有長庭，美人巧笑，卒有秦患。」
>
> 《史記・蘇秦列傳》：「秦成，則高臺榭，全宮室，聽竽瑟之音，前有樓闕軒轅，後有長姣美人，被秦患而不與其憂。」

「美宮室」置於《韓非子》的〈八姦〉篇中，韓非原著，張覺譯注《韓非子全譯》頁 110 指出「八姦」是指奸臣對君主權力進行巧取豪奪的八種手段，而「養殃」便是人臣用「物質享樂」來腐蝕君主的手段。而《戰國策》和《史記》亦是如此記載，此二書更直指「美宮室」的下場為被他國（秦國）佔領，可見「美宮室」的本意即為物質享樂的極致，人君若浸淫其中，則會導致亡國。

區輇（騁）敓邋（獵）。原考釋與下一字連讀，隸為「區輇玖与」，注云：「讀為「驅軝柱乘輿」。「輇」，疑「軝」字。「玖」讀為「柱」，用作車飾。「」疑「乘」之異體。句意駕駛裝飾豪華之車。」youren〈史蒥初讀〉2 樓、〈上九初讀〉、〈史蒥初讀〉：「簡 7 所謂的「輇」疑是從車呈聲之字。」 youren〈史蒥初讀〉3 樓、〈上九初讀〉、〈史蒥初讀〉指出「輇」下一字「當為「敓」，原釋解作從主聲，明顯字形兜不上。」ee〈上博九識小〉0 樓、〈佔畢十六〉：「《史蒥問於夫子》簡 7 第 4 字以下相關 4 字應釋為「驅輇（騁）敓獵」。」易泉〈史蒥初讀〉17 樓、〈上九札記〉亦疑「」字為「獵」字。程燕〈上九箚二〉

羅列楚簡「鼠」旁的相關字形，指出此字即為「邎」：“簡文「區（驅）輕畋邎」，當讀為「驅騁田獵」。「輕」，定紐耕部；「騁」，透紐耕部。定、透均屬舌音，韻部相同，可以相互通假。傳世典籍亦有相通之例：《莊子·山木》「未足以逞其能也。」《太平御覽》九一引逞作騁。驅騁，意謂驅策馳騁。「畋獵」即「田獵」。簡文「驅騁田獵」見《孟子·盡心下》：「般樂飲酒，驅騁田獵，後車千乘，我得志，弗為也。」”

怡璇案：「￼」字圖像處理過後作「￼」，可明顯看到口形之下仍有一豎筆，此字應即從「呈」之「輕」，當依 ee 之說讀為「騁」。畋，字作「￼」，原考釋隸為「攻」，當依 youren 改隸為「畋」。「邎」字作「￼」，字形較為模糊，難以確定是否從車形。程燕所舉的字形眾多，但其中〈芮良夫毖〉一例當釋「覆」，見郭永秉〈釋清華簡中倒山形的「覆」字〉、〈釋清華簡中倒山形的「覆」字〉頁 78-79 指出：

關於古文字中「鼠」旁，最近程燕先生在考釋《上博九·史蒥問於夫子》的「邎」字已有舉證（其中有一些到底是否從「鼠」，尚可討論；此文也舉到了《芮良夫毖》的這個所謂「邎」字），大家可以參看、比較。

「丁」上一字作「￼」，其實並非「邎」字，而正是「遉（顛）」字……只要仔細對比就會發現，《芮良夫毖》這個所謂「邎」字，上部是正、倒兩個人形（與「化」字無關），下部實是「鼎」旁的一種省變寫法（右下尚有一曲筆稍稍泐損，但仍可辨出）從字形上說，這個字顯然應當釋為從「辵」從「貞」聲之字。考慮到正、倒兩個人形正可會顛倒之義，所以也有可能這個字上部就是「真」的一種繁形，全字似即逴可釋為上博簡《周易》簡 24、25 等、《鄭子家喪》甲本、乙本簡 4 所見的「遉」字。

其說可從。

与（舉）獄訟。原考釋將「与」字讀為「輿」，屬上讀，並將「獄訟」與下字連讀作「獄諮（訟）易」，注云："句意獄訟蔓延，判失易道。"youren〈史蕳初讀〉13 樓、〈上九初讀〉："簡 7 疑句讀為「美宗室，驅◎畋◎，舉獄訟，易所以失」，值得注意的是，「舉」字上有墨點，或有提醒作用。"易泉〈史蕳初讀〉17 樓、〈上九札記〉認為「舉」訓為「興起」，「舉獄訟」似興起獄訟。鳰鳩〈史蕳初讀〉74 樓："可考慮讀「鞫獄訟」「鞫獄訟」，有刑訊逼供的意思在內，但找不到先秦書證。"苦行僧〈史蕳初讀〉75 樓："「與獄訟」之「與」，當讀為「預」。……「預」有干預的意思。《東觀漢記・明帝紀》:「外戚預政，上濁明主，下危臣子。」……「與（預）獄訟」的意思就是干預獄訟，也就是以個人權勢影響司法公正。"高榮鴻〈史蕳校讀〉認為「舉」、「預」二說都能讀通簡文，故並存。

怡璇案：youren 斷句可從，但另指出此字上方有墨點，疑有提示作用，此說則有疑問。此墨點位置於「獵」字之左下方：「 ➡ 」，竹簡的標點符號罕見在文字左下方，且此墨點較靠近「獵」字而非「与」字，視為無義墨點為宜。苦行僧讀「預」，文意雖可通，但「預」訓為「干預」意時，其受詞多為「政事」，如《三國志・吳志・陸遜傳》:「時何定弄權，閹官預政。」《前漢紀・孝文皇帝紀上》:「不得預政事」，未見「預」與「訟」、「獄」搭配使用，故不從此說。

易泉讀為「舉獄訟」，可從。《上博二・從政甲》簡 8-9 簡文即可見："從正（政）又（有）七幾（忌）：獄則興，愄（威）則民不道（由），洒（峻）則遴（失）眾，悟（猛）則亡（無）親，罰則民逃，好型（刑）則民复（作）䵽（亂），旲（凡）此七者，正（政）斎=（之所）忎（殆）也。"（「七機」讀「七忌」，見禤健聰〈上博楚簡（五）零札（一）〉）此句文意為從政有七個不可為的項目，「獄則興」為其中之一，單周堯、黎廣基〈上博楚

竹書（二）《從政》甲篇「獄則興」試釋〉頁 78-79 指出：“如果在上位者喜興刑獄，又往往會招致人民的畏忌和怨恨。因此，《晏子春秋・諫下第二》云：「景公藉重而獄，拘者滿圄，怨者滿朝。」《漢書・杜延年傳》云：「間者民頗言獄深，吏為峻詆……恐不合眾心。」可見無論先秦兩漢，獄事峻深，都不合眾心。”可見讀「与獄訟」為「舉獄訟」是合理的。

訟。原考釋隸為「詌」，認為是「訟」字古文。怡璇案：傳抄古文的「訟」字作「」、「」（字形取自徐在國：《傳抄古文字編》，頁 240），形體與本簡「」、《上博二・容成氏》的「」字形相同，隸為「訟」字即可。

此所以失。原考釋隸「此」為「易」，屬上讀。youren〈史蒥初讀〉13 樓、〈上九初讀〉將此字改屬下讀。易泉〈史蒥初讀〉17 樓指出此字可參《上六・孔》簡 8 的「此」字，“此處當是「此所以失」。”怡璇案：youren 斷句、易泉隸「此」可從。「此」字作「」，可參〈季桓〉相關字形如下：

簡 13　　簡 13　　簡 11　　簡 15　　簡 8　　簡 8

陳劍師〈季桓重編〉將上引字形改隸為「此」：“以上諸字雖然字形略有變化，但從文意、句子結構各方面來看，都應該釋爲「此」。上引最末一形即簡 8 後一「此」字，顯然就是將簡 13 後一「此」字中的「爻」形挪到上方、同時其左下部分還保留「此」字的兩筆而成的。上引最末一形即簡 8 後一「此」字，顯然就是將簡 13 後一「此」字中的「爻」形挪到上方、同時其左下部分還保留「此」字的兩筆而成的。”

18. 害（曷）鹿（從）而不敬

原考釋讀為「害（曷）鹿（麗）而不敬」。易泉〈史蒥初讀〉24 樓、

〈上九札記〉：“楚文字中鹿、麤形體接近，這裏也有可能是「麤」字，此種寫法也見於上博容成氏 48 號簡、天子建州甲 8 諸「薦」字。麤，讀作「薦」。「曷薦而不敬？」，可參看《禮記・祭義》有「其薦之也，敬以欲」。”張峰〈上博九・史蕳初讀〉贊成原考釋之說，認為此字可訓為「魯莽」，即今之「粗」字。高榮鴻〈史蕳校讀〉反對讀「麤」說法，指出此說無法得出「魯莽」之意，以為：“「鹿」應讀為「數」，「鹿」為來紐屋部，「數」為心紐屋部，聲近韻同，來、心二紐通假的例證如《上博三・周易》54 號簡「初六：旅贏贏」，今本《周易》作「旅瑣瑣」，原考釋者將「贏」逕讀為「瑣」，而「贏」從「角」、「赢」聲，「赢」為來紐歌部，「瑣」則為心紐歌部，且「鹿」字聲系與「婁」字聲系有通假例證，例如《荀子・成相》：「刭而獨鹿棄之江」，楊倞注：「獨鹿與屬鏤同，本亦或作屬鏤」，可見「鹿」與「數」應具備通假的條件。「數」應訓作「禮數」，例如《左傳・昭公三年》：「今嬖寵之喪，不敢擇位，而數於守適」，楊伯峻注：「數，禮數也」。簡文「曷數而不敬」意謂「為何有禮數卻沒有恭敬的態度」。”

怡璇案：此字作「」，學者指出此形可隸為「鹿」或「麤」，可從。許雁綺《楚簡同形字辨析》頁 55-64 曾整理楚簡的「鹿」和「麤」的同形現象，證明此二字的同形僅存於偏旁中。因此馮勝君《郭店簡與上博簡對比研究》頁 109，注【1】所言「『麤』與『鹿』在用作偏旁時，偶有相混，但單獨成字時尚未見相混的例子」之說可成立。

「」依其字形即為「鹿」，相同形體如《包山》2.179：「」、《上博六・天子建州甲》簡 10「」，「鹿」可讀為「從」，「鹿」與「枲」二聲音同皆為來紐屋部，沈培〈從戰國簡看古人占卜的「蔽志」——兼論「移祟」說〉頁 403 指出「上博簡〈孔子詩論〉簡 23『鹿鳴』之『麐（鹿）』作，對比新蔡簡零：352『爵祿』之『祿』作看，兩者顯然當為一字，是『鹿』、『枲』皆聲的雙聲字，後者上從『鹿』不省，前者

『鹿』則省成鹿頭形。復檢〈孔子詩論〉注釋，原整理者已指出此字从鹿从彖，以彖為聲符。」从鹿从彖的字形另出現於「」（《清華貳・繫年》簡 42），辭例為「五彖」，李春桃《傳抄古文綜合研究》頁 129-130 亦指出「古文系統中很多異體關係是因聲符替換引起的」，「鹿」與「彖」造成的「麗」和「篆」異體字即是如此，因此「鹿」與「彖」在通假上無問題。

「彖」和「鹿」聲皆可讀為「從」，李家浩〈戰國竹簡《緇衣》中的「逶」〉頁 20-21 指出《郭店・緇衣》的「逶」字可讀為「從」，二者的韻部為東、屋陽入對轉，聲紐雖然分屬來母和從母，但二聲紐在古代是有相關的，因此「彖」讀為「從」沒有問題。蘇建洲師〈上博八《有皇將起》校讀〉回帖 4 樓亦曾指出《上博八・有皇將起》簡 4 的「鹿尻（居）而同欲今可（兮）」中的「鹿」字可讀為「從」。

「從」訓為「依順」，如《書・益稷》：「予違汝弼，汝無面從，退有後言。」簡文「害（曷）鹿（從）而不敬？」為夫子所言，但簡文殘缺，難以確定實指何人的作為。「害（曷）鹿（從）而不敬」指表面遵從，但內心並不恭敬。

19. 子亦夕（厥）之惻（側）

亦。鴻鳩〈史蒥初讀〉27 樓：〝簡 9，整理者所釋「亦」，應為「夜」。〞youren〈史蒥初讀〉29 樓指出此種寫法應為「亦」，可參程鵬萬〈釋朱家集鑄客大鼎銘文中的「嗚腋」〉一文。yushiawjen〈史蒥初讀〉35 樓補充甲骨文「亦」字可釋為「夜」，可參李宗焜師〈論卜辭讀為「夜」的「亦」——兼論商代的夜間活動〉。

怡璇案：所論字形作「」，此字即為「亦」，李松儒《戰國簡帛字跡研究–以上博簡為中心》頁 228 指出：〝《孔子見季趄子》中「亦」字寫作：〞12

這種寫法的「亦」字也見於上博其他簡中，如：性情 18 民之 3 民之 4 民之 4 民之 4，可見這種「右側多一斜點」的寫法並不少見，而與《民之父母》相同抄手所寫的上博七《武王踐阼》中的「亦」字右側卻並未多一斜點，這有可能是《民之父母》抄手有意變換字體結構而造成的。」現在看來，此種特殊寫法的「亦」字不僅是〈民之父母〉抄手專有，在〈孔子見季桓子〉的筆跡中亦可見得。

惻（側）。原考釋隸為「惻」，訓為悲然、痛切、怛恨之義。怡璇案：原考釋之說置於簡文文意不明。「惻」或讀為「側」，《說文》：「側，旁也」，簡文「害（曷）鹿（從）而不敬？子亦乒（厥）之惻（側）」，此句為夫子所言，但前一句所指何人並不清楚，後一句的「子」應是指史䜅，此處文意或指為人臣之道，前句文意為「何以表面順從而內心不敬呢？」應是指臣子對於君王的態度，後句的「乒（厥）」字作「」，上文已做過考釋，在此不論，「厥」亦訓為「其」，代指「君王」，文意為「你亦在他（君王）身旁」。二句文意殘斷，或許是夫子在告戒史䜅，人臣對君主的態度常常只是表面順從，而你亦是君王身邊的人臣，故下文為史䜅發問「可（何）胃（謂）敬？」

旭昇案：「害鹿而不敬？子亦之惻」之前應有缺簡，文義難以判斷。「」字原考釋隸為「氐」，亦不無可能。

20. 可（何）胃（謂）雷〈申〉（信）？可（何）胃（謂）敬？

原考釋隸作「可（何）胃（謂）畺（強）？可（何）胃（謂）□」，注云："「畺」字从畕，甲骨文作「」，《殷契粹編》：「□□卜，行貞：今夕亡拎？在畺。」郭沫若說：「畺即疇字，在此乃地名。」疑今之「疆」字，從卜辭文意看，王在外，此「畺」，可能指邊界，為「疆」字。" 鵙鳩〈史䜅初讀〉40 樓將此句釋為：「何謂申（？），何謂敬？」youren〈史䜅初讀〉78 樓："所謂的疆或申的這個字，其實見於璽彙

61、86、120，為地名，到底是什麼字，還很值得研究。”天涯倦客〈史
蒥初讀〉69 樓：“那個字應該釋「疇」。「疇」有齊等義，這可能是史留
問「什麼算平等？什麼尊敬？」。”高榮鴻〈史蒥校讀〉指出此字與楚簡
「疆」字有別，應為「雷」，但文意不明。

　　怡璇案：此字作「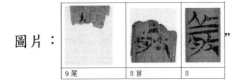」，與 youren 所指出的璽印文字字形的確相
仿，而高榮鴻在 youren 的基礎下，將所論字與甲骨文字作連結。季旭昇
師 2014 年藝文版《說文新證》頁 814「雷」字下甲骨文亦收《殷契粹
編》此形。楚系文字保留古形較多，但本簡此字目前缺乏足夠的證據，釋
為「雷」或「申」皆有可能，待考。

　　駱珍伊碩士論文《上海博物館藏戰國楚竹書（七）～（九）》與《清
華大學藏戰國竹簡（壹）～（叁）字根研究》以為此字可能是「申」的訛
寫。楚簡「申」一般作「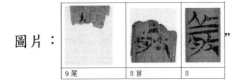」，本簡此字「口」形訛成「田」形。「申」
讀為「信」，《孟子・告子上》：「今有無名之指，屈而不能信。」句中
「信」字即假借為「伸」。旭昇案：〈史蒥〉書手水準不高，類似訛誤，極
有可能，雖楚簡「信」字常見，但偶然假借「申」字為之（就是段玉裁假
借三變中的「既有其字矣，而多為之假借」），也不是不可能。姑從此說。

　　敬。鳭鳩〈史蒥初讀〉40 樓：“疑簡 9 下綴簡 8，接口綴為「敬」。
史蒥曰：「何謂申（？），何謂敬？」夫子曰：「敬也者，瞻人之顏色而為
之，為視其所欲而」

圖片：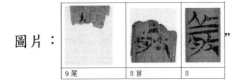　”

高榮鴻〈史蒥校讀〉指出「敬」字寫法較為特殊，相關字形的討論可參閱
蘇建洲師〈利用《清華簡（壹）》字形考釋楚簡疑難字〉。

　　旭昇案：簡 9 接簡 8，已於本篇一開始討論過，拼接後「何
謂敬」的「敬」字如右圖，確與鳭鳩所舉簡 8 一例相同。楚系

「敬」字常見的寫法作「」，而《上博一・性情論》15 作「」，李守奎《上海博物館藏戰國楚竹書（一－五）文字編》頁 439 謂「左下訛為『肉』」。〈史蒥〉原考釋也指出 "「敬」的字形與《上海博物館藏戰國楚竹書（一）・性情論》第三十三簡「敬」字同，其中「口」省作兩點。"

21. 敬也者，詹（瞻）人之㒼=（顏色）而為之，為視亓（其）所谷（欲）而

原考釋斷讀為「敬也者，訇（信）。人之㒼＝（交，見）亓（其）為之，為見亓（其）所谷（欲），亓（其）……」，注云："「訇」，字從身，從言，亦「信」字，從身與從人義符同類。……「㒼」，合文，分讀為「交，見」。……與人交，要見其所為，君子之交仁道、博施、敬人、舉寬。……人的所作所為，可以通過人的思想、追求、是非觀來獲悉。" 文義不甚明暢，學者討論如下。

詹。無語〈史蒥初讀〉1 樓："《史蒥子問於夫子》簡 8「敬也者」下數字當釋作「詹（瞻）人之顏色」。"高榮鴻〈史蒥校讀〉："此字從「身」從「言」，應讀為「信」，訓作「知」，例如《淮南子・氾論訓》：「及其為天子三公，而立為諸侯賢相，及始信於異眾也」，高誘注：「信，知也。」"

怡璇案：原考釋將此字上讀，斷句作「敬也者，訇（信）。」無語改隸為「詹」並下讀。筆者認為所論字應下讀，原考釋讀為「信」則不宜，「信人」是一個詞組，傳世文獻中的「信人」多指「相信／取信人」，如《孔子家語・子路初見》：「小人以其所不能不信人。」《韓非子・備內》：「人主之患在於信人，信人則制於人。」故此處不讀為「信」。無語改隸為「詹」，但所論字作「」，上半部明顯從「身」旁，與〈季桓〉簡 8「」（息）同，楚簡「詹」字應作「」（《上博一・緇衣》簡 9），從厃

旁，故非「詹」字，隸定應從原考釋。

旭昇案：「」字上從「身」下從「言」，筆者於〈史蒥釋讀〉指出楚簡「信」字從言身，但都作左右排列；且本句讀「信」也無法通讀；視為「詹」字的訛體，放在簡文中讀為「瞻人之顏色而為之」文從句順。但是，「瞻人之顏色而為之」的「人」，應該是指尊長，而不是涵蓋所有人。

喦=（喦=／顏色）。原考釋隸作「寬」，以為「交見合文」。無語〈史蒥初讀〉1 樓：“《史蒥子問於夫子》簡 8「敬也者」下數字當釋作「詹（瞻）人之顏色」。”程燕〈上九箚二〉、〈上博九札記〉頁 191-192：“此字釋作「顏色」，甚確。《上博五・鬼》8喦（顏）字作：。《郭店・五行》「顏色」合文作：。均與形近，但上部略有不同。筆者試作如下推測：一種可能是：釋作「安色」，讀為「顏色」。顏，疑紐元部；安，影紐元部。影、疑均爲喉音，唯深淺不同而已。故二者雙聲疊韻可通假。另一種可能是：從「色」，「彥」省聲，讀作「顏」。合文「顏色」屬偏旁借用。簡文「顏色」，面容、臉色。《論語・泰伯》：「正顏色，斯近信矣。」《楚辭・漁夫》：「屈原既放，遊于江潭，行吟澤畔。顏色憔悴，形容枯槁。」”

怡璇案：「」即是從安（彥省聲）從色的合體字，「文」（彥省聲）旁上加宀形贅旁的情況同鳲鳩所舉的〈顏淵問於孔子〉的「顏」字諸形。程燕疑為「安色」合文的原因應是「安」形所從的第三筆右上至左下的斜筆（「」）看似未貫穿最下方的斜筆，但細查圖版，其實在「安」形的左下方仍有墨痕（），所論字隸定無疑。

楚簡首見「彥」省聲之字應是《九店》的「」（簡 4）、「」（簡 5）二形，李零〈讀九店楚簡〉頁 143 認為似是一個從衤、從首加重文號的字。董珊〈楚簡簿記與楚國量制研究〉摹文作「」、「」。上部「衤」旁只寫作「文」

「顏色」合文相同的寫法又見《清華壹・祭公》18「厚（顏）忍

恥」，《上博五‧鬼神之明》8「（顏）色深呣（晦）」、《郭店‧五行》32「（顏色）佻（容）佼（貌）」，可見此種字形可代表「顏」或是「顏色」二義，而《郭店》與本篇此字有合文符號，自當為「顏色」合文。「顏色」指人的臉部表情，《論語》常見「顏色」一詞，如〈泰伯〉：「正顏色，斯近信矣。」〈鄉黨〉：「出，降一等，逞顏色，怡怡如也。」

　　而。原考釋釋為「亓（其）」。youren〈史𩜁初讀〉15 樓、〈上九初讀〉、〈史𩜁初讀〉：“簡 8「其為之」的「其」當是「而」。簡末當改釋作「見其所欲而」。”怡璇案：此字作「」，與之同形者為簡 4 的「」形，辭例作「訋（始）旻（得）可人而与（舉）之」，確是「而」字。本句最後一「而」字同。

　　旭昇案：《九店》簡 4、5「奮」字作「」，上部「祡」旁省「厂」，本篇此字同。因此應該釋為從言、祡省，依形隸定可作「䜴」，同「麃」。「敬也者，瞻人之顏色而為之」，謂「敬，是瞻望人的臉部表情而表現出來的」。「為視亓（其）所谷（欲）而……」，意謂：「（敬）是要看他的欲望而（決定）……。」這樣解釋「敬」，相當功利，與我們熟知的孔孟儒家學說不合。疑這兩句話本來是孔子批評那些「外表遵從而內心不恭敬」的人，這兩句話後面應該接孔子批評這種態度的話語，大約如「那就不叫敬了」之類的話。可惜簡殘，無法確知下接何語。

　　句中「視」字，原考釋隸為「見」。從 youren〈史𩜁初讀〉4 樓、〈史𩜁初讀〉改隸為「視」。

22. 睧（聞）子之言大矍（懼），不志（識）所為

　　矍（懼）。原考釋將「矍」讀為「懼」。張峰〈上博九‧史𩜁初讀〉釋為「懼」。高榮鴻〈史𩜁校讀〉指出傳世典籍的「懼」字常與「然」字搭配成一組形貌詞，但簡文「懼」後無「然」字，因此不能讀為「懼」。怡璇案：簡 12「臨事而矍」，都應改讀為「懼」，文從句順。

志（識）。原考釋：「「不志所為」，意同「非志所為」，或讀為「不知所為」。句意舉止難控。「為」字下有句讀符。」張峰〈上博九・史䖏初讀〉贊同原考釋之說。怡璇案：「志」與「知」二字在音理上可以通假，但出土文獻中的「志」多與「寺」聲、「屮」（之）聲通假，（參白於藍：《戰國秦漢簡帛古書通假字彙纂》，頁 42-48）罕見讀為「知」字的通假音例，「志」與「知」二字的通假關係為皆可與「之」字通假，前者如《戰國策・趙策一》：「趙國之士聞之。」《史記・刺客列傳》「之士」作「志士」；後者如《詩・小雅・采薇》：「莫知我哀。」《鹽鐵論・備胡》引「知」作「之」。（參高亨：《古字通假會典》，頁 403-404）但畢竟二字無直接通假字例，就音例上較為不適合。「志」字或可讀為「識」，二字相通的例證甚多，如《郭店・老子》甲：「古之善為士者，必非（微）溺（妙）玄達，深不可志，是以為之頌（容）」今本「志」作「識」。（白於藍：《戰國秦漢簡帛古書通假字彙纂》，頁 47）《周禮・春官・保章氏》：「以志日月星辰之變動。」鄭注：「志，古文識。」（高亨：《古字通假會典》，頁 404）「識」可訓為「知」，如《禮記・哀公問》：「子志之心也」鄭玄注：「志，讀為識。識，知也。」簡文「不知（識）所為」意謂：我不知道在做什麼。

23. 善才（哉）！臨事而瞿（懼），希不

希。原考釋隸為「尭」。溜達溜達〈簡單的〉0 樓：「《史䖏》簡 12，倒數第 2 字，不就是「希」字嗎？」鳲鳩〈史䖏初讀〉50 樓：「《孔子見季桓子》8 有一字，陳劍先生釋「此」，如果確實，則《史》12 也可考慮釋「此」，「臨危不懼，此不……」很通暢。」

怡璇案：楚簡已有從希之字，其形作「［圖］」（《包山》2.184），何琳儀〈包山竹簡選釋〉頁 59 與劉釗〈包山楚簡文字考釋〉頁 25 皆將此字隸為「䊶」，劉釗指出「『［圖］』從爻從巾，為希字。」「希」字從「巾」旁，在第 01 條已指出「巾」和「市」二形可互作。本篇「市」旁中間豎筆未

穿透「ㄇ」形，為本書手的習慣寫法。

　　「臨事而懼」又見《論語・述而》：“子謂顏淵曰：「用之則行，舍之則藏，唯我與爾有是夫！」子路曰：「子行三軍，則誰與？」子曰：「暴虎馮河，死而無悔者，吾不與也。必也臨事而懼，好謀而成者也。」”

〈卜書〉譯釋

駱珍伊　集釋

龐壯城　撰寫

【題解】

　　〈卜書〉之內容為龜卜之書，今存完簡四枚（第一、二、七、八簡）與殘簡六枚。完簡有標記簡序之數目字；殘簡雖失去編號，但最後一簡有黑方塊，為全篇結束之標誌，位置明確。其餘五簡之順序則是根據簡文內容、簡背畫痕而排列。篇題「卜書」為原整理者據內容所補。

　　簡文包含四個古代龜卜家之話語，故可分為四部分：「肥畧（叔）」占辭，見於第一簡，內容為卜居處；「季曾」占辭，見於第一、二簡，亦為卜居處；「鄳（蔡）公」占辭，見於第二、三、四簡，為卜居處與吉凶悔吝；「囷（淵）公」占辭，見於四至十簡，內容為卜問國事，但所用的占卜術語與前三者有別

　　〈卜書〉之卜法，可分為基本與進階。基本者，僅述卜兆之形狀，如「兆仰首出趾」，而後述兆名，如「是謂闢」，並講述吉凶悔吝等事項；進階者，可先述卜兆之形狀（亦可承上文省略），加以補充卜兆之形狀，如「純背混膚」，或敘述顏色，如「如白如黃」，最後才是吉凶悔吝之事項。

　　龜卜占事之起源甚早，然有關先秦卜法之書籍皆已亡佚。目前可見之最早文獻，當屬《史記・龜策列傳》一文。漢代之後，卜法衰落，傳於今者，只有隋唐時期的少數殘缺書籍、宋明之後的專書，如《卜法詳考》，

但皆與早期卜法之形式有別。是以〈卜書〉一篇，當為目前發現最早之卜書資料，亦為不可多得之研究材料。

【釋文】

第一部分：肥畀（叔）占辭

肥畀（叔）[01]曰：「赴（兆）卬（仰）首出止（趾）[之] [02]，是胃（謂）閥（闢）[錫] [03]。卜，人無咎[幽] [04]，牆（將）法（去）亓里[之]，而它（他）方安（焉）適[錫] [05]▃。」

第二部分：季曾占辭

季曾[06]曰：「赴（兆）馗=（俯首）內（納／入）止（趾）[之] [07]，是胃（謂）【一】沓（沈）[侵] [08]。尻（處）宮無咎[幽]，又（有）疾乃㾓（漸）[侵] [09] ▃。」

第三部分：鄝（蔡）公第一占辭

鄝（蔡）公[10]曰：「赴（兆）女（如）卬（仰）首出止（趾）[之][11]，而屯（純）不（背）困（混）䐗（膺）[蒸] [12]，是胃（謂）犿[月] [13]。卜[屋]，焅（火）龜亓（其）又（有）咨[文] [14] ▃，尻（處）【二】不沾（占）大汙[魚]，乃沾（占）大浴（谷）[屋] [15] ▃。」

鄝（蔡）公第二占辭

曰赴（兆）少䣈（沈）[16] [侵]，是胃（謂）鬃[月] [17]。少（小）子吉[質]；倀=（丈人）乃哭甬（踊）[東] [18]，尻（處）宮□□□□□□□□

【三】淒（瀆）[屋][19] ▃。盒（胗）高上[陽][20]，臥屯（純）督（深）[侵][21]，是胃（謂）开（開）[微][22]。婦人开（開）吕（以）歙（飲）飤（食）[職] ▃，倀（丈）夫督（深）吕（以）伏匿[職][23] ▃。

第四部分：困（淵）公第一占辭

一占□□□□□□□□【四】□吉[質][24]，邦朼（必）又（有）疾[質][25] ▃。凡三族又（有）此[支]，三末唯吉[質][26]。女（如）白女（如）黃[陽][27]，貞邦□□□□□□□□□□□【五】夫[魚][28] ▃。貞卜邦[東][29] ▃，毗（兆）唯记（起）句（鉤）[侯][30]，母（毋）白母（毋）赤[鐸]，母（毋）窣（卒）吕（以）易[質][31]，貞邦無咎[幽]，殹（抑）牆（將）又（有）役（役）[質][32]，女（如）□□□□□□□□□【六】飤（食）墨[職]，亦無它色[職][33]。」困（淵）公[34]占之曰：「三族之敓（奪）[月] ▃，周邦又（有）吝[文]，亦不絲（絕）[月][35] ▃；三末飤（食）墨虞（且）袤（蒙）[東][36]，我周之孫＝（子孫）[文]，亓（其）【七】盞（殘）于百邦[東] ▃；大貞邦亦兇（凶）[東][37] ▃。」

困（淵）公第二占辭

困（淵）公占之曰[38]：「若卜貞邦，三族句（鉤）[侯]，旨（窒）而惕[錫][39]，三末唯敗[月] ▃，亡（無）大咎[幽]，又（有）【八】吝於外[月][40]。女（如）三末唯吉[質]，三族是窣（捽）[物]，亦亡（無）大咎[幽]，又（有）吝於內[物][41] ▃。女（如）三族□□□□□□□，三末【九】兇（凶）[東]；毗（兆）不利邦貞[耕][42] ▃。」【十】

【語譯】

第一部分：肥叔占辭

　　肥叔說：「兆象之『首』上仰，而『趾』外出，兆名為『闢』。占卜後，人無災害，將離開其所居住之鄉里，前往他方。」

第二部分：季曾占辭

　　季曾說：「兆象之『首』下俯，而『趾』內斂，兆名為「沈」。人居住於此宮室、房子並無問題，但若有疾病，病情則會加重。」

第三部分：蔡公第一占辭

　　蔡公說：「兆象之『首』上仰，而『趾』外出，而兆象的背部單純一致，胸部混濁分裂，兆名為『狋』。占卜後，因為龜卜焦灼毀壞，故有行難之意，且住處不要占卜大沼澤，而要是占卜大山谷。」

蔡公第二占辭

　　「兆象稍微下沈，兆名為『髮』。對小子（未成年者）為吉，丈人（成年者）則有哭泣、喪禮之結果，尻（處）宮□□□□□□□□濘（瀆）。兆象腹部較高，頸部之邊緣較深，兆名為『開』。婦人若卜得『開』之兆象，則要注意飲食；丈夫若卜得『深』之兆象，則要注意沉潛。」

第四部分：淵公第一占辭

　　一占□□□□□□□□□□吉，邦國必有疾。如果兆象三族有此種情況，三末兆象雖是吉利的。若兆之顏色，如果為白色或黃色，貞邦□□□□□□□□□□□夫。貞卜邦國之事，兆象雖然起鉤，若兆象顏色非白色、紅色，不要馬上就輕視忽略，表示邦國無災禍，只是有勞役之徵。淵公占卜說：「兆象三族脫落，周邦有災害，亦不會斷絕；三末之兆象，食墨，且為墨跡覆蓋，而沒有其他顏色，周邦之子孫，則殘存於各邦國中；卜問邦國大事亦有凶惡之結果。」

淵公第二占辭

　　淵公占卜說：「貞卜邦國之事，如果如兆象三族起鉤，則要節制而有所警惕憂，兆象三末敗亡，占卜結果沒有大的災害，但有憂於外。如果兆象三末是吉，三族互相牴觸，占卜結果沒有大的災害，但有患於內，女（如）三族□□□□□□□，三末兇（凶），這樣的兆象，不利於貞卜邦國之事。」

【注釋】

01. 肥鼉（叔）

　　原考釋者認為：「『肥鼉』，古龜卜家名。『肥』，可能是以地為氏。東周肥邑有三，一在河北藁城附近，原為鮮虞、中山之邑，趙滅中山後成為趙邑；一在河北邯鄲附近，也是趙邑；一在山東肥城附近，則是齊邑。『鼉』，底下有口，可能是行輩用字，可能是私名。如果是前者，則應讀『肥叔』。」

　　壯城案：即「肥鼉（叔）」，為〈卜書〉所記之第一位占卜家。

02. 覜（兆）卬（仰）首出止（趾）

原考釋者認為：「讀『兆仰首出趾』，指卜兆的上端上揚，下端向外延伸。商周時期的龜卜，一般做法，是先在龜版上開挖鑽鑿，然後施火其中，使龜版背面呈現裂紋，然後以裂紋斷吉凶。這種裂紋就是卜兆。卜兆由一豎一橫構成，卜字象之。簡文所述兆象（也叫兆體），似以豎畫為主，有頭有腳，有胸有腹，分為四段。其上出之端曰首（《龜策列傳》叫首），上部鄰近中曰膺（即胸，《龜策列傳》未見），下部近中曰胊（即腹，《龜策列傳》叫胊），下出之端之曰趾（《龜策列傳》叫足）。這裡提到的是兆首和兆趾。兆仰首，指頭上揚；兆出趾，指腳下伸。我們從下文看，這是宜於向外搬遷的兆象。」林志鵬〈初研〉從之。

珍伊案：兆紋之「首」、「身」與「足」的部位，根據《卜法詳考》來看，兆象應該不是以豎畫的兆幹為主，而是以橫畫的兆枝為主。龜甲經過鑽鑿的處理之後，鑿的部位比鑽掏得更深，灼龜後爆裂時，鑿的部位多呈一直線，變化不大，變化多在呈圓形的鑽的部位，也就是兆枝的變化比較大。《卜法詳考·卷一》曰：「坼之所見，其中為身，逼近千里者為首，舒而向外者為足，然後觀其身首足之俯仰平直，並其方位之五行，以卜其吉凶焉。」以此推測兆象的首、身、足，應如下圖：

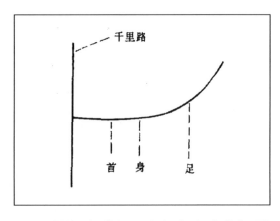

（圖片取自劉玉建《中國古代龜卜文化》頁 190）

證之以兆枝的形象字樣，則如 ⬚ 為「頭高足低」；⬚ 為「頭直身直足發」。只是對於「千里路」一詞，除了指卜兆之豎筆以外，還有另一種解釋，那就是指一片龜甲中間的直紋。

《卜法詳考・卷六》記有一種龜兆的形象字樣，亦稱「頭高足谿」，其狀作 ⬚ （頁 5），與簡文此處「仰首出趾」可能是同一個兆象。其與第二部分的占辭「俯首納趾」之狀作 ⬚ 正好相反。

壯城案：兆象一般由一豎一橫構成，董作賓便認為「卜」字之構形即象兆象形狀[13]：

圖中豎筆為「兆幹」，斜筆為「兆枝」。原考釋者以為〈卜書〉簡中所謂「首」、「趾」等兆象部位：**「似以豎畫為主，有頭有腳，有胸有腹，分為四段。」** 程少軒〈小議〉從此說，認為：「兆身長比擬人體，分為多種身體部位」。

董作賓曾歸納殷墟甲骨之兆象，並根據《禮記》、《周禮》、《吳中卜法》之記載，認為：「『兆』又可分『墨』、『坼』之二名」。且從孫希旦，以「墨」為鉅紋、為豎筆，以「坼」細紋、為斜筆。如右圖：

其為《史記・龜策列傳》及後世卜書中，以「人體部位」標誌之「兆象」，皆指「坼」，亦即細紋、斜筆之部分。其部位對應，如右圖：

董作賓之看法，與〈卜書〉原考釋者不同。張秉權亦針對「豎筆、斜筆如何區別卜兆吉凶」，歸納殷墟甲骨兆象（以武丁時期為主）之變化，認為：

我們知道縱兆雖則大都是垂直面沒有多大變化的，但橫兆卻俯仰曲

---

13 或說表龜版燒灼之爆裂聲。參董作賓：〈商代龜卜之推測〉，宋鎮豪主編：《甲骨文獻集成》（成都，四川大學出版社，2001年4月），頁14。

折，變化多端，有時它坼裂出一種角度以後，兆身又曲折向上或向下，或向上而後又向下，或向下而後又向上。[14]

其更統計其所見甲骨兆象之「豎筆與斜筆」之角度，認為兆象中「豎筆」之部分，實與占卜之吉凶無關。占卜之吉凶，應該是由判斷斜筆所得知。然而甲骨之兆象，並無法完全以「量化」的方式，對應至各種吉凶。故張秉權認為：

> 殷人對於龜腹甲上的卜兆吉否的判斷，除了卜兆的角度而外，也許還有若干的因素，可惜到現在為止，我還無法從遺物中將那些因素一一找尋出來。[15]

甲骨中之兆象，或許不能僅依「斜筆」之角度、型態，便作出吉凶之判斷；然而「斜筆」，是吉凶之重要依據，應是可從的。故〈卜書〉此處應依據董作賓、張秉權之看法，將兆象所謂之「身體部位」，視為對「斜筆」之標誌。不過此類身體部位，究竟如何判斷屬於斜筆之何種部位，因目前卜法相關材料過少，仍難以判斷。故本文僅隸「首」、「趾」之卜兆部位。

簡文「虲（兆）卬（仰）首出止（趾）」，意思是：「卜兆之『首』上仰，而『趾』外出」。

03. 是胃（謂）闋（闢）

原考釋者認為：「讀『是謂闢』。簡文所見的這類話，都屬於兆象，猶如筮占有卦名。闢有開通、拓廣之義，下文『卜人無咎，將去其里，而它方焉適』就是附會這種含義。『闋』，即《說文解字·門部》引〈虞書〉的

---

[14] 張秉權：〈殷墟卜龜之卜兆及其有關問題〉，宋鎮豪主編：《甲骨文獻集成》，頁28。
[15] 張秉權：〈殷墟卜龜之卜兆及其有關問題〉，宋鎮豪主編：《甲骨文獻集成》，頁28。

寫法。前人指出，這是闢字的古文。」

林志鵬〈初研〉認為：「『闢』就是『仰首出趾』這種型態的兆名。」

壯城案：「是胃（謂）閥（闢）」，為「㐨（兆）卬（仰）首出止（趾）」兆象之名。

04. 卜，人無咎

即「卜，人無咎」。原考釋者認為：「不是問占卜者無咎，而是問下述搬家的人無咎。」

壯城案：原考釋者可從。簡文是「先卜後占」，卜得此種「兆象」後，進行占卜，方知「人無咎」。故是句當讀為「卜，人無咎」。此處不言「占，人無咎」，應是將占、卜兩階段行為視為一，為「卜後須占，占前必卜」之概念。簡文「卜，人無咎」，意思是：「占卜後，人無災害」。

05. 牂（將）法（去）亓里，而它方安（焉）適

原考釋者認為：「讀『將去其里』，指離開原來的居住地。『闢』通辟，辟有辟除之義；又通避，避有迴避、違離之義。『將去其里』正有這類的含義。

讀『而他方焉適』。『安』，簡文無宀旁。這種寫法的安，在簡文中多用為焉。焉可訓何（用於問句）、訓乃（用於兩句間，表示轉折）、訓是。這裏是第三種含義。『焉適』的意思是『是往』。『闢』有開通、拓廣之義，『而他方焉適』正有這類含義。此句後有墨點，肥雪之占止於此。」

林志鵬〈初研〉認為：「『卜人無咎，將去其里，而它方焉適』，這是這種卜兆代表的占卜結果。李先生認為『闢』有遠離之意，『將去其里』、『它方焉適』（焉訓作是）與之呼應。其說是。」

壯城案：「里」字，指居住地。《說文・里部》云：「里，居也。」《詩經・鄭風・將仲子》：「將仲子兮，無踰我里。」毛傳云：「里，居也。」

「而它方安（焉）適」句，可能是為配合押韻，而改為倒裝，即「適它方」之義。「適」字，《詩經・鄭風・緇衣》：「適子之館兮，還予授子之粲兮。」毛傳云：「適，之。」《說文・辵部》亦云：「適，之也。」

簡文「牆（將）法（去）亓里，而它（他）方安（焉）適」，意思是：「（若出現此兆象，）將離開其所居住之鄉里，前往他方」。

06. 季曾

原考釋者認為：「以下是第二段占辭。『季曾』，亦古龜卜家名。『季』是行輩字，『曾』是他的私名。」

壯城案：「季曾」，為〈卜書〉所記之第二位占卜家。

07. 狀（兆）馗=（俯首）內（納／入）止（趾）

原考釋者認為：「『馗』字是合文，應讀『兆頯首納趾』，與上『兆仰首出趾』正好相反。頯首，指兆紋的上端低垂；納趾，指兆紋的下端內斂。我們從下文看，此兆是利居不利出之象。案：《說文解字・頁部》：『頯，低頭也。从頁逃省，《太史卜書》頯仰字如此。揚雄曰「人面頯」。俛，頯或从人免。』《太史卜書》，《廣韻》引作《太史公書》，或以為《史記・龜策列傳》，或以為其他卜書。今褚少孫補《龜策列傳》『頯』作俛。『揚雄曰』出揚雄之《蒼頡訓纂》。徐鉉曰：『頯首者，逃亡之皃，故从逃省，今俗作俯非是。』觀簡文寫法，此字从九不从兆，這有兩種可能：一是音近通假，馗屬羣母幽部，頯屬幫母侯部（但它所从的兆字則屬定母宵部），古音比較接近，或可通假；二是形近誤寫，九和兆字形相近，或混用無別。俛、俯，則可能是後出的異體（俛从免，免與兆字形相近，也可能是字形誤變）。」

苦行僧〈論壇 4 樓〉認為：「『頯』字所從之『九』當為『勹』的訛體，『勹』在此為聲旁。」

　　易泉（何有祖）〈論壇 9 樓〉認為：「此說可從。此處讀作『俯首』。與上文『仰首』對應。」

　　一示上三王（程少軒）〈論壇 18 樓〉認為：「古書中鳧與鳩有字形訛混的。」後於〈小議〉一文認為：「此從劉雲先生（網絡討論）和何有祖先生《讀〈上海博物館藏戰國楚竹書（九）〉札記》說改釋。」

　　林志鵬〈初研〉認為：「『兆』、『九』二字形體並不相近，較可能是聲音通假關係。何有祖先生指出，簡文所从『九』乃『勹』之形訛，『勹』（幫母幽部）讀為『俯』（幫母侯部）。按，楚文字『旬』、『勻』所从『勹』確有寫作『九』者，可證二者易混訛。『俯首納趾』（『俯』，古書或作『頫』、『俛』）依李零先生的理解，是指兆幹的上端低垂，下端內斂。」

　　珍伊案：兆紋「首」與「足」的部位，應是在兆枝上。《卜法詳考・卷三・吳中卜法》有提及龜兆之形象字樣，其中一種「頭伏足伏」之狀作

　　，其占辭曰「頭伏足伏多憂滯，久病須亡人不至。」（頁 13）與簡文此處「俯首納趾」可參看，且「久病須亡」的占辭也對應下文「有疾乃漸」的占卜結果。

　　壯城案：苦行僧、易泉說可從。「馗＝」一詞與「仰首」對應，當讀為「俯首」。高佑仁先生認為：「早有學者指出：『鳧字本从勹聲，但清華簡鳧字從九聲，和本處一樣。』」

　　單育辰先生曾對戰國文字中的「鳧」字做過考察，認為「勹」字與「九」字於彎曲的程度有別，故以往隸為九字之諸鳧字，應改隸為「勹」。（參單育辰：〈談戰國文字中的「鳧」〉，《簡帛》，第三輯（上海，上海古籍出版社，2008 年 10 月，頁 26-27。））蘇建洲先生則認為「勹」字與「九」字存在變形聲化之關係，「鳧」字可以從「九」聲。（參蘇建洲：《楚文字論集》（臺北，萬卷樓，2011 年 12 月），頁 406-411。）

　　「內」字，與「納」、「入」屬一字分化，皆有收斂之義，可與「出」

相對。故簡文「內」字，可作「納」、「入」。

簡文「圤（兆）馗＝（俯首）內（納／入）止（趾）」，意思是：「卜兆之『首』下俯，而『趾』內斂」。與簡 1「圤（兆）卬（仰）首出止（趾）」的兆象正好相對。

08. 是胃（謂）舀（沈）

原考釋者認為：「同『陷』，連上簡，為『是謂陷』。『陷』是墮入深坑、困而不出之象。《易・坎》是講陷，可參看。」

Youren（高佑仁）〈論壇 0 樓〉認為：「簡文『是謂陷』，所謂的『陷』字近年大量出現（見〈莊王既成〉簡 1 的沈尹子莖），此處應改釋為『舀』，讀『沈』。」

一上示三王（程少軒）〈論壇 11 樓〉認為：「前面有網友將《卜書》中的舀及從舀之字中的『舀』皆改釋為『尤』，其實數術文獻中『舀』、『陷』、『閻』一類的占卜術語極為常見，似不必改釋。」

蘇建州〈清華三札記〉認為：「〈卜書〉02『舀』作 、03『陷』作 ，這種寫法與沈國沈氏等『沈』字寫法全同……。陳劍先生已指出：『改『舀』上『人』為形近之『尤』以標音』，因『舀』聲化為『尤』的現象，致使『舀』、『沈』二字形體完全相同。」

林志鵬〈初研〉認為：「整理者釋此兆名為『陷』雖可通，但也可以考慮讀為『沈』。《左傳》哀公九年載『晉趙鞅卜救鄭，遇水適火』，史龜占之曰：『「是謂沈陽，可以興兵，利以伐姜，不利子商。」伐齊則可，敵宋不吉。』可見證兆象有以『沈』命名者。簡文『沈』即沈滯、陷溺之意。」

壯城案：高佑仁說法可從；而蘇建州所引陳劍有關「『舀』聲化為『尤』」之說法，更可佐證此字當隸為「舀」，讀為「沈」。

「沈」、「陷」均可用指「下沉」，不過考慮到字形，簡文「舀」字，

仍應讀作「沈」較佳。須區別者，在於「沈」字之詞性。簡文「峃」字共兩見。簡 1、2「是謂峃（沈）」，為「兆象名稱」，故當作名詞；簡 3「曰𤰞（兆）少都（沈）」，為兆象之敘述，故當作動詞為佳。「沈」字，作為動詞，有「低下」之義，如《吳越春秋・勾踐入臣外傳》：「皇天祐助，前沈後揚。」簡文「沈」字之第二種義項，即以「動詞」作「名詞」用。

林志鵬所引《左傳》「是謂沈陽」句，其「沈陽」一詞，應為兆象之名稱，並非以「沈」字作為單獨之兆名，與〈卜書〉文例並不相同。

09.尻（處）宮無咎，又（有）疾乃㞚（漸）

原考釋者認為：讀「處宮無咎」，指居家不出無咎。

讀『有疾乃適』，指有病才搬到其他地方。此句後有墨點，季曾之占止於此。」

ee（單育辰）〈識小〉云：「應釋為『㞚』，此字與簡1的『適』不同。」

程少軒〈小議〉云：「今從單育辰先生和陳劍先生意見改釋。陳劍先生與孟蓬生先生（網絡討論）均讀此字為『漸』。」

林志鵬〈初研〉云：「前句謂宜靜居而不宜於行動，後句與疾病有關，當別為二義。清華大學所藏竹書〈保訓〉簡 2『朕疾盬甚』，辭例與此相近。蘇建州先生謂『盬』字上部所從為『帝』，筆者進一步讀為『痕』。《說文》訓『痕』為『病』，王筠《說文句讀》：『言病重也。』邢昺《爾雅疏》引孫炎：『痕，滯之病也。』簡文『有疾乃痕』謂疾病沈滯，合於前述兆象『沈』。」

季師旭昇以為：第一部分「肥叔」與第二部分「季曾」的占辭，除了卜居處之外，其實還有卜平安，故曰「卜人無咎」、「有疾乃漸」。原整理者在說明中，只提到「卜居處」，不妥。

壯城案：簡 1 與本簡兩兆象「𤰞（兆）卬（仰）首出止（趾），是胃（謂）闠（闢）」與「𤰞（兆）馗=（俯首）內（納）止（趾），是胃

（謂）沓（沈）」，屬於相對之兆，則兩卜辭有所關係，故「尻（處）宮無咎，又（有）疾乃☒（漸？）」，應該也是與前文「卜人無咎，酒（將）法（去）亓里，而它（他）方安（焉）適」相對應的卜辭。故「☒」字，可從程少軒說，釋為病情加重。

簡文「尻（處）宮無咎，又（有）疾乃☒（漸）」，意思是：「（若出現此兆象，）則人居住於此宮室、房子並無問題，但若有疾病，病情則會加重」。

10. 鄒（蔡）公

原考釋者認為：「以下是第三段占辭。『鄒公』，亦古龜卜家名。『鄒』字從邑從毚，是地名，『公』是長者尊稱。」

一上示三王（程少軒）〈論壇 11 樓〉認為：「『蔡公』之讀用的是吳良寶先生〈楚地鄒易新考〉的意見。」林志鵬〈初研〉從之。

壯城案：「鄒」字，程少軒先生說可從，讀為「蔡」。「蔡公」，為〈卜書〉所記之第三位占卜家。

11. 㲋（兆）女（如）卬（仰）首出止（趾）

原考釋者認為：「讀『兆如仰首出止趾』，與上同，但下面加了一句，兆象有變化。」

壯城案：此句與簡 1 肥叴（叔）所占辭之兆象相同。然此句之下多一句補充說明「兆象情況」之文字。簡文「㲋（兆）女（如）卬（仰）首出止（趾）」，意思是：「卜兆之『首』上仰，而『趾』外出」。

12. 而屯（純）不（背）困（混）䰜（膺）

原考釋者認為：「疑讀『純不困膺』。『純』可訓皆。朱德熙先生說：『「屯~純」雖然可以訓為皆，可是跟「皆」並不完全一樣。「屯~純」是

就全體立言，而「皆」是就個體立言，類似英語裏 all 和 every 的區別。』『膺』，胸部，指首以下，肸以上。」

汗天山〈論壇 12 樓〉認為：「很懷疑兩處『純』字有沒有可能是名詞，訓爲『邊緣』。《公羊傳》定公八年『龜青純』注：『純，緣也。』簡文中可指兆之邊緣。」

一上示三王（程少軒）〈論壇 13 樓〉認為：「鄧少平先生來函告知，前句首、趾相對，後一句『不』『膺』應該如此。鄧先生疑『不』讀為『背』，與『膺』相對。此說十分具有啓發性。疑『屯不困膺』讀為『沌背混膺』，言卜兆背膺狀貌混沌（困讀為混，又見於馬王堆帛書《老子》）。」林志鵬〈初研〉從之。

壯城案：程少軒說法雖有可能，然傳世文獻中「沌」字皆用於「沌沌」，如《管子・樞言》「聖人用其心，沌沌乎博而圜」；或做「渾沌」，如《莊子・應帝王》「中央之帝為渾沌」、《史記・五帝本紀》「昔帝鴻氏有不才子，掩義隱賊，好行凶慝，天下謂之渾沌」。未見單獨使用「沌」字之例，故「沌背」一詞，是否成立，有待商榷。

除本簡外，「屯」字又見於簡 4「㪣屯（純）𩂣（深）」。汗天山便認為此二「屯」字皆為名詞。「㪣屯（純）𩂣（深）」之「屯（純）」字，訓為名詞，可從。然「屯（純）不（背）困（混）郿（膺）」之「屯（純）」字，應與「困（混）」相對，用以形容「背」、「膺」之兆象，非汗天山所說之名詞性質。

「屯」字，當從李零〈釋文〉讀為「純」。「純」字，有「不含雜質」之義，如《易經・乾卦》：「剛健正中，純粹精也。」「不」，為「幫母之部」字，「背」字，為「幫母職部」字，兩字聲為相同，韻部接近，可以通假。「背」與「膺」皆為身體部位，可以配合。

「困」字，程少軒所引馬王堆帛書《老子》文例，實有誤。並不相同。故「困」假借為「混」，在文例上並無證據。

「困」為溪母恩部，「混」為匣母混部。二字屬文部通假，故「困」可假為「混」。帛書《老子甲・道經》例字作「」，从口从束，隸為「囷」字，為「木」旁與「束」旁訛混的現象。「混」字，有「混濁」之義，如《玉篇・水部》：「混，混濁。」《老子》：「敦若朴，混若濁，曠若谷。」《史記・屈原賈生列傳》：「舉世混濁而我獨清，眾人皆醉而我獨醒，是以見放。」皆是。簡文「屯（純）不（背）困（混）臅（膺）」，為一對句。「純背」對應「混膺」。意思是：「兆象的背部單純一致，胸部混濁分裂」。

13. 是胃（謂）狋

原考釋者認為：「疑讀『拂卜』，指不順於卜。《說文解字・犬部》：『狋，過弗取也。从犬市聲，讀若字。』段玉裁注：『此有誤字，《玉篇》但云犬過，《廣韻》但云拂取。』承培元《引經證例》以為原文應作『犬弗戾也』，『弗戾』指『屰（逆）而不順也』。」

一上示三王（程少軒）〈論壇 11 樓〉認為：「我感到這一段應當校讀為：……是胃（謂）狋（旆／髲？），卜火龜……『狋』與『髳』應該都是唇音月部字，語音相近，當是聯繫緊密的一組兆象名。頗疑『狋』讀為『旆』或『髲』；『髳』讀為『旐』或『髮』。此兩種推測中，我更傾向後一組。『髲』是假髮，與『髮』關係緊密。前兆『屯（純）不困膺』，後者在此基礎上『小陷』，象不完整，因此名之為『髲』——當然這只是推測之辭。」

林志鵬〈初研〉認為：「『狋卜』疑讀為『蔽卜』，『狋』所从『市』與『蔽』皆為幫母月部字，《詩・召南・甘棠》『蔽芾甘棠』，一本作『蔽蔽甘棠』；清華簡〈程寤〉簡 2『敝王』、『敝太姒』、『敝太子發』之『敝』，裘錫圭先生讀為『蔽志』之『蔽』，皆从『市』之字讀為『蔽』之例。『蔽卜』之『蔽』即隱翳、昏闇之意。」

　　珍伊案：「仰首出趾」是本次占卜的第一個兆象，「而純不困酈（膺）」是本次占卜的第二個兆象，「狒」為前述兩個兆象的兆名，全書的兆名為一個字，此處「狒」作為兆名也應該是一個字，因此卜字應屬下讀。原考釋將「卜」字與「狒」字連讀作「狒卜」，恐不可從。「狒」字與下文「谷」字為月部、屋部押韻；猶如下簡「髮」字與「瀆」字也是月部、屋部押韻。

　　壯城案：「卬（仰）首出止（趾）」與「屯（純）不（背）困酈（膺）」，為同一兆象，只是後者是對前者的更細微描述，不宜分視。此種兆象，兆名曰「狒」。「狒」字，《說文》段注云：「此有誤字，《玉篇》但云犬過，《廣韻》但云拂取。疑當合之曰犬過拂取」。段注難解，並未說明是字何義。

　　簡文此處應斷讀為「是胃（謂）狒」，為「屯（純）不（背）困（混）酈（膺）」兆象之名，而非將「卜」字上讀。若從李零先生說，讀為「弗卜」，文後仍有「不沾（占）大汙（洿），乃沾（占）大浴（谷）」之結果，於文義不通。

14. 卜，炮（火）龜元（其）又（有）吝

　　原考釋者認為：「讀『覝龜其有吝』。『覝』，《正字通‧見部》有這種寫法，以為『覝』字之譌。其實不一定是覝字的錯寫，只是繁簡不同而已。覝，即廉察之廉的本字。《說文解字‧見部》：『覝，察視也。』廉字的古文有一種寫法，字從广旁，下面的聲旁，上半如小（或屮），下半如目。我懷疑，它的上半是火之變，下半是見之變，或即此字。此句後有墨點。」

　　Youren（高佑仁）〈論壇 5、6 樓〉認為：「簡 2，原考釋者釋作『覝』的右旁，其實是色字。可以參考〈史留問於夫子〉篇簡 8 的『顏色』合文。」

海天遊蹤（蘇建洲）〈論壇 7 樓〉認為：「程少軒〈《上博九・卜書》校讀〉已指出該釋為炮，讀為火。」

一上示三王（程少軒）〈論壇 11 樓〉認為：「指出此字右旁為『色』的是陳劍先生。我在陳劍先生釋讀的基礎上將炮讀為『火』。上博三〈子羔〉有『鉊』，讀為『金』，與五德轉移說之『商得金德』有關。裘先生在文中指出，這類從色的字，一般都以色為義符。因此將『炮』讀為『火』，符合構字的一般規律。『炮龜』疑讀為『火龜』。《爾雅・釋魚》：『一曰神龜。二曰靈龜。三曰攝龜。四曰寶龜。五曰文龜。六曰筮龜。七曰山龜。八曰澤龜。九曰水龜。十曰火龜。』（周為火德，此言火龜，或與周人尚火有關。）整理者將該字讀為現，改釋之後若按原斷讀，便沒有動詞作為謂語了。」

林志鵬〈初研〉認為：「此字當從陳劍說隸定作『炮』，從火从色會意，疑即『赭』字異體。楚簡『赭』字或作『』（包山簡 261）、『』（信陽簡 2.15），從色，者聲，與『炮』皆从色表意。『赭』字本義為赤土，引伸有『使成赤褐色』之意，如《史記・秦始皇本紀》：『始皇大怒，使刑徒三千人皆伐湘山樹，赭其山。』簡文此處是說：占卜遇到『沌背混膚』的兆象（兆名為『蔽』），龜版的兆色呈現赤赭（疑灼龜時火力過強所致），這是有咎的預兆。〈卜書〉簡 6 云『毋白毋赤』，『赤』亦指此類兆色。」

珍伊案：原考釋釋為「俔」，高佑仁已指出其誤。此字右旁從色，左旁從火，隸定當作「炮」。程少軒讀為「火」可從，其舉《爾雅・釋魚》之「火龜」，郭璞注「火龜」云：「此皆說龜生之處所。火龜猶火鼠耳。」邢昺疏：「火龜，生火中者。⋯⋯嫌龜不生於火，故以火鼠猶之也。郭注《山海經》云：『今去天南東萬里有耆薄國，復五千里許有火山國。其山雖霖雨，火常燃。火中白鼠時出山邊求食，人捕得之，以毛作布，名之火澣布。』是也。」《周禮・龜人》賈公彥引《爾雅》「七曰山龜，八曰澤

龜，九曰水龜，十曰火龜」而疏云：「山澤水火，皆說生出之處所也。」「火龜」之「火」，似皆指生出之所。

「炮」字从火、从色，若解讀為「火之色」，則為「赤色」。《周禮・疾醫》「五色」賈公彥疏云：「此據五方，東方木色青，南方火色赤，中央土色黃，西方金色白，北方水色黑。」《左傳・昭公二十五年》「發為五色」孔穎達疏云：「五色，五行之色也。木色青，火色赤，土色黃，金色白，水色黑也。」《論語・陽貨》「惡紫之奪朱」邢昺疏云：「朱是南方正，紅是南方間。南為火，火色赤。」可見「火色」為「赤色」。這樣則與《禮記・檀弓上》「周人尚赤」可聯繫。

「炮龜」或可釋為「赤龜」。《周禮・龜人》：「掌六龜之屬，各有名物。天龜曰靈屬，地龜曰繹屬，東龜曰果屬，西龜曰雷屬，南龜曰獵屬，北龜曰若屬。各以其方之色與其體辨之。」鄭玄注：「色，謂天龜玄，地龜黃，東龜青，西龜白，南龜赤，北龜黑。」簡文說「卜火龜，其有咎」，即「卜用赤龜」，指所卜用之物為南龜。

其，在這裡不是指稱代詞。司禮義曾提出，在正反對貞的甲骨卜辭裡，如果其中一條卜辭用「其」字，而另一條不用，用「其」的那條所說的事，一般都是占卜者所不願意看到的。簡文這裡的「其有咎」，還有下文「我周之子孫，其散於百邦」似乎也是這種用法。

季師旭昇以為：「炮」字從色、火聲，讀為「火」。「卜火龜」可能是指龜卜出來的狀態，而不是指用哪一種龜來卜。「卜火龜」或許是龜焦，因而謂「其有咎」。

壯城案：「炮」字，可從高佑仁、陳劍所隸，讀為「火龜」；其義則可從季旭昇師之說。

「火」字，有「焚毀」之義。《說文・火部》：「火，燬也。」《釋名・釋天》：「火，化也，消化物也。亦言毀也，物入中皆毀壞也。」《禮記・王制》：「昆蟲未蟄，不以火田。」皆以「火」為毀壞。

「火龜」一詞，可能指卜龜在燒灼時，有損毀之跡象，雖可見兆象，但兆色混沌，故有「行難」之意。如《易經·屯卦》：「君子幾，不如舍。往，吝。」讀作「卜，炮（火）龜亓（其）又（有）吝」。

「卜，炮（火）龜亓（其）又（有）吝」，意思是：「占卜，然因為龜卜焦灼毀壞，故有行難之意」。

15.凥（處）不沾（占）大汙，乃沾（占）大浴（谷）

原考釋者認為：「即楚文字的『處』，用以引起下文『不沾大汙，乃沾大浴（谷）』。

簡文中的兩個『沾』字不大可能是霑濕之霑。此字接於『處』字後，似有兩種可能，一種讀占卜之占或覘視之覘，《說文解字·卜部》：『占，視兆問也。』覘亦相度、候視之義。《禮記·檀弓下》『我喪也斯沾』，鄭玄注：『讀曰覘，覘，視也。』一種讀占有之占，如《集韻·豔韻》：『占，固有也。』這種占字（字亦作佔）在先秦兩漢的古籍中似乎看不到。我有點懷疑，這種用法的占字，可能與古書中的廛字有關。廛，古多訓居訓處。如《周禮·地官·遂人》『夫一廛』鄭玄注，以及《廣雅·釋詁二》、《方言》卷三等都是這樣的解釋。今山西方言，猶稱居屋曰『占家』或『占地方』。『汙』，在古書中有三種用法，一指汙穢不潔之處，二指積水不流的池塘，三指低下潮濕的地方，字亦作污、洿，《說文解字·水部》：『汙，薉也。一曰小池為汙。一曰涂也。』就是三說並陳。

楚文字往往借浴為谷。谷是山谷，為兩山之間，泉水流出之地。《說文解字·谷部》：『泉出通川曰谷。』這裏的『不沾……乃沾』是表示兩種或然性的選擇。這兩種選擇都不太好，大汙、大谷都是古人認為不宜居住的地方。此句後有墨點。」林志鵬〈初研〉從之。

季旭昇師案：此處的意思是：居處的地方不是靠近沼澤，就是靠近大山谷。

壯城案：簡文「汙」、「浴」皆从水旁，故「沾」字或書手從下而誤，增添水旁。

若將「沾」視為「占」，其義或如李零所釋：「占卜之占或覘視之覘」。其中又以「占卜之占」較為合理。此「占」即相宅、占宅。《尚書・召誥》云：「成王在豐，欲宅洛邑，使召公先相宅，作《召誥》。惟二月既望，越六日乙未，王朝步自周，則至于豐。惟太保先周公相宅，越若來三月，惟丙午朏。越三日戊申，太保朝至于洛，卜宅。厥既得卜，則經營。越三日庚戌，太保乃以庶殷攻位于洛汭。越五日甲寅，位成。」雖然現存資料對於占宅之事蹟、占宅之原則、儀式等記載較少，但由當時之風氣，可以合理推測每一住宅於建築前，都必須經過擇日、占卜之行為。《周禮・春官・小宗伯》云：「卜葬兆，甫竁，亦如之。」孫詒讓曰：「凡天子至中大夫並卜兆，下大夫是則筮宅。」《周禮》所言雖是針對「陰宅墓葬」，但「陽宅宮室」亦應如此，否則不會有召公相宅之事。而漢代官制更設有類似相宅之職位，《後漢書・百官志》李賢注引《漢官儀》云：「太史待詔三十七人，其六人治曆，三人龜卜，三人盧宅，四人日時，三人易筮，二人典禳，九人籍氏、許氏、典昌氏，各三人，嘉法、請雨、解事各二人，醫一人。」將「盧宅」與其他方術相列，應是負責占宅相關之事。可知漢代皇帝、貴族亦注重住宅相關之事。推測古人營成居所，必先相宅。此為建築之基本，生活之必須，故傳世文獻多略而不載。簡文「尻（處）不沾大汙，乃沾大浴（谷）」，意思是：「（若出現此兆象）則住處不要占卜大沼澤，而要是占卜大山谷」。

16.卦（兆）少都（沈）

原考釋者認為：「讀『兆小陷』，下文有『兆純深』，兩者可能是相對之辭。」

youren（高佑仁）〈論壇 1 樓〉認為：「簡 3 還有从『睿』从『邑』之

字，早見於包山簡 85，此處讀作『少沈』。」

一上示三王（程少軒）〈論壇 11 樓〉認為：「疑是在上一則兆象，即
『卬（仰）首出止（趾），而屯（純）不困膺』的基礎上『小陷』。」

壯城案：「少」字，本有「稍微」之意，相當於「稍」、「略微」，。
《莊子・徐無鬼》：「今予病少痊，予又且復遊於六合之外。」《史記・匈
奴列傳》：「兒能騎羊，引弓射鳥鼠；少長則射狐兔，用為食。」司馬貞索
隱：「少長謂年稍長。」皆以「少」為程度副詞「稍」之用，故無需讀為
「小」。

而此句當是省略「邻（蔡）公」二字，是另一兆象。「曰㔻（兆）少
㔻（沈）」，意思是：「兆象形狀稍微下沉」。

17. 是胃（謂）髲

原考釋者認為：「『胃』讀『謂』。『㪔』，上從𣥐，下從末，疑讀
『滅』或『蔑』。」

youren（高佑仁）〈論壇 2 樓〉認為：「所謂的『㪔』，字當從『彡』，
見〈成之聞之〉簡 22，〈曹沫之陣〉簡 52。簡文字形上從『彡』下從
『末』。」

苦行僧〈論壇 3 樓〉認為：「此字當即『標』之異體。《玉篇・木
部》：『標，木末也。』」

程少軒〈小議〉認為：「釋為『是胃（謂）▨（檌？／髲？）』……
其中『彡』、『旄』兩說較優，今據以隸定。」

林志鵬〈初研〉認為：「禤健聰曾據李零先生說將『▨』釋為『旄』，
並將《成之聞之》及《曹沫之陣》的『▨』、『▨』皆讀為『冒』，其說可
從。簡文『▨』從旄，末聲，疑讀為『眛』，即昏暗不明之意，此指兆象
而言。簡 7『三末食墨且祙（眛）』，『眛』亦指兆象不明晰。《書・洪範》
述『經兆之體』所謂『蒙』（或作『蠱』、『霧』），亦是形容此種兆象。」

壯城案：高佑仁說可從，是字隸為「髟」。此兆象後有「尻（處）宮」二字，然簡文殘缺。疑與前文「尻（處）不沾大汙，乃沾大浴（谷）」為相對之兆。故「狆」、「髟」二兆名，或有關聯。簡文「是胃（謂）髟」，「髟」為「卦（兆）少邰（沈）」兆象之名。

18. 少（小）子吉；倀=（丈人）乃哭甬（踊）

原考釋者認為：「『少子』，讀，『小子』。《易・隨》：『六二，係小子，失丈夫。』『六三，係丈夫，失小子。』

讀『丈人乃哭』。倀字右下方有兩道短橫，乃長、人二字的合文。下簡『倀夫』讀『丈夫』，這裏可讀『丈人』。《易・師》：『師貞，丈人吉，無咎。』」

一上示三王（程少軒）〈論壇 11 樓〉認為：「『倀=』整理者讀為『丈人』。按，『倀=』疑讀為『長子』或『丈夫』。數術文獻中少子與長子並提、少子與丈夫並提者甚多，而將少子與丈人並提者稀見。簡牘常見『營=』讀為『營室』，『是=』讀為『是謂』。〈鮑叔牙與隰朋之諫〉中的『外=』讀為『外寵』等，皆可對比。魏宜輝、楊錫全、劉信芳、陳劍諸位先生對這類特殊的『=』號有所討論，可參看。」

壯城案：此處「丈人」為與「小子」對舉（數術文獻中「丈夫」皆是與「女子」對舉，如嶽麓簡《占夢書》簡 10「夢身枢（疲）枯（苦），妻若女必有死者，丈夫吉」、簡 17「夢巢中產毛者，丈夫得資，女子得罵」等皆是）。〈卜書〉簡 4，亦是以「婦人」與「丈夫」對舉。故「倀=」，當從李零先生讀為「丈人」。

「甬」字，原考釋者下讀，假為「用」。然簡文對於居處地點，皆用一「處」，此簡「用處」頗為突兀，疑當改為上讀，假為「踊」字。「踊」字，《說文・足部》：「跳也。」「踊」字，「從足。甬聲」。「甬」、「踊」二字當可通假。

「哭甬（踊）」一詞，經籍常見。「哭踊」，為「邊哭邊踩腳」之義，是喪禮之儀式。如《禮記・檀弓上》云：「弁人有其母死而孺子泣者，孔子曰：『哀則哀矣，而難為繼也。夫禮，為可傳也，為可繼也。故哭踊有節。』」又《禮記・雜記下》云：「以喪冠者，雖三年之喪，可也。既冠於次，入哭踊，三者三，乃出。」《禮記・喪大記》云：「始卒，主人啼，兄弟哭，婦人哭踊。」「哭踊之禮」，喪者家屬以之表達哀悼之義。即《漢書・禮樂志》所云：「哀有哭踊之節，樂有歌舞之容。」

簡文「少（小）子吉，倀=（丈人）乃哭甬（踊）」，指「此兆象對小子（未成年者）為吉，丈人（成年者）則有哭泣、喪禮之結果」。

19. 尻（處）宮□□□□□□□濳（瀆）

原考釋者認為：「下約缺八字，疑接「□□□□□□，是胃」，簡尾應有簡序編號三。

濳，从水从犢（不含貝），字同瀆，讀如《易・蒙》『再三瀆』之『瀆』，即瀆神、瀆禮之瀆，意思是侮慢、冒犯。字亦作黷。」

一上示三王（程少軒）〈論壇 11 樓〉云：「『狋』、『燊』為並舉兆象，占辭亦當有所關聯。『濳（瀆）』所在之句，當與前『不沾大汙（洿），乃沾大浴（谷）』為對文。疑簡文當補為『甬（用）尻（處）宮【室，不沾大□，乃沾大】濳（瀆）。』與『瀆』並提者，當是『溪』、『溝』、『池』、『澤』一類的詞。『浴（谷）』、『哭』、『濳（瀆）』押屋部韻，且簡三末缺恰為八字左右，是為補讀之旁證。」

林志鵬〈初研〉認為：「簡文『宮』字後可依程說補『室』字，但簡 4 開端的『瀆』未必即是與『大洿』、『大谷』性質類似的居處之地。『瀆』可訓為敗亂，又有相續不絕之意，疑形容卜兆。若依此說，簡 3 下部的缺文可補『曰兆』二字，下啟蔡公的第三條占辭。」

珍伊案：原考釋補「是謂」兩個字，跟下一簡連讀作「是謂瀆」，然

而這樣會導致「瀆」這個兆象沒有結果，接著又是另一個兆象和兆名「幵」，這不太可能，因此補「是謂」兩字不可從。此篇完簡有 32～33 字，如簡一、二、七為 33 字；簡八為 32 字。此簡只有 24 字，「宮」字之後缺 8～9 字，程少軒補上「室，不沾大□，乃沾大」8 字，尚在合理範圍內。

壯城案：此句斷讀為「尻（處）宮□□□□□□□瀎（瀆）」，這是「曰枓（兆）少都（沈），是胃（謂）髮」的占卜結果，並非如李零先生所說為另一兆象。依照簡文之形式，皆先言兆象（或兆色），再言「兆名」，故「瀎（瀆）」字不一定為兆名，故補「是謂」二字，可待商榷。

前簡有「尻（處）宮無咎」句，故此簡斷讀為「尻（處）宮」應屬可行。但然簡文有缺，故難以判斷程少軒所補字之正確與否，故從缺待考。

20. 肏（胵）高上

原考釋者認為：「讀『胵高上』，指兆腹上高，有如隆起的肚子。『肏』字上從今，下從凶，疑是禽字的省體，這裏讀胵。《玉篇・肉部》：『胵，牛腹也。』上文所述兆象有兆首、兆脣、兆趾，所缺者兆腹。這裏的胵疑即兆腹。《史記・龜策列傳》有胵字，似有兩種用法，一種作名詞，如『首仰、足開、胵開』，胵字與首、足並列，應指身體的某個部位。一種作動詞，如文中頻繁出現的『首仰足開』、『首仰足胵』，胵字似乎又是開字的反義詞。如《史記索隱》：『音琴。胵謂兆足斂也。』就是把胵字當斂字解。現在從簡文看，此字應是名詞，類似前一種用法，並非借作斂字。」

林志鵬〈初研〉認為：「李先生所引《龜策列傳》『胵』作為『兆腹』之辭例見於該傳論『卜禁』之前，作『首仰、足開、胵開』。此六字與『正月』、『二月』等月名雜列，疑本為表格之標題，且『足開、胵開』疑有衍訛（一本無上『開』字），張文虎認為『胵開』當作『足胵（斂）』。

不過，簡文此處若訓『朕』為斂，下與『高上』連讀，卻頗費解，存疑待考。」

壯城案：《史記・龜策列傳》有「朕開」一詞，與「首仰」、「足開」並列，此「朕」字應為名詞；又有「首仰足朕」，與「首仰足開」對舉，此「朕」字應為動詞。

「朕開」之「朕」與「足朕」之「朕」，性質不同，應無疑問。然《史記》索隱於「朕開」下云：「朕謂兆足斂也。」是知司馬貞將此二「朕」字視為同義。但既云「兆足斂」，又怎麼會是「開」呢？而若將「朕開」之「朕」，視為《玉篇》所云「牛腹」，亦可疑。因「腹部」如何有「外開」之形象，這是《史記》文本無法解釋的。

簡文「肣（朕）高上」，疑為「兆象腹部較高」之意。《史記・龜策列傳》中論及卜兆，多以「首」、「足」相對，如「首仰足開」、「首仰足朕」，但亦有提及「身」，如「足開首仰，身正」、「首仰，身節折」，其中有關身之兆象，僅有「身正」與「身節折」二種，又以前為吉、後為凶。「肣（朕）」字，或即《史記・龜策列傳》中用以說明兆象之「身」，也較符合簡文「高上」之形容。然「肣（朕）」究竟對應何種兆象部位，仍待更多材料證明。

21. 卧屯（純）審（深）

原考釋者認為：「讀『兆純深』。『純』也是表示完全。『深』字，簡文从宀从水从日，疑水是求之誤，字乃相當深字。下面的『丈夫深似伏匿』，深字也是這樣寫。此句似乎是形容兆紋的底槽比較深。」

ee（單育辰）〈識小〉認為：「〈卜書〉簡 4 第 5 字實爲一左旁爲『嬰』右旁爲『卜』之字。」

一上示三王（程少軒）〈論壇 16 樓〉認為：「ee 先生將簡四原釋『兆卜』之字改釋爲卧，亦可從。（當然準確隸定的話應該是。）簡 4 相關釋

文當改釋讀為：胗高上，趴屯（沌）睿（深），是胃（謂）幵（釪？勾？）。婦人幵（釪？勾？）（以）歓（飲）飤（食），倀（丈）夫（深）（以）伏匿。〈卜書〉多相對成文句式，此句亦不例外。『胗高上』與『趴屯（沌）睿（深）』相對，胗專指卜兆足部向內收斂的裂紋，據此，疑趴是為卜兆頭頸部裂紋（很可能是隆起的裂紋）所造的專字。『晏』本象人頸部有腫塊，應該是為『癭』所造的象事字。（今天從『嬰』的字，在古文字中多從『晏』。）這些字的意義，不少與頸部關係密切。如嬰，訓為頸飾；纓，訓為頸毛；癭，訓為頸瘤。將此字釋為趴，解釋為卜兆頭頸部（隆起的）裂紋，既能與胗相對成文，亦能與一系列從嬰、晏的字相互印證，不失為一種合理的解釋。」

林志鵬〈初研〉認為：「若依單先生之隸定，『▦』或讀為『偃』，指兆紋倒臥不正直。『屯深』從李先生讀為『純深』，指兆紋較深較顯。」

壯城案：▦字，從 ee、程少軒說，隸為「趴」字。但「趴」字除腫瘤外，亦可能單指「頸部」。（馮勝君：〈試說東周文字中部分「嬰」及從「嬰」之字的聲符〉，復旦大學出土文獻與古文字研究中心編：《出土文獻與傳世典籍的詮釋：紀念檀樸森先生逝世兩周年國際學術研討會論文集》（上海，上海古籍出版社，2010 年 10 月），頁 67-79。）前文以「首」、「趾」、「背」、「膺」「胗」，等人體部位，指涉兆象之不同部位，其字並未納入形狀、型態之判斷。如「卬（仰）首出止（趾）」、「屯（純）不（背）困（混）郿（膺）」等，皆以額外字，形容兆象部位。故簡文「趴」，亦有可能只是單純之身體部位，但屬兆象，故加一「卜」字。

「屯」字，簡 2「屯（純）不（背）困（混）郿（膺）」已見，可讀為「純」，用以形容兆象。然簡文此字，似不當仍作形容詞。前一「純」字，汗天山認為：「很懷疑兩處『純』字有沒有可能是名詞，訓為『邊緣』。《公羊傳》定公八年『龜青純』注：『純，緣也。』簡文中可指兆之邊緣。」簡 2 之「純」，雖已釋作「形容詞」用；然本簡「純」字可能即

合汗天山所言，為名詞，指「邊緣」之義。

「深」字，可用來表示上下距離之長，如《周禮・地官・大司徒》：「測土深，正日景，以求地中。」孫詒讓正義引戴震曰：「測土深，以南北言。聖人南面而聽天下。古者宮室皆南嚮，故南北為深，東西為廣，猶之車輿，以前後為深，左右為廣也。表景短長，即南北遠近，必測之而得，故曰測土深。」又如《詩經・小雅・十月之交》：「高岸為谷，深谷為陵。」

簡文「昃卜屯（純）眢（深）」，意思是：「兆象頸部之邊緣較深」。須注意者，在於本簡「眢（深）」與簡 2、3 出現之「奋（沈）」意義有別。「深」，指的是兆象表面與裂痕底層之距離，是立體的；「沈」，指的是兆象「首」與「趾」之間的距離，是平面的。

22. 是胃（謂）开（開）

原考釋者認為：「讀『是謂開』。『开』即開字所从。簡文似乎是把這種兆象比喻成窖穴，上有開口，底很深。」

海天遊蹤（蘇建洲）〈論壇 8 樓〉認為：「簡 4 兩個开，讀為開，不妥。」

程少軒〈小議〉認為：「『开』，侯乃峰先生（網絡討論）疑讀為『淺』。孟蓬生先生指出『开』與『（深）』相對，讀『淺』可從。疑此處用諧音雙關，兆象名『开』，與『淺』音近，可與『深』相對，又『淺』與『餞』音近，可與『飲食』相聯繫。」

林志鵬〈初研〉認為：「程說是。下句『开』讀為『淺』，上句『开』則如字讀。《說文》：『开，平也。』段玉裁《注》指出：『开』即歧頭而平。簡文『开』疑指兆幹頂端與兆枝齊平之兆象。」

珍伊案：开，古賢切，見母元部字。但是李家浩在《戰國开陽布考》一文中將此偏旁讀為「軹」，為章母支部字，故「开」字的讀音不止元部

一種。本篇簡文所記兆名，一般與卜兆結果的末字押韻。從开的「笲」為見母脂部字，簡文這裡的兆名「开」若讀為脂部字，則可與下文「匿（職部）」字押韻。脂、職兩韻可通，如「暱」字《說文》或體从尼（脂部）聲，寫作「昵」。

壯城案：「开」字，讀「開」或「淺」皆可。簡文兩「开」字，皆為兆象。有學者認為「开」，與「深」相對，故應讀「淺」。推測此兆象之所以名為「开（開）」，係因「衾（肣）高上」所致。「高上」與簡 4「少都（沈）」為相對之詞，皆是形容兆象的平面高低。因為兆象高上，所以角度外開，或與《史記・龜策列傳》之「首仰足開」一類兆象相似。

23. 婦人开（開）弖（以）歓（飲）飤（食）；倀（丈）夫𣾭（深）弖（以）伏匿

原考釋者認為：「讀『婦人開以飲食』，指妻子從窖口往下送吃喝的東西。《易・恆》：『六五，恆其德，貞婦人吉。』此句後有墨點。

讀『丈夫深以伏匿』，指丈夫深藏在窖穴底部，等妻子送吃喝的東西。參看《易・坎》『六四，樽酒、簋二、用缶，納約自牖，終無咎。』『丈夫』，見上引《易・隨》。《易傳・說卦》有乾坤六子說：『乾，天也，故稱乎父。坤，地也，故稱乎母。震一索而得男，故謂之長男。巽一索而得女，故謂之長女。坎再索而得男，故謂之中男。離再索而得女，故謂之中女。艮三索而得男，故謂之少男。兌三索而得女，故謂之少女。』簡文中的『婦人』即母，『丈夫』即父，『小子』即子。這些都是古代卜筮經常占問的對象。此句後有墨點。」

珍伊案：在這一組兆象裡，「衾」對應「婦人」，因其「高上」故婦人出以飲食；「▨」對應「丈夫」，因其「純深」故丈夫深以伏匿。

季師旭昇以為：婦人得「开」兆則有飲食之福，丈夫得此兆則不宜到處亂跑。

壯城案：「婦人开（開）呂（以）歙（飲）飤（食）；伥（丈）夫舀（深）呂（以）伏匿」一句，則含有兩組相對詞句：一、「婦人」、「丈夫」；二、「开（開）呂（以）歙（飲）飤（食）」、「舀（深）呂（以）伏匿」。第一組是針對占卜者之身分而言，第二組則是告誡占卜者應有之行為。

簡文以「开（開）」與「舀（深）」相對，應皆為兆象之名。

「伏匿」，為「潛伏」、「藏匿」之意，如《史記·范睢蔡澤列傳》：「魏人鄭安平聞之，乃遂操范睢亡，伏匿，更名姓曰張祿。」《淮南子·主術訓》：「故人主誠正，則直士任事，而姦人伏匿矣。」《後漢書·楊震列傳》：「賢者伏匿於山林，諂諛者強於左右。」《史記·龜策列傳》更有「聖人伏匿，百姓莫行」句。

簡 4「婦人开（開）呂（以）歙（飲）飤（食）；伥（丈）夫舀（深）呂（以）伏匿」一句，中以墨點分隔，或許表示此二句之歸屬不同。頗疑「开（開）」與「舀（深）」皆為兆象名稱。簡文意思是：「婦人若卜得『開』之兆象，則要注意飲食；丈夫若卜得『深』之兆象，則要注意沉潛。」然簡文並無「深」之兆象，此說法仍可商榷。

24. 一占□□□□□□□□□吉

原考釋者認為：「下約缺九字。簡尾應有簡序編號『四』。（『吉』）上缺一字，疑是「雖」字。這種情況屬於好。」

林志鵬〈初讀〉認為：「李先生說近是，簡 5 首端依文例補『唯』字。程少軒先生指出，下文屢見『唯』，皆為語氣助詞。凡用『唯』者，多為湊成四字句而添。」

壯城案：簡文有缺，原考釋者所補可商。而文後「三族」、「三末」，可能為「困（淵）公」體系之占卜術語，故推測「一占」為「困（淵）公」占辭之起。

25. 邦圿（必）又（有）疾

原考釋者認為：「讀『邦必有疾』。這種情況屬於壞。此句後有黑色扁方塊，應是章句號。疑罕公之占的第三段話止於此，下面另起一段，是總結之辭。」

壯城案：若「困（淵）公」之占止於此，相對於其他三位占卜家，「困（淵）公」之占辭實在過少。且簡 7、8 又出現兩次「困（淵）公」占辭。而這兩段占辭與前三位占卜家所占之內容，大相逕庭（前三者多占卜居處，偶涉及國事，「困（淵）公」幾乎以國事為占卜對象），作為總結之可能性極低。簡文「邦圿（必）又（有）疾」，意思是：「邦國必有疾」。

26. 凡三族又（有）此，三末唯吉

原考釋者認為：「讀『凡三族有此』。『三族』與下『三末』相對，從下文看，是指周人的三族。古書或以父、子、孫為三族，或以父族、母族、妻族為三族，或以父母、兄弟、妻子為三族，都不是這裏說的『三族』。

讀『三末雖吉』。『三末』，與上『三族』相對，疑指三族的支裔。」

程少軒〈小議〉認為：「從文意判斷，『三族』和『三末』理解為卜兆本身，十分合適。前面已討論過，按整理者的理解，有兩點不妥：一方面，困（淵）公占辭缺少指稱卜兆本身的術語；另一方面，『三族』、『三末』作為貞卜對象很不合理。而把『三族』和『三末』看作卜兆，問題引刃而解。……其餘文意較為完整的占辭，均是先描述『三族』與『三末』的特徵，再據以貞卜邦國吉凶。可見，『三族』和『三末』合起來，就是『𦊆（兆）』。『三族』和『三末』，如同第一部分占辭中的『首』、『趾』等一樣，是對『𦊆（兆）』的再細分。只不過『首』、『趾』等術語是將卜兆

比擬作人體，而『三族』、『三末』則運用了另一套理論。……『三族』指的是卜兆裂紋起始處，即三條卜兆裂紋匯聚處，也就是鑽鑿孔槽附近的裂紋。《周易·同人·象傳》：『君子以類族辨物。』孔疏：『族，聚也。』是『族』可訓為『聚』之證。『三末』則是指三條卜兆裂紋的末端。如此，『三族』與『三末』合起來，就是『卦（兆）』。注：另外還有一種可能：『族』讀為『鏃』，『三族』、『三末』是將三條卜兆裂紋比擬作三支箭，將卜兆劃分為箭頭兆象和箭尾兆象兩類。『此』疑讀為『疵』。《周易·繫辭上》：『悔吝者，言乎其小疵也。』整理者讀為『雖』。按，〈卜書〉中『唯』皆當為語氣助詞，無實義。凡用『唯』者，多為湊成四字句，以使卜辭合乎韻律。」

林志鵬〈初研〉認為：「下文簡7稱『三族之敓（脫）』、『三末食墨且昧』，乃指卜兆而言，『三族』、『三末』疑為占卜術語。程少軒先生已引《卜法詳考》『三起』、『三伏』、『三合』之說，謂『三』指兆首、兆足、兆枝所代表的三條兆紋，『三末』指三條卜兆裂紋的末端，『三族』指三條卜紋的匯聚處。其說是，『族』當讀為『簇』（『三簇三末』示意圖見下節）。簡文『此』，亦從程說讀為『疵』，疑指三簇部位的裂紋有瑕疵。下句『三末唯吉』之『吉』，指三末裂紋吉善。」

壯城案：「三族」、「三末」的解釋，似以程少軒之說較為合適。〈卜書〉中「三族」、「三末」出現之句式如下：

凡三族又（有）此，三末唯吉。（簡5）
困（淵）公占之曰：「三族之敓（奪）■，周邦又（有）吝，亦不斁（絕）■；三末飤（食）墨虡（且）袁（蒙），盞（殘）于百邦■；大貞邦亦兇（凶）■。（簡7、8）
困（淵）公占之曰：「若卜貞邦，三族句（鉤），旨（窒）而惕，三末唯敗■，亡（無）大咎，又（有）【八】吝於外。（簡8、9）

女（如）三末唯吉，三族是窣（捽），亦亡（無）大咎，又（有）
吝於內■。（簡9）

女（如）三族□□□□□□□□【九】兇（凶），兆（兆）不利
邦貞■。（簡9、10）

簡文以「吉」（簡 5）描述「三末」（簡 9 有缺，故未敢直言「兇（凶）」
便是形容三末），然常見的數術文獻，似都以「吉凶」表示占卜者之禍福
情況，然《史記・龜策列傳》中亦有以吉、凶表現兆象者，如：「卜居官
尚吉不。吉，呈兆身正，若橫吉安；不吉，身節折，首仰足開」等等，應
可作為〈卜書〉此處以「吉」形容兆象之補證。但即便〈卜書〉之「吉」
字，能於《史記・龜策列傳》之「橫吉安」對照，卻也不見「凶」之對照
詞組。故仍待後續材料補充。

復次，程少軒以為「囨（淵）公占辭缺少指稱卜兆本身的術語」，所
以導出將「三族」、「三末」當作兆象的結論；並認為「囨（淵）公占辭屬
於另一種占卜體系，勢必應該採用另一套占卜術語」。此說可從。「囨
（淵）公占辭」即從簡 4「一占□□□□□□□□□□吉」開始；如此，
則「三族」、「三末」之用語，與前述「肥丂（叔）」、「季曾」、「鄝（蔡）
公」三家之占卜體系截然分明；也可以清楚看「囨（淵）公占辭」除了
「三族」、「三末」之術語使用外，更說明了「兆色」（「女（如）白女
（如）黃」、「毋白毋赤」）對於占卜之影響。

「唯」字，共三見（簡 5、8、9），觀其語意，當從李零假借為
「雖」字使用，用以描述三末之兆象，與三族對照。

「此」字，應為指稱性代詞，指某一事物或是狀態，可能為前句「邦
朮（必）又（有）疾」，但應簡 4 末段殘缺，故無法肯定「此」字意義；
僅能認定是「某種情況」。

簡文「凡三族又（有）此，三末唯吉」，意思是：「如果兆象三族有此
種情況，三末兆象雖是吉利的」。

27. 女（如）白女（如）黃

原考釋者認為：「讀『如白如黃』，指可能碰上的兆色。」

壯城案：〈卜書〉占辭之形式，皆是先述基本兆象，後為占卜結果。復次，為此基本兆象添加細微形容，而後仍是占卜結果。

簡文「女（如）白女（如）黃」，意思是：「某兆之顏色，如果為白色或黃色」。

28. 貞邦□□□□□□□□□□□□夫

原考釋者認為：「是卜問國事，又見第六簡和第八簡。下約缺十三字。簡尾應有簡序編號『五』。『貞』，卜問。此字訓問、訓正、訓定，應與定奪之義有關。下文還有幾種不同說法，或作『貞卜邦』（第六簡），或作『卜貞邦』（第八簡），或作『邦貞』（第十簡）。『貞』加『卜』字，是指用龜卜問。

（夫字）此句後有墨點，上文不詳。」

林志鵬〈初研〉認為：「這條簡文是說：凡是三簇有瑕疵，三末吉善，兆色或白或黃，卜問國事者，將得到某某結果。」

壯城案：「貞邦」一詞見於簡 5、簡 6，共兩次；簡 8 又有「大貞邦」一詞。先論「大貞邦」。傳世文獻中雖無「大貞邦」一詞，卻有「大貞」一語，如

《周禮・春官・小宗伯》：「若國大貞，則奉玉帛以詔號。」鄭注云：「大貞謂卜立君、卜大封。」孔疏云：「凡國大貞，卜大遷之等。」又如《漢書・谷永杜鄴傳》引《易》曰：「屯其膏，小貞吉，大貞凶」，注云：「小貞，臣也。大貞，君也。」以「大」、「小」區分君主與臣子之吉凶。

是知「大貞邦」，當為貞卜天子君王權轄內之事務，與一般性貞卜不同。則此，「貞邦」，當針對較次一級之事務而為之。然而，「貞邦」與

「大貞邦」，應是屬於名詞性質，分指大小邦國，而非作為占卜之發起辭（如簡6「貞卜邦」）。

簡文「貞邦□□□□□□□□□□□□夫」，意思是：「占卜邦國之吉凶」，簡文殘缺，難知其義。只能推測這是一段有關國事之占辭。

29. 貞卜邦

原考釋者認為：「此句後有墨點。」

壯城案：「貞卜邦」，應作為占卜之發起辭，用於引起下文兆象。

30. 畍（兆）唯记（起）句（鉤）

原考釋者認為：「讀『兆雖起鉤』。『起鉤』，疑指兆紋出現彎曲。」

壯城案：李零先生說可從。然「畍（兆）」字之使用，表示「困（淵）公」占辭並非只以「三族」、「三末」為占卜術語。

簡文「畍（兆）唯记（起）句（鉤）」，意思是「兆象雖然起鉤」。

31. 母（毋）白母（毋）赤，母（毋）弅（卒）㠯（以）易

原考釋者認為：「大概是說如遇這種兆紋，一定要避白色、紅色。

讀『毋卒以易』。此句可能是說，如遇這種兆紋，不要最後又變了。」

林志鵬〈初研〉認為：「『毋卒以易』當校讀為『如萃以逖』。萃者，聚也，指三簇處兆紋匯聚在一起，沒有歧紋。以者，而也。『易』讀為『逖』，上古音『易』為余母錫部，『逖』為透母錫部，典籍中『逖』字往往寫作『逷』，如《詩・大雅・抑》『用逷蠻方』、《左傳》襄公十四年『豈敢離逷』。簡文『逖』訓為遠離，即前引《左傳》『離逷』之意。『萃而逖』蓋指兆枝穿過兆幹，逸出三簇之外。簡文『毋』疑本作『女』，二字形近，又涉上句『毋白毋赤』而訛。『女』讀為『如』。」

珍伊案：「毋白毋赤」，指兆色不白也不赤。窣，疑讀為「悴」。《太白陰經》：「枯槁、伏落、霧悴、驚摧、分伏、足落、兆細而暗，兇。」從《周禮・春官宗伯》：「凡卜筮，君占體，大夫占色，史占墨，卜人占坼」來看，一個兆可從四個特徵來判定，次序應是：占坼、占墨、占色、占體。此處先言兆坼「兆唯起勾」，後言兆色「毋白毋赤」，故知「毋窣呂易」應是指兆體而言。「毋悴」即「不霧悴」；「易」指「平和」，不霧悴而平和，整體來看不是凶兆，故下言「貞邦無咎」。

季旭昇師案：「毋窣呂易」指前所述兆象之情況，包括兆色，直到最後都沒有改變。

壯城案：林志鵬改「毋」為「如」之說，非是。「毋」字，〈卜書〉共三見：⬛、⬛、⬛，寫法皆同，應隸為「母」字。「母」、「毋」二字之區別在於中間兩點。于省吾認為：「甲骨文和金文均借用母字以為否定之詞。……毋字的造字本義，係把母字的兩點變為一個橫劃，作為指事字的標誌，以別于母，，而仍因母字以為聲。」故此字當隸為「母」，假為「毋」。（參于省吾：《甲骨文字釋林》（北京，中華書局，1999 年 11 月），頁 455。）

卜兆之顏色，並非由人所決定，故無法避開，占卜者毫無選擇性，只能順應隨機。「毋白毋赤」應指兆色不白不赤。

「窣」字，讀為「卒」，為「倉促」、「急速」之意。《廣韻・沒韻》：「卒，遽也。」《墨子・七患》：「心無備慮，不可以應卒。」《史記・仲尼弟子列傳》：「慮不先定，不可以應卒。」索隱云：「卒，謂急卒也。」《漢書・食貨志下》：「（天子）行西踰隴，卒，從官不得食。」顏注引孟康云：「卒，倉卒也。」《玉篇・衣部》：「卒，急也。」

「易」字，有「輕賤」、「輕視」之意。《左傳・襄公四年》：「戎狄荐居，貴貨易土。」杜注云：「易，猶輕也。」《史記・高祖本紀》：「高祖為亭長，素易諸吏。」《集韻・寘韻》：「易，輕也。」皆為此用。

簡文「毋白毋赤，毋翠（卒）昌（以）易」，意思是：「若兆象顏色非白色、紅色，不要馬上就輕視忽略」。

32. 貞邦無咎，殴（抑）牂（將）又（有）殳（役）

原考釋者認為：「是問國事是否無咎。

讀『緊將有役』。『緊』，語詞，訓是或惟。『役』，興作徒役。古代凡屬國家對人力的徵發，都可叫役。這兩句話的意思是，卜問國家如何，答案是無咎，只不過將有徒役徵發。」

程少軒〈小議〉認為：「『殴』，整理者讀『緊』，陳劍先生讀『抑』。按，『抑』於義更勝。」林志鵬〈初研〉從之。

壯城案：程少軒說可從。簡文「貞邦無咎，殴（抑）牂（將）又（有）殳（役）」，意思是：「邦國無災禍，只是有勞役之徵」。

33. 女（如）□□□□□□□□□飤（食）墨，亦無它色***

原考釋者認為：「女 疑讀『如』。下約缺九字，可能是接表示兆色的字，類似上第五簡的『如白如黃』。簡尾應有簡序編號『六』。

飤墨 讀『食墨』，連上讀。上文可能也是講『三族』如何、『三末』如何。食墨，指灼龜前，先在龜版上起稿，畫出兆形，如果兆紋與墨稿吻合，就叫食墨。案：卜兆有體、色、墨、坼之別。《周禮・春官・占人》：『凡卜筮，君占體，大夫占色，史占墨，卜人占坼。』鄭玄注：『體，兆象也。色，兆氣也。墨，兆廣也。坼，兆璺也。體有吉凶，色有善惡，墨有大小，坼有微明。』《禮記・玉藻》：『卜人定龜，史定墨，君定體。』鄭玄注：『視兆坼也。』『食墨』一詞，見於《書・洛誥》孔氏傳。〈洛誥〉：『予惟乙卯，朝至於洛師。我卜河朔黎水。我乃卜澗水東、瀍水西，惟洛食。』孔氏傳：『卜必先墨畫龜，然後灼之，兆順食墨。』孔穎達疏：『凡卜之者，必先以墨畫龜，要坼依此墨，然後灼之，求其兆，順食

此墨畫之處，故云『惟洛食』。』『墨』，見《周禮・春官・卜師》：『凡卜事，眡高，揚火以作龜，致其墨。』鄭玄注：『揚猶熾也。致其墨者，執灼之，明其兆。』揆之舊說，體是兆紋的形狀，色是兆紋的顏色，墨是兆紋延伸的範圍大小，墨是兆紋裂痕的粗細深淺。亦無它色　指沒有黑色以外的其他顏色。」林志鵬〈初研〉認為：「前人對於偽孔《傳》之說頗有懷疑者，如孫詒讓解釋《周禮・占人》『史占墨』曾引陳祥道、江永說予以駁斥。陳氏謂：『《卜師》『作龜致其墨』，則後墨也。孔以為先墨畫龜乃灼之，誤。』江永則說：『墨者，火灼所裂之兆，非先以墨畫而後灼也。兆之體不常，安能必如人所畫。』殷墟甲骨有刻兆、塗兆的實例，但都是占卜後所作。刻兆為武丁時期特有的風格，即為了使卜兆明顯，還用刀刻劃。在殷墟第十三次發掘中出土的龜甲上，常可看到此類經過加工刻劃的卜兆。董作賓認為刻兆的目的是為了使其顯明，以求美觀。張光遠先生則指出，灼兆之後，被灼部位會因冷卻而逐漸膨脹，恢復原狀，以致兆紋復合而隱失，所以在灼兆之後需要以刀刻兆，甚至有些還填入墨色，使其更加明顯。偽孔《傳》所說先以墨畫龜而後灼龜的說法與先秦文獻不盡吻合，也未得到殷墟出土甲骨的支持，故本文將『食墨』釋為兆紋顯現。《素問・陰陽應象大論》『壯火食氣』，張志聰《集注》訓『食』為『入』，可移作簡文之解。」

　　壯城案：若依林志鵬說，食墨為填入墨色，使兆紋顯現，則有二疑問。一是，若要填入墨色，使兆紋明顯，則簡文提及之兆象顏色，與食墨知色該如何區分？二是，《尚書・洛誥》的「惟洛食」該如何解釋？且江永所云：「兆之體不常，安能必如人所畫」，只是凸顯食墨這一現象之難得，並非說「不可能出現食墨」。

　　甲骨占卜據《尚書・洛誥》之時代已久，況如〈卜書〉？故以甲骨斷言《尚書・洛誥》、〈卜書〉之卜法，有待商榷。甲骨卜辭、《尚書・洛誥》、〈卜書〉，甚至是《史記・龜策列傳》，歷經時代變遷，其所用之占卜

方式，未必能一概而論，互有損益也是合理。簡文殘缺，其內容大意，可從李零說。

「飤（食）墨」之義，李零據《尚書・洛誥》孔安國傳，認為「食墨」為「卜必先墨畫龜，然後灼之，兆順食墨」之義。孔穎達疏闡發此義，認為：「**反卜之者，必先以墨畫龜，要坼依此墨，然後灼之，求其兆，順食此墨畫之處。**」兆象「順食此墨」，並不代表占卜之結果必然為「吉」。孔傳與孔疏之看法，雖為後起之說，但亦未肯定「食墨」，即代表占卜結果為吉。李零先生從之，亦僅指出「食墨」是「兆紋與墨稿吻合」，無涉吉凶之判斷。此種對《尚書・洛誥》之解釋，實與甲骨卜法、〈卜書〉與《史記・龜策列傳》之占卜方法相類。

在甲骨文中，占卜方法並非單純以「兆枝」走向區別。觀〈卜書〉與《史記・龜策列傳》，其卜法雖有量化歸納之舉，但仍多屬淆亂複雜，並非單一系統可以處理。卜辭多有「正反對貞」之情況，亦即針對同一事件，卜人會從「正面問」、從「反面問」。（參丁驌：〈殷貞卜之格式與貞辭允驗辭之解釋〉，宋鎮豪主編：《甲骨文獻集成》（成都，四川大學出版社，2001 年 4 月），頁 158-161。）《尚書・洛誥》「惟洛食」句，是在卜問「『洛』適不適合建都」時，產生「食墨」之情況。若然這是屬於正面問之句，則「食墨」之情形，亦僅是告知「是否」而已。如從反面問：「『洛』是否不適合建都」時，產生「食墨」之現象，則解讀為「不適合」。此時「食墨」之現象，便不為吉。

殷商卜法，雖未必能套用至《尚書・洛誥》，然而貞問之形式，應是相同。

是知「食墨」之判讀，應當以貞人所問為主，而非以「食墨」之現象為主。孔傳、孔疏對於《尚書》之解釋，當然有其根據。是知《尚書・洛誥》、〈卜書〉與《史記・龜策列傳》中「食墨」之意義，可能不如後世卜書般詳細固定。

「飤（食）墨」一詞，見於〈卜書〉簡 6、7、8，共有二例，然從簡
文實看不出其吉凶。〈卜書〉之體例，皆先述兆象，次述兆名，末述吉凶
事項。然簡 6 至 8 之例「飤（食）墨，亦無它色」，後無說明吉凶事項之
文字。簡文雖有缺，然依〈卜書〉體例，吉凶之說明，應於置於顏色說明
之後，如簡 4、5：

> 一占□□□□□□□□【四】□吉，邦扎（必）又（有）疾
> ■。凡三族又（有）此，三末唯吉。女（如）白女（如）黃，貞邦
> □□□□□□□□□□□【五】夫■。

「女（如）白女（如）黃」句，後接有關國家的占卜結果，「貞邦」二字
後雖有缺文，但不妨礙辨認。又如簡 6：

> 貞卜邦■，枛（兆）唯記（起）句（鉤），母（毋）白母（毋）
> 赤，母（毋）卒（卒）㠯（以）易，貞邦無咎，殹（抑）牂（將）
> 又（有）沒（役）。

「母（毋）白母（毋）赤」句，後先講述此類兆象之注意事項，接著說
「貞邦無咎，殹（抑）牂（將）又（有）沒（役）」。

　　由上舉文例，可知簡 7「飤（食）墨，亦無它色」後無占卜結果，甚
是奇怪。而後文囦（淵）公之占辭則說到：

> 三末飤（食）墨虘（且）袤（蒙），我周之孫=（子孫），亓（其）
> 【七】剗（殘）于百邦■；大貞邦亦兇（凶）。

由〈卜書〉之體例，可合理推斷簡 7「飤（食）墨，亦無它色」之「飤
（食）墨」，與「三末飤（食）墨」之「飤（食）墨」為一事。前面先講
述兆象，而後囦（淵）公之占卜，得出上述之吉凶事項。

　　此種解讀方式，也可呼應程少軒先生所提「三族」、「三末」為「囦
（淵）公之占卜體系」，其認為：

　　　　第四個卜人的占辭中既沒有「首」、「止（趾）」等與身體部位有關

的卜兆術語；也沒有「闌」、「陷」、「狋」、「▓」、「玕」等專門的兆象名稱，顯然與以上所論第一部分占辭不屬於同一體系。既然困（淵）公占辭屬於另一種占卜體系，勢必應該採用另一套占卜術語。作為有八段占辭的貞卜文字，每句都有對兆象進行描述的術語，或是形態，或是顏色，當然也應該多次出現「卜兆」這個主語。但按照整理者的解釋，指稱卜兆本身的術語幾乎沒有，困（淵）公占辭僅在 4.3 和 4.8 提到「玑（兆）」，這未免有些奇怪。

此說可從。透過兩處「飤（食）墨」之對應，可知「困（淵）公占之日」以下的吉凶事項，即是針對「一占」至「亦無它色」之間兆象所下之判斷。故將「一占」以下文字，列為「困（淵）公之占卜體系」，是可信的。

既然以「飤（食）墨，亦無它色」與「三末飤（食）墨虞（且）表（蒙）」為一事，那麼第一個「飤（食）墨」之吉凶，應與第二個「飤（食）墨」之吉凶相同。後者之吉凶判斷為：「我周之孫=（子孫），亓（其）盞（殘）于百邦；大貞邦亦兇（凶）。」從「亦兇（凶）」一詞看，可知前句「盞（殘）于百邦」應該也屬不祥之敘述。

「飤（食）墨」之吉凶結果，為「凶」。可能與占卜家之提問有關，如同甲骨卜法中的「正反對貞」。如此，則「食墨」之結果，可以為凶。透過〈卜書〉「飤（食）墨」討論，反而凸顯甲骨卜法、〈卜書〉與《史記・龜策列傳》在占卜形式上的類似性。

「飤（食）墨，亦無它色」，是用於補充兆象之細微差異。簡文「飤（食）墨，亦無它色」，意思是：「若兆象與原先所畫之墨跡相同，且無變色」。此段簡文缺少吉凶占語，僅述及兆象、兆色，頗疑簡 7「困（淵）公占之日」至「亦不豁（絕）」之文字，是針對「女（如）□□□□□□□□□飤（食）墨，亦無它色」之兆象所下的占語。

34. 囨（淵）公

　　原考釋者認為：「這是罙公之占的第一段占辭。『罙公』，亦古龜卜家名。罙，可能也是地名；公，可能也是尊稱。他的占辭，卜問對象是『周之子孫』。」

　　程少軒〈小議〉認為：「『囨（淵）』，原形作〔圖〕，整理者釋『罙』。按，《卜書》簡 4『罙』作〔圖〕形，與此字字形差異較大，釋『罙』不妥。此字當釋為『囨（淵）』。」

　　壯城案：程少軒說可從。此段文字屬於「囨（淵）公第一占辭」。「囨（淵）公」，為〈卜書〉所記之第四位占卜家。

35. 三族之敓（奪），周邦又（有）吝，亦不𢇍（絕）

　　原考釋者認為：「讀『三族之奪』。此句後有墨點。

　　讀『周邦有吝』。『吝』，惋惜。

　　讀『亦不絕』。這三句話連續，意思是說，三族衰落，對周邦來說，雖然頗有遺憾，但子孫猶在，仍未絕嗣。此句後有墨點，比較大。」

　　程少軒〈小議〉認為：「『敓』，整理者讀為『奪』，劉雲先生疑讀為『脫』。按，『敓』亦可能讀為『銳』，指卜兆裂紋的形態。」

林志鵬〈初研〉認為：「『三族』為占卜術語，『敓』疑讀為『脫』，『三族之脫』謂卜兆的三條紋路不連屬，未能匯聚在一處，『脫』與上文『卒（萃）』相對。『周邦有吝』之『吝』即『悔吝』之『吝』，訓為恨惜。這三句是說：卜兆紋路未能匯聚，代表周邦有遺憾之事，但子孫不致絕嗣。」

　　壯城案：「奪」字，為「脫落」之意。《後漢書・黨錮傳》：「本謂膺賢，遣子師之，豈可以漏奪名籍，苟安而已！」

簡文「三族之敓（奪），周邦又（有）吝，亦不鼈（絕）」，意思是「兆象三族脫落，周邦有災害，亦不會斷絕」。

36. 三末飤（食）墨虘（且）裒（蒙）

原考釋者認為：「疑讀『三末飤（食）墨虘（且）袜（昧）』。『食墨』是比較好的兆象。『袜』，從衣未聲，可讀『昧』。『且昧』，則兆色不明，不太好。」

程少軒〈小議〉認為：「此字原釋『袜』，與字形不合。魏宜輝先生改釋為『裒』（从衣从丰聲），並指出該句『裒』、『邦』、『兇』押東部韻。按：『裒』疑讀為蒙。《尚書・洪範》：『稽疑，擇建立卜筮人，乃命卜筮：曰雨、曰霽、曰蒙、曰驛、曰克、曰貞、曰晦。』孔傳：『蒙，陰闇。』後世卜書常將〈洪範〉之『雨、霽、蒙、驛、克』與兆象相連繫。又按，上博二〈容成氏〉簡 22 有『……韔專。禹乃建鼓於廷，以爲民之有謁告者訊焉。』原釋『表』，疑亦當改釋為『裒』，讀為『蒙』。『……裒（蒙）韔（皮）專（敷）』疑指製鼓。」

林志鵬〈初研〉認為：「細審放大圖版，此字墨跡雖稍殘，但從筆勢看，中間所从當為『末』字。」

壯城按：「飤（食）墨虘（且）裒（蒙）」，應與簡 7「飤（食）墨，亦無它色」所指兆象相同。故簡 4 至 7 之文字，為「囷（淵）公之第一段占辭」。

字，程少軒說可從。前述已論及〈卜書〉兩處「飤（食）墨」指同一兆象，後者為囷（淵）公對兆象之占辭。故可以推測「飤（食）墨虘（且）裒（蒙）」之意義，與「飤（食）墨，亦無它色」相同。故簡文「蒙」字，可能表示「覆蓋」之意，指墨跡覆蓋兆象，故沒有其他顏色。

簡文「三末飤（食）墨虘（且）裒（蒙）」，意思是：「三末之兆象，食墨，且墨跡覆蓋，而沒有其他顏色」。

37. 我周之孫=（子孫），亓（其）戔（殘）于百邦，大貞邦亦兇（凶）

原考釋者認為：「『孫』字有合文號，應讀『子孫』。巠公似是周人之後，故稱『我周之子孫』。簡文『三族』、『三末』都是指周之子孫，如周公之後有魯，召公之後有燕，畢公之後有魏。

讀『殘於百邦』，指周之子孫散居於各國，逐漸衰落。此句後有墨點。

這幾句的意思是，我周之子孫散處百邦，都已衰落，大問邦事，也都還是屬於凶。此句後有墨點，巠公之占的第一段占辭止於此。」

程少軒〈小議〉認為：「『戔』，整理者讀為『殘』，陳劍先生改讀為『遷』。」

駱珍伊〈小議〉認為：「若把〈卜書〉中『戔于百邦』一句讀為『殘於百邦』，典籍所見的『殘於』都是『殘於某地』，其處所多半是一處，而不是殘於多處，故於義不妥。若讀為『遷於百邦』，典籍所見的『遷於』亦是遷到一處，很少看見遷到多處的。若讀為『散於百邦』，不但符合典籍中『散而之四方』的離散義，也與卜兆所呈顯的凶義吻合。」

壯城案：簡文云「大貞邦亦兇（凶）」，表示除大貞邦外，前一項占卜結果也是凶，故云「亦」。程少軒、駱珍伊所提之說法，於字形、通讀上皆可從，然其負面意義，不如李零先生所釋「殘」字強烈。故「戔」字，仍可從李零釋為「殘」。

又清華參〈芮良夫毖〉簡 7、8：「民之俴矣，而隹（惟）為啻（帝）為王？」一句之「俴」字，原釋讀為「賤」。魚游春水認為：「疑讀爲「殘」。啻讀爲「適」。簡文通讀爲「民之殘矣，而誰適爲王？」謂百姓殘滅凋敝散亡，誰能一個人稱王？」是也。（參〈清華簡參〈芮良夫毖〉初讀〉之跟帖（武漢簡帛網），2013 年 1 月 5 日）

若從原釋將「俴」，解為「低賤」之意。則與簡文強調聽取人民意見的主旨相背。試問，若人民低賤，其所提出之意見，是否有接納的意義？

值得深思。以「俴」字為「殘」，意為「殘破、凋敗」，可與此處「盞（殘）于百邦」相參照。

簡文：「我周之孫=（子孫），亓（其）盞（殘）于百邦，大貞邦亦兕（凶）」，意思是：「（若有此種兆象，）周邦之子孫，則殘存於各邦國中，卜問邦國大事亦有凶惡之結果」。須注意的是，「大貞邦亦兕（凶）」，與「我周之孫=（子孫），亓（其）盞（殘）于百邦」為二事。

38. 囷（淵）公占之曰

原考釋者認為：「以下是笭公之占的第二段占辭。」

壯城案：「囷（淵）公占之曰」以下是第二段占辭。然而此段「囷（淵）公占辭」缺乏兆象，由一連串「三族」、「三末」之狀態組成，與前文有別，故從程少軒以「囷（淵）公占辭」為另一占卜體系較為合理，不過仍需後續材料方能清楚理解。

39. 若卜貞邦，三族句（鉤），旨（窒）而惕

原考釋者認為：「疑讀『苟慄而惕』。『旨』是章母脂部字，卻可與來母脂部的『慄』字通假。這種情況並非孤例。如《書・西伯戡黎》的『黎』，《尚書大傳》作『耆』，黎是來母脂部字，耆從旨聲，就是類似的通假實例。『慄』可訓憂訓懼，與惕含義相近。《墨子・尚同中》：『是以舉天下之人，皆恐懼振動，惕慄不敢為淫暴。』惕、慄還可連言。『惕慄』，亦作惕栗，或惕屬。《易・乾》有『夕惕若，屬』（漢人多連讀），《文選》卷七〈籍田賦〉作『夕惕若屬』。」

程少軒〈小議〉認為：「『句』，整理者讀為『苟』。按，此『句』當與前『卦（兆）迟（起）句（鉤）』之『句』用法相同，指『三族』呈『鉤』之象。」

林志鵬〈初研〉認為：「此句疑讀為『三簇句旨（指）而惕（逖）』，

『句指』即彎曲之貌，《說苑·君道》『北面拘指逡巡而退以求臣』，劉台拱《經傳小記》云：『案《淮南·脩務訓》：『弟子句指而受。』拘指即句指。』……〈卜書〉謂三族『句指而逖』，即兆紋聚集處彎曲，且兆枝穿過兆幹。」

鳲鳩〈論壇 21、22 樓〉認為：「〈卜書〉簡 8 的『三族句旨而惕』讀『三族句指而惕』較為合適。『句指』，恭謹貌。」

珍伊案：「句旨」一詞，又見於〈舉治王天下〉第 31 簡作「丩旨」。「句」本有「彎曲」之義，見《說文》：「句，曲也。」旨，讀為「稽」，義為彎下去。〈卜書〉此處「三族句旨而惕」，讀為「三族勾稽而易」，指兆紋（三族）向下彎而紋路平坦，與簡 6「兆唯起勾，毋悴以易」可參看。因其有「易」（平和之貌），整體看起來不是凶兆，故下言「無大咎」。至於另一個結果「有咎於外」，則是因為「三末唯敗」之故。從「三族句稽而易，三末唯敗，無大咎，有咎於外」與「如三末唯吉，三族是悴，亦無大咎，有咎於內」兩句比看，「三末」是主「外」，而「三族」主「內」。

壯城案：鳲鳩認為「句指」為「恭謹」之意，恐怕不適用於形容兆象。仍當從程少軒先生說，以「句」為「鉤」，呼應前文「扒（兆）唯记（起）句（鉤）」，與「唯敗」相同，皆用以形容兆象。「旨（窒）而惕」與「亡（無）大咎，又（有）咎於外」同為占卜之結果。程少軒將「旨」釋為「窒」或「恎」，但並無說明。「恎」字，《集韻》云：「懼也。」《龍龕手鑑》云：「惡性也。」然二書時代較晚，應不太可能為〈卜書〉此字所指。簡文「旨」字，或可讀為「窒」。「窒」字，《說文》云：「塞也。從穴，室聲。」為照母質部。「旨」字，《說文》云：「美也，從甘，匕聲。」為照母脂部。「窒」、「旨」二字，聲紐相同，韻部相近，故可通假。「窒」字，有止、塞之意，如《呂氏春秋》「窒閉戶牖」、《淮南子·要略》「通行貫扃萬物之窒塞者也」，皆是。「窒而惕」之「而」做「轉折」

用，即《易經・訟》：「有孚，窒惕，中吉，得凶。」「窒」於《易經》中有節制之意，如《易經・損》：「君子以懲忿窒欲」，孔疏云：「窒，塞情慾。」《易經・訟》孔疏云：「唯有信而見塞懼者，乃可以得吉也。」「窒惕」，即「塞懼」，為「節制而有所警惕」。唯有做到如此，方有可能「中吉」。

《易經》的「旨（窒）而惕」，無疑增加了可信度，且兩者結果「無大咎」（〈卜書〉）、「中吉」（《易經・訟》）皆非極好，或許也非偶然。然〈卜書〉與《易經》之關係，尚有待進一步研究。簡文「若卜貞邦，三族句（鈎），旨（窒）而惕」，意思是「如兆象三族起鈎，則要節制而有所警惕憂」。

40. 三末唯敗，亡（無）大咎，又（有）吝於外

原考釋者認為：「讀『三末雖敗』，與下『三末雖吉』相反。此句後有墨點。

『咎』字殘，省去下面的口。這幾句的意思是，三族如果能有所戒懼，即使三末有敗，也沒有大的凶咎。

連上，讀『有吝於外』。『有吝於外』是對下『有吝於內』而言。外指王畿外，是三末所居；內指王畿內，是三族所居。上文『若卜貞邦，三族苟慄而惕，三末雖敗，亡大咎』，是以三族為內，三末為外，三族戒懼是好，三末有敗是壞，所以說『有吝於外』。」

壯城案：三族與三末，分別對應周邦之「內」、「外」，指內憂外患。應非單以王畿內、外畫分。

簡文「三末唯敗，亡（無）大咎，又（有）吝於外」，意思是：「兆象三末敗亡，占卜結果沒有大的災害，但有憂於外」。

41. 女（如）三末唯吉，三族是羍（捽），亦亡（無）大咎，又（有）吝於內

原考釋者認為：「讀『如三末雖吉』。『三末雖吉』屬於外邊好。

讀『三族是痒』。『痒』是勞病之義。『三族是痒』屬於裏邊壞。

讀『有吝於內』。上面兩句，『三末雖吉』屬於外邊好，『三族是痒』屬於裏邊壞，所以說『有吝於內』。此句後有墨點。」

程少軒〈小議〉認為：「『羍』，整理者讀為『痒』。按，此『羍』應與前『毋羍（卒）㠯（以）易』之『羍（卒）』用法相同，用以描述兆象，而非占辭。疑兩『羍（卒）』或訓為『盡』，或讀為『萃』，訓為『聚』。」

林志鵬〈初研〉認為：「程氏後說是，『羍』讀為『萃』，指兆紋匯聚在一起。『有吝於內』與前文『有吝於外』相對，李零先生認為：『外指王畿外，是三末所居；內指王畿內，是三族所居。』鵬按，《史記・龜策列傳》文末論龜卜占斷的一般性原則，有『外者，人也；內者，自我也。外者，女也；內者，男也』之說，或可移為簡文之解。」

珍伊案：「羍」字與「毋羍㠯易」之「羍」同，讀為「悴」。「悴」有枯萎、憔悴之義，如劉向《九嘆・遠逝》：「中木搖落，時槁悴兮。」因此「悴」屬於凶的兆象，導致「有吝於內」的結果。

壯城案：「羍」字，應與三末之「吉」相對，屬「負面」之義。然若照程少軒說，「三族」之「族」字，當訓為「聚」，若「羍」字讀「萃」，訓為「聚」，則本已是「聚」的三族，怎麼又「聚」呢？

「羍」字，應讀「捽」，為「抵觸」、「衝突」之義。《荀子・王制》：「偃然案兵無動，以觀夫暴國之相卒也。」俞樾平議云：「卒當作捽。《國語・晉語》：『戎夏交捽。』韋昭注云：『捽，交對也。』彼云交捽，此云相捽，義正同。」「三族」本已為「聚」，因為呈現「羍（捽）」之情況，與常態相反，故造成「又（有）吝於內」之凶象。

簡文「女（如）三末唯吉，三族是㡭（瘁），亦亡（無）大咎，又（有）各於內」，意思是：「如果兆象三末是吉，三族互相牴觸，占卜結果沒有大的災害，但有患於內」。

42. 女（如）三族□□□□□□□□兇（凶），覍（兆）不利邦貞

原考釋者認為：「讀『如三族』，下約缺九字，疑接『□□□□□，三末』簡尾應有簡序編號『九』。

連上讀，說明最後的占斷是凶。

讀『兆不利邦貞』。」

壯城案：簡文殘缺，然從〈卜書〉皆以「三族」、「三末」為相對之詞組，可知缺字中當可補入「三末」，然其位置則未必如李零所補。「覍（兆）不利邦貞」之意義，與簡 7「大貞邦亦兇（凶）」相似。皆說明此兆不利於卜問「邦貞」、「大貞邦」，僅程度上有別。而此兩段文字之形式亦接近，皆先述一般占卜結果，最後總結此兆象可占問事宜之範圍。

然而簡文此處之「覍（兆）」，當指「女（如）三族□□□□□□□□【九】兇（凶）」一段文字，可補證程少軒以三族、三末為兆象之說法是合理的。

簡文「女（如）三族□□□□□□□□【九】兇（凶）；覍（兆）不利邦貞」，意思是：「如果兆象三族有某種情況，三末有某種凶的情況，此兆不利於貞問邦國事宜」。「邦貞」應是「貞邦」的倒裝，應是為配合押韻而作此調整。

參考書目及簡稱

復旦網：復旦大學出土文獻與古文獻研究中心網站

武漢網：武漢大學簡帛研究中心網站

清華網：清華大學出土文獻研究與保護中心網站

〔周〕左丘明傳、〔晉〕杜預注、〔唐〕孔穎達正義《春秋左傳正義》，北
　　　京：北京大學出版社，1999

〔漢〕司馬遷撰、〔唐〕司馬貞索隱、〔唐〕張守節正義，〔宋〕裴駰集解
　　　《史記》，北京：中華書局，1999

〔漢〕班固撰、〔唐〕顏師古注《漢書》，北京：中華書局，1962

〔漢〕許慎《說文解字》，北京：中華書局，1978

〔漢〕鄭玄注、〔唐〕孔穎達疏《禮記正義》，北京：北京大學出版社，
　　　1999

〔漢〕鄭玄注、〔唐〕賈公彥疏《周禮注疏》，北京：北京大學出版社，
　　　1999

〔南朝梁〕劉勰《文心雕龍注釋》，北京：人民文學出版社，2002

〔南朝梁〕蕭統編、〔唐〕李善注《文選》，上海：上海古籍出版社，1986

〔唐〕杜佑《通典》，北京：中華書局，1988

〔宋〕司馬光編著，〔元〕胡三省音註《資治通鑑》，北京：中華書局，
　　　1976

〔宋〕曾鞏、陳杏珍、晁繼周點校《曾鞏集》，北京：中華書局，1984

〔清〕王先謙撰、沈嘯寰、王星賢點校《荀子集解》，北京：中華書局，
　　　1988

〔清〕王聘珍撰、王文錦點校《大戴禮記解詁》，北京：中華書局，1983

youren〈〈史蒥問於夫子〉初讀〉0 樓：〈〈史蒥問於夫子〉初讀〉，武漢網
「簡帛論壇」，2013.1.5，http://www.bsm.org.cn/bbs/read.php?tid=
3042&fpage=4 無語，1 樓，2013.1.5；Youren（高佑仁），2 樓，
2013.1.5；youren，3 樓，2013.1.5；youren，4 樓，2013.1.5；
youren，5 樓，2013.1.5；youren，6 樓，2013.1.5；youren，7
樓，2013.1.5；海天遊蹤（蘇建洲），8 樓，2013.1.5；youren，9
樓，2013.1.5；youren，10 樓，2013.1.5；海天遊蹤，11 樓，
2013.1.5；youren，12 樓，2013.1.5；youren，13 樓，2013.1.5；
海天遊蹤，14 樓，2013.1.5；youren，15 樓，2013.1.5；海天遊
蹤，16 樓，2013.1.5；易泉（何有祖），17 樓，2013.1.5；海天
遊蹤，18 樓，2013.1.5；海天遊蹤，20 樓，2013.1.5；海天遊
蹤，21 樓，2013.1.5；易泉，22 樓，2013.1.6；海天遊蹤，23
樓，2013.1.6；易泉，24 樓，2013.1.6；易泉，25 樓，
2013.1.6；鳲鳩（王凱博），26 樓，2013.1.6；鳲鳩，27 樓，
2013.1.6；鳲鳩，28 樓，2013.1.6；youren，29 樓，2013.1.6；無
語，31 樓，2013.1.7；無語，32 樓，2013.1.7；無語，34 樓，
2013.1.7；Yushiawjen（王瑜楨），35 樓，2013.1.8；Mpsyx（孟
蓬生），37 樓，2013.1.8；鳲鳩，38 樓，2013.1.8；鳲鳩，39
樓，2013.1.8；鳲鳩，40 樓，2013.1.8；mpsyx，41 樓，
2013.1.8；鳲鳩，42 樓，2013.1.8；youren，43 樓，2013.1.8；
mpsyx，44 樓，2013.1.8；youren，46 樓，2013.1.8；鳲鳩，47
樓，2013.1.9；鳲鳩，48 樓，2013.1.9；鳲鳩，49 樓，
2013.1.9；鳲鳩，50 樓，2013.1.9；鳲鳩，51 樓，2013.1.9；鳲
鳩，52 樓，2013.1.9；youren，53 樓，2013.1.10；youren，54

樓，2013.1.10；鳲鳩，55 樓，2013.1.10；海天遊蹤，56 樓，2013.1.10；苦行僧（劉雲），57 樓，2013.1.12；鳲鳩，58 樓，2013.1.12；鳲鳩，59 樓，2013.1.12；松鼠（李松儒），62 樓，2013.1.12；松鼠，63 樓，2013.1.12；天涯倦客，66 樓，2013.1.14；天涯倦客，67 樓，2013.1.14；youren，68 樓，2013.1.14；天涯倦客，69 樓，2013.1.14；youren，70 樓，2013.1.15；鳲鳩，74 樓，2013.1.15；苦行僧，75 樓，2013.1.15；天涯倦客，76 樓，2013.1.15；xiaosong，77 樓，2013.6.10；youren，78 樓，2013.6.10

youren〈〈舉治王天下〉初讀〉0 樓：〈〈舉治王天下〉初讀〉，武漢網「簡帛論壇」，2013.01.05，http://www.bsm.org.cn/bbs/read.php?tid=3026&page=1；youren，2013.01.05，1 樓；苦行僧，2 樓，2013.01.05；溜達溜達，3 樓，2013.01.05；溜達溜達，4 樓，2013.01.05；苦行僧，5 樓，2013.01.05；苦行僧，6 樓，2013.01.05；苦行僧，7 樓，2013.01.05；苦行僧，8 樓，2013.01.05；海天遊蹤，9 樓，2013.01.05；苦行僧，10 樓，2013.01.05；海天遊蹤，13 樓，2013.01.05；youren，15 樓，2013.01.05；袁金平，16 樓，2013.01.05；youren，17 樓，2013.01.05；鳲鳩，18 樓，2013.01.06；易泉，19 樓，2013.01.06；易泉，20 樓，2013.01.06；汗天山，21 樓，2013.01.06；苦行僧，23 樓，2013.01.06；wqpch，25 樓，2013.01.06；鳲鳩，24 樓，2013.01.06；鳲鳩，26 樓，2013.01.06；鳲鳩，27 樓，2013.01.06；yushiawjen(瑜小楨)，28 樓，2013.01.06；youren，29 樓，2013.01.06；Jdskxb，30 樓，2013.01.06；youren，31 樓，2013.01.06；youren，32 樓，2013.01.06；youren，34 樓，2013.01.06；海天遊蹤，35 樓，

2013.01.06；海天遊蹤，36 樓，2013.01.06；海天遊蹤，37 樓，2013.01.06；鳲鳩，38 樓，2013.01.07；鳲鳩，39 樓，2013.01.07；鳲鳩，40 樓，2013.01.07；鳲鳩，41 樓，2013.01.07；鳲鳩，42 樓，2013.01.07；wqpch，43 樓，2013.01.07；松鼠，44 樓，2013.01.07；鳲鳩，45 樓，2013.01.07；鳲鳩，46 樓，2013.01.07；鳲鳩，47 樓，2013.01.07；海天遊蹤，49 樓，2013.01.08；鳲鳩，48 樓，2013.01.08；鳲鳩，51 樓，2013.01.11；yangan79，58 樓，2013.01.12；yangan79，59 樓，2013.01.12；海天遊蹤，62 樓，2013.01.12；海天遊蹤，61 樓，2013.01.12；紫竹道人，63 樓，2013.01.12；鳲鳩，64 樓，2013.01.12；鳲鳩，60 樓，2013.01.12；鳲鳩，66 樓，2013.01.12；苦行僧，67 樓，2013.01.13；yushiawjen，68 樓，2013.01.27；yushiawjen，69 樓，2013.01.27；youren，70 樓，2013.01.29；鳲鳩，71 樓，2013.10.11；海天遊蹤，72 樓，2013.10.12；鳲鳩，73 樓，2013.10.12；鳲鳩，74 樓，2013.10.15；鳲鳩，75 樓，2013.10.17；鳲鳩，76 樓，2013.10.23

youren〈卜書初讀〉0 樓：〈〈卜書〉初讀〉，武漢網「簡帛論壇」，2013.1.5，http://www.bsm.org.cn/bbs/read.php?tid=3032&fpage=3&page=1youren，1 樓，2013.1.5；youren，2 樓，2013.1.5；苦行僧，3 樓，2013.1.5；苦行僧，4 樓，2013.1.5；youren，5 樓，2013.1.5；汗天山，6 樓，2013.1.5；海天遊蹤，7 樓，2013.1.6；海天遊蹤，7 樓，2013.1.6；易泉，9 樓，2013.1.6；海天遊蹤，10 樓，2013.1.6；一上示三王，11 樓，2013.1.6；汗天山，12 樓，2013.1.7；一上示三王，13 樓，2013.1.8；mpxys，14 樓，2013.1.8；一上示三王，15 樓，2013.1.8；一上

示三王，16 樓，2013.1.8；mpsyx，17 樓，2013.1.9；一上示三王，18 樓，2013.1.9；一上示三王，19 樓，2013.1.9；mpsyx，20 樓，2013.1.9；鳲鳩，21 樓，2013.4.5；鳲鳩，22 樓，2013.4.5；鳲鳩，23 樓，2013.4.5；鳲鳩，24 樓，2013.6.26；奈我何，25 樓，2013.6.27

youren〈陳公初讀〉0 樓：〈〈陳公治兵〉初讀〉，武漢網「簡帛論壇」，2013.1.5，http://www.bsm.org.cn/bbs/read.php?tid=3024&page=1；youren，1 樓，2013.1.5；youren，2 樓，2013.1.5；海天遊蹤，4 樓，2013.1.5；海天遊蹤，7 樓，2013.1.5；汗天山，8 樓，2013.1.5；youren，9 樓〉，2013.1.5；youren，10 樓，2013.1.5；汗天山，13 樓，2013.1.5；易泉，15 樓，2013.1.5；袁金平，16 樓，2013.1.5；鳲鳩，18 樓，2013.1.6；Wqpch，20 樓，2013.1.6；汗天山，21 樓，2013.1.6；苦行僧，22 樓，2013.1.6；youren，24 樓，2013.1.6；youren，26 樓，2013.1.6；鳲鳩，27 樓，2013.1.6；苦行僧，31 樓，2013.1.6；苦行僧，33 樓，2013.1.6；jdskxb，34 樓，2013.1.6；海天遊蹤，36 樓，2013.1.11；汗天山，37 樓，2013.1.11；海天遊蹤，38 樓，2013.1.11；海天遊蹤，40 樓，2013.1.13；无斁，44 樓，2013.1.13；魚游春水，49 樓，2013.3.5；佑仁，50 樓，2013.3.6

youren〈靈王初讀〉0 樓：〈〈靈王遂申〉初讀〉，武漢網「簡帛論壇」，0 樓，2013.1.5，http://www.bsm.org.cn/bbs/read.php?tid=3023 海天遊蹤，1 樓，2015.1.5；海天遊蹤，2 樓，2015.1.5；無語，3 樓，2015.1.5；魚游春水，4 樓，2015.1.5；汗天山，5 樓，2015.1.5；汗天山，6 樓，2015.1.5；Youren，7 樓，2015.1.5；易泉，8 樓，2015.1.5；易泉，9 樓，2015.1.5；汗天山，10 樓，2015.1.6；汗天山，11 樓，2015.1.6；家興，12 樓，2015.1.6；張

崇禮，13 樓，2013.1.7；jdskxb，15 樓，2013.1.7；海天遊蹤，16 樓，2013.1.10；mpsyx，18 樓，2013.1.10；海天遊蹤，19 樓，2013.1.10；mpsyx，20 樓，2013.1.11；海天遊蹤，21 樓，2013.1.11；Youren，25 樓，2013.1.31；Youren，26 樓，2013.1.31；暮四郎，27 樓，2013.5.30；苦行僧，28 樓，2013.5.30；平凡的世界，29 樓，2013.5.31；暮四郎，30 樓，2013.10.27

丁若山〈清華三懸想〉:〈讀清華三懸想一則〉，武漢網，2013.1.12，http://www.bsm.org.cn/show_article.php?id=1807

工藤卓司〈葉公故事〉:〈《上博九・邦人不稱》所述的葉公故事〉，《先秦兩漢出土文獻與學術新視野國際學術研討會》，臺北：臺灣大學文學院，2013.6.25-26，頁 303-322 又見《致理學報》人文與生活應用特刊，2014 年第 7 期，頁 997-1026

尹弘兵〈周昭王南征對象考〉，武漢網，2008.6.21，http://www.bsm.org.cn/show_article.php?id=842

王　寧〈校讀〉:〈上博九《成王為成僕之行》釋文校讀〉，武漢網，2013.1.10，http://www.bsm.org.cn/show_article.php?id=1804

王　寧〈釋文補正簡評〉:〈上博九《邦人不稱》釋文補正簡評〉，復旦網，2015.4.5，http://www.gwz.fudan.edu.cn/SrcShow.asp?Src_ID=2482

王守謙、金秀珍、王鳳春譯注《左傳全譯》，貴陽：貴州人民出版社，1990

王利器《呂氏春秋注疏》，成都：巴蜀書社，2002

王保成〈獻疑三則〉:〈讀上博九《成王爲城濮之行》獻疑三則〉，復旦網，2013.5.3，http://www.gwz.fudan.edu.cn/SrcShow.asp?Src_ID=2041

王凱博〈史蒥綴合〉:〈《史蒥問於夫子》綴合三例〉,武漢網,
　　　2013.1.10,http://www.bsm.org.cn/show_article.php?id=1803

王瑜楨〈舉治王天下小記〉,武漢網,2013.01.06,http://www.bsm.org.
　　　cn/show_article.php?id=1780

田　雨〈讀箚記(二)〉:〈讀上博楚簡九箚記(二)〉,武漢網,
　　　2013.1.14,http://www.bsm.org.cn/show_article.php?id=1810

田雨〈箚記(二)〉:〈讀上博楚簡九箚記(二)〉,武漢大學簡帛研究中心
　　　網:http://www.bsm.org.cn/show_article.php?id=1810,2013 年 1
　　　月 14 日

田偉《集釋述評》:《《上海博物館藏戰國楚竹書(九)》集釋述評》,福
　　　州:福建師範大學碩士學位論文,指導教授:林志強教授、陳芳
　　　副編審,2015 年 6 月

白於藍《戰國秦漢簡帛古書通假字彙纂》,福州:福建人民出版社,2012

朱鳳瀚〈𩵣器與魯國早期歷史〉,《新出金文與西周歷史》,上海:上海古
　　　籍出版社,2011,頁 1-20

朱謙之《老子校釋》,北京:中華書局,2000

何有祖〈上九札記〉:〈讀《上海博物館藏戰國楚竹書(九)》札記〉,武漢
　　　網,2013.1.6,http://www.bsm.org.cn/show_article.php?id=1777

何有祖〈上六札四〉:〈讀《上博六》札記(四)〉,武漢網,2007.7.14,
　　　http://www.bsm.org.cn/show_article.php?id=621

何有祖〈上六札記〉:〈讀《上博六》札記〉,武漢網,2007.7.9,
　　　http://www.bsm.org.cn/show_article.php?id=596

何有祖〈上博六《景公瘧》初探〉,武漢網,2007.07.11,
　　　http://www.bsm.org.cn/show_article.php?id=605

何有祖《上博簡《天子建州》初步研究》,武漢:武漢大學博士論文,
　　　2009

何琳儀《戰國古文字典——戰國文字聲系》，北京：中華書局，2007

吳宛真《文字編 2》：《《上海博物館藏戰國楚竹書（九）》文字編》，國立
　　　　彰化師範大學國文學系碩士學位論文，指導教授：蘇建洲教授，
　　　　2015 年 7 月

吳振武〈釋　〉，《文物研究》第六輯，合肥：黃山書社，1990，頁 218-
　　　　223

宋華強〈釋上博簡中讀為「曰」的一個字〉，武漢網，2008.6.10，http://
　　　　www.bsm.org.cn/show_article.php?id=839

李　　零〈讀九店楚簡〉，《考古學報》1999 年第 2 期，頁 141-152

李　　零《郭店楚簡校讀記》，北京：北京大學出版社，2002

李　　零《簡帛古書與學術源流》，北京：生活・讀書・新知三聯書站，
　　　　2004

李　　銳〈季桓札記〉：〈讀《孔子見季桓子》札記〉，復旦網，2008.3.27，
　　　　http://www.gwz.fudan.edu.cn/SrcShow.asp?Src_ID=387

李　　銳〈季桓重編〉：〈《孔子見季桓子》重編〉，武漢網，2007.8.22，
　　　　http://www.bsm.org.cn/show_article.php?id=703

李　　銳〈季桓新編〉：〈《孔子見季桓子》新編（稿）〉，武漢網，
　　　　2007.07.11，http://www.bsm.org.cn/show_article.php?id=606

李守奎〈江陵九店 56 號墓竹簡考釋四則〉，《江漢考古》1994 年第 4 期，
　　　　頁 67-69

李守奎〈郭店楚簡「　」字蠡測〉，武漢網，2006.12.09，http://www.bsm.
　　　　org.cn/show_article.php?id=480

李亞農〈「大蒐」解〉，《學術月刊》，1957 年第 1 期

李宗焜〈《上博（九）・舉治王天下》「怨并之眾人」試釋〉，「源遠流長：
　　　　漢字國際學術研討會暨 AEARU 第三屆漢字文化研討會」，北京
　　　　大學，2015.04.11-12

李宗焜《甲骨文字編》，北京：中華書局，2012

李松儒〈字跡情況〉：〈有關上博九的字跡情況〉，武漢網「簡帛論壇」，
　　　2013.1.5，http://www.bsm.org.cn/bbs/read.php?tid=3045　文章又見
　　　《簡帛》第九輯，頁103-112

李松儒〈邦人不稱拼合編聯〉：〈談上博九《邦人不稱》的歸篇與拼合編
　　　聯〉，《簡帛》第九輯，頁103-112

李松儒《戰國簡帛字跡研究──以上博簡爲中心》，長春：吉林大學博士
　　　論文，2012

李春桃《傳抄古文綜合研究》，長春：吉林大學古籍研究所博士論文，
　　　2012

李家浩〈夫砍申鼎、自余鐘與邙子受鐘銘文研究〉，《安徽大學漢語言文字
　　　研究叢書・李家浩卷》，合肥：安徽大學出版社，2013，頁25-40

李家浩〈談包山楚簡263號所記的席〉，《出土文獻研究》第九輯，北京：
　　　中華書局，2009，頁4-10

李家浩〈戰國竹簡《緇衣》中的「逯」〉，《古墓新知──紀念郭店楚簡出
　　　土十周年論文轉輯》，香港：香港國際炎黃文化出版社，2003，
　　　頁17-24

李敏《文字編 1》：《《上海博物館藏戰國楚竹書（九）文字編》，合肥：安
　　　徽大學碩士學位論文，指導教授：程燕教授，2014年5月

沈　培〈「就」字用法〉：〈清華簡和上博簡「就」字用法合證〉，武漢網，
　　　2013.1.6，http://www.bsm.org.cn/show_article.php?id=1779

沈　培〈由上博簡證「如」可訓為「不如」〉，簡帛網，2007.7.15，
　　　http://www.bsm.org.cn/show_article.php?id=624

沈　培〈從戰國簡看古人占卜的「蔽志」──兼論「移祟」說〉，《出土文
　　　獻與古文字》第一輯，臺北：中央研究院歷史語言研究所，
　　　2007，頁391-434

沈　培〈略說《上博（七）》新見的「一」字〉，復旦網，2008.12.31，
　　　http://www.gwz.fudan.edu.cn/SrcShow.asp?Src_ID=582

沈寶春、高佑仁：〈《邦人不稱》考釋〉，中國古文字研究會第 21 屆年會，
　　　北京清華大學，2016.10.21-23

周法高《中國古代語法・稱代篇》，臺北：臺聯國風出版社，1972

季旭昇〈談《上博九・舉治望天下》簡 1「古公見太公望」──兼說古公
　　　可能就是閎夭〉，第二十六屆中國文字學國際學術研討會，台
　　　中・逢甲大學中文系，2015.5.29-30

季旭昇師〈《上博四・柬大王泊旱》三題〉，簡帛研究網，2005.02.12，
　　　http://www.jianbo.org/admin3/2005/jixusheng001.htm

季旭昇師〈史蒥釋讀〉，〈《上博九・史蒥問於夫子》釋讀及相關問題〉，
　　　《吉林大學社會科學學報》2015 年第 4 期，頁 242-256

季旭昇師〈從清華簡談仁的源起〉，《「出土文獻與中國古代文明」國際學
　　　術研討會論文集》，北京：清華大學出土文獻研究與保護中心，
　　　2013.6.17-18

季旭昇師〈清華一疑難字考評〉，《第二十四屆中國文字學國際學術研討會
　　　論文集》，嘉義：中國文字學會、國立中正大學中國文學系主
　　　辦，2013.5.3-4，頁 1-11

季旭昇師〈說朱〉，《甲骨文發現一百周年學術研討會論文集》，臺北：文
　　　史哲出版社，1998，頁 129-143

季旭昇師〈說徙〉，逢甲大學中國文系，中國文字學會編輯《中國文字學
　　　國際學術研討會會後論文集・第二十二屆》，新北市：聖環圖
　　　書，2011，頁 179-188

季旭昇師《說文新證》，福州：福建人民出版社，2010

季師旭昇古文字讀書會〈古文字讀書會〉：〈上博九《成王為城濮之行》集
　　　釋〉，復旦網，2013.1.27，http://www.gwz.fudan.edu.cn/SrcShow.
　　　asp?Src_ID=2008

宗福邦、陳世鐃、蕭海波主編《故訓匯纂》，北京：商務印書館，2003

岳曉峰〈第十三簡釋讀〉：〈上博簡《舉治王天下》第十三簡釋讀〉，《衡陽師範學院學報》2014 年第 4 期，頁 72-74

林　澐〈先秦古文字中待探索的偏旁〉，《古文字研究》第 21 輯，北京：中華書局，2001，頁 361-367

林志鵬〈讀上博簡第九冊《卜書》札記〉，武漢網，2013.3.11 後以〈上海博物館藏《卜書》的初步研究〉為名，發表於【出土文獻的語境】國際學術研討會暨第三屆出土文獻青年學者論壇，臺灣，清華大學，2014，8 月 27-29 日

林清源〈第二篇簡文研究〉：〈《上博九・舉治王天下》第二篇簡文研究〉，《中央研究院歷史語言研究所集刊》第 87 本第 4 分，2016 年 12 月，頁 719-787

林清源〈通釋〉：〈《上博九・陳公治兵》通釋〉，《古文字與古代史》第四輯，臺北：中央研究院歷史語言研究所，2015，頁 403-440

林清源〈上博九「宛丘之眾人」考釋〉，《古文字研究》第 31 輯，北京：中華書局，2016，頁 323-326

林聖峯《〈上博六・孔子見季桓子〉底本國別問題補說》，武漢網，2008.6.7，http://www.bsm.org.cn/show_article.php?id=837

知北游〈靈王簡析〉：〈上博九《靈王遂申》簡析〉，2013.1.20，http://blog.sina.com.cn/s/blog_57c4f8f10101hr1v.html

金宇祥〈札記四則〉：〈上博九《成王為城濮之行》札記四則〉，《有鳳初鳴——漢學多元化領域之探索學術研討會》，臺北：東吳大學，2013.6.3

姚孝遂〈甲骨刻辭狩獵考〉，《古文字研究》第 6 輯，北京：中華書局，1981，頁 34-66

洪德榮〈編校〉：〈《上博九・陳公治兵》編聯校讀〉，西南大學漢語言文字學學科全國博士生論壇，2013.10.19-21

流　行〈箚記〉:〈讀上博楚簡九箚記〉，武漢網，2013.1.8，http://www. bsm.org.cn/show_article.php?id=1790

范常喜〈上六六則〉:〈讀《上博六》札記六則〉，武漢網，2007.07.25， http://www.bsm.org.cn/show_article.php?id=667

范常喜〈簡帛《周易・夬卦》「喪」字補說〉，《周易研究》，2006 年第 4 期，頁 39-42

孫　剛《齊文字編》，福州：福建人民出版社，2010

孫合肥〈札記〉:〈讀上博九《成王爲城濮之行》札記〉，武漢網，2013.1.8， http://www.bsm.org.cn/show_article.php?id=1792

徐在國《傳抄古文字編》，北京：線裝書局，2006

時　兵〈里耶秦簡「攸」字小議〉，武漢網，2013.11.24，http://www.bsm. org.cn/show_article.php?id=1956

海天遊蹤〈邦人札記〉0 樓:〈〈邦人不稱〉札記〉，武漢網「簡帛論壇」， 0 樓，2013.1.5，http://www.bsm.org.cn/bbs/read.php?tid=3037youren 〈邦人札記〉1 樓，2013.1.5；youren〈邦人札記〉2 樓， 2013.1.5；youren〈邦人札記〉3 樓，2013.1.5；游俠〈邦人札 記〉4 樓，2013.1.5；海天遊蹤〈邦人札記〉5 樓，2013.1.5；海 天遊蹤〈邦人札記〉6 樓，2013.1.5；海天遊蹤〈邦人札記〉7 樓，2013.1.5；海天遊蹤〈邦人札記〉8 樓，2013.1.5；海天遊蹤 〈邦人札記 9 樓〉，2013.1.5；海天遊蹤〈邦人札記〉10 樓， 2013.1.5；海天遊蹤〈邦人札記〉11 樓，2013.1.5；youren〈邦 人札記〉12 樓，2013.1.5；youren〈邦人札記〉14 樓， 2013.1.5；海天遊蹤〈邦人札記〉15 樓，2013.1.5；海天遊蹤 〈邦人札記〉16 樓，2013.1.5；youren〈邦人札記〉18 樓， 2013.1.5；youren〈邦人札記〉19 樓，2013.1.5；鳲鳩〈邦人札 記〉20 樓，2013.1.6；易泉〈邦人札記〉21 樓，2013.1.6；

yushiawjen〈邦人札記〉22 樓，2013.1.6；鳲鳩〈邦人札記〉23
樓，2013.1.6；汗天山〈邦人札記〉24 樓，2013.1.6；海天遊蹤
〈邦人札記〉25 樓，2013.1.7；海天遊蹤〈邦人札記〉27 樓，
2013.1.7；紫竹道人〈邦人札記〉28 樓，2013.1.7；魚游春水
〈邦人札記〉30 樓，2013.1.7；鳲鳩〈邦人札記〉31 樓，
2013.1.8；汗天山〈邦人札記〉32 樓，2013.1.9；jdskxb〈邦人札
記〉33 樓，2013.1.12；海天遊蹤〈邦人札記〉35 樓，
2013.1.13；海天遊蹤〈邦人札記〉36 樓，2013.1.13；不求甚解
〈邦人札記〉38 樓，2013.1.14；海天遊蹤〈邦人札記〉40 樓，
2013.1.14；youren〈邦人札記〉42 樓，2013.1.29 魚游春水〈邦
人札記〉45 樓，2015.3.1；魚游春水〈邦人札記〉46 樓，
2015.3.1；魚游春水〈邦人札記〉47 樓，2015.3.2；魚游春水
〈邦人札記〉48 樓，2015.3.3；佑仁〈邦人札記〉49 樓，
2015.3.6；松鼠〈邦人札記〉50 樓，2013.11.18；松鼠〈邦人札
記〉51 樓，2015.11.18

海天遊蹤〈城濮札記〉0 樓：〈讀《成王為城濮之行》札記〉，武漢網「簡
帛論壇」，2013.1.8，http://www.bsm.org.cn/bbs/read.php?tid=3025
&fpage=3youren，1 樓，2013.1.5；海天遊蹤，2 樓，2013.1.5；
無語，3 樓，2013.1.5；無語，6 樓，2013.1.5；汗天山，12 樓，
2013.1.5；汗天山，13 樓，2013.1.5；汗天山，14 樓，
2013.1.5；易泉，15 樓，2015.1.5；溜達溜達，16 樓，
2015.1.5；苦行僧，18 樓，2015.1.5；鳲鳩，19 樓，2015.1.5；
不求甚解，21 樓，2013.1.6；不求甚解，22 樓，2013.1.6；不求
甚解，23 樓，2013.1.6；不求甚解，24 樓，2013.1.6；jdskxb，
25 樓，2013.1.6；家興，28 樓，2013.1.6；家興，29 樓，
2013.1.6；魚游春水，30 樓，2013.1.6；海天遊蹤，31 樓，

2013.1.7；无斁，35 樓，2013.1.7；jiaguwen1899，36 樓，2013.1.7；不求甚解，38 樓，2013.1.7；張崇禮，43 樓，2013.1.7；海天遊蹤，44 樓，2013.1.7；鳲鳩，45 樓，2013.1.7；檻外人，48 樓，2013.1.8；檻外人，49 樓，2013.1.8；張崇禮，50 樓，2013.1.8；易泉，51 樓，2013.1.9；天涯倦客，53 樓，2013.1.9；海天遊蹤，56 樓，2013.1.11；天涯倦客，58 樓，2013.1.11；鳲鳩，59 樓，2013.1.14；張崇禮，60 樓，2013.1.14

荊門市博物館編《郭店楚墓竹簡》，北京：文物出版社，1998

袁國華〈望山楚墓卜筮祭禱簡文字考釋四則〉，《中研院史語所集刊》七十四本第二分，2003.6，頁 307-325

袁國華〈郭店楚墓竹簡從「匕」諸字及相關詞語考釋〉，《中央研究院歷史語言研究所集刊》第七十四本，第一分（2003 年），頁 17-33

馬　楠〈初讀〉：〈上博九《陳公治兵》初讀〉，清華網，2013.4.22，http://www.ctwx.tsinghua.edu.cn/publish/cetrp/6831/2013/20130422131213864291396/20130422131213864291396_.html

馬王堆漢墓帛書整理小組，馬王堆帛書《六十四卦》釋文〉，《文物》1984 年第 3 期

馬承源主編《上海博物館藏戰國楚竹書（九）》，上海：上海古籍出版社，2012

馬承源主編《上海博物館藏戰國楚竹書（二）》，上海：上海古籍出版社，2002

馬承源主編《上海博物館藏戰國楚竹書（五）》，上海：上海古籍出版社，2005

馬承源主編《上海博物館藏戰國楚竹書（六）》，上海：上海古籍出版社，2007

高　亨《古字通假會典》，濟南：齊魯書社，1997

高　明《古文字類編（增訂本）》，上海：上海古籍出版社，2008

高佑仁〈〈邦人不稱〉字詞考釋〉，中央研究院歷史語言研究所舉辦「第二
　　　　屆古文字青年論壇」，2016.1.28-29

高佑仁〈〈陳公治兵〉綜合研究〉，《漢學研究》第卅三卷第四期(總號第
　　　　83 號)，頁 299-336

高佑仁〈〈陳公治兵〉編聯三則〉，西南大學出土文獻綜合研究中心《出土
　　　　文獻綜合研究集刊》第一期，2014 年 10 月，頁 136-140

高佑仁〈《上海博物館藏戰國楚竹書（二）・民之父母》校讀〉，臺灣師範
　　　　大學國文系第十一屆研究生論文發表會，2005.03.19，後收入國
　　　　立臺灣師範大學國文學系研究生論文發表會，《思辨集》第八輯
　　　　2006，頁 17-18

高佑仁〈《上博九》初讀〉，武漢網，2013.1.8，http://www.bsm.org.cn/
　　　　show_article.php?id=1789

高佑仁〈上博九〈成王為城濮之行〉字詞選釋〉，《成大中文學報》第四十
　　　　七期，2014 年 12 月，頁 39-74

高佑仁〈上博九〈成王為城濮之行〉釋文通釋〉，「古文字青年論壇」論文
　　　　集，臺北：中央研究院歷史語言研究所，2013.11.25-26，頁 247-
　　　　272

高佑仁〈史䚞初讀〉：〈〈史䚞問於夫子〉初讀〉，第八屆文字學年會，北
　　　　京：北京中國人民大學，2015.8.22-23，頁 119-122　又見《中國
　　　　文字》新四十二期，臺北：藝文印書館，2016.3，頁 145-150

高佑仁《上博楚簡莊、靈、平三王研究》，臺南：成功大學中文所博士論
　　　　文，2011

高佑仁「復旦講座」，復旦大學出土文獻與古文字研究中心講座，講題：
　　　　「上博九《陳公治兵》綜合研究」，2014 年 5 月 13 日

高榮鴻〈「淵」字試讀〉：〈《上博九・靈王遂申》2 號簡「淵」字試讀〉，武漢網，2013.1.10，http://www.bsm.org.cn/show_article.php?id=1805

高榮鴻〈史蒥校讀〉：〈《上博九・史蒥問於夫子》校讀〉，《第二十五屆中國文字學國際學術研討會論文集》，臺北：中國文化大學中國文學系，2014，頁 341-354

高榮鴻〈由《上博六・莊王既成》看兩個偏旁同形現象〉，武漢網，2010.07.19，http://www.bsm.org.cn/show_article.php?id=1275

高榮鴻《上博論語》：《上博楚簡論語類文獻疏證》，臺中，中興大學博士論文，2013.7

寇占民《西周金文動詞研究》，北京：首都師範大學漢語言文字學博士論文，2009

張　峰〈上博九・史蒥初讀〉：〈《上博九・史蒥問於夫子》初讀〉，武漢網，2013.1.6，http://www.bsm.org.cn/show_article.php?id=1773

張　峰〈筆記〉：〈《上博九》讀書筆記〉，武漢網，2013.1.7，http://www.bsm.org.cn/show_article.php?id=1782

張　舒《《上海博物館藏戰國楚竹書（九）》集釋及相關問題研究》，上海：復旦出土文獻與古文字研究中心碩士論文，2015.6

張　儒、劉毓慶《漢字通用聲素研究》，太原：山西古籍出版社，2002

張玉金《西周漢語代詞研究》，北京：中華書局，2006

張崇禮〈金文考釋五則〉，復旦網，2012.7.19，http://www.gwz.fudan.edu.cn/SrcShow.asp?Src_ID=1904

張崇禮〈箚記〉：〈讀上博九《陳公治兵》箚記〉，復旦網，2013.1.29，http://www.gwz.fudan.edu.cn/SrcShow.asp?Src_ID=2009

張舒《集釋及相關問題研究》：《《上海博物館藏戰國楚竹書（九）》集釋及相關問題研究》，上海：復旦大學碩士學位論文，指導教授：陳劍教授，2015 年 6 月

張新俊〈札記二則〉:〈《成王為城濮之行》札記二則〉,武漢網,2013.1.7,
　　　　http://www.bsm.org.cn/show_article.php?id=1781

張震澤《孫臏兵法校理》,北京:中華書局,1984

張覺譯注《韓非子全譯》,貴陽:貴州人民出版社,1992

曹方向〈小議「昜」字〉:〈小議楚系簡牘所見的一種「昜」字〉,《中國文
　　　　字》新三十九」,頁 131-141

曹方向〈白公之亂〉:〈上博簡《邦人不稱》與白公之亂〉,《簡帛文獻與古
　　　　代史學術研討會暨第二屆出土文獻青年學者論壇會議論文集》,
　　　　復旦大學歷史學系、復旦大學出土文獻與古文字研究中心主辦:
　　　　復旦大學,2013.10.19-20,頁 115-120

曹方向〈通釋〉:〈上博九《成王爲城濮之行》通釋〉,武漢網,
　　　　2013.1.7,http://www.bsm.org.cn/show_article.php?id=1783

曹方向〈靈王通釋〉:〈上博九《靈王遂申》通釋〉,武漢網,2013.1.6,
　　　　http://www.bsm.org.cn/show_article.php?id=1772

曹方向《楚國故事研究》:《上博簡所見楚國故事類文獻校釋與研究》,武
　　　　漢:武漢大學博士論文,2013

曹建敦〈札記一〉:〈上博簡《陳公治兵》研讀札記(一)〉,復旦網,
　　　　2013.4.3,http://www.gwz.fudan.edu.cn/SrcShow.asp?Src_ID=2032

曹建敦〈札記二〉:〈上博簡《陳公治兵》研讀札記(二)〉,復旦網,
　　　　2013.4.23,http://www.gwz.fudan.edu.cn/SrcShow.asp?Src_ID=2036

曹錦炎〈說上博竹書《成王爲城濮之行》的「搜師」〉,武漢網,
　　　　2014.3.12,http://www.bsm.org.cn/show_article.php?id=1997

梁　靜〈季桓校讀〉:〈《孔子見季桓子》校讀〉,武漢網,2008.03.04,
　　　　http://www.bsm.org.cn/show_article.php?id=798

清華大學出土文獻讀書會〈靈王研讀〉：〈《上博九・靈王遂申》研讀〉，清
　　　華網，2013.3.29，http://www.ctwx.tsinghua.edu.cn/publish/cetrp/6
　　　831/2013/20130401173409718868653/20130401173409718868653_
　　　.html

許雁綺《楚簡同形字辨析》，臺中：中興大學中文所碩士論文，2013

郭永秉〈考釋二題〉：〈上博竹書《孔子見季桓子》考釋二題〉，《文史》
　　　2011 年第四輯，頁 215-222

郭永秉〈穆公簋蓋所記周穆王大蒐事考〉，《復旦學報（社會科學版）》
　　　2012 年第 5 期，頁 130-140

郭永秉〈釋清華簡中倒山形的「覆」字〉，《【清華簡與《詩經》研究】國
　　　際學術研討會》，香港浸會大學，2013.11.1-3；又《中國文字》
　　　新三十九期，臺北：藝文印書館，2013，頁 77-88

郭倩文《集釋及新見文字現象整理與研究》：《《清華五》、《上博九》集釋
　　　及新見文字現象整理與研究》，上海：華東師範大學碩士學位論
　　　文，指導教授：劉志基教授，2016 年 5 月

陳　偉〈上六條二〉：〈讀《上博六》條記之二〉，武漢網，2007.7.10，
　　　http://www.bsm.org.cn/show_article.php?id=602

陳　偉〈上博五《苦成家父》通釋〉，武漢網，2006.2.26，http://www.bsm.
　　　org.cn/show_article.php?id=239

陳　偉〈車輿名試說（二則）〉，武漢網，2011.4.1，http://www.bsm.
　　　org.cn/show_article.php?id=1427

陳　偉〈初讀〉：〈《成王爲城濮之行》初讀〉，武漢網，2013.1.5，
　　　http://www.bsm.org.cn/show_article.php?id=1771

陳　偉〈讀《上博六》條記〉，武漢網，2007.07.09，http://www.bsm.
　　　org.cn/show_article.php?id=597

陳　劍〈《清華簡（伍）》與舊說互證兩則〉，復旦網，2015.4.14，
　　　http://www.gwz.fudan.edu.cn/SrcShow.asp?Src_ID=2494

陳　劍〈「受」字和「穀菟余」〉:〈《成王爲城濮之行》的「受」字和「穀菟余」〉，復旦網，2013.10.21，http://www.gwz.fudan.edu.cn/srcshow.asp?src_id=2144

陳　劍〈上博竹書《昭王與龔之脽》和《柬大王泊旱》讀後記〉，簡帛研究網，2005.02.15，http://www.jianbo.org/admin3/2005/chenjian002.htm

陳　劍〈季桓重編〉:〈《上博（六）・孔子見季桓子》重編新釋〉，復旦網，2008.3.22，http://www.gwz.fudan.edu.cn/SrcShow.asp?Src_ID=383；《出土文獻與古文字研究》第二輯，上海：復旦大學出版社，2008，頁 160-187；又見《戰國竹書論集》，上海：上海古籍出版社，2013，頁 283-317

陳　劍〈釋「捷」〉:〈簡談《繫年》的「戡」和楚簡部分「啬」字當釋讀爲「捷」〉，復旦網，2013.1.14，http://www.gwz.fudan.edu.cn/SrcShow.asp?Src_ID=1996

陳　劍《上博竹書〈曹沫之陳〉新編釋文（稿）》，簡帛研究網，2005.2.12，http://www.jianbo.org/admin3/2005/chenjian001.htm

陳斯鵬〈初讀上博簡〉，簡帛研究網，2002.2.5，http://www.jianbo.org/Wssf/2002/chensipeng01.htm

陳斯鵬〈楚簡「史」、「弁」續辨〉，《古文字研究》第 27 輯，北京：中華書局，2008，頁 400-406

陳斯鵬《楚系簡帛中字形與音義關係研究》，北京：中國社會科學出版社，2011

陳新雄《古音研究》，臺北：五南出版社，2000

單育辰〈隨錄十六〉:〈佔畢隨錄之十六〉，武漢網，2013.1.9，http://www.bsm.org.cn/show_article.php?id=1798

單育辰〈雜識〉:〈《上海博物館藏戰國楚竹書（九）》雜識〉，《【出土文獻

的語境】國際學術研討會暨第三屆出土文獻青年學者論壇論文
集》，頁 227-230

單周堯、黎廣基〈上博楚竹書（二）《從政》甲篇「獄則興」試釋〉，《簡
帛・第一輯》（上海：上海古籍出版社，2006），頁 78-80

復旦大學出土文獻與古文字研究中心學生讀書會〈攻研雜志三〉：〈攻研雜
志（三）──讀《上博（六）・孔子見季桓子》札記（四則）〉，復
旦網，2008.5.23，http://www.gwz.fudan.edu.cn/SrcShow.asp?Src_
ID=439

復旦吉大讀書會〈上博八《成王既邦》校讀〉，復旦網，2011.7.17，
http://www.gwz.fudan.edu.cn/SrcShow.asp?Src_ID=1593

湯志彪《三晉文字編》，長春：吉林大學歷史文獻學博士論文，2009

程　燕〈上九札記〉：〈讀《上博九》札記〉，武漢網，2013.1.6，http://
www.bsm.org.cn/show_article.php?id=1774 後收入《紀念何琳儀先
生誕生七十週年暨古文字學國際學術研討會》，合肥：安徽大學
漢字發展與應用研究中心，2013.8.1-3，頁 189-192

程　燕〈上九箚二〉：〈讀《上博九》箚記（二）〉，武漢網，2013.1.7，
http://www.bsm.org.cn/show_article.php?id=1784

程少軒〈小議上博九《卜書》的「三族」和「三末」〉，復旦網，2013.1.16
又見中國文字編輯委員會編《中國文字》，新三十九期（臺北，
藝文印書館，2013 年 12 月）

馮勝君〈讀《郭店楚墓竹簡》札記（四則）〉，《古文字研究》第二十二
輯，北京：中華書局，2000，頁 210-213

馮勝君《郭店簡與上博簡對比研究》，北京：線裝書局，2007

黃德寬主編《古文字譜系疏證》，北京：商務印書館，2007

楊　華《先秦禮樂文化》，武漢：湖北教育出版社，1996

楊　寬《古史新探》，北京：中華書局，1965

楊　寬《西周史》，上海：上海人民出版社，1999

楊伯峻譯注《論語譯注》，北京：中華書局，1980

董　珊〈越王差徐戈考〉，《故宮博物院院刊》，2008 年第 4 期，頁 24-39

董　珊〈新見魯叔四器銘文考釋〉，復旦網，2011.8.3，http://www.gwz.
　　　　fudan.edu.cn/SrcShow.asp?Src_ID=1611

董　珊〈楚簡中從「大」聲之字的讀法（一）〉，武漢網，2007.07.08，
　　　　http://www.bsm.org.cn/show_article.php?id=592

董　珊〈楚簡簿記與楚國量制研究〉，復旦網，2010.6.6，http://www.gwz.
　　　　fudan.edu.cn/SrcShow.asp?Src_ID=1175

董作賓《殷曆譜》，臺北：中央研究院歷史語言研究所，1992

裘錫圭〈「東皇太一」與「大皡伏羲」〉，《【簡帛・經典・古史】國際論
　　　　壇》，（香港：侵會大學，2011.11.30-12.2，頁 1-28《裘錫圭學術
　　　　文集・簡牘帛書卷》，上海：復旦大學出版社，2012，頁 546-561

裘錫圭《裘錫圭學術文集・第一卷甲骨文卷》，上海：復旦大學出版社，
　　　　2012

裘錫圭《裘錫圭學術文集・第五卷古代歷史、思想、民俗卷》，上海：復
　　　　旦大學出版社，2012

解惠全、崔永琳、鄭天《古書虛詞通解》，北京：中華書局，2008

熊賢品〈地名考釋〉：〈上博九《陳公治兵》地名考釋四則〉，重慶：西南
　　　　大學漢語言文字學學科全國博士生論壇，2013.10.19-21

趙　岩〈放馬灘秦簡日書箚記二則〉，武漢網，2009.10.10，http://www.
　　　　bsm.org.cn/show_article.php?id=1153

趙平安〈郭店簡《語叢二》第三簡補釋〉，《中國古文字研究會第十八次年
　　　　會論文》，北京，2010

趙苑夙《上博簡楚王「語」類文獻研究》，臺中：中興大學中文所博士論
　　　　文，2013

銀雀山漢墓竹簡整理小組《銀雀山漢墓竹簡〔壹〕》，北京：文物出版社，1985

劉　波《出土楚文獻語音通轉現象整理與研究》，長春：吉林大學漢語言文字學博士論文，2013

劉　雨〈近出殷周金文綜述〉，《古文字研究》第二十四輯，北京：中華書局，2002，頁152-160

劉　釗《古文字構形學》，福州：福建人民出版社，2006

劉　雲〈楚簡文字釋讀二則〉，《古文字研究》第 30 輯，北京：中華書局，2014，頁320-325

劉仲平註譯《司馬法今註今譯》，臺北：臺灣商務印書館，1986

劉孝霞《秦文字整理與研究》，上海：華東師範大學漢語言文字學博士論文，2013

劉洪濤〈郭店竹簡〈唐虞之道〉「瞽瞍」補釋〉，《江漢考古》2010 年第 4 期，頁103、109-111

劉洪濤〈讀上海博物館藏戰國楚竹書（四）箚記〉，武漢網，2006.11.8，http://www.bsm.org.cn/show_article.php?id=457

蔡　偉〈釋「百丩旨身鯆鮨」〉，復旦大學出土文獻與古文字研究中心網，2013.01.06，http://www.gwz.fudan.edu.cn/SrcShow.asp?Src_ID=1993

蔣　文、程少軒〈放馬灘簡〈式圖〉初探〉，復旦網，2009.11.6，http://www.gwz.fudan.edu.cn/SrcShow.asp?Src_ID=964

黎翔鳳、梁運華整理《管子校注》，北京：中華書局，2004

禤健聰〈上博楚簡（五）零札（一）〉，武漢網，2006.6.24，http://www.bsm.org.cn/show_article.php?id=226

賴怡璇〈《上博九·邦人不稱》通釋〉，「第四屆古文字與古代史研討會·古文字學青年論壇」，臺北：中央研究院歷史語言研究所，2013.11.25-26，頁285-312

賴怡璇〈「受」字補說〉:〈《成王爲城濮之行》「受」字補說〉,武漢網,
　　　2013.1.8,http://www.bsm.org.cn/show_article.php?id=1791

賴怡璇〈三則〉:〈楚簡考釋三則〉,《第 24 屆中國文字學國際學術研討
　　　會》嘉義:中國文字學會、國立中正大學中國文學系主辦,
　　　2013.5.3-4,頁 476-479

賴怡璇〈考釋二則〉:〈《邦人不稱》考釋二則－兼論出土文獻葉公子高事
　　　蹟〉,《中國文字》新四十期,頁 247-261

賴怡璇〈涂漳考〉:〈《上博九・陳公治兵》簡 4「戰於涂(豫)漳之澝
　　　(溍)」考〉,武漢網,2013.5.31,http://www.bsm.org.cn/show_
　　　article.php?id=1855

閻振益、鍾夏校注《新書校注》,北京:中華書局,2000

駱珍伊〈《上博九・卜書》「散于百邦」小議〉,武漢網,2013.2.26;又季
　　　旭昇師主編《孔壁遺文論集》,臺北,藝文印書館,2013 年 8 月

駱珍伊〈箚記〉:〈《上博九・舉治王天下》箚記〉,武漢大學簡帛研究中心
　　　網:http://www.bsm.org.cn/show_article.php?id=2087,2014 年 10
　　　月 18 日

駱珍伊《上海博物館藏戰國楚竹書(七)～(九)》、《清華大學藏戰國竹
　　　簡(壹)～(叁)字根研究》,臺北:臺灣師範大學國文系碩士
　　　論文,2015

鍾宗憲《新添古音說文解字注》,臺北:洪葉文化事業有限公司,1999

鍾柏生〈卜辭中所見殷代的軍禮之二——殷代的大蒐禮〉,《中國文字》新
　　　16 期,臺北:藝文印書館,1992

魏慈德〈上博故事簡試探〉:〈《上博藏戰國楚竹書》中的楚王臣故事簡及
　　　其相關問題試探〉,《先秦兩漢出土文獻與學術新視野國際學術研
　　　討會》,臺北:臺灣大學文學院,2013.6.25-26

魏慈德〈甲骨文中的寢官〉,《嘉大中文學報》第五期,2011 年 03 月,頁
　　　175-200

羅竹風、漢語大詞典編輯委員會《漢語大詞典》，上海：漢語大詞典出版社，1990

龐壯城〈《上海博物館藏戰國楚竹書（九）・卜書》綜合研究〉，第三屆全國中文學科博士生學術論壇，廣州，中山大學，2014.8.29-31

蘇建洲、吳雯雯、賴怡璇合著《清華二《繫年》集解》，臺北：萬卷樓，2013

蘇建洲〈《上博五・弟子問》研究〉，《中央研究院歷史語言所集刊》83 本2 分，臺北：中央研究院歷史語言研究所，2012，頁 185-241

蘇建洲〈《君子為禮》簡七字詞考釋二則〉，復旦網，2009.11.26，http://www.gwz.fudan.edu.cn/SrcShow.asp?Src_ID=998

蘇建洲〈《清華簡》考釋四則〉，復旦網，2011.1.9，http://www.gwz.fudan.edu.cn/SrcShow.asp?Src_ID=1368

蘇建洲〈《郭店・語叢二》簡 3「襄」字考〉，復旦網，2010.3.7，http://www.gwz.fudan.edu.cn/SrcShow.asp?Src_ID=1100

蘇建洲〈上九箚一〉：〈初讀《上博九》箚記（一）〉，武漢網，2013.1.6，http://www.bsm.org.cn/show_article.php?id=1776

蘇建洲〈上九箚二〉：〈初讀《上博九》箚記（二）〉，武漢網，2013.1.14，http://www.bsm.org.cn/show_article.php?id=1808

蘇建洲〈利用《清華簡（壹）》字形考釋楚簡疑難字〉，《楚文字論集》，臺北：萬卷樓圖書股份有限公司，2011，頁 397-437

蘇建洲〈初讀清華三《周公之琴舞》、《良臣》札記〉，武漢網，2013.1.18

蘇建洲〈楚竹書文字考釋五則〉，《楚文字論集》，臺北：萬卷樓圖書股份有限公司，2011，頁 45-47

蘇建洲〈繫年中的「申」〉：〈《清華二・繫年》中的「申」及相關問題討論〉，《第四屆古文字與古代史國際學術研討會・紀念董作賓逝世五十周年》，臺北：中央研究院歷史語言研究所，2013.11.22-24，頁 49-77

蘇建洲〈靈王遂申釋讀〉：〈上博九《靈王遂申》釋讀與研究〉，《出土文獻》第五輯，上海：中西書局，2014，頁 92-120

蘇建洲《〈上博楚竹書〉文字及相關問題研究》，臺北：萬卷樓圖書公司，2008，頁 250

顧史考〈季桓子簡序追補〉：〈上博六《孔子見季桓子》簡序追補〉，《出土文獻與古文字研究》第六輯，上海：上海古籍出版社，2014.10，頁 298-312

〔淵公第二占辭〕困

公 占 之 日 若 卜 貞 邦 三 族 句 旨 而 惕 三 末 唯 敗

亡 大 咎 又【八】各 於 外 女 三 末 唯 吉 三 族 是 坙 亦 亡 大 咎

亡 大 咎 又【八】各 於 內 女 三 族……

【九】兒 枓 不 利 邦 貞【十】

又 各 於 內 女 三 族……

〔三〕

一 悬夫醔昌伏匿

【第四部分困公第一占辭】 一占……【四】

凡三族又此三末唯吉女白女黃貞邦……【五】

及三末舊吉□白□女薆占殊

唯記句母白母赤母䈞昌易邦無咎殷牺又逯女……【六】

一飤墨亦無它色困公占之曰三族之日三族之敓周邦又吝亦不

一飤墨亦無它色困公占之曰三族……

一飤墨亦無它色困公占之曰三族之敓周邦又吝亦不兑

醬三末飤墨虗表我周之孫三元【七】 墨于百邦大貞邦亦兑

卜書隸定及摹字

〔第一部分肥叔占辭〕肥 叔 曰 卜 卬 首 出 止 是 胃 闕 卜 人 無 咎 牲 法

元 里 而 它 方 安 適 ■

〔第二部分季曾占辭〕季 曾 曰 卜 馗 二 內 止 是 胃【二】齒

尸 宮 無 咎 卹 又 疾 乃 喜

〔第三部分鄔公第一占辭〕鄔 公 曰 卜 女 卬 首 出 止

而 屯 不 困 卹 是 胃 狒 卜 炮 龜 元 又 吝

不 沾 大 汙 尸 乃【三】

秀 屯 辛 田 躗 是 罗 林 九 槁 元 十 舍 冱

沾 大 浴 ■〔鄔公第二占辭〕曰 卜 少 都 是 胃 髮 少 子 吉 辰 二 乃 哭 甬 尸 宮

沾 欠 浴 ■

曼也子呂氏視之不亓難與言也夫……【五】……也史罶曰

可胃八之夫子曰〔好〕內與賜幽色與酉大鐘貞【六】美宔室

害鹿而不敬子亦羋之惻史罶曰可胃雷可胃【九】敬之夫

區輕敗邊与獄訟此所以遊【七】

子曰敬也者詹人之螽三而為之視亓所谷而……【八】……睧

子之言大豐不志所為之夫子曰善才臨事而豐希不【十二】

生畏亓利邦家吕侔子之史不行百生……【十二】北𫝹亓邦

豪則能貴於䵣二㵜二則學自訇【三】又民吕來未或能才

立於陛之上訧或不免又謂不……【十】

啻才訇畏可人而与之【四】息爰息而進之不息人弗畏

進矣訇畏不可人而与【季九】

民喦不可愳眾之所植莫之能𡃊也眾之𡃊【季二五】莫之能

史蒥問於夫子隸定及摹字（1+2+11+3+10+4+季 9+季 25+5+6+7+9+8+12）

肆尹曰天加訧於楚邦虐君邊出懟禔……【二】虐數數

呂尒鬻邦 之【一三】

【缺簡】

元囗 之史蕾曰蕾也 古齊邦番

之子也亡女意也……【一】

之民甚乙 之呂 元 子元身之式也含

之子元夫元廷之女之甬

史子市之君之罣之斬矣【三】不可以弗戒乙子之史行百

成王為城濮之行隸定及摹字（甲1＋甲2＋甲3＋乙1＋乙2＋甲4＋乙3上＋乙4＋甲5　非本篇：乙3下）

城王為成僕之行王因子爰番子玉子爰遄币於敢一

日而鼇不敔一人子【甲二】

玉受币出之戲三日而鼇漸三

人塈邦加子盧吕亓善行币王遽客於子二爰二甚髡【甲二】邦

亓爰孖亓王逳容乍先爰

已𠫤二遠白珵猶約募寺俤𠫤二子二爰塈肱貽白珵曰毄虜

余為【甲三】楚邦老君王孕余皋吕子玉之未患君王命余

遝帀於歡一日而𥈭【乙一】不敓一人子玉出之虎三日而𥈭漸三人王為余□墾邦加余女【乙二】蜀不余見飤是脰執三勹王䛄余人？【乙三】而棄老人之心白琞曰君王胃子玉未患【甲四】命君喬之君一日而臂不敓一□人……【乙三上】……子玉之【乙四】帀戔敗帀巳君為楚邦老惪君之善而不怵子玉之帀之【甲五】

……【缺簡】

靈王遂申隸定及摹字

【乙三下】（非本篇內容）

言平君子才罰

靈王既立繡賽不愁王敗鄒靐羪於呂命繡人室出取鄒

靈王肖企繼賣承鍪王敗龏靐廄

之器麕事人夾鄒人之軍門命人毋【一】

其子虎未畜頒命之適虎晶徒出麕事人志二虎輚一肇三

馴告執事【二】人尖學不能以它器旻此車或不能駢之

以逸命以其策遣執事人許之虎秉策以歸【三】至彀澂

或棄其策安城公懼其又取安而逆之京爲之慭墾邦畫

隻女獨亡【四】曼虎不答或爲之慭虎倉曰君爲王臣王酓

述邦弗能崖而或欲曼安城公與虎逯爲格【五】

逯羿栽罷並亦或餉旻床坌分辭祇逯坒畧

陳公治兵隸定及摹字

（1+6+7+8+9+14+10+11+13/12+2+3/4+5+15+16+17/19+18+20）

王迉邸之行楚邦少安君王安先居架臺之上呂輦

市徒安命市徒殺取舍獸臺兔市徒乃屬不【二】……陳公狂

復於君王……□

此君王不智惟之無栽命性楗藝【六】事人

数市徒不智進市徒逨於王所而歬市徒磬■不智亓啟

卒麥行述內王卒而母歬市【七】徒磬■王胃陳公女內王

炎宅狄逨夫王炎……徒磬王多𤋮分……王

数市徒……

卒而母歬市徒母亦善營■陳

公答曰……【八】既聖命乃鼇数

市徒陳公乃邊軍藝事人君魯……【九】……童之於逢呂厚王卒

三鼓乃行探內王卒　不聿述鼓乃行君王意之安命

三鼓乃行坌矢王炁承差逃鼓乃行同王善止戈命

陳公性寺三陳公性【一四】

牌分善矢牌分善

各夏元行陳公逡聖命於君三王三不智臣之無裁命臣檻

又逡於君王呂經巾三徒三廛懼乃

藝【一〇】事人敢巾徒藝事人必善命之命樸敢緩五人

各夏元行牌分邊輕命乍同王不智色止蹼裁命色想

ㄨ邊乍同王呂經承徒答體了

緱奠入數老徒緱奠入老筲舍止舍敢緩五人

於吾十人於行三臧不成輕衛輕敢從濘矢三牲【二】車為

竻吾十八乍行三戔本成軺遬轐敢從樊步暗車竺

令戈或叝八鼓五矢鈕鍰已台鈇釫已同鎌已猴水

宝安或塒八鼓五再鉦鐲呂左鈍釪呂右鍈三呂隹木

鎳呂記鼓呂進之韓呂崖三蜃呂退

之又所胃魂又所胃恭■又所胃紿●又所胃一■又所胃剢

戜士喬山呂退 戕士喬山呂遷 又所胃一又所胃

■陳公怪安巽楚邦之古【二】

戜於莆寞市不■ 先君文父

戰而時三先君武王與邸人

王與……【二】

戰於鄭若市不■

禽子林與郁人戰於駱州市不■安戛元髮絭屈寄

禽霝子林與郁人戰於駱州市不■

與郁命尹戰於壚【三】

師不絕……先君莊王與□□ 戰於涂

漳之潰帀不豎或與晉人戰於兩棠帀不豎女既至於

戰人之閒牲出帀既斯軍左右【四】司馬進於牲軍命出

帀徒牲軍乃許若左右司馬【五】□□□之帀徒乃出怀

軍而戰牲軍遂出安名【一五】之日穿行女閒女逆閒女

開陝女戈陝女御追必斬□【一六】擔徒州亓徒戕女既濼

城安紳兩和而紉之必斬□【一七】申於陶阮則薦飛申於

【一八】偏申遷乃右棘左棘申遷若繼繼或偏申遷前右棘

【一九】徒虜居遷申於墼則徒虜進

退

左棘 □【二〇】

舉治王天下隸定及摹字（1,2,3成 6+9+7+4+11+5+6成 9+28+12+10+16+17+14+19+15+18+13+21/12/8/21+22+24+23,25/26+20+27+29+30+31+32+33+34+35）

......坪者公見大公室於呂陛日虞開周宗又難而不......

......築開光剌之黁者公......【二】......又慶子嘗以此諛之

【一】......築鬲燕黁之糒畜公

元白墨醘可替也者公……【三】

昔者又神【成一六】募監于下乃語周之先褍曰天齋二向若

或與之天齋二怀若佢之勿有所總【九】道又所攸非天之

所向莫之能旻尚退而思之元唯歐民孼子爲我口【七】子

訪之上父舉詢文王曰曰崇而殲恩……【四】乃選既見栖反

文王乃卑……目【二】旻上父車我天下子遊上父城我周眲

既言而上父乃皆至隹七年文【五】王訪於上父曰我左串

右難虔欲達中持道昔壑旻中牒＝毋又逡愍隹【六】持

市明之慝元牒也【無悔】……成九】……

非能倉惠於牒者也【二八】……安共呂……【二二】也非天子之差也

請厶之於夫子昔者舜台大倉……【一〇】……矣上父乃言曰夫

先四帝二王之【道】一六……啓行五庀湯行三記文王曰

道又獸麿

上父曰黃帝倦光堯……【一七】視僮湯倘善視詢文王曰道

又要麿上父曰敬人而新道毌自……【一四】不督亓

所盃文王曰又……盍麿上父曰黃帝攸三員莆曰行習

亦惡父王曰之德……盦麿上父曰莫桼敎三員絑曰行習

女督【一九】於是甬賭安文王曰請甈亓……【一五】著上父曰黃

民督……甬朐步父王曰諮頡亓……著上父曰莫

帝攸厽員……【一八】……□
五□ 一□ 二正五
不
亓民能相

五 一 二文五 帝
元电蚤粗
正徨屯

南牧品負
分舍三年不生粟五年亡凍者此盍之道也
分 三 卆坐枭五 止鄰 飤
皆少金

文王曰請【二三】闢日行
文王曰諧 朝日行

上父日行磨甬吕果而潛吕成高而均庶遠而方達

上与日曰行爲 乚 杲 酉 乚 戈 匋 雨 封 辰 徒 酉 方 達

此日行也【二一】
少日行屯

夫王天下……方延各侯可作田【三二】

堯王天下備……方延各侯明行四【三二】……訪之於子曰延正

可先……臺會曰佳寺堯……【三三】　尻寺可先日毋忘亓所不熊

堯曰於辱日月閏閾戠建……【三四】　則勿生瀆則督成金至

不淲玉則不剴堯曰四割之文爲未也乃韻於臺日大

帝資王勗帝創夫乚田……之父歸束艺了韻角臺日火

割既折少【三三】……諆之於堯二訇甬之嘉德……【二五】

劉……少

舜王天下三覒不實亓道不實亓……遠【二六】執皆紀

至王禾夫三覒子賓至禾劉亓遨束賓亓

四立受續五事皆【二〇】李正，才兒請……【二七】明則保或替

敀正絅教娩民備臺王天下備深延至……【二九】五年而天

下正一日臺事堯天下大水堯乃臺臺曰气安亓迁迁

洲忌浴吕瀆天下臺迁江為三迁河【三〇】為九百洲皆道

寶專坴夬瀆三百百山旨身輪鰭禹吏民呂二和民

乃聿力百洲既【三一】道天下能延二日臺奉舜童惷敂于

四或慇旨袭民牖而妻力壐裹中疾志又欲而弗【三三】週

深儢固定又红而弗發三日壐王天下邵大止不厶……【三三】

弃身生行勞民死行不絮前行建红中行固同冬行不……

【三四】五日忿而不寡不惡 亓……【三五】

邦人不稱隸定及摹字(簡序 2下+3+4+5+6+7下+11+12+10/2 上,7 上,8,9,1,13)

頌天之女豪邵王之亡要王於陸寺戰於漵戰於

□

戰於長【二下】……曲陶三戰而三畺而邦人不憂戰安臺復

邦之遂盎晃為王列而邦人【三】

睧今尹司馬既死酒迈近鄆之者老皆束曰不可必以市鄆

【四】公子高曰不夏王酒必死可以市為乃乘執車五窨

子高先君之子聚【五】

述近鄆至未夏王卲夫人胃鄆公邦既又王毌亦窜齊鄆公子高曰

在外【六】盎睪而立之

【七下】

【一二】

【二二】

……

【一

○【下殘】

〔散簡〕亡名安是古弗智也 □【二上】

□君之言怎昔周 □【七上】

〔非本篇內容〕鄭大祝曰……之或也而并是二者吕邦君二猶少之罷

瞿君之不冬殤保邦既言乃魚固祝而出二鄭【八】大祝出

瞿君之子介縢俯拜傋音了簽畫祝秀羊拜殳祝羊 二拜頓二日今日

須邦君加冕旻為備出稾鄭大祝□

既遊邦或旻之鄭大【簡九】（下殘）□子虡■者不吕至敏

目次

附錄：隸定及摹字

文獻研究叢書·出土文獻譯注研析叢刊 0902006

《上海博物館藏戰國楚竹書（九）》讀本

主　　編　季旭昇、高佑仁
責任編輯　邱詩倫

發 行 人　陳滿銘
總 經 理　梁錦興
總 編 輯　陳滿銘
副總編輯　張晏瑞
編 輯 所　萬卷樓圖書股份有限公司
排　　版　林曉敏
印　　刷　百通科技股份有限公司
封面設計　斐類設計工作室

發　　行　萬卷樓圖書股份有限公司
　　　　　地址　臺北市羅斯福路二段 41 號 6
　　　　　樓之 3
　　　　　電話　(02)23216565
　　　　　傳真　(02)23218698
　　　　　電郵　SERVICE@WANJUAN.COM.TW
大陸經銷　廈門外圖臺灣書店有限公司
　　　　　電郵　JKB188@188.COM
香港經銷　香港聯合書刊物流有限公司
　　　　　電話　(852)21502100
　　　　　傳真　(852)23560735

ISBN 978-986-478-083-9
2018 年 1 月初版二刷
2017 年 5 月初版
定價：新臺幣 580 元

如何購買本書：
1. 劃撥購書，請透過以下郵政劃撥帳號：
　　帳號：15624015
　　戶名：萬卷樓圖書股份有限公司
2. 轉帳購書，請透過以下帳戶
　　合作金庫銀行　古亭分行
　　戶名：萬卷樓圖書股份有限公司
　　帳號：0877717092596
3. 網路購書，請透過萬卷樓網站
　　網址　WWW.WANJUAN.COM.TW

大量購書，請直接聯繫我們，將有專人為
您服務。客服：(02)23216565 分機 10

如有缺頁、破損或裝訂錯誤，請寄回更換

國家圖書館出版品預行編目資料

《上海博物館藏戰國楚竹書（九）》讀本 /
季旭昇、高佑仁主編.
　-- 初版. -- 臺北市：萬卷樓, 2017.05
　面；　公分

ISBN 978-986-478-083-9(平裝)

1.簡牘文字　2.研究考訂

796.8　　　　　　　　　　106007387